JN039268

ノーベル経済学賞を受賞した
賢い選択をうながす「しかけ」

NUDGE

実践 行動経済学 完全版

ナッジ

リチャード・セイラー
キャス・サンスティーン 著
遠藤真美 訳

日経BP

人生のすべてを（さらに）よりよいものにしてくれるフランスへ

——RHT

なにが大切か知っているサマンサへ

——CRS

完全版への序文

『実践 行動経済学（原題：Nudge）』の初版は2008年春に出版された。本を書いているあいだに、セイラーはiPhoneを、サンスティーンはブラックベリーをもつようになった。シカゴ大学のかつての同僚で、連邦上院議員の1期目だったバラク・オバマは、アメリカ大統領選の民主党候補の指名獲得をめざしてヒラリー・クリントンに挑む決意を固めていた。ジョー・バイデン上院議員も挑戦していたが、うまくいかなかった。不動産デベロッパーで、テレビのリアリティ番組のスターであるドナルド・トランプは、クリントンを「ファンタスティック」で「すばらしい大統領になるだろう」と褒め称えていた。[1] 金融危機が始まろうとしていた。テイラー・スウィフトは19歳で（まだグラミー賞をとっていなかった）、グレタ・トゥーンベリはたった5歳だった。

2008年版が出版されてから、少なくともいくつかの変化があった。しかし、『実践 行動経済学』は関心を集め続けており、手を加えたいという気持ちはそれほど強くはなかった。それがなぜいま、完全版を出すのか。本書で述べるように、「現状維持バイアス」の力は強く、変えるのに大きな労力がいるにもかかわらず（現状維持バイアスについては、第1章でくわしく扱う）。

きっかけは一見すると小さな出来事だった。アメリカとイギリスのペーパーバック版の契約が切れていて、新しい契約を結ばなければいけなくなったのだ。「新しい章を書き足すとか、なにか変更を加えたいとかありますか」と編集者に聞かれたが、その場では断った。

だって、そうだろう。セイラーがぐうたらなことはよく知られている。筆が遅いセイラーになにかのところで同意を得ているあいだに、サンスティーンなら新しい本を丸ごと1冊書き上げてしまうだろう。それに、われわれは2008年版の内容には満足していた。よいものを、どうしてあれこれいじらなければいけないのか。

しかしその後、新型コロナウイルス感染症のパンデミックが発生する。在宅勤務になって自宅で仕事をしていたとき、本を引っ張り出し、ぱらぱらとページをめくってみた。第1章にはiPodが出てくる。その当時は最先端だったが、いまでは時代遅れだ。まずい。なんか古くさくないか？

それに、「同性カップルが結婚できるようにするにはどうすればよいか」という問題に丸々1章が費やされている。そこで示したアイデアは、いまも秀逸な解決方法だと思っている。ところが、われわれが政治的に可能だとは考えてもいなかった方法で、その問題はまさに思いがけず解決されることになった。数多くの国で同性婚を合法にする法律ができたのだ。たしかに、新しい契約に際しては、内容の一部を少し整理したほうがいいかもしれない……。

そうして2020年、これまでに経験したことのない夏を迎えたなかで、2008年版当時の原稿を掘り出して、変更を加える必要があるかどうかを確かめることにした。すると、「国際版」と呼んでいたマイクロソフトワードファイルをセイラーが掘り当てた。一連のファイルは（かろうじて）使えた。このファイルがなかったら、今回の「完全版」は生まれていなかっただろう。もう一度最初からやり直すなんて、絶対にできなかったはずだ。

なぜ本書が「ほぼ新作」といえるのか

白状すると、われわれはこの後、ちょっとしたトラップにひっかかってしまった。人間の意思決定にはバイアスがあり、われわれは2人ともその問題のエキスパートとされているが、だからといってバイアスと無縁だとはかぎらない。まったく逆だ！

このトラップに名前があるかどうかはわからないが、誰にでも思い当たるところがあるだろう。これを**「どうせだから」バイアス**と呼ぶことにしよう。このバイアスがよく観察されるのが、住宅をリフォームする計画を立てている場面である。

ある家族が、20年間ほったらかしにしていたキッチンのリフォームをいよいよ決意する。最初の計画では、家電と収納棚を新しくするだけだった。しかしもちろん、それでは終わらない。「工事で床が傷むだろうから、張り直したほうがいいんじゃないか」「それに、あそこの壁をちょっと削ったら、新しく窓をつけられる」「そうしたら中庭をながめられるようになるけれど、中庭があれじゃあねえ……」。

このように計画がどんどん膨張していくことを、軍事用語で「ミッション・クリープ」という。われわれは「〝改訂〟クリープ」に陥ったことをここで認める。改訂作業は夏のあいだに終わるはずだったのだが、出版社に原稿をわたせたのは、11月も遅くになってからだった。

それでも、住宅リフォームのアナロジーを続けるなら、工事に時間はかかったものの、大がかりなフルリフォームをしたわけでは断じてない。われわれは、この完全版は２００８年版とほとんど同じように感じている。壁は全部残っているし、増築もされていない。しかし、ほこりがたまっていた古い電化製品を処分して、新しいキッチン家電と入れ替えている。

もっと具体的にいうと、最初の四つの章だけは、あまり変わっていない。ここではわれわれのアプローチの土台となる枠組みを示している。**リバタリアン・パターナリズム**という言葉についてもここで説明しているが、この言葉を愛しているのは、生みの親であるわれわれくらいなものかもしれない。

事例や参考文献はアップデートされているが、曲は同じままだ。これがレコードアルバムだったら、この部分を「リマスター版」と呼んでいるだろう（〝リマスター〟がなにを意味するのかよくわかっていないのだが）。２００８年版を読んだことがある人なら、軽く読み流してもらってかまわないだろう。

ただしその先は、２００８年版を読んだことがある人にとっても新しいテーマがたくさん出てくる。驚くような発見もきっとあるはずだ。

かならずおさえるべき二つの重要トピック

新しく追加した章ではまず、二つの重要なトピックをとりあげる。

一つ目は、**「スマート・ディスクロージャー」**とわれわれが呼んでいるものである。重要な情報を開示する方法を抜本的に改革し、少なくとも20世紀のテクノロジーをとりいれることを政府は検討するべきだ。

なるほど食品のパッケージの横に、原材料を表示してあれば役に立つ。視力がとてもよい人にとってはとくにそうだ。しかしそれよりも、サンスティーンが甲殻類を含む食品をオンラインで検索できるようにするべきではないのか。サンスティーンは甲殻類を食べるととても具合が悪くなることがあるのだ。インターネットは最先端のテクノロジーというわけではない。スマート・ディスクロージャーが広く使われるようになれば、オンラインの意思決定ツールをつくれるようになるだろう。われわれのいう**「選択エンジン」**がそれである。いまは新しいレストランに行く最短のルートを簡単に調べられるようになっているが、選択エンジンがあれば、いろいろなことがそれと同じくらい簡単に意思決定できるようになる。

そしてもう一つ、**「スラッジ」**とわれわれが呼ぶものについての新しい章も加えている。スラッジとは、賢い選択をむずかしくする、厄介なもののことだ（この後で見ていくように、スラッジはどこにでもある）。スマート・ディスクロージャーはスラッジを減らす一つの方法になる。すでに必要事項が記入してある納税申告書を全員に送信して、ワンクリックで提出できるようにすることもそうだ。免許や許諾やビザ、医療や学費援助を申請するときや、出張経費を精算するときに提出する書類の量を減らすこともそうである。どの組織も、不要なスラッジを発見して徹底的に叩きつぶす作戦を立てなければいけない。

ナッジはどう使われ、どんな成果をあげてきたか

また、新しい視点を提示するために、今回、残りの部分にも大きく手を入れた。「スラッジ」に加え

て、新しい「選択アーキテクチャー」の概念をいくつか紹介する。個別化されたデフォルト、「楽しくできるようにする」「キュレーション」などだ。こうした概念は、お金にまつわる意思決定を扱う章で大きな役割を果たしている。

完全版では、気候変動と環境に関する考察を増やしており、選択アーキテクチャーには限界があること（「ナッジだけで問題は解決できない」）、しかしあらゆるツールの総動員が求められるプロジェクトに、さまざまなかたちでナッジを活用できることを明らかにしていく。そしてもちろん、新型コロナウイルス感染症のパンデミックにも触れる。

また、今回、2008年版で扱ったトピックの一部を新たな視点から見つめ直すこととした。出版から長い年月がたったいま、政策が時間とともにどうなっていくのかを評価するチャンスが生まれている。2000年に開始されたスウェーデンの公的年金プランがそのよい例である。このプランでは投資家は自分で運用先を選ぶことができた。2008年版ではプランの当初の設計について論じた。運用開始から20年がすぎ、ナッジの効果はどれくらい長く続くのかという点について、いくつかの洞察を示せるようになっている（結論からいうと、ほぼ永遠に続きそうなナッジもある）。

臓器提供に関する章も書き直している。というのも、2008年版では、われわれが実際には反対している政策を「支持した」と受け止められたからだ。当時、われわれの考え方をできるだけわかりやすい言葉で説明し、ペーパーバック版ではそれをもう少し明確にしようと努めた。それでもわれわれのメッセージは伝わっていなかったため、もう一度トライする。もしもここで読むのをやめる人がいるとしても、これだけは覚えておいてほしい。

われわれは「推定同意」と呼ばれる方式を支持していない。すなわち、臓器提供に明確に反対の意思を示さなければ同意とみなしてよいとは考えていない。

その理由を知りたかったら、臓器提供の章（第13章）を先に読んでもらってかまわない。われわれは選択の自由の重要性を心から信じている。

お金に関する、消費者のもっとよい選択を手助けするトピックも、新しい視点から見直した。消費者が抱えるクレジットカード債務は膨（ふく）れ上がっている。実際のところ、高額の利用残高を維持するには高いコストがかかり、簡単なステップでそれを減らすことができるのに、多くの人はそうしない。住宅ローンでも、保険でも、医療保険プランでも、明らかにまずい選択をする。

こうした領域では多くのお金を節約できるはずであり、あなたもその1人かもしれない。しかし、それ以上に重要なこととして、われわれの議論をきっかけに、ほかのさまざまな領域でも、行動科学の知見を活用して政策が変更されるようになることを願っている。

本書で強く説いているように、ここでとりあげたコンセプトやアプローチは、民間部門（企業活動）にそのまま応用できる。企業は従業員と顧客とライバル企業が人間であることを強く意識して、基本方針や戦略をデザインしなければいけない。そのための具体的なアイデアを本書でたくさん紹介していく。

本書が「最高の入門書」であり「完全版」といえる理由

ここで、われわれが完全版にあたっても「しなかったこと」をはっきり示しておくべきだろう。近年、ナッジに関連してすばらしい活動、改革、研究が生まれているが、そうした最新動向のアップデートはしない。

世界各国の政府がナッジを、それも多くがよい方向へ導くナッジを行っており、民間部門でも斬新で独創的なアイデアが生み出されている。学術研究も飛躍的に増加している。こうした動きを見ていったら、それだけで新しい本が1冊できるだろうし、実際にたくさん書かれている。サンスティーンにいたっては、4巻セットの論文集を共編で出してまでいる（サンスティーンにとってはナッジに関する4巻セットの論文集を編集するのは楽しいことだが、セイラーにしてみれば、数を1000万から逆に数えていくほうがよっぽどよい）。

ナッジに対する異論についてはいろいろと伝えたいことがあり、そのために1章を割（さ）いているが、批判に体系的に反論してはいない。われわれがみなさんに見せたいものは、批判への反論ではない。この本をはじめて読む人はもちろん、われわれ自身がここ何カ月もそうだったように、この本を読み返す人にとってさえ、新鮮で、楽しくて、古くさく感じない本である。

そして最後に、この本を「完全版」としていることについて、一言述べたい。

行動経済学者が最初に研究したトピックの一つが、「セルフコントロール問題」だった。どうして人は自分でもバカみたいだと（する前でも、した後でも）思うことをやり続けてしまうのか。クレジットカードを使いすぎてしまうし、ちょっとぽっちゃりどころではなく太ってしまうし、たばこを吸い続けてしまう。

こうした問題に対処するときに使われる戦略の一つが、**「コミットメント戦略」**だ。ついとりたくなってしまう（しかし軽率な）選択肢をとれなくするという考え方である。たとえば、ギャンブルの問題を抱えている人のなかには、カジノの出入り禁止リストに自分の名前を登録する人もいる。「完全版」と銘打つことは、この本にまた手を加えないようにするためのコミットメント戦略である。

改訂作業は楽しかったし、もしかしたら手を加えたいという衝動を抑えられなくなることもあるかもしれないが、『実践 行動経済学』の「ポスト完全」版はないことを、いまここで2人で誓う。少なくとも1人は絶対にないとかたく信じている。

リチャード・H・セイラー
キャス・R・サンスティーン

第4部

社会を見渡す

第5部

「ナッジの苦情、受け付けます」
――「ナッジの問題点」について考える

はじめに

「最高のカフェテリア」はつくれるか？

あなたの友人であるキャロリンは、大規模な公立学校給食サービスを統括する責任者である。何百もの学校を担当しており、何十万人という子どもたちが毎日、キャロリンのカフェテリアで食事をする。キャロリンは栄養学の正規教育を受けている（州立大学で修士号を取得している）。創造的なタイプの人間で、枠にとらわれないやり方で物事を考えるのが好きだ。

ある日の夜、キャロリンは友人のアダムとおいしいワインを飲んでいた。アダムは統計重視派の経営コンサルタントで、スーパーマーケットチェーンを担当している。そのとき、おもしろいアイデアがひらめいた。カフェテリアのメニューはいっさい変えずに、陳列のしかたや並べ方を変えて、それが子どもの選択に影響を与えるかどうか、学校で実験して確かめてみようというのである。

キャロリンは何十校ものカフェテリアの責任者に、食品をこう陳列してほしいと、具体的に指示した。デザートを最初に置いた学校もあれば、最後に置いた学校もあり、別のところに離して置いた学校まであった。食べ物を置く場所は学校ごとに変え、ある学校では目線の高さにフライドポテトを置いたが、別の学校ではニンジンスティックを置いた。

アダムにはスーパーマーケットのフロア計画を手がけた経験があり、統計的に有意な結果が出るだろうとにらんでいた。アダムの見立ては正しかった。カフェテリアで料理の並べ方を変えるだけで、数多くの食品の消費量がはっきりと増減したのだ。

この経験から、キャロリンは大きな教訓を学んだ。生徒たちも大人と同じように、文脈のちょっとした変化に大きく影響されうるのである。そうした影響力は、よい方向にも悪い方向にも使うことができる。キャロリンだったら、生徒たちの体によい食べ物の消費量を増やし、体に悪い食べ物の消費量を減らせる。

実験には何百もの学校が協力し、大学院生のボランティアを募ってデータを収集・分析した。そうして自分には子どもたちが食べるものに影響を与える大きな力があることを知ったキャロリンは、新しく見つけ出した力をどう使おうかと思案している。キャロリンのもとには、日頃はまじめだが、たまにいたずら好きな一面をのぞかせる友人や同僚から、いくつか提案が寄せられている。

1 すべてを考え合わせたうえで、生徒たちにとって最善の利益になるように料理を並べる。

2 ランダムに料理の並び順を決める。

3 子どもたちが自分で選ぶであろう料理を選べるように並べる。

4 最も高い賄賂(わいろ)を差し出してくれる供給業者から調達する料理の売上高を最大化する。

5 儲(もう)けを最大化することに徹する。

1は誰の目にも魅力的に映るが、押しつけのような感じがしなくもない。強い立場から介入するという点で、パターナリズム的ですらある。

しかし、それ以外の選択肢はもっと悪い！　食べ物をランダムに並べる2は、公正で筋が通っているように思われるかもしれない。ある意味では中立的でもある。だが、食品をランダムに並べることは、カフェテリアでは理にかなわない。効率を考えるなら、サラダのドレッシングはサラダの横に置くべきだ。デザートと一緒に置くべきではない。それに、料理の並び順が学校をまたいでランダムに決められてしまうと、一部の学校の生徒はほかの学校の生徒よりも健康によい食べ物を食べられなくなってしまう。これは望ましいといえるのだろうか。

キャロリンは簡単に健康を増進できる。その点で大半の生徒の状態をよくできるのだとしたら、その種の中立性を選ぶべきなのだろうか。

3は押しつけをしないすばらしい取り組みのように見えるかもしれない。子どもが自分で選ぶであろう食べ物を並べるようにするのである。それはほんとうの意味で中立的な選択かもしれないし、キャロリンは人びとの望みを（少なくとも高学年の生徒を相手にする場合には）中立的な立場でかなえるべきなのかもしれない。

しかしちょっと考えれば、この選択肢を実行するのはむずかしいことがわかる。アダムとの実験で、子どもたちがなにを選択するかは、食べ物の陳列順に左右されることが実証されている。そうだとしたら、子どもたちの「真の選好」とはどのようなものになるのだろう。「キャロリンは生徒が〝自分たちで〟選ぶであろうものを見つけ出そうとするべきだ」というなら、それはなにを意味するのか。

カフェテリアでは食べ物をなんらかのかたちで体系的に並べなければいけない。それに、子どもではなく大人を相手にするときも、いまあげたことの多くがあてはまる。

4はキャロリンと取引する悪徳業者には魅力的に映るかもしれず、影響力を行使する手段を格納しておく兵器庫に、「料理を並べる位置を操作する」という武器がまた一つ加わることになるだろう。しかし、キャロリンは高潔で誠実な人物であり、この選択肢は切り捨てる（残念だが、全員が全員、キャロリンのように道徳観念がしっかりしているわけではないだろう）。

2、3と同じく、5もなかなか魅力的である。最高のカフェテリアとは最高に儲かるカフェテリアだとキャロリンが考えているなら、なおさらだ。それでも、そのせいで生徒たちの健康が脅(おびや)かされるのだとしたら、キャロリンは儲けを最大化することだけを考えるべきなのだろうか。キャロリンはほかでもない学区のために働いているのだ。

キャロリンは**「選択アーキテクト**（選択の設計者）**」**である。選択アーキテクトは、人びとが意思決定する文脈を整理して示す責任を負う。

キャロリンは想像上の人物だが、現実の世界でも、「じつは選択アーキテクトだ」という人はたくさんいる。そうとは気づいていないケースがほとんどで、そのなかにはカフェテリアを運営している人だっている。

患者が利用できる治療方法の選択肢を説明する医師は、選択アーキテクトである。

新しい社員がさまざまな福利厚生メニューのなかから利用するものを選ぶときに使う書式やウェブサ

イトをつくる人も、選択アーキテクトである。

有権者が候補者を選ぶときに使う投票用紙をデザインする人だって、選択アーキテクトである。

ドラッグストアや食料品店を経営している人も選択アーキテクトだ（そして、キャロリンが直面した疑問の多くと向き合うことになる）。

「こんな教育の選択肢があるよ」と子どもに示す親は、選択アーキテクトである。

セールス担当者も、選択アーキテクトなのである（本人はそれをわかっているだろうが）。

選択アーキテクチャーと、従来からある建築（アーキテクチャー）のあいだには似ている点がいくつもある。きわめて重要な類似点は、「中立的」な設計などないということだ。

新しいオフィスビルを設計する仕事を考えてみよう。設計者にはいくつかの要件が与えられる。ロビーをつくること。部屋の数は１２０、さまざまな大きさの会議室が13、そして全社員が集まれる大きな部屋が一つ。ビルは決められた場所に建てなければならない。それ以外にも、法律の問題、美観の問題、実用上の問題など、何百もの制限がある。設計者は最後にはドアと階段と窓と廊下のある現実の建物を完成させなければいけない。

よい設計者なら知っているように、トイレをどこにつくるかなど、これといった根拠がなさそうな意思決定が、ビルを使う人たちがどのように相互交流するかに、目には見えない影響を与えることになる。トイレに行くたびに同僚とばったり会う機会が生まれるからだ（よい意味でも、悪い意味でもだが）。よい建物は見た目が美しいだけではない。「機能」もそなえている。

この後で見ていくように、なんでもなさそうな小さな要素が人間の行動に大きな影響を与えることがある。そのため、「あらゆることが重要な意味をもつ」と想定しておかなければいけない。これはよい経験則だ。利用者の注意をある特定の方向に向かせると、小さな要素が力をもつようになる場面は多い。

この原理を示す秀逸な例が、アムステルダムにあるスキポール空港の男性用トイレにある（なんでよりによってそこ?）。空港のどの小便器にも、「黒いハエの絵」が描かれている。男というものは、用を足すときにはどうも注意が散漫になるようで、周囲を少しばかり汚してしまいがちだが、目標があると注意力がぐっと上がり、精度も格段に高まる。発案した人の話では、このアイデアはめざましい成果をあげているという。

「これがあると狙いが定めやすくなります。男はハエを見つけると、それを狙いたくなるものなのです」

と、アード・キーブームは言う。キーブームは経済学者で、スキポール空港の施設拡張計画を統括した。ハエマークの効果で「飛び散り」が80％減ったとキーブームは報告している。

その数値を実証することはわれわれにはできない。それでも、「本書の２００８年版でこの例を紹介してから、世界中の空港でハエマークを目にするようになった」と報告することはできる。そしてこれが、この後でとりあげる**「利用可能性ヒューリスティック」**というやつなのだ。

「あらゆることが重要な意味をもつ」という知見は、機能を麻痺（まひ）させるものにも、力を与えるものにもなる。よい設計者は、完璧なビルを建てることはできなくても、プラスの効果をもたらす設計を選択することができる。

たとえば、コーヒーマシンをどこに置くかで、職場内の交流がうながされたりする。政策を立案する人は、トイレにハエの絵を描くのと同じことができる。クレジットカードの請求書に、支払いが遅れると遅延損害金が発生すること、利用限度額を超えると超過手数料がかかることを、はっきり目立つように表示するのがその例だ。パンデミック時には、スーパーマーケットに入店するために待つ客が並ぶ歩道に線を引いておくと、ソーシャルディスタンスを保つようにうながせる。

そして、ビルの設計者が最後には設計プランを完成させなければいけないのとまったく同じように、キャロリンのような選択アーキテクトは、給食のメニューで選択肢の特定の並び順を選ばなければいけない。そしてそれをどう選択するかによって、人がなにを食べるかに影響を与えることができる。キャロリンは〝ナッジ〟できるのである。*

*ナッジ（nudge）をヌッジ（noodge）と混同しないでいただきたい。ウィリアム・サファイアが『ニューヨーク・タイムズ・マガジン』誌（2000年10月8日付け）のコラム「オン・ランゲージ」で説明しているとおり、「イディッシュ語の noodge」は、「『厄介者、うるさく小言をいう迷惑者、不平ばかり口にする者』を意味する名詞である。…… nudge は『人の横腹をとくにひじでやさしく押したり、軽く突いたりすること』である。そのようなかたちでnudgeする人、つまり、『ほかの人に注意を喚起させたり、気づかせたり、控え目に警告したりする』人は、はた迷惑な泣き言をこぼしてばかりいる noodge とは似ても似つかない」。nudge は judge と同韻で、noodge の〝oo〟は book と同じように発音する。

ナッジの中核をなす「リバタリアン・パターナリズム」の考え方

すべてを考え合わせると、キャロリンは子どもたちが自分にとってよりよい食品を選ぶようにナッジする機会を利用するべきであり、1の選択肢を選ぶべきだ——。そう思われたのなら、われわれが提唱する潮流、「**リバタリアン・パターナリズム**の世界にようこそ」と申し上げたい。

この言葉が多くの読者の心をわしづかみにするようなものでないことは重々承知している。「リバタリアン（訳注：個人の自由をなによりも重んじ、それに対する介入・干渉に反対する考え方）」も、「パターナリズム（訳注：強い立場にある者が、弱い立場にある者の利益になるという理由で、行動に介入・干渉すること）」も、少し嫌悪感をもよおさせるところがあり、大衆文化や政治がもたらすマイナスのイメージが重しになって、多くの人には魅力のないものになっている。

それだけではない。この概念は矛盾しているように感じられるのだ！　悪くいわれている、相反する二つの概念を、どうして組み合わせるのだろう。

正しく理解されれば、リバタリアンも、パターナリズムも、納得のいく考え方だ。それに、別々に見るよりも組み合わせたほうがはるかに魅力的になる。問題は、それぞれの言葉が、特定の原理原則に固執して、それ以外の考えはいっさい認めない教条主義的な立場だととらえられてしまっていることである。

「たいていの場合において、他者に害を与えないかぎりは、人は自分がしたいことを自由にするべきであり、望ましくない取り決めを拒否したいのであれば、オプトアウト（拒否の選択）をする自由を与えられるべきである」――。このストレートな主張が、われわれの戦略のリバタリアン的な側面である。

リバタリアン・パターナリストは、故ミルトン・フリードマンの言葉を借りるなら、人は「選択の自由」をもつべきだと強く訴える。われわれは選択の自由を確保したり、高めたりする政策を設計しようと懸命に努力している。**パターナリズム**という言葉の意味を限定するために**リバタリアン**という言葉を使うときには、「自由がある」ということを意味しているにすぎない。そして、「自由がある」と言うときには、まさにその言葉どおりのことを言っている。

リバタリアン・パターナリストは、「人びとが自分の思ったとおりに行動できるようにしたい」と考えているのであって、「自由を行使したいと思っている人に重い負担をかけよう」とは考えていない（人びとが他者に害を与えているときには、選択する自由を守るというのは最善の考え方ではないことは強調しておきたい。しかしそうした場合でも、ナッジは重要な役割を果たすことができる。この点については、後で述べる。ただし、人びとがどうしようもなく悪い選択をして、将来の自分に害をおよぼしているのであれば、ナッジだけでは足りないかもしれない。この点についても、後で述べる）。

「人びとがもっと長生きをし、もっと健康になり、もっとよい人生を送れるようにするために、選択アーキテクトが人びとの行動に影響を与えようとするのは当たり前のことである」――。これがわれわれの戦略の、パターナリズム的な側面である。言い換えると、人びとが自分たちの暮らしをよくするような選択を誘導するために、民間の組織と政府が自覚して取り組まなければいけない。

哲学者をはじめとする大勢の人が、**パターナリズム**という言葉を定義しようと努力を重ね、なにが正しくて、なにが正しくないかを明らかにしようとしていることは、われわれも承知している。われわれが支持するパターナリズム的な政策は、「自分の状況がよくなっている」と**選択する人自身が感じる**結果になるように、人びとの選択に影響を与えることを目的としている。

ここでいっているのは、手段についてのパターナリズムであって、目的についてのパターナリズムではない。パターナリズム的な政策とは、人びとが自分の好ましいと思う目的地にたどり着けるように手助けする政策である。

何十年にもわたる行動科学の研究から、ラボ実験では、人はよく「まずい選択」をすることがわかっている。現実の生活でも、人はたくさんミスをする。ビートルズの歌詞にもあるが、友だちのちょっとした助けがあってようやく、なんとかやっていけるくらいのものだ。

われわれの目標を一言でいえば、「人びとが十分な注意を払い、完全な情報をもち、認知能力に制約がなく、完璧なセルフコントロールができていたらするであろうと思われる選択をするように、手助けすること」である（だからといって、ときに夜遅くまで遊び歩いたり、食べすぎたり、はめをはずしたりしてはいけないなんてことはない。「いまを楽しめ。人生にリハーサルはない」というではないか）。

リバタリアン・パターナリズムは、どちらかというと弱く、ソフトで、押しつけではないかたちのパターナリズムである。選択ができないわけでも、選択が制限されているわけでも、選択が大きな負担になるわけでもない。「たばこを吸いたい」とか、「キャンディをたくさん食べたい」とか、「自分に合っていない医療保険プランを選びたい」とか、「老後の資金を貯められなくてもかまわない」とかいう人がいても、リバタリアン・パターナリストはそうしないように強制することはないし、そうしづらくすることさえしない。

それでも、われわれが勧めるアプローチはパターナリズム的だとされる。なぜなら、重要な文脈において、官民の選択アーキテクトがやるべきなのは、人びとがすると予想される選択をただ後追いしたり、そのまま実行したりすることではなく、人びとの生活がよりよいものになる方向へと進むようにすることだからだ。選択アーキテクトは、ナッジしなければいけないのである。

われわれのいう**「ナッジ」**とは、選択を禁じることも、経済的なインセンティブを大きく変えることもなく、人びとの行動を予測可能なかたちで変える選択アーキテクチャーのあらゆる要素のことである。ある介入をナッジの一つとみなすには、その介入を、少ないコストで簡単に避けられなければいけない。税金はナッジではない。罰金も、補助金も、禁止も、命令もそうだ。果物を目の高さに置くことはナッジであり、ジャンクフードを禁止することはナッジではない。

われわれが提案する政策は、政府からのナッジがあるかないかに関係なく、民間で実行できるものが多く、実際に実行されている。

たとえば事業主は、この本でとりあげるさまざまな事例の多くで、重要な選択アーキテクトである。医療保険プランや退職金積み立てプランにかかわる分野では、事業主はいまよりずっと役に立つナッジを従業員に与えることができるだろう（賢明なデフォルトルールを設定する、情報をはっきりと示す、役に立つヒントを与える、などがその例である）。

儲けながらよいことをしたい民間企業なら、環境にやさしいナッジを設計し、大気汚染や温室効果ガスの排出を減らす後押しをして、利益をあげることだってできる。しかしもちろん、本書でとりあげる概念を悪用して売り上げを増やすこともできる。そんな企業は「スラッジ」を仕込むかもしれない。われわれは、公共部門でも、民間部門でも、スラッジを減らすべく懸命に努力している（第8章を参照）。

ホモ・エコノミクスとホモ・サピエンス——なぜナッジが不可欠なのか

パターナリズムを認めない人は、たいてい、こう主張する。「人間は非常によい選択をする。たとえ非常によいものではないとしても、ほかの誰かがするであろう選択よりもよい選択ができることはまちがいない。その誰かが政府の人間である場合はとくにそうだ」。

経済学を学んだことがあるかどうかに関係なく、多くの人が少なくとも暗黙のうちに、従来の経済学がモデルとしている**ホモ・エコノミクス**（経済人、自分の利益がつねに最大になるように判断し行動する人間）を想定しているように見える。まるで私たちは誰もがまちがうことなく適切に考えて選択しており、標準的な経済学が提示する人間像に収まっている、と思っているかのようだ。

経済学の教科書を見ると、ホモ・エコノミクスはアルベルト・アインシュタインのように考えることができて、グーグルのクラウド環境に匹敵する記憶容量があって、マハトマ・ガンディー並みに強い意志をもっていることがわかる。ほんとうにそうなのだ。

しかし、われわれが知っている人たちはそうではない。現実の人間は、電卓がなければ長い割り算にてこずるし、配偶者の誕生日を忘れることもあるし、二日酔いで新年を迎えたりもする。こんな人はホモ・エコノミクスではない。**ホモ・サピエンス**だ。

ラテン語はできるだけ使わないようにしたいので、ここから先はこの想像上の種を「エコン」、実在する種を「ヒューマン」と呼ぶことにする。

肥満の問題を考えてみよう。

アメリカの成人の肥満率は40％を超えており、[1] アメリカの成人の7割以上が「（健康を害するほどの）肥満」か「太りすぎ」だと考えられている。[2] 世界全体では「太りすぎ」の成人は約10億人いて、そのうち3億人は「肥満」である。

肥満率は、日本、韓国、一部のアフリカ諸国の6％未満から、アメリカ領サモアの75％超まで、大きな幅がある。[3]

世界保健機関（WHO）によると、北アメリカ、イギリス、東ヨーロッパ、中東、太平洋諸島、オーストラリア、中国の一部の地域では、1980年以降、肥満率が3倍になっている。肥満が心臓病や糖尿病のリスクを高め、早期死亡する確率が高くなることを示す確かなエビデンスがある。

これでは、誰もが最適な食事、つまりいくつかのナッジを与えることによって選ばれるであろうものよりも望ましい食事を選んでいるとは、とてもいえない。

もちろん、賢明な人たちは健康を意識するだけでなく、味にもこだわる。それに、食べることはもともとそれ自体が喜びである。言っておくが、われわれは「太りすぎの人はみんな合理的に行動していない」と決めつけているわけではない。ただ、「すべてのアメリカ人、あるいはほとんどすべてのアメリカ人が、食品を最適に選んでいるというのは誤りだ」と断言しているのである。

食事にあてはまることは、喫煙や飲酒など、リスクをともなう行動にもあてはまる。喫煙や飲酒が原因で、アメリカだけで毎年何十万もの人が早期死亡している。食事、喫煙、飲酒については、控え目に見ても、人びとがいましている選択がそれぞれのウェルビーイングを高める最高の手段になっているとはいいがたい。

実際に、多くの喫煙者や飲酒者、過食者が第三者にお金を払って、もっとよい選択ができるように手助けしてもらっている。

こうした発見は、新しい学問領域である「選択の科学」の研究結果を補完するものだ。選択の科学は、半世紀にわたる広範な調査を基礎としている。初期の研究の大部分はラボ実験によるものだったが、自然な環境下やランダム化比較試験で行われた選択の記録の調査を含めた現実世界の行動を調査した研究が、大幅かつ急速に増えている。こうした研究は、「人びとが行うさまざまな判断や意思決定は、はたして正しくて賢明なのか」という、大きな疑問を投げかけている。

エコンであるために必要なのは、バ、イ、ア、ス、の、な、い、予測をすることであって、完璧な予測をする必要はない（それには全知が求められる）。つまりエコンは、予測を誤ることはあっても、予測可能な方向に何度もまちがうことはありえない。

エコンとちがって、ヒューマンは予測可能なミスをする。この点を「計画の錯誤」を例に説明しよう。

計画の錯誤とは、計画を完遂するのに必要な時間を過度に楽観的に見積もってしまうという、系統立った傾向のことである。住宅リフォーム工事を依頼したはいいが、計画の錯誤のことを知っていたのに、すべてにおいて考えている以上に時間がかかってしまったという経験のある人なら、こう聞いても少しも驚かないだろう。*

人間の予測には欠陥があり、バイアスがかかっていることが、何千という研究によって確認されている。人間の意思決定もそんなに大したことはない。ここでも一つだけ例をあげて、「現状維持バイアス」と呼ばれるものを考えてみよう。

現状維持バイアスとは「惰性（だせい）」のおしゃれな言い方である。人はいくつもの理由から、現状を維持するか、デフォルト（訳注：選択する人がなにもしなかったら選ぶことになる初期設定）の選択肢にしたがう強い傾向を示す（この問題については後で検討する）。たとえば、新しいスマートフォンを買えば、着信画面の背景から、通話が留守番電話に転送されるまでの呼び出し回数まで、一連の選択が必要になる。メーカー側はこうした選択ごとに、一つの選択肢をデフォルトとして設定している。デフォルトの選択肢がどのようなものであるかに関係なく、大勢の人がデフォルトのままにすることを示す調査結果がある。「どの着信音にするか」よりもはるかに重大な選択をするときでもそうなのだ。

＊計画の錯誤のことを知っていても、ミスを防ぐことはできない。実際、この完全版の改訂作業にかかった時間は、当初の予想よりはるかに長くなってしまった。

本書ではデフォルトの設定を用いた例をたくさん紹介するが、後で見ていくように、デフォルトはとても大きな力をもつことが多い。

民間企業や公的機関の人間が望ましいと考える結果がある場合、それをデフォルトに選べば、大きな影響を与えられる。「オプトイン方式」から「オプトアウト方式」に変えるだけで、加入率が25％上がることもよくあり、もっと上がるときもある。

これから示すとおり、デフォルトの選択肢を設定するなど、一見するとなんでもないようなメニュー変更戦略が、「貯蓄が増える」「気候変動対策をする」「医療が向上する」「貧困が減る」といった、非常に大きな効果を生み出すことがある。

それと同時にわれわれは、人びとがみずからの自由を行使して、デフォルトを拒否する重要な状況があることも示していく。たとえば、あることを強く感じているときには、惰性の力、そして連想の力に打ち勝てるかもしれない（デフォルトは「推奨されている選択肢であること」を示唆するものと受け取られやすい）。デフォルトの変更は有効なナッジになりうるが、それであらゆる問題が解決するわけではけっしてない。

デフォルトの選択肢をうまく設定すると、たいてい大きな効果が生まれるが、これはナッジがゆるやかな力をもっていることを示す事例の一つにすぎない。われわれの定義にしたがえば、たとえエコンには無視されることになっても、ヒューマンの行動を大きく変える介入は、ナッジに含まれる。

エコンは主にインセンティブに反応する。政府がキャンディに課税すると、エコンはキャンディを買う量を減らすが、選択肢の並び順のような「関係のない」要因には影響されない。

ヒューマンもインセンティブに反応するが、ナッジにも影響される。* インセンティブとナッジの両方をうまく使うと、人びとの生活をよいものにする能力を高められるし、社会の重大な問題の多くを解決できるようになる。しかも、すべての人の選択の自由を強く主張しながら、そうできる。

ナッジと自由な選択についての「誤解」

選択の自由を支持する多くの人は、パターナリズムをいっさい拒絶し、政府が市民に自分の意思で選択させるようにすることを望む。こうした考え方にもとづくなら、（政府の介入やナッジはできるかぎり少なくして）できるだけ多くの選択肢を与えて、いちばん気に入った選択肢を選ばせるようにすることが、標準的な政策提言になる。この考え方のよいところは、複雑に入り組んださまざまな問題にシンプルな解が提示されることだ。

「選択肢を最大化しろ、以上！」

＊鋭い読者なら、インセンティブにはさまざまな形態があることに気づくだろう。果物を目の高さに置き、キャンディをわかりにくい場所に置くなど、人びとの認知的な努力を増やす方法がとられると、キャンディを選択する「コスト」は高まるといえるかもしれない。

われわれが提案するナッジのなかには、ある意味で認知コストや感情コスト（物質的コストではない）を課し、その意味でインセンティブを変えるものがある。いかなるコストも低い場合にのみ、ナッジはナッジとみなされ、リバタリアン・パターナリズムと認められる（「コストが低い」とはどれくらい低い場合をさすのか。その判断はみなさんにまかせる）。

この方針は、教育から医療、退職金積み立て制度まで、さまざまな領域で推し進められている。選択肢を最大化するのが正しいのだと、まるでお経のように繰り返し唱える人たちも一部にいる。ときには、それ以外の政策の選択肢は「政府による命令」しかなく、その政府の命令は画一的で、とうてい受け入れられたものではないと考えられていることもある。

選択肢を最大化するのが正しく、それ以外の考え方は認めないという人は、「選択肢の最大化」か「一律の命令」かの二者択一ではなく、そのあいだにはいろいろな可能性があることに気づいていない。パターナリズムに反対するか否定的で、ナッジに疑いの目を向ける。そんな疑念は、一つの誤った前提と二つの誤解から生じていると考えられる。

人は自力で「ベストな選択」ができるのか

誤った前提とはこうである。

「ほとんどすべての人が、ほとんどすべての場合において、自分にとっていちばんよい選択をしているか、少なくとも第三者がするよりもよい選択ができる」

この前提はまちがっている。どう見てもまちがっている。実際、よくよく考えたうえでこの前提を信じる人なんていないだろう。

たとえば、チェスの初心者がチェスの名人と対戦するとしよう。初心者はまさに「よい選択ができない」という理由で負けることは予測がつく。しかし、役に立つヒントがあれば、すぐにもっとよい選択ができるようになるはずだ。

多くの分野で、一般消費者は初心者であり、そこにモノを売り込もうとする百戦錬磨（ひゃくせんれんま）のプロがうごめく世界でやりとりしている。もっと広くいえば、人がどれだけうまく選択しているかは経験的に検証されなければならない問題であり、答えは領域によって変わってくるだろう。

一般に、人は自分が経験を積んでいて、十分な情報があって、すぐにフィードバックをもらえる文脈では、よい選択をするものだ。よく知っているアイスクリームの味を選択するときがそうである。人は、自分がチョコレート味が好きか、コーヒー味が好きか、あるいはほかの味が好きかどうかわかっている。ところが、経験が乏しく、十分な情報がなくて、フィードバックが遅かったり少なかったりする文脈になると、うまく判断できなくなる。退職後に備えて生活資金を貯めるときや、治療方法や投資先を選ぶときがそうだ。多種多様な50種類の保険プランのなかから選ばなければならないとしたら、ちょっとした手助けがあると役に立つかもしれない。

人は完璧な選択をしていないのだとすると、選択アーキテクチャーを少し変えれば、もっと暮らしやすい社会（一部の官僚が考える暮らしやすい社会ではなく、実際にそこで生活している人たちが暮らしやすくなっていると感じる社会）にできるだろう。これから明らかにしていくように、人びとがよりよい生活を送れるようにする選択アーキテクチャーを設計するのは可能であるだけではない。多くの場合、簡単にできる。

「選択の自由」は１００％実現可能か

誤解の一つ目は、「人びとの選択に影響を与えないようにすることは可能である」というものだ。ある組織や行為者がほかの人びとの行動に影響をおよぼす選択をしなければいけない状況は、数え切れないほどある。そうした状況では、なんらかの方向にナッジすることは避けられず、ナッジは人びとの選択に影響を与える。選択アーキテクチャーは絶対に必要になる。キャロリンのカフェテリアの例が示すように、選択アーキテクトが選ぶ設計の要素は、人びとの選択に幅広く影響する。どのウェブサイトでも、どの食料品店でも、デザインや設計は欠くことができない。

もちろん、知らず知らずのうちにナッジしている場合があることは事実だ。雇用主は（たとえば）従業員への給与の支払いを月1回にするか隔週にするかを、ナッジするという意図をいっさいもたずに決めているだろう。それなのに、隔週で給与を支払うと従業員の貯蓄が増えて驚くことになったりする。これは隔週払いだと給与を3回もらえる月が年2回あるのに、請求書がくるのは月1回であるためだ。また、官民の組織が、選択肢を無作為に選んだり、大半の人がなにを望んでいるかを見つけ出そうとしたりするなどして、設計をなんとか中立なものにしようとしているのも事実である。しかし、意図しないナッジが大きな影響を与えることがあり、そのような中立性に魅力がない文脈もある。本書にはそんな例がたくさん出てくる。

さらに、選択アーキテクトが、能動的に選択するように求めることがあるのも事実だ。たとえば、政府で働きたいときには、どの医療保険プランに加入するか、意思をはっきり示さなければいけない。だが、能動的選択はそもそもが選択アーキテクチャーの一形態である。

それに、全員が能動的に選択することを望むとはかぎらない。選択肢がたくさんあって、意思決定がむずかしいときはとくにそうだ。

フレンチレストランで、何百種類もありそうなチーズが盛られたカートが目の前に運ばれてくるようなときには、お店の人がおすすめのチーズを選んでくれるという選択肢があると助かるはずである。「どうぞ選んでください」と言われたくないときもあるし、選択を強制されようものなら途方にくれてしまうことだってあるかもしれない。

民間の機関についてはこうしたことを進んで受け入れても、政府が人びとの生活をよいものにしようとして選択に影響を与えることには猛反対する人もいる。政府は能力が高いわけでも、やさしいわけでもない。選挙で選ばれた公職者や官僚が無知だったり、自分の利益を第一に考えたり、民間の利益団体が追求する狭い目標を優先したりするようになったらどうなるのか。

そう危惧しているのは、われわれも同じである。とりわけ、政府がまちがいを犯す、バイアスに陥る、過度に介入するといったリスクは現実にあり、ときに深刻であるという点には強く同意する。だから、われわれはだいたいにおいて命令や義務、禁止よりもナッジを支持しているのである（ただし、他者に害を与えているときは別である）。

しかし、カフェテリアと同じように（政府がカフェテリアを運営することもよくある）、政府はなんらかの出発点を示さなければいけない。これを避けて通ることはできない。本書で強く主張していくように、政府が定めた政策は、なんらかの選択や結果に毎日影響を与えている。

この点では、ナッジに反対する立場をとるというのは、論理的に不可能なことであり、まったく意味がない。

ナッジは強制とワンセットか

二つ目の誤解は、「パターナリズムにはかならず強制がともなう」というものだ。

先のカフェテリアの例では、料理の並べ方を選んでも、誰かに特定の料理を食べるように強制することはないが、キャロリンのような立場にある人は、われわれのいう意味でのパターナリズムの見地から、料理の並べ方を選んでいるかもしれない。小学校のカフェテリアでデザートの前に果物やサラダを置くことで、結果的に子どもたちがりんごを食べる量を増やして、チョコレートブラウニーを食べる量を減らすように誘導することになったとしても、誰がそれに反対するだろう。食堂を利用するのがティーンエイジャーだったら、さらには大人だったら、問題は根本的にちがってくるのだろうか。

GPS装置は、あなたが行きたいところに行くルートを指図しようとするという意味でパターナリズム的だといえるが、たとえそうであっても、それは自由を侵害することになるのだろうか。強制をともなわないのであれば、ある種のパターナリズムは選択の自由を強く信奉している人にも受け入れられるはずだと思われる。

本書では、貯蓄、健康、消費者保護、臓器提供、気候変動、保険などのさまざまな領域で、われわれの基本的なアプローチに沿って具体的な提案をしていく。選択する自由はあくまでも残ると主張することで、不適切な設計はもちろん、不正が横行するような設計が行われるリスクを減らせるだろう。

選択の自由は、悪い選択アーキテクチャーがつくられるのを防ぐ、最高の安全装置になる。

「選択アーキテクチャーの効果」とは？

選択アーキテクトは、利用する人にやさしい選択環境を設計することで、人びとの生活を大きく向上させられる。繁栄している企業の多くは、まさにその理由から市場で成功している。選択アーキテクチャーがはっきりと目に見えて、それが提供する価値を消費者や従業員がわかっているときもある。アップルのｉＰｈｏｎｅが非常に大きな経済的成功を収めたのは、デザインのエレガントさもあるが、それ以上に、ｉＰｈｏｎｅならユーザーのしたいことが簡単にできたからだ。

逆に、選択アーキテクチャーが軽んじられていて、利用する人にまったくやさしくないようなケースもある。

アメリカの職場の例を考えてみよう（あなたがアメリカ以外の国に住んでいるなら、この例から、われわれがいかに大変な思いをしているか、どうか察してほしい）。

大規模な雇用主の大半は、生命保険・健康保険や退職金積み立て制度といった各種の福利厚生を提供している。年1回、秋の終わりごろに、雇用者が前の年の選択から変えることができるオープン登録期間がある。

選択はオンラインでしなければいけない。雇用者には通常、選択肢の内容と、ログオンして選択する方法を説明する資料一式が郵送されるほか、リマインダーもさまざまなかたちで届く。

雇用者は人間なので、なかにはログオンするのをうっかり忘れてしまう人もいる。そのため、忙しくて、忘れっぽくて、やることがいっぱいで頭がパンクしそうになっているであろう雇用者のために、デフォルトの選択肢をどう設定するかが、非常に重要になる。

デフォルトの選択肢はたいてい次の二つのどちらかだ。「前の年と同じ選択を継続する」か、「選択を『ゼロ』に戻す」か。前者を「現状維持」オプション、後者を「ゼロ設定」オプションと呼ぶことにしよう。選択アーキテクトはこの二つのデフォルトをどのように選ぶべきなのだろう。

リバタリアン・パターナリストなら、思慮深くて、十分な情報をもっている雇用者にほんとうはどうしたいのか聞いて、デフォルトを設定しようとするだろう。この方法だと、かならずしも明確な意思をもって選択ができるとはかぎらないが、デフォルトを無作為に選んだり、すべての項目のデフォルトを一律に「現状維持」か「ゼロ設定」のどちらかにしたりするよりもよいことはまちがいない。

たとえば、大半の雇用者は高額の補助が出されている健康保険をキャンセルしたいとはまず思わないだろう。そのため、健康保険については、現状維持デフォルト（前の年と同じプランで継続する）のほうがゼロ設定デフォルト（これだと健康保険なしでやっていくことになる）よりも強く選好されるのではないか。

これを雇用者の「医療費フレキシブル支出口座」と比較してみよう。これはなんとも非情な「福利厚生」で、アメリカにしかないものだと思う。雇用者は毎月、給与の一部をこの口座に積み立てていき、規定の費用（保険が適用されない医療費や保育費用など）の支出があったときに、口座から払い戻しを受けることができる。どうして非情かというと、この口座に入れたお金は、翌年の3月31日までに使い切らないと没収されてしまうのだ。

その年にどれだけの支出があるかを予測して積立額を設定するが、支出は年によって大きく変わるかもしれない（赤ちゃんが生まれた年には医療費が増えるかもしれないし、子どもが小学校に入ると保育費は減るかもしれない）。このケースでは、現状維持デフォルトよりもゼロ設定デフォルトのほうが理にかなうだろう。

これは仮定の問題ではない。セイラーは以前、自分の雇用主であるシカゴ大学の管理部門の3人の幹部と会って、同じような問題について話し合ったことがある。その日はたまたまオープン登録期間の最終日だった。セイラーはそのことに触れ、3人に、ログオンして福利厚生パッケージを調整することを覚えていたかどうか、冷やかし半分に聞いてみた。

1人はきまり悪そうに、「今日中にするつもりだった」と答え、リマインドしてくれたことに感謝していた。もう1人はすっかり忘れていたことを認め、残る1人は「きっと妻が忘れずにやってくれていると思う」と言ったのだ！

その後、本題に移って、「補完的給与減額プログラム」という、しょうもない名前の選択肢のデフォルトをどうするべきかについて話し合った（このプログラムは響きこそあれだが、実際は節税対策になるよい貯蓄制度である）。

その時点でのデフォルトは「ゼロ設定」オプションだった。それでセイラーは、「前の年と同じ」現状維持オプションに変更するように説得したいと思って、3人に集まってもらっていた。自分たちの忘れっぽさを自覚させられた3人は変更を即断した。これで大勢の大学教職員たちがより快適な老後をすごせるようになるだろう。

この例は、よい選択アーキテクチャーの基本原則を示している。選択する人は人間なので、設計する人はできるかぎり生活を楽にしなければならない。まずはリマインダーを送るようにする（ただし、たくさん送りすぎてはだめ！）。そして、あなたが（そして本人たちが）手を尽くしているにもかかわらず、ついつい忘れてしまう人に課されるコストができるだけ少なくなるようにする。

この後で見ていくように、こうした原則はほかにもたくさんあり、どれも民間部門にも公共部門にも適用できるし、発展の余地はまだまだある。大企業と政府のみなさん、ここは大切なところなので、忘れないようにメモしておいてください（あと、大学と中小企業のみなさんも）。

よりよい生活と社会を実現するための新しいアプローチ

民間の機関のナッジについて、伝えなければいけないことは山ほどある。しかし、リバタリアン・パターナリズムが適用されている事例のなかでもとくに重要なものの多くは政府の取り組みであり、本書では公共政策や法律に関して、さまざまな提言をしていく。

2008年版を書いたとき、本書の提言は右派と左派の両方にアピールするのではないかと期待していた。リバタリアン・パターナリズムにもとづく政策は、保守派にもリベラル派にも受け入れられると確信していたからだ。その確信は現実となり、いまではわれわれの期待をはるかに超える広がりを見せていることを報告できて、うれしく思う。

イギリスでは、元首相で保守党元党首のデヴィッド・キャメロンがナッジを受け入れ、ナッジを政策に応用するための世界初となる専門チームを立ち上げた。正式名称は「行動インサイトチーム（the Behavioural Insights Team／ＢＩＴ）」だが、「ナッジユニット（the Nudge Unit）」の通称で呼ばれることが多い。*

アメリカでは、民主党でリベラル派のバラク・オバマ元大統領もナッジの基本的な考え方を受け入れて、さまざまなナッジを採用するように各機関に指示し、ホワイトハウス内にナッジユニットをつくった（設立当初の名称は「社会および行動科学チーム（the Social and Behavioral Sciences Team）」で、現在は「評価科学局（the Office of Evaluation Sciences）」と呼ばれている）。アメリカ国際開発庁は行動科学の知見を活用した各種のプログラムを提供している。

２００８年版が出版されてから、世界中の政府が、さまざまな政治状況の下で、政策の効率と効果を上げるための取り組みに、ナッジやナッジに関連するアイデアを組み入れている。いまでは、オーストラリア、ニュージーランド、フランス、日本、インド、カタール、サウジアラビアをはじめとする数多くの国に、多種多彩な行動インサイトチームやナッジユニットがある。世界銀行、国際連合、欧州委員会（ＥＣ）もナッジに関連する膨大な研究を行っている。

２０２０年には、世界保健機関がパンデミック、ワクチン接種、若者のリスクテイキング行動など、さまざまな公衆衛生問題を専門に扱う行動インサイト・イニシアティブを立ち上げた。

＊このチームはいまもあるが、現在は政府、従業員、ネスタと呼ばれる慈善団体が共同で所有する「社会的目的会社（social purpose company）」として運営されている。２０２０年現在、２００人を超える従業員が30カ国以上で活動している。

世界はますます分極化が進んでいるように見えるが、それでもリバタリアン・パターナリズムは、党派の垣根を超え、問題をシンプルに解決する基礎になれると、われわれは信じている。統治の能力を高めるには、多くの場合、政府による強制を減らし、選択の自由を増やす必要がある。

命令と禁止にはそれぞれの役割がある（そして行動科学はそれを見つける手助けができる）。しかし、インセンティブとナッジが要求と禁止にとってかわれば、政府は小さくなると同時に、もっと穏当になるだろう。

ここではっきりさせておこう。本書は官僚制を拡大することを求めるものではない。政府の役割を大きくすることを求めるものでさえない。よりよい統治を求めているだけである。

一言でいえば、リバタリアン・パターナリズムは左でも右でもない。まったくちがう政治信条をもつ人たちが、立場のちがいを乗り越えて歩み寄り、ゆるやかなナッジを支持するようになることを願っている。

第1部

ホモ・エコノミクスと
ホモ・サピエンス
「なぜナッジは必要か？」

第1章

バイアスと誤謬（ごびゅう）

――「最適な選択」は人にはむずかしすぎる

左の図にある二つのテーブルを見ていただきたい。

あなたはいま、「リビングルームに置くコーヒーテーブルに使うにはどちらがよいだろうか」と考えているとする。二つのテーブルのかたちをどう思うだろう。それぞれの長さと幅の比はどれくらいか、目測だけで考えてみてほしい。

あなたが大方の人と同じであるなら、左のテーブルは右のテーブルよりもかなり長くて、幅はとても狭いと考える。長さと幅の比は、左のテーブルが3対1、右のテーブルは1・5対1といったところだろう。

今度はものさしをもってきて、それぞれのテーブルの長さと幅を測ってみよう。すると、二つの天板はまったく同じ寸法であることがわかる。納得いくまで測ってみてほしい。なぜならこれは、「いま見えているものが真実とはかぎらない」ケースだからだ（行きつけのお店でランチを食べていたときに、セイラ

【図1・1】2つのテーブル（Shepard［1990］より引用）

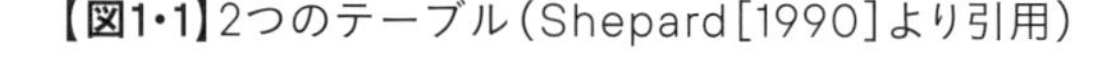

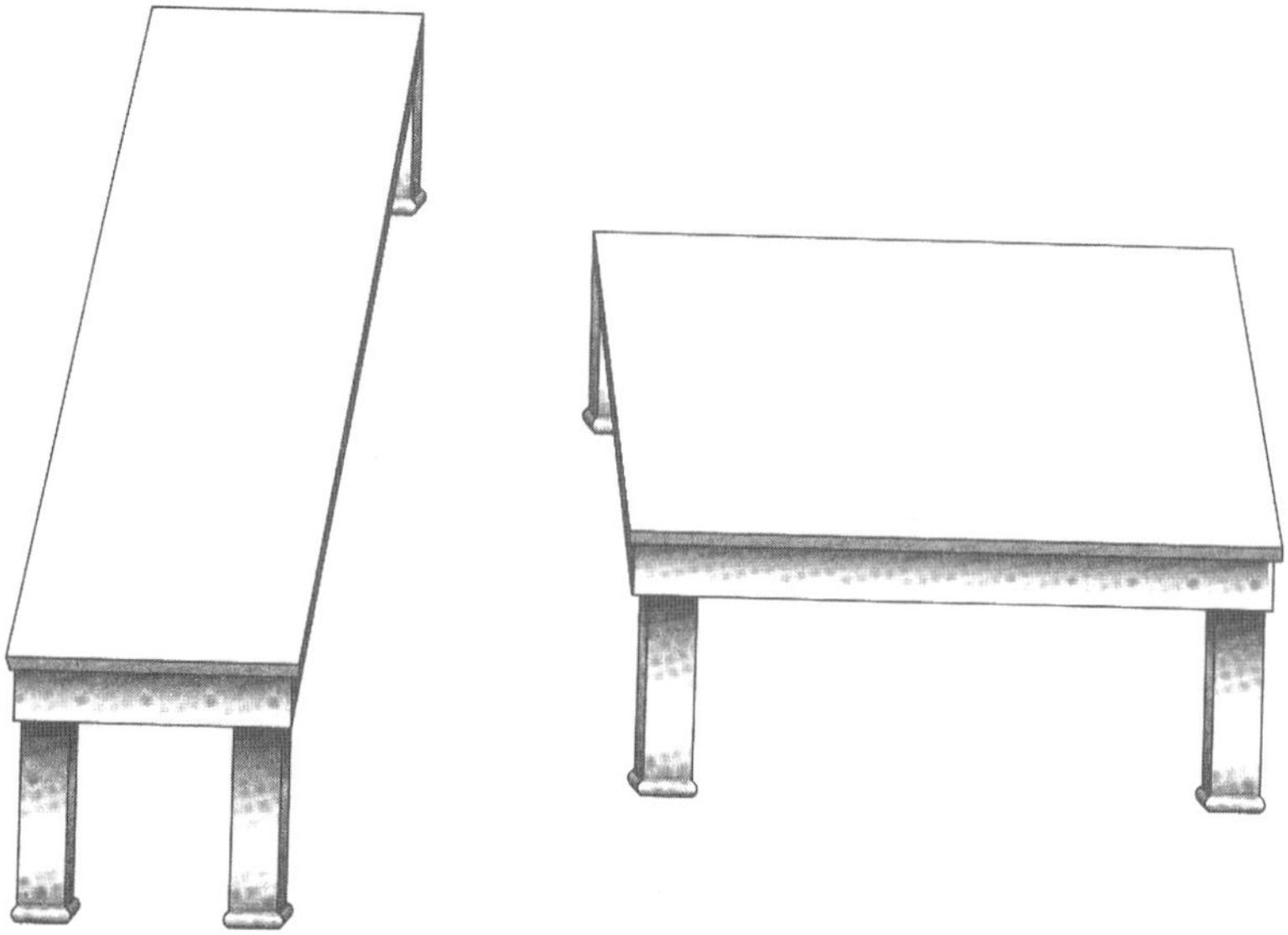

ーがこの例をサンスティーンに見せたところ、サンスティーンは箸をむんずとつかんで確かめた）。

この例からどのような結論を導き出すべきなのだろう。左のテーブルのほうが右のテーブルよりも長くて狭いように見えたのなら、あなたはまちがいなく人間である。あなたはなにもおかしくない（まあ、それはこのテストからわかることではないが）。しかし、このテストでのあなたの判断にはバイアスがかかっていた。そしてそれは、予想されたとおりの結果だった。右のテーブルのほうが細長いと考える人間などいないのだ！

あなたはまちがっていただけではない。「自分は正しい」と自信ももっていただろう。

この絵にはこんなよい使い道もある。たとえばバーで、あなたと同じふつうの人間で、賭けに弱そうな人に出会ったときに見せるのだ。

【図1・2】天板（Shepard[1990]より引用）

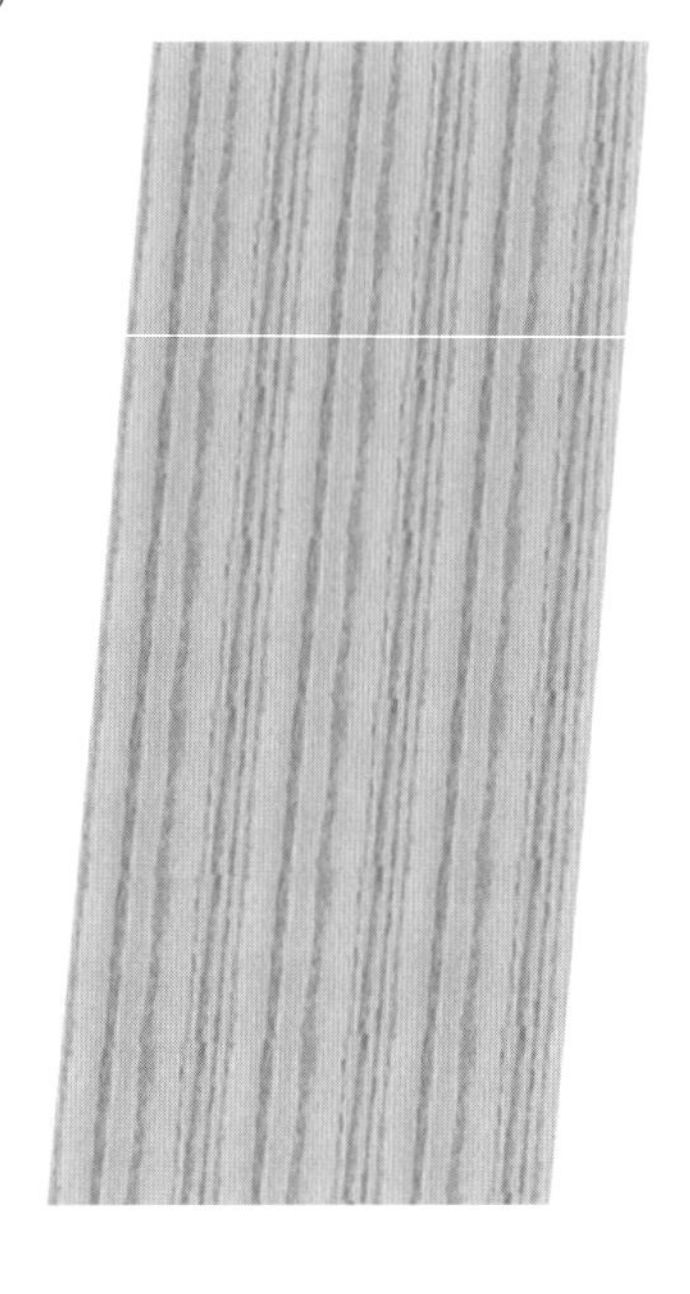

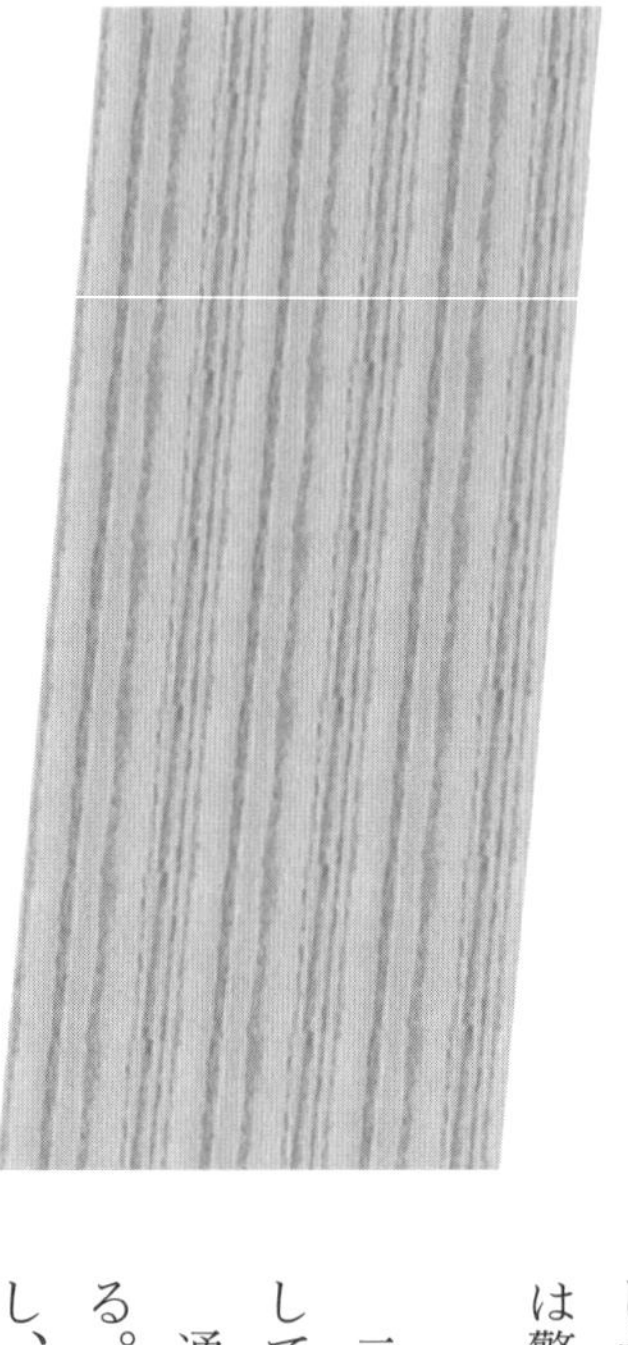

今度は図1・2を考えてみよう。この二つのかたちは同じものに見えるだろうか、それともちがうものに見えるだろうか。

この場合も、もしもあなたが人間で、視覚に問題がなければ、二つは同じかたちに見えるだろう。しかしこの二つは、図1・1のテーブルから足をとって向きを変えただけの天板なのである。図1・1のように足をつけて向きを変えると、二つの天板は別のものだと錯覚してしまうため、こうした混乱を引き起こす要因をとり除くと、視覚系は驚くほど正確ないつもの状態に戻る。*

二つの図は、行動経済学者が心理学者から拝借している重要な知見を見事に示している。

通常であれば、人間の脳は驚くほどよく機能する。もう何年も会っていない人でも誰だかわかるし、複雑な英語を理解できるし、階段から転げ落ちずに走っておりられる。なかには12カ国語を操ったり、最先端のコンピューターを改良したり、

【図1・3】セントルイスのゲートウェイアーチ

相対性理論を生み出したりできる人もいる。それでも、アルベルト・アインシュタインだって、ビル・ゲイツだって、スティーブ・ジョブズだって、このテーブルにはだまされるだろう。

だからといって、私たちが人間としてどこかまちがっているわけではない。人がいつ、どのように系統的にまちがうかがわかれば、人間の行動について理解を深められるということである。視覚系について理解が進んだから、心理学者で芸術家でもあるロジャー・シェパードは、錯視を引き起こすテーブルを描けるようになったのだ。[1]

この章では、テーブルの例の趣旨に沿って、どうして人間の判断や意思決定が、最適化にもとづくモデルの予測から逸脱するのか、非常に重要なポイントに的を絞ってくわしく説明していく。

＊二つのテーブルを描くときに使われたトリックの一つは、「垂直の線は水平の線よりも長く見える」というものだ。そのため、セントルイスにあるゲートウェイアーチ（図１・３、写真：節政博親／アフロ）は縦長に見えるが、じつは高さと幅は同じである。

しかし、本題に入る前に、われわれは「人間は不合理だ」と言っているのではないということを強調しておきたい。本書では「不合理」という、役に立たなくて意地の悪い言葉は使わないようにしているし、人間はバカだなんて1ミリも考えていない。

むしろ問題は、私たちはまちがえるものなのに、世の中が複雑すぎることのほうだ。食料品を買いに行くたびに、考えられる組み合わせのなかから最適なものを選び出す問題を解こうとしていたら、お店から出られなくなってしまう。

だから賢明な近道を使って、カートのなかのものを食べ始めてしまう前に、家に着こうとする。私たちは人間なのだ。

「経験則」のメリットとデメリット

私たちは日々の問題に対処するときに、経験則を使う。経験則は便利だし、役に立つ。トム・パーカーが1983年に出版した『経験則』(未邦訳)には、じつにさまざまな例が紹介されていて、とてもおもしろい。

パーカーはこの本を書くにあたって、「知っている経験則があったら教えてほしい」と友人に呼びかけた。そのなかにはこんなものがある。「ダチョウの卵1個で24人分のブランチを出せる」「平均的な広さの部屋に人が10人いると、室温は1時間で1度上がる」、そしてもう一つ、「大学のディナーパーティーで会話を台無しにしないようにするには、経済学関係者をゲストの25%以下にする」。この経験則については、後でまた触れる。

経験則はとても役に立つこともあるが、その結果として、系統的なバイアスが生じてしまうおそれもある。この知見は、何十年も前に、われわれのヒーローである心理学者のダニエル・カーネマンとエイモス・トヴェルスキーがはじめて示したもので、心理学者の（その後、経済学者、弁護士、政策立案者など、大勢の人たちの）思考に対する考え方を変えた。

２人の初期の研究では、「アンカリング」「利用可能性」「代表性」という三つの経験則、すなわちヒューリスティクスと、それぞれに関連するバイアスが明らかにされた。２人の研究プログラムは、人間の判断について研究する「ヒューリスティクスとバイアス」アプローチとして知られるようになった。このアプローチは行動経済学全般、そしてとりわけ本書にインスピレーションを与えている。

「アンカリング」――沈めた錨（アンカー）が判断に与える影響

いま、「ミルウォーキーの人口はどれくらいだと思うか」と聞かれたとしよう。ミルウォーキーは、われわれが本書の２００８年版を書いたときに住んでいたシカゴから、北に車で2時間ほど行ったところにある。２人ともミルウォーキーについてはよく知らないが、たしかウィスコンシン州の最大の都市だったはずである。われわれはどうやって推測すればよいのだろう。

ひとまず、われわれが知っているもの、たとえばシカゴの人口を出発点にしよう。シカゴの人口はだいたい３００万人だ。そして、ミルウォーキーはプロ野球とプロバスケットボールのチームがあるくらい大きな都市だが、シカゴほど大きくないことは確かである。だとすると、ミルウォーキーの人口はシカゴの3分の1、つまり100万人といったところだろうか。

今度は、ウィスコンシン州グリーンベイの人が同じ質問をされるとしよう。この人もミルウォーキーの人口は知らないが、グリーンベイの人口は約10万人であること、ミルウォーキーはグリーンベイよりも大きいことは知っている。そこでたとえばグリーンベイの3倍——30万人と推測する。

このプロセスは「アンカリングと調整」と呼ばれる。なんらかのアンカー（自分が知っている数字）を出発点として、自分が適切だと思う方向に調整していくのである。

ここまではよいのだが、その調整がたいてい不十分なので、バイアスが生じてしまう。先の例と同じような問題では、シカゴに住んでいる人は高い数字を答え（高いアンカーにもとづいている）、グリーンベイに住んでいる人は低い数字を答える（低いアンカーにもとづいている）ことが、実験で繰り返し示されている。ミルウォーキーの人口はあいにく約59万人である。

どう見ても関係がなさそうなアンカーでさえ、意思決定のプロセスに知らず知らずのうちに入り込んでいる。

次の問題をみなさんもやってみてほしい。まず、自分の電話番号の最後の3桁の数字を思い浮かべる。できるようならその数字を書きとめる。さて、フン族のアッティラ王がヨーロッパに侵攻したのは何年だろう。その数字よりも前の年だろうか、後の年だろうか。さあ、よく考えてほしい。

たとえヨーロッパの歴史にくわしくなくても、アッティラがいつ、なにをしたところで、その年号はあなたの電話番号とまったく関係がないことは十分にわかっている。それでも、この実験をわれわれの大学ですると、高いアンカーを出発点とする学生は、低いアンカーを出発点とする学生より、３００年以上も後の年を答える（正解は４５２年）。

アンカーは、人生に対する見方に影響を与えることさえある。ある実験で、大学生に「あなたはどれだけ幸せですか」「あなたはどのくらいデートをしていますか」という二つの質問をした。この順番で質問したときは、二つの質問の相関はきわめて低かった（0・11）。しかし、順番を逆にして、デートの質問を先にしたところ、相関は0・62に跳ね上がった。

明らかに、学生はデートの質問に刺激されると、「デート・ヒューリスティック」とでもいうべきものを使って、自分がどれだけ幸せかという質問に答えている。「あー、いつ最後にデートしたか思い出せない！　これはもうみじめにちがいない」というわけだ。デートの質問をセックスの質問に置き換えて、結婚しているカップルにしても、同じような結果になる。[2]

本書の言葉でいえば、アンカーはナッジの役割をする。タクシーでのチップの支払い行動がその一つの例になる。

タクシー内でクレジットカードを使えるようにするテクノロジーを導入することになったとき、ドライバーたちは嫌がった。クレジットカード会社におよそ3％の手数料をとられるからだ。ところが、実際に導入してみると、予想外の結果に驚いた。チップが増えたのだ！　これにはあるアンカリングが関係していた。

利用者がカードでの支払いを選択すると、たいてい次のようなチップの選択肢が画面に表示される。

15%
20%
25%
ご希望の金額を入力する

ここで注目してほしいのは、この画面は、チップ率をあらかじめ設定しておくことで、利用者に15%以上のチップを支払うようにナッジしている点である（そして、人は選択に迷ったときには、真ん中の選択肢を選ぶことが多い。このケースでは20%であり、この介入が始まる前に多くの利用者が選んでいた15%よりも高い）。

自分で金額を決める選択肢も、あってないようなものだ。この画面は目的地に着いて支払いをするときになってはじめて目にする。乗客はタクシーを降りる準備をしているし、そのタクシーに乗ろうと待っている人がいるかもしれない。自分で金額を決めて入力するには計算しなければいけないし、手順も増える。それに比べれば、ボタンを一つ選んでクリックするだけというのは楽だ！

しかし、ドライバーの立場からすると、どのデフォルトがベストなのかは判断がむずかしい。この点については、行動経済学者のカリーム・ハガグが入念な研究を行っている。

ハガグは二つのタクシー会社のチップを比較した。チップの設定率は、1社が15%、20%、25%で、もう1社は20%、25%、30%である。その結果、デフォルトの設定率を高めにすると、ドライバーのチップ収入がぐっと増えることがわかった。チップの平均金額が上がったのだ。

だが興味深いことに、チップをいっさい支払わない乗客の数も増えた。強気のデフォルトに嫌気がさして、チップを拒否した人がいたのだろう。[3] これには**「リアクタンス」**という行動現象が関連している。人はあれこれ指図されると、それに反発して、指図されたのと逆のことをしてしまうときがある（命令されるのではなく、提案されたときでさえそうなのだ）。

それでも、常識の範囲内であれば、求めれば求めるほど、手に入れられるものが多くなる傾向があることを、このエビデンスは示している。ハガグの論文のヘッドラインにあるように、「画面に表示されるデフォルトのチップ率を高くすると、タクシー運転手の年収がそのぶん増える結果となった」。

会社を相手どった訴訟で弁護士が天文学的な金額を勝ちとるときがある。これは一つには、陪審員が１００万ドル単位の数字（会社の年間利益など）をアンカーにするように首尾よく誘導しているからだ。頭の切れる交渉人はたいてい、最初にべらぼうな提示額を突きつけ、相手がおそれをなしてその半分を支払うようにさせて、驚くような取引をまとめあげる。

一方で、リアクタンスという行動現象があることを頭に入れておかなければならない。欲をかきすぎると、すべてを失うことになるかもしれない。

「利用可能性」──身近なものほど大きく見える

ではここで、簡単なクイズを一つ。アメリカでは、「銃で殺された人の数」と「銃で自殺した人の数」は、どちらが多いだろう。

この手の問題に答えるときには、ほとんどの人が**「利用可能性ヒューリスティック」**と呼ばれるものを使う。人は事例をどれだけ簡単に思いつくかどうかで、リスクが現実のものとなる可能性がどれだけあるか評価する。

殺人は自殺よりもメディアで報道されることがずっと多いので、自殺よりも思い浮かべやすい。そのため銃で自殺した人よりも銃で殺された人のほうが多いと思い込む傾向があるが、それはまちがいだ（拳銃自殺者の数は拳銃他殺者の約2倍にのぼる）。

ここに重要な教訓を見いだすことができる。人はたいてい「自分の家族を守りたい」と思って銃を買うが、家族の誰かが自殺に成功する確率を押し上げてしまう可能性のほうがはるかに高い。

アクセシビリティ（入手のしやすさ）や顕著性（目立ちやすさ）は利用可能性と密接にかかわっており、この二つの要素も重要になる。大地震を経験した人なら、週刊誌で地震の記事を読んだだけの人よりも、洪水や地震が起こる可能性は高いと考えるだろう。

このように、はっきりと簡単に思い浮かべることができる原因（竜巻など）で死亡する確率は、実際よりも高く感じられやすく、はっきりと思い浮かびにくい原因（ぜんそくの発作など）で死亡する確率は現実よりも低く見積もられる。

だが実際には、ぜんそくが原因で死亡する頻度のほうがかなり高く、竜巻による死亡の20倍にもなる。そのため、最近に起きた出来事も、以前の出来事より私たちの行動や不安に大きな影響を与える。

リスクに関連する行動の大部分は、利用可能性ヒューリスティックで一部説明がつく。予防行動に関する意思決定がその例で、これは公共部門、民間部門を問わない。人びとが自然災害に備える保険に入るかどうかは、最近の経験に強く影響される。[4] 洪水が起きると、洪水保険に新しく入る人が急増するが、その後は、鮮明な記憶が薄れるにしたがって、新規の加入数は徐々に減っていく。そして、洪水を経験した知り合いがいると、現実に洪水のリスクに直面しているかどうかに関係なく、洪水保険に入る人が多くなる傾向がある。[5]

リスクの評価にバイアスがかかると、危機への備えや対応、ビジネスにおける選択、政策が決定される過程が歪められてしまいかねない。

テクノロジー株が高騰していると、たとえその時点で悪い投資先になってしまっていても、テクノロジー株を買ってしまうかもしれない。あるリスク（たとえば原発事故）は高く見積もり、別のリスク（たとえば脳卒中）は低く見積もることもあるかもしれない。チョルノービリ（チェルノブイリ）や福島などの事故はたくさん報道されるが、脳卒中にメディアの関心が集まることはないからだ。そうした誤解は政策に影響を与えるおそれがある。発生する確率が高い危険要因に対応するのではなく、人びとの不安に寄り添うように資源を配分する政府もあるためだ。

利用可能性バイアスがかかっているときには、ナッジを与えて、実際の発生確率にもとづいて判断する方向に引き戻すことができれば、私的な領域でも、公的な領域でも、もっとよい意思決定ができるようになるだろう。

人びとの危機意識を高めるにはうまくいかなかった出来事を思い出させるとよいし、人びとがもっと安心するようにするには、すべてが最高にうまくいった同じような状況を思い出させるとよい。

「代表性」——似ているものを勝手に重視する

初期の研究で明らかになったヒューリスティクスの最後の一つは、「代表性」である（英語だと、「representativeness」という舌をかみそうな言葉になる）。これは「類似性ヒューリスティック」と考えてよい。「AがカテゴリーBに属する可能性はどれだけあるか」を判断するときには、Bに対してもっているイメージや固定観念にAがどれくらい似ているか（つまり、AがどれくらいBを〝代表〟しているか）で、答えを出す。

先にあげた二つのヒューリスティクスと同じように、代表性ヒューリスティックが使われるのは、それがたいていうまく機能するからである。固定観念も、ときに正しいのだ！

ここでも、類似性と頻度にズレが生じると、バイアスが入り込むことがある。こうしたバイアスを示す最も有名な例には、リンダという架空の女性が登場する。ある実験で、参加者は次のような説明を受けた。

「リンダは31歳で独身、はっきりものをいう性格で、とても頭がよい。大学では心理学を専攻した。学生時代には差別や社会正義といった問題に深い関心をもち、反核デモにも参加していた」

次に、リンダがいまなにをしているかについて選択肢が八つ示され、それをありそうなものから順番に並べていく。

実験では二つの答えが重要な意味をもっていた。「リンダはいま銀行の窓口係である」と「リンダはいま銀行の窓口係で、フェミニスト運動に熱心に取り組んでいる」だ。ほとんどの人は、リンダが銀行の窓口係になる可能性は、銀行の窓口係でフェミニスト運動に熱心に取り組むようになる可能性より低いとした。[6]

よく考えると、これは明らかにまちがっている。言うまでもなく、二つの出来事が生じる可能性が、個々の出来事が単独で生じる可能性より高くなることは、論理的にありえない。フェミニストの銀行窓口係は、全員が銀行の窓口係なので、リンダがフェミニストの銀行窓口係になる可能性より、銀行の窓口係になる可能性のほうが高くなければいけない。

こうしたエラーが起きるのは、代表性ヒューリスティックを使うからである。リンダに関する説明は、「銀行の窓口係である」より「銀行の窓口係で、フェミニスト運動に熱心に取り組んでいる」のほうにはるかにマッチしているように思われる。

スティーヴン・ジェイ・グールドはかつてこう考察している。

「私には（正しい答えが）わかっているが、それなのに、私の頭のなかでは小さなホムンクルス（訳注：脳のなかにいて脳の働きをつかさどると考えられていたこびと）が飛び跳ね続けて、私に向かってこう叫ぶ。『けれどリンダはただの銀行窓口係になりっこない。説明をよく読んでみろ！』」[7]

利用可能性ヒューリスティックと同じように、代表性ヒューリスティックはたいていうまくはたらくが、重大なエラーを引き起こすことがある。

楽観と自信過剰——なぜわれわれは「大きすぎるリスク」を見逃すか

セイラーは大学で経営意思決定論の授業を担当しており、受講する学生たちは開講前に講座のウェブサイトで匿名のアンケートに答える。質問の一つにこういうものがある。

「自分はこのクラスの成績分布でどの十分位数に入ると思いますか」

学生は「上位10％」「その次の10％」などにチェックする。学生は経営学修士（ＭＢＡ）コースの受講生なので、どんな分布であっても、母集団の半分が上位50％に入り、半分が下位50％に入ることは、たぶんよくわかっている。そして、クラスの10％しか上位10％に入れないことも。

にもかかわらず、この調査の結果から、学生たちは自分の成績について非現実的なまでに楽観していることが浮き彫りになる。典型的なケースでは、自分の成績が中央値（全体のちょうど真ん中に位置する値）より下になると予想する学生はクラスの5％に満たず、クラスの半分以上が上位10％かその次の10％のどちらかに入ると予想する。そして例外なく、自分を上から2番目の10％に入れる学生がいちばん多い。これは謙虚さによって最もよく説明がつきそうだ。ほんとうは上位10％に入ると考えているのだが、慎み深すぎてとてもそんなことは言えないのである。

自分の能力に過剰な自信をもっているのはＭＢＡ受講生だけではない。「平均以上」効果はそこらじゅうに見られる。ドライバーの90％は「自分の運転能力は平均以上だ」と考えていることが、いくつかの研究で報告されている。

そして、笑っているのをほとんど見たことがない人を含めて、私たちのほとんど全員が「自分のユーモアのセンスは平均以上だ」と考えている（みんなになにがおかしくて笑っているのかわかっているから、というのがその理由なのだ！）。

この現象は教授たちにもあてはまる。ある研究によれば、大きな大学の教授の94％は「自分は平均的な教授より有能だ」と考えており、こうした自信過剰傾向は教授全般にあてはまると信じるに足る根拠はいくらでもある[8]（われわれもそうだと認めざるをえない）。

失敗したときの代償が大きいときでさえ、人は非現実的なほど楽観的になる。アメリカでは、結婚したカップルの約４～５割は離婚するし、この統計はほとんどの人が耳にしている（厳密な数字を示すのはむずかしいが）。しかし、結婚式の前後では、ほとんどすべてのカップルが「自分たちが離婚する可能性はゼロに等しい」と信じている。離婚経験者でさえそうなのだ！[9]（サミュエル・ジョンソンはこんな警句を残している。再婚とは、「希望が経験に打ち勝った証しである」）

これと同じことは新しい事業を立ち上げる起業家にもいえる。起業が失敗する確率は少なくとも50％はある。新規事業を始めた人（ほとんどは建設業、レストラン、サロンなどの規模の小さな事業）を対象とするある調査で、回答者に「御社のような典型的な事業が成功する確率はどれくらいだと考えていますか」「御社が成功する確率はどれくらいですか」という二つの質問をした。最も多かった答えは、それぞれ50％、90％で、二つ目の質問では多くの人が１００％と答えた。[10]

人びとが多くのリスクをとる理由は、人間が非現実的なほど楽観的であることによって説明がつく。人生や健康に関するリスクについては、とくにそうだ。

学生たちに自分の未来を想像してもらうと、たいてい「自分が解雇されたり、心臓病やがんになったり、結婚後数年で離婚したり、飲酒問題に陥ったりする可能性はクラスメイトよりずっと低い」と答える。

高齢者は、自動車事故にあったり大病をしたりする危険性を低く見積もる。

喫煙者は統計的リスクをわかっており、それを大げさに言うことさえあるが、大半の人は自分が肺がんや心臓病と診断される可能性は、ほとんどの非喫煙者より低いと考える。

宝くじが成功しているのは、一つには、人びとが非現実的なまでに楽観的だからだ。[11]

非現実的に将来を楽観する傾向は私たちの生活のあちこちに見受けられ、ほとんどの社会的なカテゴリーの、ほとんどの人の特徴になっている。

「自分が危害を受けることはない」とたかをくくっていると、賢明な予防策をとらなくなるだろう。2020年、2021年のパンデミック期には、マスクをつけるなどの感染対策をしない人もいた。「自分は感染しない」と楽観していたからだ。

物事を非現実的に楽観しているせいでリスクにさらされているのだとしたら、ナッジが効果を発揮できるかもしれない。じつをいうと、われわれはすでに一つの可能性を示している。人は悪い出来事を思い出したら、これほど楽観的ではいられなくなるだろう。

利得と損失──失う痛みは得る喜びの2倍になる

人は損をすることを嫌う。もっと専門的な言い方をすれば、人は「損失回避的」なのである。大まかにいうと、あるものを失うときに感じる惨め（みじ）さは、それと同じものを得るときに感じる喜びの2倍になる。どうしてそれがわかったのだろう？

ある簡単な実験を考えてみよう。[12] クラスの学生の半分に、母校の校章が型押しされているマグカップをわたす。マグをもらわなかった学生には、近くにいる学生のマグをよく見てもらう。その後、マグをもっている学生にはマグを売るように、マグをもっていない学生にはマグを買うように呼びかける。その状況で学生は次の質問に答える。

「ここに示す価格のうち、どの価格なら（マグを売ってもよい／買ってもよい）と思いますか？」

マグをもっている人がマグを手放すために要求する値段は、マグをもっていない人がマグを手に入れるために支払ってもよいと考える値段のほぼ2倍になる。この実験は、何千個ものマグを使って、何十回も繰り返し行われているが、結果はほとんどいつも同じである。

一度マグが自分のものになると、手放したくなくなる。しかし、マグをもっていないとしたら、マグを急いで買う必要は感じない。

この結果が示すように、人があるものに対して感じる価値は、そのときどきで変わる。多くの場合、それを売るのか買うのかが重要になる。

賭けを使って損失回避度を測定することもできる。私があなたに賭けをもちかけたとしよう。コインの表が出るとXドルもらい、裏が出ると100ドル払う。Xドルがいくらなら賭けに応じるだろう？多くの人は200ドル前後の金額を答える。それは、200ドル手に入れる見込みと100ドル失う見込みがちょうど釣り合うことを暗に意味する。

損失回避は惰性を生み出す一因となり、「自分がいまもっているものを、そのままもち続けたい」という強い欲求へとつながる。「損をしたくないから、いまもっているものを手放したくない」ならば、損をしたくないと思っていなかったらしていたかもしれない取引を拒むようになる。

別の実験では、クラスの半分に（やはり）マグカップがわたされ、残り半分に大きなチョコレートバーがわたされた。マグとチョコレートの値段は同じくらいで、プレテストでは、マグを選んだ学生とチョコレートを選んだ学生はほぼ半々だった。ところが、マグとチョコレート、チョコレートとマグを交換する機会が与えられると、交換したのは10人に1人しかいなかった。

損失回避は公共政策と大いに関連がある。レジ袋の使用を減らしたいときには、少額のお金をわたしてエコバッグをもってきてもらうようにするべきだろうか、それとも、それと同じ金額を払ってレジ袋を買ってもらうようにするべきだろうか。

前者のアプローチはまったく効果がないが、後者のアプローチはうまくいくことを示すエビデンスがある。レジ袋を有料化すると、レジ袋を使用する人はぐっと減るのだ。たとえわずかな金額であっても、人はお金を失いたくないのである[13]（環境保護主義者のみなさん、ここはぜひ覚えておいてください）。

現状維持バイアス──変化はそれだけで恐ろしい

さまざまな理由から、人は自分がいま置かれている状況に固執する傾向が広く見られる。理由の一つは「損失回避」である。いまあるものを手放すのはとてもつらい。

しかし、この現象には複数の原因がある。ウィリアム・サミュエルソンとリチャード・ゼックハウザーは、この行動を**「現状維持バイアス」**と呼んでおり、数多くの状況で実証されている。[14]座席表などないのに、学生は教室で同じ席に座る傾向があることは、ほとんどの教師が知っているとおりだ。さらには、それよりも失敗したときの代償がはるかに大きいときでさえ、現状維持バイアスがかかることがあり、大金を失うことになりかねない。

たとえば退職金積み立てプランでは、大半の加入者は加入するときに資産配分を選んだ後は、それを忘れてしまう。１９８０年代後半に行われた研究で、アメリカの多数の大学教授が対象となる大規模な年金プランの加入者がどのような意思決定をしているか調査したところ、加入者が一生のあいだに資産配分を変更する回数の中央値は、なんとゼロだった。[15]言い換えると、加入者の半分以上が在職期間を通じて拠出金の配分をただの一度も変えていないのである。

それに輪をかけるかのように、独身のときにプランに加入し、その後結婚した多数の加入者が、まだ母親を受け取り人にしていたのだ！　この後、スウェーデンの例で見るように、投資行動における惰性は、いまも健在である（第10章を参照）。

現状維持バイアスは簡単に利用されてしまう。これは実際にあった話だ。ずいぶん前のことだが、サンスティーンのもとに、「好きな雑誌を5冊選んで3カ月間、無料で購読できますよ」という太っ腹な手紙がアメリカン・エキスプレスから送られてきた。* これはいい！　無料で雑誌が送られてくるというのはお得なように思える。たとえその雑誌を読むことはめったにないとしてもだ。そこでサンスティーンはいそいそと無料購読する雑誌を選んだ。

だが、そこには落とし穴があった。購読をキャンセルする手続きをとらないと、3カ月の無料期間が終わった後も雑誌は送られ続け、自動的に正規の購読料を支払うことになっていたのだ。

サンスティーンは10年以上にわたって、ほとんど読んだことがなく、それもたいがい嫌っている雑誌を購読し続けた。そうして家のなかは雑誌の山だらけになった。サンスティーンは購読を中止しようと思い続けていたのだが、どういうわけか絶対に手続きをとろうとしなかった。本書の2008年版を書くことになって、ようやくキャンセルしたしだいである。

現状維持バイアスが生まれる原因の一つは、注意力不足である。われわれがいうところの**「はいはい、なんでもいいよ」ヒューリスティック**を大勢の人がよく使う。テレビドラマを一気見するときに起きる「キャリーオーバー効果」がよい例だ。

大半のストリーミング・ネットワークでは、一つの話が終わると、なにもしなければ次の話がそのまま始まる。その時点で、多くの視聴者は「はいはい、なんでもいいよ」と（心のどこかで）言って、そのまま見続ける。「今日こそ早く寝よう」と思っていながら、結局、また夜ふけまで延々と見てしまうのだ。毎回いいところで終わるドラマだと、とくにそうなる。

雑誌の購読を自動で更新するシステムの犠牲者はサンスティーンだけではない。このシステムは、いまではほぼすべてのオンラインサービスに広がっている。

自動で更新されるとき、とりわけ購読を中止するには電話をしなければいけないときには、雑誌をほんとうに購読し続けたいという意思を示さなければならないときよりも、更新される可能性がはるかに高い。雑誌の販売責任者はそれをわかっている（この点については、第8章でスラッジに関連してもう一度とりあげる）。

こうして損失回避と不注意な選択が組み合わさることがあり、そしてそれが一因となって、デフォルトに設定された選択肢はたいてい大きな市場シェアを集める（しかし、いつもそうだとはかぎらないのだ！）。このようにデフォルトの選択肢は強力なナッジとなる。

こうした理由から、最適なデフォルトを設定するにはどうすればよいかというテーマは、本書で繰り返し論じている。

＊若い読者のために説明すると、雑誌とは、週1回、印刷されて郵送で届く文書で、古くなったニュースときれいな写真が載っていた。

フレーミング――同じ事実がチャンスにもリスクにも見えるワケ

あなたは重い心臓病にかかっていて、主治医は大変な手術を提案しているとしよう。当然、手術後の生存率を知りたい。

「この手術を受けた１００人の患者さんのうち、90人が5年後に生存しています」

と主治医は言う。あなたはどうするだろう。こう言われたらとてもほっとし、手術を受ける気になるかもしれない。

しかし、主治医が答え方のフレームをちょっと変えたとしたら、どうだろう。主治医がこう言ったとする。

「この手術を受けた１００人の患者さんのうち、10人が5年後に死亡しています」

あなたが大方の人と同じであれば、主治医にこう言われたらとても不安になって、手術を受けないかもしれない。本能的にこう考えるはずだ。「かなりの数の人が死んでいる。自分もその１人になるかもしれない！」。

数々の実験で、「１００人のうち90人が生きている」という情報と、「１００人のうち10人が亡くなっている」という情報とでは、人びとの反応は大きく異なることが示されている。内容はまったく同じであるにもかかわらずだ。

専門家でさえフレーミング効果に惑わされる。医者が手術を勧める割合は、「１００人のうち10人が亡くなっている」と聞かされるときと、「１００人のうち90人が生きている」と聞かされるときでは、後者のほうが高くなるのだ。[16]

フレーミングはさまざまな領域で重要な意味をもつ。１９７０年代にクレジットカード決済が広がり始めたとき、一部の小売店は、現金で支払う顧客とクレジットカードで支払う顧客とで価格を変えようとした。これに対し、クレジットカード会社は価格を変えることを禁じるルールをとりいれた。

しかしその後、クレジットカード会社がそうしたルールを押しつけることを禁止する法案が議会に提出され、法案が可決されそうになると、クレジットカード業界のロビイストは、言い表し方に注意を向けるようになった。現金客とクレジット客に異なる価格を設定したときには、現金価格を通常価格として、クレジット客に割増価格で販売するのではなく、クレジット価格を〝通常〟（デフォルト）価格と考え、現金価格を割引価格とするべきだとしたのだ。

クレジットカード会社は、心理学者が「フレーミング」と呼ぶようになるものを直感的に見抜いていた。フレーミングとは、選択は問題の言い表し方にもある程度左右されるという考え方である。

これは公共政策では非常に重要になる。エネルギー問題が深刻化するなか、省エネはいまでは大きな関心事になっている。そこで、次の二つの情報キャンペーンを考えてみよう。

Ａ「省エネ対策をすると、年間３５０ドル節約できます」
Ｂ「省エネ対策をしないと、年間３５０ドル損します」

これについては、損失でフレーミングしたBのほうがAよりも効果が高くなることを示唆するエビデンスがある。政府が省エネを促進したいのなら、Bのほうが強いナッジになりそうだ。

ヒューマンはよく考えずに受け身の意思決定をするところがあるため、フレーミング効果がより起こりやすくなる。この点は現状維持バイアスとよく似ている。意思決定のフレームを変えると答えがちがってくるかどうか、チェックして確認する人はほとんどいない。判断が一貫しているかどうかチェックしないのは、一つには、答えが矛盾しているときに、それをどう考えればよいのかわからないからだろう。

このように、フレームは強力なナッジになりうるため、細心の注意を払って選択しなければならない。

私たちの脳がもつ「ファスト&スロー」の二つのシステム

言うまでもないことだが、この章で説明してきたバイアスは、誰にでも同じようにあてはまるわけではない。なるほど大半の人は自信過剰で楽観的である。しかし、全員が全員そうではない。

実際、われわれの親友は、それとは正反対の人物だ。自信とはおよそ無縁で、いつもなにかを、いやたくさんのことを心配している。その友人こそ、ダニエル・カーネマンである。

われわれは2人ともカーネマンと共同で論文を執筆するという名誉をたまわったことがある。前の週はよいと思えた論文や本の章の草稿でも、次の週になるとカーネマンが突然、「これではだめだ」と言い出す。カーネマンはいつもあらゆることを見つめ直している。自分自身の研究については、とくにそうだ。

２００2年にノーベル経済学賞を受賞したときもそうだった。受賞者は、ストックホルムで授賞式などが行われる「ノーベルウィーク」に、記念講演をすることになっている。ほとんどの人は、受賞した研究内容を一般の聴衆にもわかりやすく解説することを選ぶ。カーネマンもそうしたが、そのやり方は、じつにカーネマンらしいものだった。受賞の対象となった研究とはそれこそなんのかかわりもない認知心理学の概念を用いて、エイモス・トヴェルスキーとの共同研究をまったく新しい視点からとらえ直したのである。

賞の発表から授賞式までの2カ月間は、それでなくてもあわただしく、そのなかで生涯にわたる研究を見直せるのは、カーネマンくらいのものだろう。その後もこの再検討をさらに磨いて発展させていき、ベストセラーとなった著書『ファスト&スロー』へと結実する。

本の中心となる考え方はタイトルに集約されており、この章の残りの部分はその考え方について述べていく。

脳の働きを理解するには、二つの要素、つまりシステムがあると考えるとわかりやすい。一つは速くて直感的に考えるもの、もう一つは遅くてじっくり考えるものである。カーネマンは自分が心理学の文献を書くときに用いる言葉を使って、前者を「システム１」、後者を「システム２」と呼んでいる。

われわれのうちの１人が、どちらが速い思考だかなかなか覚えられなかったため（答えはシステム１だ）、本書では読む人が理解しやすいように、それぞれを「自動システム」「熟慮システム」と呼ぶことにしたい。

この枠組みを使うと、人間の思考に関する謎を解き明かせるようになる。

人はある仕事はじつに見事にやってのけるのに、別の仕事はてんでだめということがあるが、それはいったいどうしてなのか？　ベートーヴェンは耳が聞こえなくなってもあのすばらしい交響曲第9番を書き上げるという信じられない偉業をなしとげたが、家の鍵をよくなくしたと聞いてもまったく驚かないだろう。ベートーヴェンは天才だったのか、それともバカだったのか？　答えはその両方のなにかだ。

カーネマンが依拠した心理学者と神経科学者の研究は、このような一見矛盾する現象を理解するのに役立つ脳の機能を記述することに集中していた。このアプローチでは、思考を二つの種類に区別する[17]（表1・1参照）。

二つのシステムがどう作用するかを示す、こんな話がある。

サンスティーンにはデクランという息子がいる。デクランが9歳だったころ、おもちゃ屋に入りたいという欲求をはねのけることができなかった。2人がおもちゃ屋の前を通るたびに、デクランはお店に入って「なにか買って」と駄々をこねる。しかし、新しいおもちゃを買ったところで、1日かそこらで飽きてしまうことは目に見えている。

サンスティーンはもちろん、二つのシステムのことをわかりやすく説明して、このジレンマに対処した。

【表1･1】人間のもつ2つの認知システム

自動システム	熟慮システム
制御されていない	制御されている
努力しない	努力する
連合的	演繹的
速い	遅い
無意識	自覚的
熟練を要する	ルールにしたがう

「デクランのシステム１はおもちゃ屋にいますぐ入りたがっているけれど、システム２はもう十分におもちゃがあることをよくわかっているんだ」──。

この説明は効いたようで、デクランはなにも言わずにお店を通りすぎることができるようになった。

ところが、それから何週間かたったある日、デクランは思いつめた表情で父にたずねた。

「パパ、ぼくにはシステム２なんてないのかな」

デクランはもうすっかりわかっているが、自動システムは素早く、本能的に反応し、**思考**という言葉から一般に連想されることに頼らずに動く。

不意にボールを投げつけられるとよけたり、乗っている飛行機が乱気流に巻き込まれると不安にかられたり、愛くるしい子犬を見かけると笑顔になったりするときには、自動システムがはたらいている。

この領域の脳科学は複雑だが、脳科学者の研究から、自動システムの活動は脳のなかの最も古い部分、つまりトカゲと共通してもっている部分（子犬にもある部分）に関連していることがわかっている。[18] 熟慮システムはもっとゆっくりと、自覚的に作用する。「411×317はいくつか？」と質問されたときには、熟慮システムが使われる。よく知らない場所に行くときにどのルートをとるか決めたり、ロースクールかビジネススクールのどちらに行くかを決めたりするときにも、ほとんどの人は熟慮システムを使うだろう。

われわれがこの本を書いているときには（主に）熟慮システムを使うが、シャワーを浴びていたり、散歩したりしていて、本のことをまったく考えていないときに、ぽんとアイデアが浮かぶことがある。それはたぶん自動システムからきている（ちなみに、多くの有権者は自動システムに大きく頼っているようだ。[19] 第一印象が悪かったり、わかりにくい主張を掲げ、統計データに訴えて票を獲得しようとしたりする候補者は苦戦する可能性が高い）。*[20]

世界のほとんどの人は、セ氏温度（℃）には自動システムで反応するが、カ氏温度（°F）は熟慮システムを使って情報を処理しなければならない。アメリカ人の場合は逆になる。人は自動システムを使って母国語を話し、別の言語は熟慮システムを使ってなんとか話す傾向がある。真のバイリンガルとは、二つの言語を自動システムを使って話すということだ。

チェスの名人は研ぎ澄まされた直観をはたらかせる。自動システムを使って複雑な状況を素早く読み、驚異的な精度と並外れたスピードで反応するのである。

こうしたことをすべて考え合わせると、自動システムは本能的に反応するものであり、熟慮システムは意識して考えるものだともいえる。

本能的な感覚がきわめて正確なこともあるが、私たちは自動システムに頼りすぎてしまうため、しばしば判断ミスをする。

自動システムは「飛行機が揺れてる、もう死んだ」と言うが、熟慮システムは「飛行機が落ちるなんてめったにない！」と答える。

自動システムは「あの大きな犬は私にかみついてくる」と言うが、熟慮システムは「犬というものはたいていとってもかわいらしいものだ」と応じる。

自動システムは、どうすればサッカーボールを正確に蹴ったり、バスケットボールを遠く離れたゴールにシュートしたりできるのかわからないまま動き出す。

しかし、ここで覚えておいてほしいことがある。スポーツで数え切れないほどの時間をかけて練習を繰り返すと、頭を使わずに体が動くようになって、自動システムに頼れるようになる。優秀なアスリートは、考えすぎるのは危険だと気づき、「勘を信じる」か「がむしゃらにやる」ほうがずっとよいかもしれないと悟るのだ。

自動システムは、何度も反復して訓練することができる。だが、それには膨大な時間と労力がかかる。

＊候補者の写真をぱっと見て、誰がより有能に見えるか言ってもらうだけで、議会選挙の結果を恐ろしいほど正確に予測することができる。候補者のことを知らない学生の判断は、当選者のじつに３分の２をあてているのだ！

10代の若者があんなに危険な運転をするのは、一つには、自動システムがあまり訓練されていないうえに、熟慮システムをはたらかせるのにかなり時間がかかるからである。デクランが運転免許をとれる年齢になるまでには、熟慮システムを十分にはたらかせられるようになってほしいと、サンスティーンは願っている。

直感的な思考がどのようにはたらくのかを見るために、ちょっとしたテストをしてみよう。まず、次の三つの質問を読んで、ぱっと浮かんだ答えを書きとめる。その後でじっくり考えてみてほしい。

1　バットとボールを買うのに合わせて1・10ドルかかります。バットの値段はボールよりも1ドル高いです。ボールの値段はいくらでしょう。

2　あなたは3人で競走しています。ゴール前で2位だった選手を追い抜きます。あなたは何位でゴールしたでしょう。

3　メアリーの母親には子どもが4人います。2人目、3人目、4人目の子どもの名前はスプリング、サマー、オータムです。1人目の子どもの名前はなんでしょう。

最初に浮かんだ答えはどうだっただろう。ほとんどの人は、10セント、1位、ウインターと答える。しかし、すべてまちがいだ。

ちょっと考えれば、なぜだかわかる。ボールが10セントで、バットがそれより１ドル高い、つまり１・10ドルだとすると、合計は１・10ドルではなく、１・20ドルになってしまう。10セントという最初の答えがはたして合っているかどうかチェックする手間を惜しまなければ、誰も10セントと答えないだろうが、シェーン・フレデリックの研究によって、頭脳明晰（ずのうめいせき）な大学生のあいだでさえ、これらの答えがいちばん多いことがわかっている（フレデリックはこの一連の質問を、認知的熟慮性テストと呼んでいる）[21]。

正解は5セント、2位、メアリーだが、あなたが熟慮システムに相談する手間を惜しまなかったら、正しい答えを出せた。少なくとも熟慮システムは正しい答えをわかっていた。

エコンは熟慮システムに相談しないで重要な意思決定をすることはない（そうする時間があればの話だが）。しかし、ヒューマンは立ち止まって考えずに、脳のなかのトカゲが差し出す答えに決めるときがある。テレビ好きの人なら、熟慮システムがつねに機能している人物として『スター・トレック』に出てくる有名なミスター・スポックを思い浮かべてほしい（カーク船長「きみはまるで優秀なコンピューターだな、ミスター・スポック」／「恐れ入ります、船長！」）。

これとは対照的に、『ザ・シンプソンズ』に出てくるホーマー・シンプソンは、熟慮システムをどこかに置き忘れてしまっているかのようだ（銃規制に関するエピソードでは、「銃を購入するときには5日の待機期間を設けることが義務づけられている」と販売店の店員に教えられて、ホーマーはこう応じている。「5日だと？　オレはいま頭にきてんだ！」）。

本書の主な狙いの一つは、私たちのなかにいるホーマーにとって（そして、私たち1人ひとりのどこかに潜（ひそ）んでいる内なるホーマーにとって）、どうすれば世の中がもっと暮らしやすく、もっと安全になるかを明らかにすることである。

人が自動システムに依存しても悲惨なことにならないのなら、人生はもっと楽になり、もっとよくなり、もっと長生きできるようになるはずだ。さあ、**ホーマー・エコノミクス**のための政策をデザインしよう。

ますます多忙なわれわれが複雑な世界に対処するために

この章では、「人間は誰でも誤りを犯すのだ」ということをざっと見てきた。そこから浮かび上がってくるのは、複雑な世界に対処しようとする多忙な人間の姿である。

自分がしなければいけないあらゆる選択について、深くじっくりと考える余裕などない。だから人は適切な経験則を使う。たいていはそれでうまくいくが、そのせいで道に迷うこともある。判断がむずかしいときや不慣れな状況ではとくにそうだ。みんな忙しく、注意力にはかぎりがあるので、質問をそのまま受け入れてしまいやすい。言い表し方が変わると答えが変わるかどうか、確かめようとはしない。

「人びとをナッジすることは可能である」。これがわれわれの見解から導き出される結論である。人生におけるきわめて重要な意思決定でさえ、人びとの選択は、標準的な経済学の枠組みでは予測がつかないような影響を受ける。それを示す最後の例をあげよう。

シカゴの東の境界にあるミシガン湖畔をのぞむレイクショアドライブは、世界中にある都会の幹線道

【図1・4】シカゴのレイクショアドライブ（シカゴ市の厚意による）

路のなかでも指折りの絶景ルートだ。レイクショアドライブを走ると、息をのむほど美しいシカゴの壮観な稜線（りょうせん）が目の前に開ける。

しかし、ドライバーを緊張させるS字カーブが続くところが1カ所ある。このカーブは危険だ。制限時速が40キロに下がっていることに気づかずに事故を起こすドライバーが後を絶たない。この問題に対応するため、シカゴ市はドライバーに減速させるようにうながす独自の方法をとりいれた。

危険なカーブの入り口に差しかかると、制限速度が下がっていることを警告する道路標示があり、それに続いて、路面に引かれている何本もの白線がドライバーの目に飛び込んでくる。白線には振動を発生させてドライバーに注意を伝える触知情報効果はほとんどなく（減速帯ではない）、視覚的な合図を送るだけである。

白線が最初に現れるときは等間隔で引かれているが、ドライバーがカーブの最も危険な部分に近づくにつれて、白線の間隔は狭くなっていき、走行速度が上がっているような不安感を与える（図1・4参照）。すると人は本能的に減速する。

われわれはこのカーブを何度も走っているが、ここを通ると、白線がわれわれに語りかけ、カーブの頂点に達する前に、ブレーキを踏むようにそっとやさしくうながしているように感じる。われわれはずっとナッジされていたのである。

第２章

「誘惑」をはねのけることは、ほんとうにできる？

――ナッジの役割

セイラーがまだ大学院生だったときのことだ。友人（若かりしころの経済学者たちである）をディナーに招き、お酒のつまみに大きなボウル一杯のカシューナッツを出した。するとものの数分で、ボウル一杯のナッツがすべて、たいらげられてしまいそうになった。これではナッツでお腹がふくれて、その後に出される料理を全部食べられなくなってしまう。

セイラーはすぐさま行動を起こし、ナッツの入ったボウルをむんずとつかむとキッチンにもっていった（その間に自分のぶんのナッツはいくつかこっそり確保しておいた）。キッチンは友人たちからは見えないところにあった。

セイラーが戻ると、友人たちはナッツを片づけてくれたことに感謝した。そこから会話はすぐに理論の問題へと移った。どうしてナッツのボウルが自分たちの目の前からなくなって喜ぶようなことがありうるのだろう（第1章で「ディナーパーティーでは経済学者をゲストの25％以下にする」という経験則を紹介したが、その慧眼（けいがん）がわかってもらえたのではないか）。

経済学では（そして、ごくふつうの生活では）、「選択肢が増えて状態が悪くなることはけっしてない」というのが基本原則である。選択肢はいつでも拒否できるからだ。セイラーがナッツを片づける前には、このグループにはナッツを食べるか、食べないかという選択肢があったが、いまはない。エコンの国では、これを喜ぶことは法に反するのだ！

この例を理解しやすくするため、グループの選好が時間とともにどのように変化したと思われるか考えてみよう。19時15分、セイラーがナッツを片づける直前には、ゲストたちには次の三つの選択肢があった。

A「ナッツを少し食べる」
B「ナッツを全部食べる」
C「ナッツをこれ以上食べない」

彼らにとって最良の選択は「ナッツをあと少しだけ食べる」、続いて「ナッツをこれ以上食べない」だろう。最悪の選択はボウルを空にすることだった。そうしたらディナーが台無しになってしまう。したがって、ゲストたちの選好は、A＞C＞Bということになる。

しかし19時30分には、ナッツがまだテーブルにあったらグループはボウルを空にしてしまい、最悪の選択だと考えていたBを選ぶことになっていただろう。どうしてほんの15分のあいだにグループの気が変わってしまうようなことがあるのか。そもそもほんとうにグループの気は変わっているのだろうか。

経済学では、このグループは「動学的不整合」な行動を示しているという。最初はBよりAを選好するが、その後、AよりBを選ぶようになる。動学的不整合性はいろいろなところで見ることができる。土曜日の朝には、「今日は後で走りに行こう」と思うのだが、午後になると、家でカウチに寝ころがってアメフトの試合を観たり、新しいテレビドラマを一気見したりする。

こういった行動をどう理解すればよいのだろう。これには二つの要素が関係している。「誘惑」と「自覚のなさ（無自覚）」である。人間は少なくともアダムとイブの時代から誘惑の概念を知っているが、ナッジの価値を理解するには、この概念をくわしく説明する必要がある。あるものが「誘惑的」であるとは、どういうことなのだろう。

アメリカ最高裁のポッター・スチュワート判事はこんな名言を残している。「わいせつ性を法で定義するのはむずかしいが、『見ればわかる』――」。同じように、誘惑も定義するのはむずかしくても、感じればそうだとわかる。そして、なにが誘惑であるかは、人によってまったくちがう。セイラーはワインに目がなく、特別なワインを小さなグラスであと1杯だけ飲みたいという誘惑にどうしても逆らえない。サンスティーンはワインは嫌いだが、ダイエットコークは浴びるほど飲む。われわれにとってきわめて重要な事実は、人の興奮状態は時間とともに変わる、ということである。

話を簡単にするため、興奮している「熱い」状態と、落ち着いている「冷たい」状態という、両極端なときだけを考えることにする。

サリーはとてもお腹がすいていて、おいしそうな匂いがキッチンから漂ってくる。そんなときにはサリーは熱い状態にあるといえる。

土曜日のディナーではどれくらい食べようかと、火曜日に漠然と考えているときには、サリーは冷たい状態にある。

火曜日の時点ではサラダを食べようと考えていたのに、土曜日の夕方になるとそれだけでは物足りなく思えてきて、ピザを追加したほうがよさそうな気がしてくる。われわれは、熱い状態にあると食べる量が増えてしまうような場合に、あるものが「誘惑的」であるとしている。

だからといって、冷たい状態でなされた意思決定のほうがいつもよいわけではない。新しいことに挑戦する恐怖心を克服するために、熱い状態にならなければいけないときがある。デザートがほんとうにおいしくて、それを食べて次の日にジムに行くことがベストな選択になるときもある。恋におちることがいちばんよいときだってある。それでも、熱い状態にあるとたくさんの問題に陥りがちなのは確かだ。

ほとんどの人は誘惑というものがあることをわかっていて、それを克服するための手だてをとる。古典的な例が、ユリシーズの話である。ユリシーズの船は、歌声で船乗りを惑わし、船を難破させる妖精セイレーンがいる島の横を通らなければいけなくなる。そこでユリシーズは、冷たい状態にあるあいだに船員たちに蝋で耳栓をさせて、歌声に誘い込まれないようにした。さらに、自分の体をマストに縛りつけるように船員に命じ、セイレーンの歌が聞こえて熱い状態になっても、船を近づけようとする誘惑に屈しないようにした。

セイラーがカシューナッツを片づけるのも、ユリシーズが自分の体をマストに縛りつけさせたのも、「コミットメント戦略」の例である（ここでリマインドしておくと、この本を「完全版」と呼ぶのもコミットメント戦略である。ほんとうにほんとうだ）。誘惑に屈するリスクが前もって予測できて、その誘惑をとり除くことができるなら、コミットメント戦略はうまくいく。

しかし多くの状況では、私たちは興奮がおよぼす影響を低く見積もるので、セルフコントロール問題は発生しないと考えて、コミットメント戦略をとらない。これは行動経済学者のジョージ・ローウェンスタインが「ホット－コールド・エンパシーギャップ」と呼ぶものであり、このテーマに対するわれわれの考え方に大きな影響を与えている。人は興奮しているときにはちがう行動をとることがわかっていても、その効果の強さを小さく見積もる。これがローウェンスタインの重要な洞察である。

冷たい状態（〝コールド〟な状態）では、興奮の「影響下」にある熱い状態（〝ホット〟な状態）のときに自分たちの欲求や行動がどれくらい変わるかなど、想像もしない。そのため、文脈が選択にどのような影響を与えるかについて深く考えず、そうした無邪気（むじゃき）さが行動に反映される。

たとえば、ルークはダイエット中だが、「会食ではカクテルは1杯だけにして、デザートは食べないようにするなんてわけない」と考えて、ビジネスディナーに行くことにする。それでも、ホストがワインをボトルで注文し、ウェイターがデザートのカートをもってきたら、万事休すだ。

ジャネットはデパートのビッグセールに行っても、ほんとうに必要なものがセールになっているかどうか確かめるだけで帰ってこられると考えている。だが結局、デザインはすてきだけれど、いつ履くかわからず、いざ履いてみるとちょっと足が痛い（だけど70％オフの）靴を買ってしまう。同じような問題は、喫煙、アルコール、運動強迫、〝セラピー〟としての買い物に関する問題を抱えている人に影響をおよぼす。

人には、先を見通す力のある「計画者」と、目先のことしか考えない「実行者」という、半ば独立した二つの自分がいると考えると、セルフコントロールの問題がわかりやすくなるだろう。計画者は熟慮システムを代弁する者、つまり、あなたのなかに潜むミスター・スポックであり、実行者は自動システムに強く影響される者、つまり、誰のなかにもいるホーマー・シンプソンだと考えるとよい。計画者は、あなたの長期の厚生を高めようとするが、誘惑にかられて興奮しやすい実行者の感情、いたずら心、強い意志に対処しなければいけない。

神経経済学の研究で、セルフコントロールには二つのシステムがあるという、この考え方と一致するエビデンスが見つかっている。脳には誘惑にかられる部位もあれば、その誘惑にどう反応するべきかを評価して誘惑に抵抗できるようにする部位もある。[1] この二つの部位が激しくせめぎ合うときもある。どちらか一方が負ける運命にある決闘のようなものだ（ここで神経科学について議論を呼ぶような主張をするつもりはない。脳というものは複雑なのである）。

「セルフコントロール戦略」――「計画通り」と「その場の欲望」の熾烈なバトル

人は少なくとも自分にはだめなところがあると気づいているため、外部の助けを借りようとする。食料品店でなにを買うか（そしてなにを買わないか）忘れないように買い物リストをつくる。朝起きられるように目覚まし時計を買う。友人に頼んで、デザートに手を出しそうになったら止めてもらったり、禁煙に協力してもらったりする。そして、あらゆる種類のナッジが組み込まれていて、危険な状況を検知して警告してくれる自動車を買う。

こうしたケースでは、計画者は実行者の行動をコントロールする手だてをとっており、実行者が直面するインセンティブを変えようとすることが多い。

残念ながら、実行者を手なずけるのはなかなかむずかしく（ホーマー・シンプソンをコントロールできるか考えてみてほしい）、計画者がどんなに努力しても台無しになったりする。目覚まし時計がそのよい例だ（スマホのアラームだって例外ではない）。

楽観的な計画者は、１日に目一杯働けるように、アラームを午前６時15分にセットするが、寝ぼけている実行者はアラームを止めて、９時まで二度寝する。ここから計画者と実行者の熾烈なバトルが始まることもある。

目覚まし時計をベッドの反対側に置く計画者もいる。そうなると実行者は最低でもアラームを止めるために起きなければいけないが、実行者がまたベッドに潜り込んだらアウトだ。ありがたいことに、進取果敢な会社がときおり計画者に救いの手を差しのべる。

目覚まし時計の「クロッキー」を考えてみよう（図２・１に写真を示している）。クロッキーは「ベッドから起きないと、どこかに走り去って隠れてしまう目覚まし時計」である。クロッキーには実行者に猶予が許されるスヌーズ機能があり、計画者はスヌーズの分数を設定する。それがすぎると、クロッキーはナイトスタンドから飛び降りて、けたたましい音を立てながら部屋中を走り回る。このとんでもない時計を止めるには、ベッドから抜け出てクロッキーを見つけるしかない。そのころには二日酔いの実行者でも目が覚める。*

言うことをきかない実行者をコントロールするために計画者が使える戦略はたくさんあるが、第三者の助けを仰げるときもある。ここでは官民の機関がどのような手助けができるか検討していく。

日常生活における戦略の一つは、仲間内で賭けをすることだ。セイラーは何年も前に、この戦略を使って若い同僚を助けたことがある。

この同僚（仮にデヴィッドと呼ぼう）は新しい教員として採用されていたのだが、着任する前に博士課程を修了するか、最悪でも着任後1年以内にその要件を満たさなければならなかった。デヴィッドには博士論文を完成させるインセンティブはたくさんあった。なかには強い金銭的なインセンティブもある。大学は、デヴィッドが博士課程を修了するまでは彼を助教ではなく講師として扱い、退職金積み立てプランに通常の拠出をしなかった。通常の拠出額は給与の1割にもなる。

デヴィッドの内なる計画者は、ずるずると先延ばしにするのをやめて論文を仕上げる必要があると認

*クロッキーを見つけたのは本書の2008年版を書いていたときだ。当時、サンスティーンの娘のエリンは高校生で、朝起きられずに遅刻することがときどきあった。サンスティーンは、クロッキーを置けば問題はあっさり解決すると考えたのだが、その恐ろしさを身をもって知ることになったエリンは、愛する父にクロッキーを投げつけた。

【図2・1】クロッキーの広告

商品概要

クロッキー®（特許出願中）は、時間どおりにベッドから起きないと逃げ出して隠れ回る目覚まし時計です。アラームが鳴ってスヌーズボタンを押すと、ベッドのサイドテーブルから転がり落ち、床に飛びおり、どこかに走り去り、さまざまな障害物にぶつかりながら動き回り続け、やがてどこかで止まります。次のアラームが鳴ると、ベッドから起きてクロッキーを探さなければなりません。クロッキーが行き着く先は毎日変わるため、まるで“かくれんぼ”をしているかのようです。

クロッキーは誰もが使う目覚まし時計のストレスや不快感を解消し、人とテクノロジーの調和をはかる楽しい商品です。

識していたが、実行者はもっと刺激的なプロジェクトに首をつっこんでいて、論文を書き上げるという骨のおれる仕事をいつも後回しにした（新しいアイデアについて考えるのは、古いアイデアを書き上げるよりも楽しいものだ）。

そこでセイラーが介入し、デヴィッドに次のような取引をもちかけた。「デヴィッドはセイラー宛てに毎月1日に現金化できる100ドルの小切手を数カ月分書く。期日の午前0時までにデヴィッドが博士論文の新しい章のコピーをセイラーの研究室のドアの下に差し入れなかったら、セイラーはその月のぶんの小切手を現金にかえる」。セイラーはさらに、「そのお金でパーティーをするが、デヴィッドは呼ばない」と言い渡した（当時の100ドルは結構な金額だった）。

そうして、デヴィッドは一度も期日に遅れることなく、4カ月後に予定どおり論文を完成させた（といっても、コピーの印刷日時を見ると、ほとんどの章は提出期限のわずか数分前に印刷されていたのだが）。大学がデヴィッドに与えた金銭的なインセンティブは毎月100ドルを超えていたのに、セイラーのインセンティブの仕組みが機能したというのはおもしろい。

この仕組みが機能したのは、セイラーが小切手を現金化して、自分のお金でパーティーが開かれることになる痛みのほうが、退職金積み立てプランへの補助をあきらめるという、かなり抽象的でつかみどころのないことよりも目立って顕著だったからだ。

話を聞きつけて、このインセンティブ・プランを使ってセイラーよりも高い成果を出そうとした同僚も何人かいた。だが、セイラーいわく、この取引が成功するには、あなたがほんとうに小切手を現金化してしまうような心底嫌なヤツとして有名でなければいけない。

ときには友人同士が手を組み、賭けというかたちでこの戦略を活用することもできる。ジョン・ロマリスとディーン・カーランの2人の経済学者は、減量するために独創的な取り決めをした。2人が大学院で経済学を学んでいたとき、どちらもどんどん太っていることに気づいた。就職活動に入ると食事面接でワインと料理をごちそうしてもらえるだろうから、もっと太るのではないかと心配になった。

そこで2人は協定を結んだ。9カ月間で13キロやせることで合意したのだ。どちらかが失敗したら、相手に1万ドル支払わなければいけない。2人にとっては大金だ。はたして賭けは大成功を収めた。2人とも目標を達成したのである。

2人は次に、体重をキープするという、さらにむずかしい問題と対峙（たいじ）する。今度は、「1日前に通知すれば、いつでも体重を測定するよう求めることができる」というルールを採用した。どちらか1人が目標体重を超えていたら、あらかじめ取り決めた金額を相手に支払わなければならない。4年間で何度か計量が行われたが、どちらか一方が目標体重を超えたのは1回だけだった（罰金はその場で全額支払われた）。

ここで注目されるのは、デヴィッドの論文をめぐる取引と同じように、ディーンとジョンは、やる気にさせる賭けをしなかったら、やせたいとは思っていても食べ過ぎてしまっていただろうと認めていたことである。

2人はやがて賭けをやめたが、カーランはその後、スティック・ドットコムという会社を共同で設立し、これと同じような約束（スティック・ドットコムでは「コミットメント」と呼んでいる）を友人や仲間に宣言する場を提供している。同社のウェブサイトによれば、約５０００万ドルの賭けがオンラインで進行中で、これまでに50万件以上のコミットメントが設定されている。

また、セルフコントロール問題と向き合うのに、政府の手助けを求めることもあるだろう。ヘロインのように完全に禁止されているものもある。これは、「人はドラッグの誘惑には勝てない」と考えられているからだろう。シートベルトを着けることや老後の生活資金を貯めることを義務づけたり、運転中にテキストメッセージを送ることを禁止したりする法律もある。

このような義務づけや禁止措置は、第三者の利益もかかわることが多いとしても、リバタリアン・パターナリズムというより、純粋なパターナリズムである。第三者の利益がかかわらないときには、政府はあまり立ち入らないほうがよい。

たとえば、たばこ税は喫煙者が禁煙するのを助けることになるかもしれない。たばこ税をかければ、喫煙を禁止しなくても、消費を抑えられる。砂糖の含有量に応じて税金をかける砂糖税への関心が高まっているのも、これで説明がつく。将来の自分に危害を加えるという意味での「内部性」と闘う手段になるかもしれないからだ。一部の政府は、カジノの出入り禁止リストに自分の名前を載せるようにする仕組みをつくり、ギャンブルから足をあらう手助けをしようとしている。誰も制度に加わるように要求されず、かつ、拒否するコストはゼロに近いため、このアプローチは、われわれが理解するところのリバタリアン的なものだとはっきりいえる。

政府が主導するセルフコントロール戦略の興味深い例の一つに、「デイライトセービングタイム」がある（世界の多くの国では「サマータイム」と呼ばれている）。

各種の調査によれば、デイライトセービングタイムはすばらしいアイデアだと、多くの人が考えている（ただし、全員がそうであるとはかぎらない）。夕方の明るい時間帯を１時間〝追加的に〟楽しめるというのが主な理由だ。もちろん、１日のうち太陽が出ている時間帯は決まっているので、時計の針を１時間進めたところで、日照時間が増えるわけではない。昼間の時間に貼られているラベルをつけ替えて、「６時」を「７時」という名前で呼ぶようにするだけで、私たちは１時間早く起きるようにナッジされる。夕方に散歩を楽しむ時間が増えるだけでなく、結果的に省エネにもなる。

市場がセルフコントロール・サービスを提供し、政府はまったく必要とされないケースも多い。スティック・ドットコムのような会社は、実行者と闘う計画者を助けながら利益をあげることができる。興味深い例が、かつて非常に人気があって、いまも根強い支持がある独特な金融サービス制度の「クリスマス・クラブ」だ。

仕組みを説明しよう。顧客は11月（アメリカでは感謝祭のころ）に地元の銀行に口座を開き、これから１年間にわたって毎週一定の金額（たとえば10ドル）を積み立てることを約束する。預金は途中で引き出せず、１年後、ちょうどクリスマスのショッピングシーズンが始まるころに満期を迎えて、全額払い戻される。当時は銀行の預金にちゃんと利息がついていたのだが、この口座の金利はゼロに近かった。

クリスマス・クラブを経済学の観点から考えてみよう。この口座は流動性がなく（１年間引き出せない）、取引コストが高く（毎週お金を預け入れなければいけない）、収益率はゼロに等しい。そんな制度は存在しえないことを証明するのは、経済学のクラスの宿題としてはうってつけの題材だ。だが、クリスマス・クラブは長年にわたって広く利用され、何十億ドルも投資された。規模の小さい地方銀行や地域密着型の信用組合では、いまも人気がある。[2]

それはどうしてだろう。相手がエコンではなくヒューマンであることに気づけば、クリスマス・クラブに訴求力がある理由を説明するのはむずかしくない。

クリスマスのプレゼントを買う十分なお金がない家庭であれば、クリスマス・クラブに加入して問題を解決しようとするだろう。毎週預金しなければいけないという不便さと、預金しても利息がつかないという損失は、プレゼントを買う十分なお金を確保するために支払う代償としては小さいのではないか。そして、体をマストに縛りつけさせたユリシーズの話に戻れば、お金を引き出せないことはマイナス要因ではなく、プラス要因だった。クリスマス・クラブは多くの点で、子どものブタさん貯金箱の大人バージョンである。ブタさんの貯金箱はお金を入れやすく、出しにくいようにできている。お金を引き出しにくいことこそが、この貯金箱の最大のポイントである。

クリスマス・クラブはいまではめったに見かけなくなっている。クレジットカードが登場して、ほとんどの家庭には必要なくなっているからだ。* いまはクリスマスの買い物をカードで支払えるので、前もってお金を貯めておかなくてもよい。

もちろん、クレジットカードという新しい仕組みのほうがあらゆる点ですぐれていると言いたいのではない。金利がゼロ%で預金の引き出しができないなんてばかばかしいと思われるかもしれないし、お金を利付き口座に預けておくほうがよいことは明らかだが、クレジットカードの借金に18%以上の利子を払うことを考えれば、利息がゼロのほうがよっぽどましだろう。

クレジットカードとクリスマス・クラブの市場でのバトルは、それよりもっと一般的な問題の好例であり、それについては後でもう一度とりあげる。

市場は企業に対して、消費者の要求に応える強力なインセンティブを与え、企業はそれを満たそうと競い合う。要求が最も賢い選択であるかどうかは関係ない。ある企業がクリスマス・クラブのような巧みなセルフコントロール装置を考え出したとしても、満期金を受け取ることを見越して別の企業がお金を貸し込もうとするのは防げない。

クレジットカードとクリスマス・クラブは競合しているが、実際には、どちらも同じ機関（銀行）が提供している。競争があるとふつうは価格が下がるが、消費者にとっていちばんよい結果につながるとはかぎらない。

それでも、誘惑をはねのける手助けをするアプリがたくさんつくられている。最近の例でいえば、「Daily Budget」「Lose It!」「Flipd」「mute」などがそうだ。

＊クリスマス・クラブはあまり使われなくなっているが、ほとんどのアメリカ人はいまも無利息の貯蓄手段を利用している。それは「イースター口座」とでもいえるようなものだ。アメリカ人の４人に３人は納税申告をすると税金が還付され、還付金は平均で３０００ドルを上回る。こうした還付金が政府への無利子の融資と表現されていたら、これほど広まらなかったのではないか。納税者は源泉徴収率を調整して還付を少なくすることができるし、理屈としては、還付されるぶんを貯蓄に回せていたら、１年分の利息を受け取ることもできるのだが、多くは問答無用で貯蓄する手段として還付を受けるほうを選ぶ。還付金を受け取ると、棚ぼたのように感じる。

しかし、私たちがよい選択をしようとしていても、競争が激しい市場は、よくない選択肢を選ばないように抵抗する最後の砦（とりで）を突き崩す方法を見つけ出す。シカゴのオヘア空港では、通路をはさんで二つの店が競争している。一つの店は果物やヨーグルトといった健康によい食べ物を売っている。そしてもう一つの店は「シナボン」を売っている。シナボンは880キロカロリー、脂質37グラムと、とんでもなく高カロリー・高脂質の魅惑のシナモンロールだ。

あなたの内なる計画者は、ヨーグルトと果物を売っているスタンドに進路をとるだろうが、シナボンの店はオーブンから立ち上がる甘い匂いを店の前の通路にがんがん送り込む。さて、いつも長い行列ができているのは、どっちの店だろう。

「メンタルアカウンティング」――どんなにケチな人でもあぶく銭は身につきにくい

目覚まし時計やクリスマス・クラブは、人がセルフコントロール問題を解決するために使う外部装置である。この問題に対処するもう一つのアプローチは、内的統制システム、いわゆる**「メンタルアカウンティング**（心の会計）**」**をとりいれることだ。

メンタルアカウンティングとは、人びとが家計の予算を立て、それを管理して、うまく処理するために使うシステムである（暗黙のうちに使われているときもある）。私たちのほとんど全員が知らず知らずのうちに、心のなかでこの枠組みを使っている。

メンタルアカウンティングの概念を鮮やかに説明する例がある。オンラインで公開されているジーン・ハックマンとダスティン・ホフマンのやりとりがそれだ。[3] ２人は貧しい下積み時代からの友人で、ハックマンはその昔、ホフマンのアパートを訪ねていたときに金を貸してくれないかと頼まれたという。ハックマンはお金を貸すことにしたのだが、その後で２人が台所に入っていくと、調理台にはガラスの瓶（びん）がいくつか並んでいて、なかにはお金が入っている瓶もあった。ある瓶には「家賃」、別の瓶には「娯楽」といった具合にラベルが貼られている。

ガラス瓶にこれだけたくさんお金があるのに、なぜお金を借りる必要があるのかとハックマンは聞いた。するとホフマンは「食費」瓶を指さした。瓶は空っぽだった。*

経済学の理論（と単純なロジック）によれば、お金にラベルは貼られていない。家賃の瓶に入っている20ドルで、食費の瓶に入っている20ドルとまったく同じ量の食品を買える。お金は**代替可能**である。

しかし、家計は代替可能性に反するメンタルアカウンティングの仕組みをとりいれている。理由は組織と同じである。支出をコントロールするためだ。ほとんどの組織はさまざまな活動ごとに予算を組んでいる。組織で働いたことのある人なら、該当する勘定がすでに底を突いているせいで重要な購入ができなくて、フラストレーションがたまった経験があるはずだ。別の勘定にはお金が残っていても、まるでダスティン・ホフマンの台所にある家賃の瓶に入っているお金のように扱われる。

＊ビデオクリップのＵＲＬは、https://youtu.be/t96LNX6tk0U。

家計レベルでは、代替可能性はあちこちで破られている。メンタルアカウンティングの非常に独創的な例の一つに、われわれの知人であるファイナンスの教授が編み出したものがある。

この教授は毎年初めに、ユナイテッドウェイという地元の慈善団体にある金額を寄付しようと決める。その後、なにか悪いこと、たとえばスピード違反のキップを切られるといったことがあった場合には、心のなかでユナイテッドウェイへの寄付から罰金を差し引く。これは金銭面でちょっとした不幸に見舞われる場合に備えた、一種の「心のなかの保険」となる。*

メンタルアカウンティングの実例はカジノにもある。夕方早い時間にギャンブルで運よく一発当てた人を観察してみよう。

この人はきっと、儲けたお金はあるポケットに入れて、その夜の軍資金としてもってきていたお金（これもまたメンタルアカウンティングである）は別のポケットに分けて入れる。こうした行動を言い表すギャンブル用語まである。儲けたばかりのお金は「ハウスマネー」と呼ばれる。ギャンブル用語でカジノは「ハウス」といわれるからだ。

勝ったばかりのお金を賭けることは「ハウスのお金でギャンブルする」といい、どういうわけか、それ以外の種類のお金とはまるで別のものであるかのように扱われる。人はハウスマネーとみなすお金だとより積極的に賭けることが実験で確認されている。[4]

これと同じ心理は、ギャンブルとは無縁の人にも影響を与える。人は投資で儲かると（たとえば株式市場で）、その「賞金」で一発当てようとする。一つの例として、メンタルアカウンティングは1990

年代の株価の高騰に一役買っている。

たくさんの人が自分はここ数年間に手に入れた利益だけを使っているのだからと言い聞かせて、どんどんリスクをとりにいった。その数年後には、不動産投機でも同じことが起きた。

同様に、人はずっと貯めてきたお金を使うときより、思いがけない収入があったときのほうが、贅沢な高額の買い物をして散財することがずっと多い。貯金を全部使ってよいときでさえそうなのだ。

メンタルアカウンティングが重要な意味をもつのは、それぞれの勘定には代替可能性がないものとされているからにほかならない。なるほどダスティン・ホフマン（そしてその親の世代）が使った空き瓶は、現代経済ではほとんど姿を消している（ただし、一部の貧しい国ではまだ残っている）。しかし、多くの世帯はいまも勘定をさまざまな用途に分けている。子どもの教育資金、バケーション費用、もしものときのお金、老後の資金といった具合だ。心のなかで仕分けするのではなく、文字どおり口座を分けているケースが多い。

どの勘定も神聖なものなので、借り入れと貸し付けを同時にするなど、一見すると奇妙な行動をとってしまうこともある。こうした問題については、第11章でさらにくわしく探っていく。

＊これはユナイテッドウェイからお金を奪うことになると思われるかもしれないが、そうではない。教授が最初に寄付の額を決めるときには、自分の身にふりかかる不幸な出来事を十分にカバーできるだけの金額にしておくインセンティブがはたらく。

もちろん、お金を貯められなくて困っている人ばかりではない。お金をうまく使えない人だっているのだ！　それも度を越せば「守銭奴（しゅせんど）」と呼ばれるようになるが、ふつうの人でさえ、自分は人生を十分に楽しんでいないのではないかと感じることがある。

われわれの友人であるデニスは、巧（たく）みなメンタルアカウンティング戦略を使って、この問題に対処した。デニスはある時点で社会保障給付を受け始めたが、本人も妻も、まだフルタイムで働いていた。デニスは長年にわたってかなりのお金を貯めていて（雇用主が強制加入の十分な退職金積み立てプランを提供していることが一因である）、健康なうちにいま楽しんでいること（とくにパリへのグルメ旅行）を、お金を気にせずにできるようにしたいと考えた。そこで、社会保障給付を貯めるための特別な貯蓄用口座をつくり、そこに社会保障小切手をそのまま入金した。そしてこの口座に入っているお金を「お楽しみ勘定」として仕訳した。最近ではその勘定から電動アシスト自転車を買ったそうだ。

私たち1人ひとりがメンタルアカウンティングをとりいれれば、とても大きな効果が期待できる。メンタルアカウンティングを使うと、人生はもっと楽しくなり、もっと安定する。神聖不可侵に近い「もしものときのお金」勘定と「教養娯楽費」勘定の両方をつくっておくと、多くの人が恩恵を受けるのではないか。

メンタルアカウンティングを理解することは、公共政策を向上させることにもつながるだろう。政府がメンタルアカウンティングの概念を理解すれば、それを政策に活用できる。後で見ていくように、貯蓄を奨励したいなら、増えたぶんの貯金を誘惑が大きすぎない心のなかの勘定（あるいはリアルの口座）に入れるようにさせることがカギになる。

第３章

「みんなはどうか」が判断基準

――みんなと同じことを、私もしたい

エコン（そして、われわれが知っている何人かの経済学者）は、とても社交的とはいいがたい生き物である。他人とやりとりするのは、その人と会うと得をするときと、自分の評判を気にしているときと（よい評判を獲得するのは価値のあることだからだ）、情報を得られたら他人からなにかを学びとれるようなときだけだ。

エコンは流行を追わない。実際的な理由がないかぎり、スカートの丈は上がることも下がることもない。ネクタイもしない。仮にネクタイをすることがあったとしても、単なるスタイルの問題として幅が狭くなったり広くなったりしない（余談だが、ネクタイはもともとナプキンとして使われていた。実際に機能をもっていたのである）。

一方、ヒューマンはほかのヒューマンによく影響される。影響されてはいけないときでさえそうだ。

市場や政治と同じように、社会の大きな変化が、小さな、それも偶然によってもたらされた「社会的ナッジ」から始まるときがある。

著名な人物が意見を言ったり行動を起こしたりすると、それがある種のシグナルやゴーサイン、許可証となって、ほかの人たちが同じことをするようになるかもしれない。それほど知られていない人の意見や行動でも、その人の熱量が周囲に伝播（でんぱ）していき、ビジネス界はもちろん、文化まで変えてしまうこともある。それは商品かもしれないし、本かもしれないし、アイデアかもしれないし、選挙の立候補者かもしれないし、大義かもしれない。そして一滴のしずくが、ときとして奔流（ほんりゅう）へと変わる。ソーシャルメディアがかかわるときはとくにそうだ。

第3章では、社会的影響がなぜ、どのようにして作用するか理解することを試みる。社会的影響を理解することは、選択アーキテクトにとって二つの理由から重要になる。

第一に、ほとんどの人は他人から学ぶ。もちろんこれは、ふつうはよいことである。他人から学ぶことで、個人や社会は発展する。だが、大きな思い違いの多くも、他人からもたらされる。問題は、他人との交流から学ぶものが正しいとはかぎらないことだ。社会的影響を受けて、人びとが誤った考えやバイアスがかかった考えをもつようになっているときには、ナッジが役に立つだろう。

そして第二に、このトピックが本書で重要になるのは、社会的影響を通じてナッジすることが（よい意味でも、悪い意味でも）非常に効果的だからだ。

2020年、われわれが春と夏をすごしていた場所（北カリフォルニアとボストン）では、新型コロナウイルス感染症の予防策として、大半の人が人前に出るときにはマスクをすることを選択した。しかし、アメリカのほかの場所では、多くの人が（著名な政治のリーダーたちを含めて）、マスクをしないことを選んだ。社会的影響は、マスクの着用をうながしもしたし、妨げもした。

ここで覚えておいてほしいことがある。持続可能性の領域などで、**新しい規範が生まれつつある**と人びとに伝えると、その結果として予言が現実になることがある。[1] 多くの人は歴史の流れに逆らいたくないと思っている。あることをしている人が増えているのを目の当たりにすると、それまではむずかしいと思っていたこと、不可能だとすら思っていたことを実現できると考えるようになるかもしれない。実現しないわけがないとさえ考える人だって出てくるだろう。

社会的影響は、二つのカテゴリーに大きく分けられる。

第一のカテゴリーには情報がかかわる。大勢の人があることをしたり、考えたりするときには、その行動はあなたがどうしたり、どう考えたりするのがいちばんよいか、という情報を伝える。周りの人が犬を散歩させるときにトイレ袋をもっていったり、シートベルトをつけたり、速度制限を守って運転したり、老後のためのお金を貯めたり、人を平等に扱ったり、マスクをしたりしていれば、そうするのが正しいのだと考えるかもしれない。

第二のカテゴリーは、同調圧力にかかわるものだ。ほかの人が自分のことをどう思っているか気になると（おそらく他人はあなたがなにをしているかじっと見ていると思い込んでいるのだろう。この点については後で述べる）、集団にしたがって怒りを買わないようにしたり、機嫌をとったりするかもしれない。新型コロナウイルスのパンデミック期には、人前でマスクをしていなかったら、冷たい目で見られるどころではないところもある。その一方で、マスクをしていたら冷たい目で見られるどころではすまないところもある。

社会的ナッジはどのような力をもっているのかをざっと見るため、次に示すいくつかの調査結果を考えてみよう。

1 10代の少女がほかの10代の少女が妊娠しているのを目にすると、その少女も妊娠する可能性が高くなる。*[2]

2 同じ職場グループの人も雇用主を訴えていると、従業員が雇用主を訴える可能性がぐっと高くなる。[3]

3 テレビ局は互いに模倣し合い、それ以外の理由では説明がつかないテレビ番組の流行が生まれる[4]（現れては消えるリアリティ番組、ゲーム番組、歌とダンスのコンテストや、盛衰を繰り返すSF番組などを思い浮かべてほしい）。

4 大学生の学業は仲間に影響される。新入生の寮や部屋はランダムに割り当てられるので、その結果に成績、ひいては将来の見通しが大きく左右されかねない[5]（親はわが子がどの大学に行くかより、どんなルームメイトと一緒になるかのほうを心配するべきかもしれない）。

5 アメリカの裁判制度では、3人の判事団を構成する連邦判事は、同僚判事の投票に影響される。共和党が指名した判事は、判事団に民主党が指名した判事が2人いるときには、かなりリベラルな投票パターンを示し、民主党が指名した判事は、判事団に共和党が指名した判事が2人いるときには、かなり保守的な投票パターンを示すことが多い。対立する政党の大統領が指名した判事が少なくとも1人いると、どちらの投票パターンも中道色が非常に強くなる。[6]

結論をいうと、ヒューマンはほかのヒューマンに簡単にナッジされる。それはどうしてなのだろう。一つには、私たちは他人にしたがうのが好きだからだ。

「他人がすること」をしたい――「同調」するのは日本人だけではない

あなたはいま、視覚認知テストを受けている6人の集団のなかにいる。そして笑ってしまうほど単純な課題が出される。大きな白いカードに1本の線が描かれており、それをほかの3本の線と比べて、長さが同じものはどれか答えるのである。

3問目まではなにごともなく、いたって順調に進む。参加者は順番に答えを声に出して言っていき、全員が同じ答えを選ぶ。課題はむずかしくない。しかし、4問目で思いがけないことが起こる。あなた以外の5人が先に答える。5人とも同じ線を選ぶのだが、それがどう見てもまちがっているではないか！　さあ、今度はあなたが答える番だ。あなたはどうするだろう。

あなたがごくふつうの人なら、この課題で自分がどのような行動をとるかは簡単に予測がつくと考える。自分が思ったとおりに答え、見たとおりのことを声に出すと。あなたには自分で考えて行動する主体性があるので、ほんとうのことを言うだろう。

＊ここでとりあげる例は、「ほかのすべての条件が同じである」と暗黙に仮定している。したがって、われわれがここで言おうとしているのは、10代の妊娠につながるほかのリスク要因をコントロールした場合に、ほかの少女が妊娠しているのを見ると、その少女も妊娠する可能性が高くなる、ということである。

しかし、もしもあなたがヒューマンで、実際に実験に加わっていたら、先に答えた5人に合わせて、5人と同じ回答をし、自分自身の目で見た証拠を否定するかもしれない。

1950年代、才気あふれる社会心理学者、ソロモン・アッシュがまさにこのような実験を行った。[7]課題は簡単だったからだ。ところが、ほかの人たちが全員、誤った回答をすると、参加者は3回に1回以上の割合で誤った答えを選んだ。12回の質問で、参加者のじつに4分の3近くが少なくとも1回は集団に合わせて誤った答えを選び、自分の目で見た証拠を否定している。

ここで注目されるのは、アッシュの実験では、参加者はまったく面識のない他人の判断に反応していたことだ。おそらく二度と会うことのない見ず知らずの他人に気に入られたいと思う理由は、これといってなかった。

アッシュの研究結果は、人間のもつ普遍的なものをとらえているのではないか。同調実験は追試され、ザイール（現コンゴ民主共和国）、ドイツ、フランス、日本、レバノン、クウェートをはじめとする17カ国で130回以上行われている。[8]全体として、参加者は20～40％の割合で明らかに誤っている判断に同調する傾向があり、エラーのパターンには国によって興味深いちがいがあるものの、どの国でも、同調のレベルはかなり高い。

この割合は大きいようには思えないかもしれないが、この課題では正しい答えが明らかだったことを思い出してほしい。ほかの人が先に犬の絵を見て猫と答えたら、自分もそう答えるようにナッジされかねない、と言っているようなものである。

いったいなぜ、自分の目で見た証拠を無視するようなことがあるのだろう。答えは大きく二つあり、すでに簡単に触れている。

一つは、他人の答えから伝達されているように思われる情報にかかわるものであり、もう一つは同調圧力と集団から非難されたくないという欲求にかかわるものだ。アッシュ本人の研究では、同調した人のうち何人かは、個別の聞き取り調査で、最初の認識がまちがっていたにちがいないと答えている。部屋にいる全員が特定の主張を受け入れたり、物事を特定の見方でとらえていたりすると、ほかの人たちが正しいのだろうと判断してしまうかもしれない。注目すべき点として、脳画像の研究から、アッシュの実験のような状況下で人が同調するときには、実際に状況をほかのすべての人と同じように見ている、ことがわかってきている。[9]

一方、社会科学者の研究からは、アッシュの実験と基本的に同じ環境下では、ほかの人にわからないように回答するように言われると、同調性は低くなることがわかっている。自分がなにを言わなければならないか、ほかの人がわかっていると、人は同調しやすくなる。ほかの人が全員まちがっているのではないかと思っているか、まちがっていると知っているときでさえ、集団にしたがうことがある。

集団の意見が一致していると、最強のナッジを与えることができる。質問がやさしくて、ほかの人が全員まちがっていることがわかって当たり前のときでも、それは変わらない。[10]

アッシュの実験は、誰の目にも明らかな答えを評価するというものだった。ほとんどの場合、線の長さを見積もるのはむずかしいことではない。では、課題がもう少しむずかしくなるとどうなのだろう。われわれにとって、この疑問はきわめて重要である。むずかしく、かつ、なじみのない問題に対処するときに、人はどれくらい影響されるのか、あるいは影響されうるか、という点にとくに大きな関心をもっているからだ。

ある重要な研究が、1930年代に心理学者のムザファー・シェリフによって行われている。[11] シェリフの実験では、被験者は暗室に入り、被験者から少し離れたところに投影される小さな光の点を見つめる。光の点は実際には静止しているのだが、自動運動効果と呼ばれる錯視によって、光の点が動いているように見えた。実験は何回か繰り返され、毎回、被験者に光の点がどれくらい動いたか、距離を推定してもらった。

暗室に1人だけ被験者を入れると、答えはばらばらになり、実験ごとに大きく変動した。これは驚くことではない。光は動いていないため、動いた距離に関するどんな判断も、文字どおり〝やみくも〟だったからだ。

しかし、被験者を小さな集団にして実験し、ほかの被験者の前で推定値を答えるようにすると、大きな同調効果が認められた。集団実験になると、被験者たちの答えはだんだん近づいていき、集団規範がすぐに形成されて、推定距離のコンセンサスができた。

時間がたってもそれぞれの集団内の規範は変わらず、集団ごとに判断が大きく異なり、集団がそれぞれの判断に強く固執するという状況になった。このことは、出発点が少しだけ、それも恣意的にちがうというだけで、同じように見える集団、都市、さらには国でさえ、まったく異なる考え方や行動に収束することがある理由を理解する重要な手がかりになる。

シェリフはナッジも試みている。いくつかの実験で、シェリフは協力者、いわゆる「サクラ」を１人、こっそり紛れ込ませた。すると別のことが起こった。サクラが自信満々にはっきり回答すると、その判断は集団の評価に強い影響を与えた。

サクラの推定がほかの被験者たちの最初の推定よりかなり高いと、集団の判断は高くなっていき、サクラの推定がとても低いと、集団の推定は低くなっていくのである。小さなナッジであっても、それが自信たっぷりに示されれば、集団の結論に大きな影響を与えるかもしれない。

シェリフの実験から何十年後かに、社会科学者は「自信ヒューリスティック」を発見した。人は自信たっぷりに話す人は正しいと思う傾向がある。ここでの教訓は明らかだ。民間部門、公共部門を問わず、首尾一貫した揺らぐことのない主張をする人は、集団や慣習を自分の思いどおりの方向に動かせる。そうだとすると、上司が若い部下たちの本音を知りたければ、１人ひとり個別に聞くこと（同僚同士が影響を与え合わないようにする）、そして最も重要なポイントとして、先に自分の意見を言わないことがカギになる。

それ以上に注目すべきなのは、集団の判断が完全に自分のものとしてとり込まれて、自分自身の推定を伝えるときでも、それに固執するようになることである。１年後でさえそうだし、新しい集団に加わって、そのメンバーが別の判断を示したときでさえそうなのだ。

重要な点として、最初の判断は〝世代〟を超えて影響を与えることも明らかになった。新しい参加者が加わり、元の参加者が抜けて、集団の全員がはじめて会う人同士になったときでさえ、最初の集団の判断を誘導したサクラはずいぶん前にいなくなっているのに、最初の集団の判断がいつまでも残る傾向が認められた。[12]

シェリフの基本的な手法を使った一連の実験で示されているように、距離に関するある判断が、時間がたつにつれて恣意的な「伝統」として定着するようになることがある。はじめは恣意的なものだったにもかかわらず、多くの人がそれにしたがうようになるのだ。[13]

伝統のなかには、まったく意味がなく、なんの役にも立たないという意味で、ほんとうに恣意的なものがあるにもかかわらず、そうした多くの伝統が何十年も、あるいは何世紀も続いている理由がこれである。たくさんの集団が「集団的保守主義」と呼ばれるものに陥る理由もそうだ。

集団的保守主義とは、たとえ状況が変わっても、集団が確立されたパターンに固執する傾向をいう。ネクタイをつける慣習のように、一度定着すると、たとえそうする理由がなくても、その慣習がずっと続くことがある。

たしかに、多くの伝統が続くのは、その伝統にしたがって暮らす人たちの役に立っているからである。しかし、それが一握りの人、場合によっては1人の小さなナッジから生まれたものだったとしても、伝統はときに長く続き、たくさんの人から支持されたり、少なくとも黙認されたりする。もちろん、その慣習が深刻な問題を生んでいることを示せれば、集団は方向を変えるかもしれない。それでも、疑いが不確かなものなら、これまでずっとしてきたことをやり続けるだろう。「それがしきたりなんだ！」と。

アッシュの基本手法から派生した数々の実験では、さまざまな種類の判断で大きな同調効果が生まれている。[14] 次の発見を考えてみよう。被験者はこう質問される。

「この国がいま直面している最も重要な問題は、次のなかのどれだと思いますか？」

選択肢は「景気後退」「教育機関」「破壊活動」「心の健康」「犯罪・腐敗」の五つである。被験者に個別に質問したときには、破壊活動を選んだ人は12％しかいなかった。しかし、集団のなかにいて、ほかのすべての人がその選択肢を選んだときは、被験者の48％が同じ選択肢を選んだのだ！[15]

これと同じような結果が出た別の実験では、被験者は次の文について考えるように言われた。

「言論の自由は、権利というより特権であり、社会が脅かされていると感じられるときには、言論の自由は停止してしかるべきである」

個別に質問したときには、対照群の19％しか賛成しなかったが、5人の小さな集団にして、ほかの4人全員が先に「賛成」と答えると、58％が賛成した。アッシュの研究には「どうしてナチズムが実現しえたのか」という疑問が根底の一つにあり、こうした結果はそれと密接にかかわっている。同調性がとても強力なナッジとなり、それが最後には、とても考えられないような行動を生み出すのではないかと、アッシュは考えた（ホロコーストへとつながった行動がその例であり、これは当時もいまも、とても考えられないようなものである）。

アッシュの研究によって、ファシズムなどの驚くべき運動が台頭した理由に十分な説明がつくかどうかに関係なく、社会の圧力がかなりおかしい結論を人びとに受け入れさせるナッジになること、そして、そうした結論が人びとの行動に影響を与えるであろうことは明らかだ。そうだとすると、選択アーキテクトがこの事実をうまく使って、人びとをよりよい方向に動かせるかどうかが大きな問題になってくる。次はその問題について考えてみたい。

「なにが流行するか」は神様にもわからない

役者が突然ブレークしたり、ダンスやキャッチフレーズが急に流行ったりするが、それはいったいどうしてなんだろう。そう思ったことはないだろうか。

それはたいてい、偶然と社会的影響が強力に組み合わさった結果である。

マシュー・サルガニック、ピーター・ドッズ、ダンカン・ワッツは音楽ダウンロードに関する見事な実験を行って、それを明らかにしている。3人はこの研究のためにコンピューター上に仮想の音楽市場をつくり、若者に人気のウェブサイトを訪れた何千人もの人が実験に参加した。[16]

参加者には、その時点で無名のバンドの無名の曲がずらりと並んだ長いリストが示された。興味をもった曲はどれでも試聴し、気に入った曲があったらダウンロードする。参加者の約半分には、バンド名と曲名、そして楽曲の質に関する自分自身の判断にもとづいて、1人だけで決めてもらう。残り半分は、それぞれの曲がほかの参加者によって何回ダウンロードされているか見ることができた。その情報が曲をダウンロードする決定に影響を与えるかどうかが、ここでのカギだった。

後者のグループの参加者はさらに、それぞれ八つの〝可能世界〟のどれか一つにランダムに振り分けられた。可能世界はそれぞれ独自に発展していき、参加者は自分がいる世界のダウンロード状況しか見ることができない。

あなたはきっと、最終的には社会的影響はあまり関係がなく、楽曲の質が高いもの（対照群の参加者が選択した回数が多いもの）がダウンロードされるのではないかと予想していることだろう。

サルガニックらは次のような問いを立てた。人は他人の選択に影響されるのか。別の世界では別の歌がヒットするのか。人は他人がしたことにナッジされるのか。

実験で得られた結果に疑問の余地はまったくない。八つあるすべての世界で、それまでにダウンロードされた回数が非常に多かった曲がダウンロードされる割合がはるかに高く、人気のなかった曲がダウンロードされる割合はかなり低かった。このように、「最初の時点で人気があったかどうか」が非常に重要だった。対照群でまったく人気のなかった曲がランキングのトップに行ったことは一度もなく、とても人気があった曲が最下位に沈むということもなかったが、それを除けば、まさになんでもありだった。

参加者がほかの人の判断を見なかった対照群でヒットした曲やヒットしなかった曲が、「社会的影響世界」ではまったくちがう結果になることがあった。この世界では、曲がヒットするかしないかは、最初に人気を集められるかどうかに大きく左右された。

実験の最初のほうに聴いた人がどう判断したかというだけで、まったく同じ曲がヒットすることもあれば、失敗することもある。そのため、楽曲が成功するかどうかは予測不可能であり、結果は世界ごとで大きく変わった。

サルガニックらが発見したのは、「情報カスケード」である。情報カスケードは、ほかの人の選択から情報を受け取るときに発生する。いま8人の集団が、小さな会社に新しくできたポジションに誰を採用するか決めているとしよう。候補者は、アダム、バーバラ、チャールズの3人だ。1人目が「アダムできまりだ」と言うと、2人目もそれに同意するかもしれない。それは2人目がアダムを推しているからではなく、1人目を信頼しているからであり、1人目がまちがっているかどうかはっきりしないからである。

1人目と2人目がアダムを支持した時点で、アダムを推す強力なナッジになっており、それで3人目もアダムを支持するかもしれない。4人目も、それ以降の人たちも、これに続くことになるだろう。少なくともアダムは採用したくないと強く感じていなければそうする。彼らはカスケードに巻き込まれているのだ。

楽曲がヒットするのは、この種のカスケード効果の結果であることが多い（映画も本もそうである）。もちろん、情報カスケードが「評判カスケード」をともなうこともある。評判カスケードとは、ほかの人の意見を正しいものとして受け入れたからではなく、怒りや非難を浴びたくないから、ほかの人にしたがうことだ。

音楽ダウンロード実験は、ビジネスや政治など、ほかの多くの領域で見られる予測不可能な変化とかかわりがある。コーネル大学の社会学者、マイケル・メイシーらは、この手法を直接応用して、ある実験を行っている。ほかの人の意見が見えると、ある特定の政治的姿勢が突然、民主党支持者のあいだで人気になり、共和党支持者のあいだでは不人気になる、あるいはその逆になるようなことが起きるのかどうか、実験して調べたのである。[17]

手順を説明しよう。実験には何千もの人が参加した。参加者は最初に、共和党支持者か民主党支持者か聞かれる。それから10のグループに分けられた。「独立」群のグループが二つと、「影響」群のグループが八つである。

独立グループの参加者は、約20個の問題についてどう考えるか、質問された。個々の質問について、それぞれの政党の支持者がどのような態度をとっているかに関する情報は与えられない。

八つの影響グループの参加者は、ある政治的主張に賛成しているのは共和党支持者と民主党支持者のどちらが多いか、見ることができた。質問の内容には細心の注意を払い、どちらの政党の支持者が賛成するかわかりにくい問題が選ばれた。一例をあげると、「企業に課税するときには、利益を生み出した国ではなく、本社のある国を基準とするべきである」という感じだ。

メイシーらは、「影響条件では、共和党支持者と民主党支持者の回答がどのような結果になるかを予測するのはとくにむずかしくなる」という仮説を立てた。あるグループの共和党支持者らが最初にある立場を支持したら、ほかの共和党支持者もそれに賛成するようになるだろうし、民主党支持者は反対するようになるだろう。しかし、最初に共和党支持者らが反対したら、ほかの共和党支持者も反対し、民主党支持者は賛成するはずだ。

その仮説は正しかった。各グループの民主党支持者と共和党支持者は、先に投票した参加者がどう判断したかで、立場が入れ替わったのだ！　メイシーらの言葉を借りれば、「少数の人がたまたま最初にどう動いたか」が、大規模な集団に大きな影響を与えることがある。

共和党支持者も民主党支持者も、実際にはそれぞれの政治的立場とはなんの関係もないのに、「ほかの人たちが支持しているのだから」と、その意見を受け入れるようになる。民主党と共和党の支持者の立場が短い期間に入れ替わることがあるだけでなく、それぞれの党の支持者の意見が突然、それも驚くほど分極化していくことがあるのも、これで一部説明がつく。

さまざまな領域で、人はある出来事があった後で、「あのミュージシャンや俳優、作家、政治家が成功したのは、スキルや資質を考えれば当然のことだ」と考えたがる。その誘惑には気をつけなければいけない。重要な局面では、小さな介入はもちろん、場合によっては偶然でさえ、結果を大きく変えてしまうことがある。

今日(こんにち)の人気シンガーは、同等の才能をもっている無名の何十人、さらには何百人というシンガーと、どこがちがうのか。もっというなら、今日の政治のリーダーの大半は、選挙で大敗した何十人、さらには何百人となにがちがうというのか。教授や企業にもそれとほとんど同じことがいえるし、あらゆる種類の商品もそうだ。社会的影響は大事だが、運も同じくらい大事である。

社会的影響が生み出す効果は、特定の人物が綿密に計画したものであるかもしれないし、そうでないかもしれない。誰もなにも計画しなくても、社会的影響が人びとの考え方を左右することがある。

それをはっきりと物語る、ちょっと滑稽(こっけい)な例として、シアトルで広まったフロントガラス穴あき現象を考えてみたい[18]。１９５４年３月下旬、ワシントン州ベリンハムの一部の住民が、車のフロントガラスに小さな穴やくぼみができていることに気づいた。地元の警察は、誰かが悪意をもってＢＢ弾か散弾で穴をあけたのではないかと考えた。その後まもなく、ベリンハム南部の都市で、数人がフロントガラスに同じような穴ができていると通報した。２週間もたたないうちに、悪意のある人間によるものと見られた行為はさらに南に広がり、２０００台が被害にあっていることが報告されるまでになった。これが悪意ある人間のしわざではないことは明らかだった。

魔の手はシアトルに迫りつつあった。４月半ばにシアトルの新聞が事件として報じ、その後ほどなくして、フロントガラスに穴があいているという数件の通報が現地警察の目にとまった。

やがて被害報告は急激に増え、地球上、あるいは地球外のなにが原因でこんなことが起こるのかと、憶測が憶測を呼ぶ事態になった。放射線量計測器を使った調査では、放射線は検知されなかった。なんらかの大気の異常が原因にちがいないと考える者もいれば、音波の影響で地球の磁場が変化したのではないかと言う者もいて、太陽からの宇宙線のせいだとする者もいた。

４月16日までにシアトル地域で３０００枚を超えるフロントガラスに穴があけられているという通報があり、シアトル市長はすぐに知事とドワイト・アイゼンハワー大統領に書簡を送った。

「ワシントン州北部でフロントガラスと窓ガラスが破壊される被害が相次いでおり、当初は心ない破壊行為が局所的に増大したものと思われていたが、いまではピュージェット湾地域全体に広がっている。……関係する連邦（および州）機関に対し、現地当局に協力するように緊急に指示を出されるよう強く要請する」

この要請に応じて、知事は科学者による委員会を設置し、この不吉な、驚くべき現象を調査した。

結論はこうだ。損傷はごく小さなものであり、おそらく「通常の運転環境で小さな物体が車のフロントガラスにぶつかった結果」だろう――。その後に行われた調査でも、科学者のこの結論が支持され、新車には穴がないことがわかった。

最終的には、穴は「そこにずっとあったが、いままで誰も気づかないでいた」と判断された（いますぐ自分の車を見てみてほしい。ちょっとチェックしたら、穴の一つや二つや三つ、すぐに見つかるだろう。それは宇宙人のしわざではない）。

もっと新しい例もある。２０１２年、コロンビア当局は、ヒトパピローマウイルス感染症（ＨＰＶ、性器疣贅（ゆうぜい）とも呼ばれる）を予防するワクチンを学校で集団接種するプログラムを導入した。１年目には対象年齢集団の約90％が接種を受けた。ここまではよい。だが２０１４年になって、ある学校の数人の思春期の女子に副反応と思われる症状が現れ、現地の病院に入院した。その後まもなく、ひきつけから、失神、意識消失まで、あらゆる症状が出ていると訴える思春期の少女たちの動画がソーシャルメディアに投稿され、全国紙でも報じられた。報告された事例は約６００件にのぼった。

保健当局は、原因はＨＰＶワクチンではなく、集団性の心因反応だったと説明した。それでもワクチンに対する懸念はおさまらなかった。不安は接種の対象者や保護者のあいだに急速に広まり、２０１６年には接種対象年齢の女子のＨＰＶワクチン接種率が、１回目は14％、完了率（3回接種率）は５％に下がった（２０１２年はそれぞれ98％、88％だった）[19]。

シアトルのフロントガラス穴あき現象とコロンビアの心因反応は、意図しない社会的ナッジの極端な例だが、私たちは毎日、影響を与えようとはしていない人たちの影響を受けている。ほとんどの人は誰かと一緒に食べるとき、相手が意図しているかどうかに関係なく、その人の食習慣に影響される。あなたが友人の食事の選択にナッジされていると感じたとしても、それは友人があなたをナッジしようと決めたからではないだろう。「なにあれ、おいしそう」と思っただけかもしれない。

ところが、社会的影響は戦略的に使われることが多い。なかでも広告会社は、社会的影響の力を完全にわかっている。広告では、自社の製品を「ほとんどの人が選んでいます」とか、別のブランドから切り替える人が「どんどん増えています」としきりに強調する。それは過去の情報だが、広告会社にとっては未来をあらわすものとなる。ほとんどの人がいまどうしているか、なにをする人が増えているかを伝えて、あなたをナッジしようとしているのだ。

たくさんの国で、公職や政党の立候補者は、これと同じことをしている。「ほとんどの人がこちらに支持を変えています」と強調するのは、実際にその言葉どおりになることを願っているからだ。有権者の支持が一気に流れてきているという認識が広がれば、なによりも大きな力になる。

アメリカの大統領選挙でバラク・オバマが２００８年に勝利したときも、ドナルド・トランプが２０１６年に勝利し、２０２０年にジョー・バイデンに敗北したときも、それが一つの要因となった。一方の候補者に支持が集まるときは、有権者は「その候補者がよいから支持しているのだ」と考える。ほんとうにそうかもしれないが、そうではないかもしれない。ほかの人たちがその候補者を支持しているという認識が広まると、人びとの判断が強く影響を受けることがある。

アイデンティティ――「あなたのような人」はなにをするか

もちろん、人びとのアイデンティティを認識すること、つまり、人びとが自分をどのような人間だと理解しているかを知っておくことは大事だ。世界のある場所にいる人たちが、別の場所にいる人たちはリサイクルしているとか、ベジタリアンになっているとか、マスクをしているとか聞くと、こう考えるかもしれない。「そうか、自分もそうしなきゃな!」。

しかし、こう反応することもあるかもしれない。「いやあ、自分はそうじゃなくてよかったな!」。社会的影響を使いたいと思っている選択アーキテクトにとっては、「自分はこういう人間だ」という人びとの感覚に背(そむ)くことなく、それに沿うようにすることが課題になる。その感覚は、国籍や文化、地域、人種、宗教、政治、あるいはひいきのチームと関係することもある。これを「アイデンティティに基づく認知」と呼ぶこともできるかもしれない。

幹線道路に散乱するゴミを減らす取り組みを進めて、目を見張る成果をあげたテキサスの例を考えてみよう。これはいまでは古典的な事例になっている。

テキサス当局はお金をかけて大々的な広告キャンペーンを打ったものの、効果がなく、どうしたものかと悩んでいた。広告キャンペーンは「ゴミの投げ捨てをやめるのは市民の義務だ」と説こうとするものだった。ゴミを投げ捨てる市民の多くは18歳から24歳の男性で、エリート官僚から行動を変えてほし

【図3・1】「テキサスを汚すな」ロゴ（テキサス州運輸局「テキサスを汚すな」の許可を得て使用）

いと訴えられたところで、見向きもしなかった。

そこで「誇り高きテキサス魂にも訴えかける力強いスローガン」が必要だと考えた。反応の鈍い市民層にピンポイントでターゲットを絞り込み、アメフトチームのダラス・カウボーイズの人気選手たちに協力を求めて、テレビＣＭをつくった。選手たちがゴミを拾い、ビールの空き缶を素手でつぶし、こうすごむ。

「テキサスを汚すな！」

別のＣＭにはウィリー・ネルソンなどの人気シンガーが登場した。

いまやステッカーからシャツ、マグカップまで、ありとあらゆる「テキサスを汚すな」グッズが売られるまでになっている。ある人気ステッカーにいたっては、星条旗とテキサス州旗（たぶんこちらのほうが重要だろう）の両方の色である赤、白、青の愛国色に彩られているのだ！

いまではテキサス州市民の圧倒的多数がこのスローガンを知っている。「テキサスを汚すな」がアメリカのスローガンの人気投票で2位以下に大差をつけて優勝したときには、ニューヨーク市のマディソン・アベニューで祝賀パレードが行われた（うそみたいだけど、ほんとうの話だ。いかにもアメリカらしい）。それ以上に重要なことがある。キャンペーンが始まってから、テキサス州のゴミの量が1年間で29%も減ったのだ。テキサス州の道路に捨てられるゴミは、6年間で72%減っている。[20] これは命令や脅しや強制によって起こったのではない。すべて創意あふれるナッジを通じて起こったものだ。

数多くの政府がなんらかのかたちでアイデンティティに基づく認知を活用しており、よく似たアプローチが使われている。トイレの利用率を高めることをめざすインドの公衆衛生対策では、生活環境を清潔にすることは大切だと説いたマハトマ・ガンディーの教えを強調して、国の誇りに直接訴えかけている。

市民にマスクをつけるようにうながすモンタナ州の取り組みでは、当時のスティーヴ・ブロック知事は、モンタナ市民が釣りやスキーやボウハンティングをしている写真に「モンタナ人はいつもマスクをしています」というキャプションをつけた啓発キャンペーンを展開した。

もちろん、そうしたアピールがいつ、どれくらい効くのかを知るには、エビデンスが必要になる。しかし、ナッジに社会的影響と社会規範を使うなら、自分と同じような人たち、そして自分が信頼する人たちから学び、同じように行動するように呼びかけるのがよさそうだ。

多元的無知──「王様は裸だ！」と言える人は少ない

社会的影響を利用したいと考えているときに、大きな機会になると同時に、重要な課題ともなるものが、**「多元的無知」**である。

多元的無知とは、集団の全員、あるいは大半の人が、ほかの人がなにを考えているか知らない状況をいう。私たちがある慣習や伝統にしたがうのは、好きでやっているからでもなければ、それを正当化できると考えているからでもなく、ただ単に、ほかのほとんどの人はそれが好きでやっていると思い込んでいるからだろう。数多くの社会的慣習がこの理由から続いており、そうだとすると、小さなショック、つまりナッジを与えれば、それをとり除くことができる。[21]

その劇的な例が、旧ソ連圏の共産主義である。それが続いたのは、一つには、その体制をどれだけ多くの人が嫌っていたか気づいていなかったからだ。ほかの人がほんとうはどう考えているのか気づくと、自分が信じていることを語り、それにしたがって行動しようと思うようになる。

大規模な社会の変化がどのようにして生まれるのか、その背景を理解する手がかりがここにある。多くの場合、人びとは自分自身の考えにしたがって話し、行動することが認められるか、そうするようにナッジされる。

ハンス・クリスチャン・アンデルセンのすばらしい童話『裸の王様』を考えてみよう。このナッジはまちがいなく「社会的なナッジ」である。社会的ナッジは一種の許可証になることがよくある。子どもが「王様は裸だ」と大きな声で言うと、それを見ていた人たちは突然、自分もそう言ってよいのだと感じるかもしれない。

劇的な変化が生まれて、長く続いた慣習が拒否されるようになるときは、ナッジによって一種の「カスケード現象」や「バンドワゴン効果（編集部注：人気のものにさらに人気が集まる現象）」が生まれることが多い。なぜなら、ほかの人がほんとうはどう考えているのかがわかり、自分自身の考えを話してもよいのだと思うようになるからだ。

その例として、「ゲイの結婚」「#MeToo」「#BlackLivesMatter」の広がりを考えてみよう。こうした運動に火をつけたのは、人びとの目に見える行動だった。ソーシャルメディアで広まったキャンペーンなどを通じて、これまで長く沈黙を強いられてきた人たちが、「憤りや怒りを表明してもよい、そうする勇気をもたなければいけない」という気持ちになった。これまで固く口を閉ざし、1人で苦しみ、傷つき、怒りにふたをしてきた人たちの前に突然、「声を上げてよい」という、一種のゴーサインが出されたのである。

それをはっきりと示す例に、サウジアラビアで行われた実験がある。サウジアラビアには、「後見人制度」と呼ばれる長く続く風習があり、夫の許可がなければ、妻が外で働くことはできない。

経済学者のレオナルド・バーズティンらが、若い既婚男性の大きな集団に女性の労働参加を支持するかどうかを個別に質問したところ、圧倒的多数が「支持する」と答えた。[22] それだけでなく、この社会規範についてまったくの思い違いをしていることもわかった。「自分と同じような立場にあるほかの男性たちは、自分が属するコミュニティにいる人たちでさえ、妻に労働参加してほしくないと考えている」と誤解していたのである。

バーズティンらは男性たちの半数をランダムに選んで、ほかの若い男性たちはこう考えていますと伝えた。すると、妻が外で働くことを許可してもよいと考える人がぐっと増えた（後見人制度の風習を思い出してほしい）。そしてそれが女性の実際の行動に大きなインパクトを与えた。介入から４カ月後、実験に参加して、ほかの人の考えに関する情報を受け取っていた男性の妻が、仕事の求人に応募して面接を受けるようになったのだ。

ここからより幅広い教訓を引き出せる。ほとんどの人が長く続く社会規範を受け入れていると思い込んでいるときには、小さなナッジを与えて、その思い込みを正すと、大きな変化を呼び起こすことができる。

ナッジと社会規範――「みんなと同じ」は「私もそうする理由」になる

一連の研究から導かれる一般的な教訓は明らかだ。選択アーキテクトが「行動を変えさせたい、ナッジを使ってそうしたい」と思っているなら、「ほかの人がどう考えているか、どうしているか」を人びとに伝えるだけでよいかもしれない。ほかの人たちの考えや慣習が驚くようなものであったりすると、それに強く影響される。社会規範を人びとに伝えると非常に大きな効果を生むことがあるとする研究結果が数多く報告されている。

ほかの問題でもそうだが、それを確かめるには、仮説を実際にテストするしかない。人はそれぞれちがっていて、すべて同じ人間などどこにもいない（こんなよいスローガンを掲げているナッジユニットもある。「テストして、テストして、テストして、テストしろ」）。それでも、少しだけ例をあげて考えてみたい。

税務コンプライアンスの文脈では、ミネソタ当局が行った実験で、行動の大きな変化が生み出されている。[23] 実験では、納税者を四つのグループに分けて、4種類の情報を与えた。あるグループには、自分たちが納めた税金は、教育、防犯、防火など、さまざまなよい仕事に使われていると説明された。別のグループは、税金を納めないとこんな罰則があると脅かされた。さらに別のグループは、納税申告書の書き方にとまどったり、よくわからないことがあったりするときにはどこに問い合わせればよいか、という情報を与えられた。そして最後のグループは、ミネソタ市民の9割以上がすでに税法にもとづく義務を完全に果たしているとだけ説明された。

こうした介入のうち、納税に対する意識を高める大きな効果をあげたものが一つだけある。最後の介入だ。どうやら、一部の納税者が税法を守らないのは、「税金をきちんと納めている人はかなり少ない」と誤解されているのが原因である可能性が高い。これはメディアなどで税金逃れが報じられているからだろう。「税金をきちんと納めている人はじつは多いのだ」という情報を与えられると、税金逃れをしようとする人は減る。

そうであるなら、ほかの人がどうしているかという点に市民の関心を集めれば、望ましい行動も、望ましくない行動も、少なくともある程度は増やせるということになる（政党関係者のみなさん、投票率を高めたいなら、投票しない人がたくさんいると嘆かないでください。ご近所さんの多くは投票していますよと強く訴えるのです！）。

この戦略を使うと、政府はコストをかなり節約できる。イギリスのＢＩＴが初期に行った実験の一つがそれを示している。実験の目的は、ナッジを使って納税者が滞納している税金をすみやかに支払うようにうながせるかどうかを確かめることだった。

実験の結果は、ＢＩＴのマイケル・ホールズワースが３人の経済学者とともに分析した。実験の対象となったのは、企業のオーナーなど、所得が源泉徴収されておらず、税金をまだ全額支払っていない納税者だった（その参加者は、自分が実験に参加していることは知らない）。内容がちがう数種類の手紙を送り、滞納している金額を知らせるだけの手紙を送った対照群と比較した。

効果がいちばん高かったのは次の手紙である。

「イギリスの納税者は、10人のうち９人が期限までに税金を納めています。まだ納税していないのはごく少数であり、あなたはいまのところそのなかの１人です」

ここで注目してほしいのは、この短いメッセージは、大半の人が期限までに税金を納めていること、被験者は税金を納めていない少数者の１人であることを（ありのままに）伝えている点だ。ある追跡実験では、メッセージに地元の地名を入れるとさらに強化できることがわかった。「マンチェスターの納税者は、10人のうち９人が期限までに税金を納めています」という具合だ。この手紙のインパクトは絶大で、手紙を受け取ってから23日以内に納税する人が５％ポイントも増えた[24]。大きな効果ではないように聞こえるかもしれないが、同様の多くの介入と同じように、この介入にコストはほとんどかからない。政府はすでに催促状を送っていたので、そのときにナッジすればよいのではないか。

実際に、どんな文脈でも、誰の規範にしたがうようにさせるかが重要であることがわかっている。セレブリティやいわゆるインフルエンサーは、自分が私たちのような一般人の行動や考え方を最も大きく変えることができると考えているかもしれない。しかし現実には、人びとが最も大きく反応するのは、同じような状況と環境にいるほかの人が定めた規範だとしか思えない。

２００８年のある研究では、ホテルの宿泊客がタオルを再使用するようにナッジするには、どの方法がいちばん効果的であるかを調べた。[25] すでにお察しのことと思うが、「環境を守るためにタオルを再使用してください」と宿泊者に頼むよりも、社会規範に関する情報を提供するメッセージを部屋に置くほうが効き目があった。

「当ホテルのお客さまには環境を守る取り組みにご参加いただいています。この輪に加わって、タオルの再使用にご協力ください。ほぼ75％のお客さまが……タオルを複数回使っています」

この実験でカギとなったのが、「お客さま」の部分である。研究者らは、同じ部屋に泊まっていた人たちの行動を伝えるメッセージのほかにも、宿泊客の属性（ジェンダーなど）に合わせた再使用率を強調するメッセージを試した。被験者は属性に合わせたメッセージのほうが重要だったと答えたが、実際には、被験者たちの行動は同じ部屋に泊まっていた人に最も強く影響を受けたのだ！

研究者らはこのような内集団化を「局所的な規範」と呼んだ。思春期の子どもたちがみんな言うように、同調圧力はたしかに存在する。

本書の２００８年版で丸々１章をあてた問題では、世論でも、法律でも、世界の大部分でカスケードが起きた。その問題とは、同性婚である。２００８年版が出版されたとき、われわれの国を含めて、多くの国では、この問題をめぐる意見は真っ二つに割れていた。

同性婚を容認するべきだと強く感じている人は多く、それは当然のことだとさえ考えられていた。アメリカではかつて、異なる人種同士の結婚が多くの州で違法とされていたが、１９６７年にはそうした州法が憲法違反であるとする判決が下された。同性婚を支持する人たちは、この問題にも同じ議論が適用されるべきだとしていた。

その一方で、同性婚は道徳的に許されないと、同じくらい強く感じている人もいた。ここで特筆すべきなのは、２００８年には、中道左派で、混血で、市民権と万人の平等を重要課題に掲げていたバラク・オバマ大統領候補の公式な立場が、「結婚は男性と女性により成立する」というものだったことだ。

ここに至ってわれわれは、解決策を見つけたと考えた。リバタリアン・パターナリズムの精神に即した解決策だ。そう、結婚を民営化するのである。

われわれは、「政府は結婚を法的なカテゴリーとして位置づけるのをやめるべきである」と主張し、ビジネスのパートナーシップとまったく同じように、ドメスティック・パートナーシップを制度としてはっきり規定するべきだと提案した。アメリカでは、ドメスティック・パートナーシップは「シビル・ユニオン」と呼ばれる。当時、数多くの政府（州および国）は同性カップルがシビル・ユニオンに登録することは認めていたが、当然ながら、同性カップルたちは差別されていると感じていた。法的地位と社会的地位の両方が与えられる**結婚**が認められているのは、異性カップルだけだったからだ（アメリカでは、シビル・パートナーには配偶者税控除をはじめとする数々の法的権利も認められていなかった）。

われわれが提案した制度では、結婚は純粋に私的なことがらになり、宗教団体などの政府が地位を与えたものがそれぞれに希望するルールを定め、そのルールにしたがって執り行われることになる。結婚そのものが、政府が定義する公的なカテゴリーではなくなる。このアプローチがとりいれられて、賛成派と反対派の激しい論争が落ち着くことを、われわれは願っていた。政府が結婚にかかわらなくなれば、結婚をめぐる争いは減るはずだからだ。

われわれはいまでもこのアイデアはほんとうによいものだと思っているが、あれから12年がすぎて、ほとんど意味を失っている。その間に、数多くの国がわれわれのアイデアとはちがう、はるかにシンプルなアプローチをとりいれた。これは（うれしい）誤算だった。なんと同性婚が容認されたのだ！

われわれが注視しているアメリカの動きは非常に速かった。２０１２年、バラク・オバマ大統領は考えが変わったとし、「同性カップルの結婚は認められるべきだ」と発言した。[26] ２０１５年には、アメリカ連邦最高裁判所が、合衆国憲法にもとづいて同性カップルには結婚する権利があるとの判断を示した。[27] この判断に対して大きな反発は起こらず、それに驚いた人は多かった（われわれもそうだった）。現在では、アメリカのすべての州で同性婚は合法化されている。

同性婚を容認する流れは、世界中で一気に広がっている。２０２１年までに同性婚は約30カ国で認められた。オランダ（２０００年）、カナダ（２００５年）、スペイン（２００５年）、南アフリカ（２００６年）、ノルウェー（２００８年）、スウェーデン（２００９年）メキシコ（２００９年）、アイスランド（２０１０年）、アルゼンチン（２０１０年）、ポルトガル（２０１０年）、デンマーク（２０１２年）、イングランド／ウェールズ（２０１３年）、ニュージーランド（２０１３年）、ブラジル（２０１３年）、フランス（２０１３年）、アイルランド（２０１５年）、フィンランド（２０１５年）、オーストラリア（２０１７年）、ドイツ（２０１７年）、オーストリア（２０１９年）などがそうだ。[28]

時間があったら、時期をよく見てほしい。いまあげた国はどこも、同性結婚は長く認められてこなかった。何世代にもわたって、市民のほとんどは同性婚という考え方を軽蔑するか嫌悪していた。それが短い期間で、どの国も同性カップルを異性カップルと同じように扱うようになった。しかも大きな論争を呼ぶことはほとんどなかった。どうしてそうなったのだろう。なぜこれほど多くの人が（われわれを含めて）こうなることがわからなかったのか。

その答えを一つひとつ示していくと、それだけで１冊の本が書けるだろう。しかし、すでに大きな手がかりを二つ手にしている。

第一に、自分の性的指向を隠し、同性結婚を求めることさえなかった大勢のゲイやレズビアンがそれを公表するようになった。誰かが「私はゲイです」「私はレズビアンです」「私はバイセクシュアルです」と言うたびに、小さなナッジが生まれた。自分の性的指向を友人や家族に伝える人が現れると、流れが大きく変わり始めた。その家族がこの変化に反対していた政党の政治家だったときは、とくにそうだったのではないか。

職場で性的指向をオープンにすることも効果があった。その職場がアメリカ連邦最高裁だったとなればなおさらだ。ルイス・パウエル・ジュニア判事は、１９８６年の訴訟で、ゲイの権利を守る運動を後退させることになった判決を導いたとされる。パウエルが同僚の判事に「私はゲイだという人に会ったことが一度もない」と話したことはよく知られている。じつは、そのときのパウエルの法務助手の１人がゲイだった。しかし2013年、ゲイの結婚が全米で合法化する決定が下される2年前、全米LGBT弁護士会の30人のメンバーが、最高裁で弁護を行うことを認められた。ゲイであることを公表している弁護士が最高裁の弁護団を務めるのは、これがはじめてだった。[29]

第二に、社会的影響が非常に重要だった。同性婚では、市と州と国で情報カスケードと評判カスケードの両方が起きた。声がだんだん大きくなっていくと、それに加わる人たちが増えていき、メッセージの音量が増幅して、そのメッセージへの反応が広がっていった。古い規範の下では長く罰せられていた発言（「私は同性婚を支持します」）が突然、新しい規範の下で報われるようになった。

これまでに見てきたように、新しい規範や慣習が生まれていたり、支持が広がっていたりするとわかると、それが強力なナッジになることがある。まだ多数派から支持されていないとしてもそうだ。[30] そのときに新しく生まれていたのは、同性婚をはっきりと支持する規範だった。そして、その予言が現実になった。われわれは自分たちのアイデアをとても気に入っていたが、それと同じくらい、この結果をうれしく思っている。

この章で強調してきたように、社会的影響の力はとても大きく、民間部門でも公共部門でも、選択アーキテクトは社会的影響を簡単に利用できる。企業も、政府も、社会的影響の力をさまざまなよい目的に（そして悪い目的に）使うことができるのだ。実際、企業や政府は毎日そうしている。よい目的については、それを達成するためにできることはまだまだたくさんある。

第2部

選択アーキテクト（選択設計）のツール

――それぞれの「よりよい選択」を実現する方法

第4章

ナッジは「いつ」必要か

――ナッジを使うべきタイミングのはかり方

これまでに見てきたように、人は目を見張るような離れ業をやってのけるが、間の抜けた失敗もする。そうだとすると、それにどう対応すればよいのだろう。

選択アーキテクチャーはどこにでもあり、その影響を受けることは避けられないため、簡潔な答えはごくまっとうなものになる。「役に立つ可能性がいちばん高く、害をおよぼす可能性がいちばん低いナッジを与える」。これを「リバタリアン・パターナリズムの黄金則」と呼ぼう。[*1]

もう少し長い答えだとこうなる。「集中できない状態で意思決定しなければいけないとき、判断がむずかしいとき、フィードバックをすぐに受け取れないとき、自分が置かれている状況を簡単に理解できる言葉に置き換えるのがむずかしいときに、ナッジが必要になる可能性が高い」。

慣れない状況にあるときや、まれにしか起こらない状況にあるときだと、ナッジが必要になるだろう。自分の家から地元の食料品店に車で行こうとしているなら、たぶんGPS装置に頼らなくてすむ。しかし、行ったことのない町のなかを車で走ろうとしているなら、GPSがないと、どうにもならないかもしれない。

第4章では、以下の点を肉づけしていきたい。最初に、「どのような状況だとまずい選択をしてしまいやすいのか」を、具体的に見ていく。次に、市場にそなわっているとされる魔法のような力に目を向ける。われわれが問いかけるのは、自由市場と開かれた競争は人間の弱点を補完せず、逆に悪化させやすいのかどうか、そして、そうなるのはどのようなときか、ということだ。

市場に長所があるのは確かだが、多くの場合、人間の弱点を考慮してその影響を最小限にしようとするのではなく、それを商売にする（そして、そこから儲ける）強いインセンティブが企業にはたらく。これが第4章のキーポイントになる。

わたしたちの選択はいつも「問題だらけ」⁉

あるグループが近い将来、なんらかの選択をしなければならないとしよう。あなたは選択アーキテクトである。選択環境をどう設計するか、どんなナッジを与えるか、ナッジをどの程度さりげないものにするべきか、決めようとしている。

ベストな選択環境をつくるには、なにを知る必要があるのだろう。

＊コリン・カメレールらは「非対称パターナリズム」を提唱している。この概念は、知識も経験もない人を助けると同時に、それ以外のすべての人におよぼす不利益を最小限にする方法をとることと定義される。われわれの黄金則はその考え方に沿っている。

「うっかり・ぼんやり」ミスをする

誰もがやってしまうミスでいちばん多いのは、「なにかをすっかり忘れてしまうこと」だろう。セルフコントロール問題と同じように、私たちの注意力にはかぎりがあり、うっかりしてしまうことがある。だからやることリストや買い物リストをつくる。カレンダーアプリをスマートフォンに入れてリマインダーが届くようにするのもそうである。そういった注意をうながす合図は、絶大な効果を発揮する。

テクノロジーが進化して、自分自身に対しても、他人に対しても、ナッジをしやすくなった領域はたくさんある。リマインダーもその一つだ。ほとんどすべての人がテキストメッセージを受け取れる電話をもち歩く時代になって（貧しい国でさえそうだ）、タイミングよく通知を送ることができるようになった。大半の企業がこの教訓を学んでいる。レストランの予約はもちろん、病院や美容院の予約日が近づくと、リマインダーが届く。支払い期日がくることも教えてくれる。

残念だが、私たちの忘れっぽさを利用して儲けている企業のなかには、依頼する方法を自力で探り当てないかぎり、こういった親切なリマインダーを送ってくれないところもある。支払いが遅れてしまったら高額のペナルティをとるクレジットカード会社がそうだ。まったくおかしな話である。

リマインダーはいまでは広く活用されており、すばらしいナッジになることもあるが、だからといって、予約ややるべきことを忘れないようにするのを助ける新しい方法がないわけではない。その例を二つだけ紹介しよう。

投票促進キャンペーン

いま生きている人が思い出せるかぎりでは、投票に行く人を増やすための取り組みにはずっと同じ手法が使われていた。候補者を支持してくれそうな有権者に電話をかけて、（その候補者に）投票するつもりかどうか質問するのである。答えがイエスなら、電話はそこで終わった。

それが変わったのは、２００８年のアメリカ大統領選挙の後のことである。政治科学者のデヴィッド・ニッカーソンと行動科学者のトッド・ロジャーズが、予備選挙期間にある実験を行っている。投票意図についてたずねた後に、次の三つの補足質問をした。

１「何時に投票に行くつもりですか」
２「どこから投票に行きますか」
３「なにをしてから投票に行きますか」

心理学者のピーター・ゴルヴィッツァーは、「実行意図」をはっきり示すと目標の達成率が高くなることを発見している。補足質問の内容はこの研究にもとづいたもので、この状況では理論どおりの結果になった。有権者に計画を立てるようにうながしたところ、投票率が４・１％ポイント上がったのだ！　興味深いことに、効果は単身世帯のほうがはるかに強かった。

ほかに調整しなければいけない予定があるのなら、投票の予定を思い出させるだけでは、やるべきことは半分しか終わっていない。先の三つの補足質問のようなことをたずねるなどして実行意図を引き出せば、さまざまな領域で大きな効果を生むことができる。

チェックリスト

商業パイロットは何百回、場合によっては何千回も空を飛んでいるが、離陸する前にはかならず、定められた儀式を行う。飛行機がゲートを離れる前にやっておかなければいけないことが書かれたチェックリストを確認するのだ。燃料を満タンにしないで離陸するなんて、絶対にいやだ！

外科医のアトゥール・ガワンデは、ベストセラーとなった著書『アナタはなぜチェックリストを使わないのか？』――重大な局面で〝正しい決断〟をする方法』のなかで、手術室で同じような儀式を行うことの大切さをこんこんと説いている。ガワンデが減らしたいのは、手術中に患者への感染を引き起こすリスクである。手術にかかわるメンバー全員が手洗いを徹底すれば、感染をゼロにできることがわかっているが、外科医もぼんやりしてしまうことがあるのだ！

興味深いことに、手術室にいる全員に対して、手を洗うのをうっかり忘れている人にそれを知らせる権限を与えることが、こうしたプログラムを成功させるカギになる。有名な外科医が手順を飛ばしたら、ふつうであれば看護師などの地位の低いメンバーは、それを大きな声で指摘することはためらうかもしれない。しかし、そうすることが自分たちの仕事の一つだと考えられていると、そうする。

ちなみに、これは普遍的な一般原則である。ボスがミスをしようとしているときにその場で声を上げる権限が全員に与えられていれば、どんな組織ももっとうまく機能する。そして選択アーキテクトにとって、チェックリストは一種の選択アーキテクチャーになることがある。

サンスティーンはホワイトハウスで働いていたとき、「規制影響分析チェックリスト」の作成を手伝った。このチェックリストは1ページ強の文書で、規制を最終決定する前になにをする必要があるかを政府機関に思い出させる役割をもっている。

ドーナツはいますぐ欲しいけど、支払いの先送りは大歓迎

すでに見てきたように、人が自分のセルフコントロール能力を試す意思決定をしなければならないときには、予測可能な問題が生まれる。日常生活では、「青いシャツを着るか、白いシャツを着るか」といった、いくつもの選択をするが、その多くにはセルフコントロールという重要な要素はかかわってこない。

セルフコントロール問題が生じやすいのは、選択と結果にタイムラグがあるときだ。一方の極端にあるのが「投資財」とでもいえるものである。運動する、歯をフロスする、健康的な食生活を送る（体によいものを腹八分目食べる）などがこれにあたる。投資財の場合、コストはすぐに発生するが、便益は遅れてやってくる。投資財では、ほとんどの人はやる量が少なすぎて失敗する。エクササイズ・マニアやデンタルフロス・フリークもなかにはいるが、大晦日(おおみそか)に「来年はフロスを使う回数を減らそう」「来年はエクササイズバイクを使いすぎないようにしよう」と決意する人はそうはいないだろう。

もう一方の極端にあるのが、「誘惑財」とでもいえるものである。たばこを吸う、お酒をたくさん飲む、懐かしのドラマ『フレンズ』を一気見する、ジャンボ・チョコレートドーナツを食べる、などがこ

のカテゴリーに入る。私たちは快楽をいま得て、そのツケを後で払う（ドラマを一気見すると、締め切りを守れなくなる。やるべきことをずるずると先延ばしにしてしまっていたツケである）。ここでも新年の決意がテストとして使える。「来年はもっとたくさんたばこを吸おう」「もっとたくさんお酒を飲もう」「もっとたくさんホームコメディを見よう」「もっとたくさんチョコレートドーナツを食べよう」と誓う人がどれだけいるだろう。

投資財も、誘惑財も、ナッジの最有力候補である。ほとんどの人には、チョコレートブラウニーをもう1個食べるようにうながすのにこれといった後押しはいらないが、もっと運動するようにうながす手助けは必要になるだろう。

難易度が高いとうまく選べない

6歳にもなれば、ほとんどすべての人が靴のひもを結べるし、○×の三目並べをこなせるし、「cat」という単語を難なく書ける。しかし、蝶（ちょう）ネクタイをきちんと結べる人や、チェスを見事にプレーできる人、心理学者の Mihály Csíkszentmihályi の名前を書ける人、まして正しく読める人はほとんどいない（正解は「ミハイ・チクセントミハイ」だ）。

もちろん、私たちはこうしたむずかしい問題に対処するすべを身につける。最初から結んである蝶ネクタイを買うこともできるし、チェスに関する本を読むこともできる。チクセントミハイのスペルをウェブで調べることもできる（この名前を使わなければならないときには、その都度コピーして貼りつければよい）。もっとむずかしい問題なら、スペルチェッカーや表計算ソフトが役に立つ。

ところが、人が生きていくうえでぶつかる問題は非常にむずかしいものが多い。スペルチェッカーのように簡単に利用できるテクノロジーがないときもある。適切なパンを選ぶときより、適切な住宅ローンを選択するときのほうが、多くの手助けが必要になるだろう。

どのくらい「練習」すれば、「よい選択」ができるのか？

むずかしい問題でも、練習すれば対応しやすくなる。場合によっては、自動的に解決できるようになることだってある。われわれは2人とも、テニスのサーブをそれなりの規則性で（サンスティーンにいたっては、調子のよい日にはそれなりの速度で）どうにか入れられるようになったが、そうなるまでにはある程度時間がかかった。はじめてサーブをするときには、ボールがネットを越えればラッキーで、ちゃんと入ることなんてめったにない。しかし、練習すればできるようになる（少なくとも前よりはうまくなる）。

残念ながら、人生における非常に重要な意思決定のなかには、たくさん練習する機会のないものもある。

ほとんどの学生は大学を1回しか選ばない。ハリウッドにでもいないかぎり、大半の人にとって配偶者を選ぶのは、せいぜい2回か3回といったところだ。さまざまな仕事にトライしようとする人はほとんどいない。それにSFの世界でなければ、退職後の生活資金を貯めるチャンスが与えられるのは1回きりだ（ただし途中で調整することはできる）。

一般論として述べるならば、選択にかかわる金額が大きければ大きいほど、練習できる機会は少ないことが多い。大半の人は家や車を買うことがあるとしても、10年に1度か2度くらいのものだが、食料品店での買い物ならお手のものだ。ほとんどの家庭が牛乳の在庫管理術をマスターしている。それは、方程式を解くことによってではなく、試行錯誤を積み重ねて身につけたものだ。*[2]

だからといって、誰と結婚するか、なにを学ぶかを政府が決めるべきだと言っているのではない。これはリバタリアン・パターナリズムに関する本だ。この段階では、まれにしか起こらないむずかしい選択は、ナッジ活用の有力候補だと言いたいだけである。

みずからの「選択ミス」に気づくには？

学ぶ機会が十分になかったら、たとえ練習してもうまくできるようにはならない。なにかを学ぶときには、やってみるたびにすぐに明快なフィードバックが返ってくると、身につきやすい。

いま、ゴルフの練習グリーンでパットの練習をしているとする。同じカップに向かってボールを10回打つと、どれくらい強く打てばよいかという感覚をつかみやすくなる。どんなに才能のないゴルファーでも、すぐにこうした環境での打つべきボールの速さを読めるようになるだろう。

逆に、ゴルフボールをパターで打っているが、ボールがどこで止まるかは見えないとする。そんな環境では、一日中パットをしたところで、距離感をコントロールできるようにはならないはずだ。

残念ながら、日々の生活のなかでする選択の多くは、ボールがどこで止まるか見ることができない状態でパットを練習するようなものである。理由は単純だ。よいフィードバックを生み出す構造になっていないのである。

たとえば、フィードバックを受けられるのは、私たちが選んだ選択肢についてだけであるのがふつうだ。選ばなかった選択肢については、フィードバックは受けられない。あえて新しいことを試してみようとしないかぎり、いつも選んでいるもの以外の選択肢について学ぶことはないだろう。毎晩同じ長いルートを通って家に帰っていたら、近道があることには絶対に気づかないのではないか。長く使っているプロセスからよいフィードバックが生まれることはめったにない。

強力な警告のサインがいっさい出されないまま、高脂肪の食品を長年食べ続けて、心臓発作を起こしてしまう人もいる。

フィードバックがうまくはたらかないときには、ナッジが役に立つだろう。

＊これには痛烈な皮肉が込められている。行動経済学の草創期には、伝統にしばられた数多くの経済学者が、「利害が小さい」ものしか対象にしていない、被験者が学ぶ機会が十分に与えられていないことが多いとの理由で、心理学の実験から得られた発見を退けた。利害が大きくなり、被験者に練習する機会が与えられれば、被験者は「うまくやる」だろうというのだ。この主張には、少なくとも問題が二つある。

第一に、利害が大きくなるとパフォーマンスが改善することを示すエビデンスはほとんどない。一次近似としては、利害の大小が非常に重要であるようにはまったく見えない。

第二に、それ以上に重要な点として、経済学は人生における大きな意思決定を説明するのに役立つとされているのは確かだが、そのような意思決定は何度も試せない。20代や30代に「お試し婚」を何回かしてから正式に結婚していたなら、離婚率は低くなったかもしれない（この予測に確信はもてないが）。しかし、現実世界では人生のパートナーを選ぶのはむずかしく、しばしば選択を誤る。同じように、大学院の選択に実践トライアルがついていたら、哲学の博士号取得者が運転するタクシーの数は減るかもしれないが、35歳ともなるとやり直しを求めるのはむずかしい。

「私は私のことをいちばん知っている」という勘違い

ほとんどの人は、自分はバニラアイスよりコーヒーアイスが好きか、ボブ・ディランよりブルース・スプリングスティーンが好きか、フットボール（サッカーでもラグビーでもアメフトでも）よりバスケットボールが好きかどうか、よくわかっている。いまあげたのは、選択肢を試して自分の好みについて学ぶ時間が与えられていたものの例である。

しかし、はじめてミャンマー料理のレストランに行ったり、エキゾチックな料理の国ではじめて食事をしたりするといった不慣れな場面で選好を予測しなければならないとしたらどうだろう。賢い旅行者はたいてい誰かほかの人、たとえばウェイターに助けを求めて、「外国のお客さまはたいていこれがお好きで、これが苦手です」といったアドバイスをもらう。それほどエキゾチックではないところでも、ほかの人に選んでもらうのが賢明なこともある。

世界最高峰のレストランの多くは、客に最低限の選択肢しか与えない。2時間のコースにするか3時間のコースにするか、食事の制限はあるかどうか聞かれるくらいだ。選択の余地がほとんどない場合のメリットは、あなたが注文しようと思ってもいなかったような料理をつくる権限がシェフに与えられることである。

寿司の名店では、大将にその日のメニューを決めてもらうのが基本だ。「おまかせで」と一言いえば、おいしい寿司を堪能できる。外国人が苦手そうなものがあると、「うにをお出ししてもよろしいですか」と聞いてくれるときもある。まさに「パーソナライズ型おまかせ」だ。

目の前にある選択肢を、それを選んだ結果として得る経験にうまく置き換えられないときには、よい意思決定をするのはとりわけむずかしい。理解できない言語で書かれたメニューを見て、料理を注文するときのことを考えるとわかりやすい。しかし、使われている言葉の意味がわかっているときでさえ、検討している選択肢をほんのわずかでも理解できる言葉に置き換えられるとはかぎらない。

老後の生活資金を貯めるために、どの投資信託を選ぶかという問題を例にあげよう。ほとんどの投資家は（われわれも含めて）「値上がり益追求型」ファンドと「ダイナミック配当型」ファンドをどう比べたらよいか、わからないのではないだろうか。それに、こうした言葉の使い方が理解できるようになったところで、問題は解決しないだろう。投資家が知る必要があるのは、こうしたファンドの選択がさまざまなシナリオの下で退職後の消費力にどう影響するかだ。これは、すぐれたソフトウェア・パッケージと個々のファンドが保有しているポートフォリオに関する完璧な知識で武装した専門家でさえ、分析するのに苦労するような問題だ（ファンドの免責事項に書かれているように、「過去の運用実績は将来の運用成績をお約束するものではありません」）。

同じ問題は、医療保険プランの選択でも起こる。自分の選択がどのような影響をもたらすのか、私たちはほとんど理解していないだろう。あなたの娘がまれな病気にかかったら、優秀な専門医に診てもらえるのか。どれくらい待つことになるのか。

車を買うときだって、購入する車種はどうにか決められても、オプションはいったいどうすればよいのだろう。トラクションコントロール？　アダプティブヘッドライト？　ブラインドスポットワーニング？　リヤクロストラフィックアラート？

自分の選択が日常生活にどのような影響を与えるのか予測するのがむずかしいときには、選択肢がたくさんあるメリットは小さくなる。自分で選択するメリットでさえそうだろう。そんなときはナッジが歓迎されるかもしれない。

自由市場――そのすばらしさ、そしてむずかしさ

ここまでの議論から、よいナッジが最も求められるのは、選択したことを覚えておく必要があるか、選択の結果が遅れて現れるとき、そして選択するのがむずかしく、まれにしか起こらず、フィードバックが乏しいとき、さらに選択と経験の関係がはっきりしないときではないかと思われる。

そうだとすると、そのような状況であっても自由市場は人びとの問題を解決できるのか、という疑問がおのずとわく。市場に競争があるのは、多くの場合はとてもよいことだ。しかし、市場は奇跡を起こせるのか。どんな奇跡でも、まずは疑ってかからなければいけない。

とても興味深くてわかりやすい例に、あやしげな薬の販売がある。これはさまざまなかたちで世界中どこでも行われている。アメリカの西部開拓時代を描いた映画では、秘薬はたいてい「スネークオイル（ヘビ油）」と呼ばれていた。こんな名前をつけたのは、競争相手が市場に参入してこないようにするためだろう。ヘビ油は、ニキビからリウマチ、勃起不全まで、さまざまな病気を治すとされた。ヘビ油の

現代バージョンはいまも「自然健康製品」セクターで売られている（多くの国ではほとんど規制されていない）。ここでは議論を簡潔にするために、ヘビ油に的を絞ろう。なぜなら、ヘビ油でよくとりいれられているマーケティング戦略は、市場とその限界について広く考えるのに役立つからだ。

古典的な西部劇バージョンの設定は、その昔から少しだけかたちを変えて繰り返し現れる詐欺やペテンの多くと共通している。ほろ馬車に乗った「医者」が町にやってきて、地元の酒場の近くでヘビ油を売り始める。「この特別なヘビ油を使えばあなたの病気は治りますよ」と医者は言う。しばらくすると見物客のなかから松葉杖の男が現れて、「そんなのインチキだ」と医者にくってかかる。男は不自由な足を指さして、「この足はおまえには治せないだろうよ！」と毒づく。心の広い医者は、この哀れな男に無料のサンプルをわたす。すると奇跡が起きる。次の夜には足が治ったのだ！　ヘビ油は飛ぶように売れ、翌朝早く、医者は松葉杖の男を演じた相棒とともに町を去り、次の目的地へと向かう。

同じ詐欺の別のバージョンは、大勢の人が訪れる人気の観光地でいまも見かけるが、ヘビ油を売り込むかわりに、スリーカードモンテ（訳注：3枚のトランプカードのなかから当たりのカードを選ぶゲーム）やスリーシェルゲーム（訳注：三つのクルミの殻のなかから豆が入っている殻を当てるゲーム）で賭けをしませんかと観光客に声をかけているだろう（このバリエーションでは最初にサクラが実際にやってみせて、簡単に勝つ）。

この種の詐欺は極端な例のように見えるが、ヒューマンにはアピールしてもエコンにはアピールしない数多くの商品の一例にすぎない。インターネット上にはこの手のものがいくらでも見つかるし、一部の国でテレビの深夜番組を見れば、ヘビ油がたくさん売られている。この後のとっても刺激的な（スリリングだと評する人さえいる）保険に関する章で論じるように、ヘビ油と同じで、手を出してはいけない保険商品はたくさんある。結論を先にいうなら、延長保証はきっぱり断ることだ。

しかし、われわれがここで論じたい問題はもっと大きい。競争市場はそうした詐欺から消費者を守るのかどうかだ。残念だが、答えはノーである。

ヘビ油ビジネスへの参入は、障壁がまったくなかったわけではないが、規制されていなかった。馬車とガラス瓶と巧みな話術があれば、誰でもこのビジネスに参入できた。ウソを平気でつけて、なんの罪もない人からお金を巻き上げても良心がとがめない人間ならなおよい。もちろん、いかさまがばれて、地元の保安官ともめるリスクはつねにあった。だが、「ヘビ油を買うな」と言って儲けた人は1人もいないのだ！　ここがキーポイントになる。みんな身体のどこかしらに問題を抱えているので、魔法の秘薬が数ドルで買えるなら買いたいという人はごまんといるだろう。

あれは新型コロナウイルスに効く？　テニス肘(ひじ)は治る？　腰痛は？　執筆スランプは？　指の痛みは？

ヘビ油は軽率な買い物の極端な例でしかない。ギャンブル依存に陥る人はたくさんいて、そうした人たちにとってカジノは、ヘロインやコカインと同じくらい危険なものにもなる。そして、カジノは規制されているし、カジノに入れないようにすることもできるが、カジノ間の競争は激しいし、スポーツベットやＤＩＹ型オプション取引といった、ほかの形態のギャンブルもある。そのため、カジノは魅力的な環境を整え、フリードリンクを提供し、ときには条件のよいオッズを提示して競い合う。しかし、

「ギャンブルをするな」と人びとを説得してお金持ちになった人は１人もいない。

この後でお金のことについて述べる章があり、それを読んで金融の分野でヒューマンがたびたび犯すミスをみなさんが避けられるようになってほしいと願っているが、そこを読むのに追加料金をとるつもりはないし、われわれがなにを書いたところで、延長保証ビジネスはなくならないだろう。

いまほどヘビ油を売りやすい時代はない。ウェブサイトをつくって、がんになるリスクを減らせる、糖尿病を治せる、お金を節約できる、肌がきれいになる、不安や鬱（うつ）と闘うと謳（うた）う商品を売ればよい。

われわれは女優のグウィネス・パルトローのファンだが（あまり知られていないが『カントリー・ストロング』はとてもよい映画なので、ぜひ借りて見てほしい）、自身のブランド「goop」のウェブサイトでは、ほんとうに少量のヘビ油が入っているかもしれない商品が売られている。健康や恋愛やお金のことになると、十分な情報をもたない人たちは格好のえじきになる。利用可能性、非現実的なまでの楽観、アンカリングなどの行動バイアスを利用する強いインセンティブが企業にははたらくのだ。情報カスケードを起こそうとするのはまちがいない。そしてそれが成功したりする。

たいていの場合、人が自分の弱さを克服するのを手助けするより、人間の弱さを商売にするほうがカネになる。それがここでの一般的な教訓だ。

飲酒問題に苦しんでいる人たちの自助グループであるアルコホーリクス・アノニマスより、バーのほうが儲かる。そうだとすると、ヒューマンが問題を抱えている場合には、適切なナッジが役に立つかもしれない。

第5章

選択アーキテクチャー

――「よい選択」をうながす仕組みをつくる

デザインとは、どのように見えるか、どのように感じるかということではない。
デザインというものは、どう機能するかということだ。

――スティーブ・ジョブズ

セイラーが駆け出しの大学教員だったころ、ビジネススクールで授業を受けもっていたのだが、学生はときどき就職の面接を受けるために（いや、昼寝をするためかもしれないが）授業を早退することがあり、できるだけ目立たないように教室を抜け出そうとした。学生たちにとっては不運なことに、教室を出るには、前方にある大きな両開きのドアを通るしかなかった（ただし、セイラーからは直接見えない）。ドアには大きくて立派なハンドルがついていた。垂直にすえつけられた円柱状の取っ手で、長さは90センチほどあった。

学生がドアのところに行くと、拮抗（きっこう）する二つの本能が立ちはだかる。一方の本能は、「教室を出るにはドアを押せ」と告げる。もう一方の本能は、どう見てもぎゅっとつかんでとるようにできている大きな木のハンドルを目の前にして、「引け」と告げる。

最後には後者の本能が前者の本能に打ち勝ち、教室を出て行くどの学生も、取っ手を引き始める（ドアのハンドルのことを英語で「pull」というが、それには理由があるのだ）。残念ながら、ドアは外開きだった。

あるとき、セイラーはこのことを学生たちに指摘した。それは、１人の学生が教室を脱出しようとドアのハンドルを引いていた、まさにそのときのことで、学生はきまり悪そうだった。それからというもの、席を立って退出する学生が現れると、さあ、ドアを押すのか、それとも引くのかと、教室中が固唾を呑んで見守るようになった。驚くことに、ほとんどの学生がやはりドアを引いたのだ！「自動システム」が勝利した。あの大きな木のハンドルが発するシグナルをどうしてもふりはらうことができなかったのである（恥ずかしながら、セイラーも教室を出ようとしてドアを引いてしまったことが何回かある）。

このドアは悪いアーキテクチャーである。**「刺激反応適合性」**という、とてもかっこいい名前をもつ単純な心理学の原則に反しているからだ。人は受け取る信号（刺激）と望ましい行動が一致していてほしいと考える。信号と行動が一致していないと、反応が鈍くなり、失敗してしまう。

アメリカの道路標識を例にあげよう。アメリカではふつうは大きな赤い八角形のプレートに白く「止まれ」と書かれているが、もしもそれに「進め」と書かれていたらどんなに恐ろしいことになるか、考えてみてほしい。こうした不一致がどのような問題を引き起こすかは、実験で示しやすい。

なかでもとくに有名なのがストループ・テストである。[1] この実験の現代バージョンでは、コンピューターのスクリーンにぱっと浮かぶ言葉を見て、とても簡単な課題をする。文字が赤色で書かれていたら、右のボタンを押し、緑色で書かれていたら左のボタンを押すのである。被験者にとって課題は簡単であり、すぐにかなり正確にできるようになる。ところが、「緑」という文字が赤色で書かれていたり、「赤」という文字が緑色で書かれていたりするという変化球が投げ込まれると、状況は変わる。こうした相反する信号が送られると、反応時間は遅くなり、エラー率が上がる。

その主な理由は、「熟慮システム」の色を認識する部分が文字の色を判断できるよりも速く、「自動システム」が文字を読み取ってしまうからである。赤色で書かれた「緑」という文字を見ると、なにも考えない自動システムは「左のボタンを押せ」とせきたてる。言うまでもなく、そのボタンはまちがっている。

このテストは誰でもできる。いろんな色のクレヨンをもってきて、色の名前を書くだけでよい。ただし、色の名前の大部分は名前と同じ色で書かないようにする（近くにいる子どもにやってもらうともっとよい）。そして色の名前をできるだけ速く言う（つまり、文字を読んで、色を無視するのである）。簡単でしょう？ 今度は、文字が書かれている色をできるだけ速く言って、文字そのものは無視する。むずかしいでしょう？

このような課題では、自動システムが熟慮システムに勝つことが多い（「泣く子と地頭には勝てぬ」というが、人間の脳のなかでは、自動システムが泣く子なのである）。

青い「止まれ」の標識は見たことがないが、さきほどの例のようなドアはストレスがたまるくらいどこにでもあり、「刺激反応適合性」原則に反している。押し板は「ここを押せ」と叫ぶし、大きな取っ手は「これを引け」とわめく。だからアーキテクトは、つかむようにできているものを押させようとしてはだめなのだ！ これはデザインが人間の性質の基本原則に合っていない失敗例である。世の中はこうした欠陥を抱えた商品であふれている。なにをどう考えても、テレビのリモコンでいちばん大きなボタンは、電源、チャンネル、音量のボタンであるべきではないか。それなのに音量ボタンが入力切換ボタンと同じ大きさになっているリモコンがたくさんある（うっかり押すと、テレビの画面が消えてしまうのだ。若い子が戻し方を見つけてくれるまで消えっぱなしというときもある）。

世の中が、「引けと言わんばかりの押さなければいけないドアハンドル」だらけである必要はない。そのかわりに、「ヒューマンファクター（人間の行動特性）」をデザインに組み込むことは可能である。ドナルド・ノーマンは名著『誰のためのデザイン？　増補・改訂版――認知科学者のデザイン原論』でそれを明らかにしている。英語版原書の、本のカバーがとにかくすばらしい。「持ち手と注ぎ口が同じ側についているティーポット」が描かれているのだ。

ここでちょっと立ち止まって、この点について考えてみたい。

ノーマンが「悪いデザインのもう一つの例」としてあげたものは、もしかするといま、あなたの家のキッチンにもあるかもしれない。どこにでもある４口のガスコンロのデザインだ（図５・１）。４口コンロのほとんどは、図のいちばん上にある例のように、コンロが左右対称に配置されており、その下に火力調節ツマミが横一列に並んでいる。これだとどちらのツマミが前のコンロを調節し、どちらのツマミが後ろのコンロを調節するのかわからなくなってしまいやすく、それが原因で鍋やフライパンをいくつも焦がしてしまう。

もっとよい配置はほかにたくさんあり、ここに示している残る二つのデザインは、ほんの一例にすぎない。よいデザインは悪いデザインよりもコストが高くつくと思われるかもしれないが、それはまずない。これがこの章のポイントである。実際、「押す」というラベルが貼られたシンプルなプレートは、凝ったデザインのブロンズや木製の取っ手よりも安くつくれるはずだ。

よいデザインと機能的なアーキテクチャーの原則は、選択の世界にもそのままあてはまる。われわれが第一に掲げるスローガンはシンプルだ。ある行動や活動をうながしたいなら、それを「簡単にできるようにする」こと。

この洞察は、偉大な心理学者であるクルト・レヴィンのいう「経路要因（channel factors）」のカテゴリーに入る。レヴィンはある行動をうながすことにも妨げることにもなりうる小さな影響をあらわすものとして、この言葉を使った。[2] 経路とは、春になって雪が溶けた後にできる水の通り道のようなものだと考えてほしい。雪解け水の通り道は、一見するとごく小さな地形の変化によって決まることがある。人間の場合も、それと同じようなごく小さな要因が驚くほど強い障害を生み出して、人びとがとりたいと思っている行動を阻んでしまうときがあると、レヴィンは説いた。人をある方向に力づくで押しやろうとするよりも、なんらかの小さな障害をとり除くほうが、よい行動をうながせるようになることが多い。

レヴィンの説を例証した初期の研究に、ハワード・レーヴェンタール、ロバート・シンガー、スーザン・ジョーンズがエール大学のキャンパスで行った実験がある。[3]

被験者はエール大学の4年生で、破傷風（はしょうふう）のリスクと健康センターに行って予防接種を受けることの大切さについて、かなり説得力のあるレクチャーを受けた。学生の大半は説明を聞いて納得し、「予防接種を受けに行こうと思う」と答えたのだが、その接種の意図はほとんど行動につながらなかった。実際に健康センターに行って予防接種を受けたのは３％だけだったのだ。

別の被験者グループは、レクチャーの内容は同じだったが、健康センターの場所を丸く囲んで示したキャンパスの地図も配られた。そして、自分の各週のスケジュールを確認し、いつ予防接種を受けに行くか予定を立てたら、地図を見て、どのルートで行くか決めるように説明された。このようなナッジを与えたところ、学生の28％が時間をつくって健康センターに行き、予防接種を受けた。

ここで注目してほしいのは、このナッジはそれとはっきりわかるようなものではなかったことだ。学生は全員４年生で、健康センターがどこにあるか知らないはずはなかった（エール大学のキャンパスは巨大ではない）。接種をする日時を指定されたわけでもない。それでも予防接種を受けた学生は９倍になり、経路要因のもつ潜在的な力が明らかになった。これは第４章でとりあげた投票促進キャンペーンと同じ

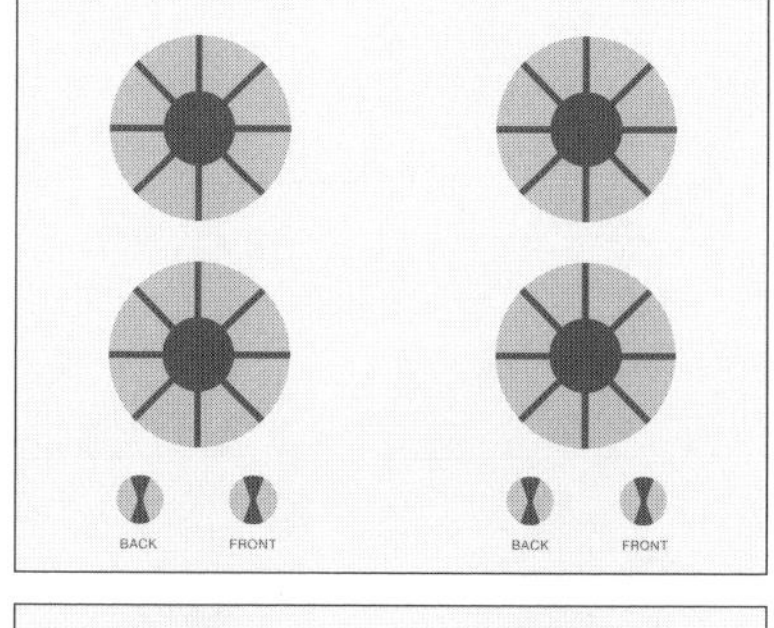

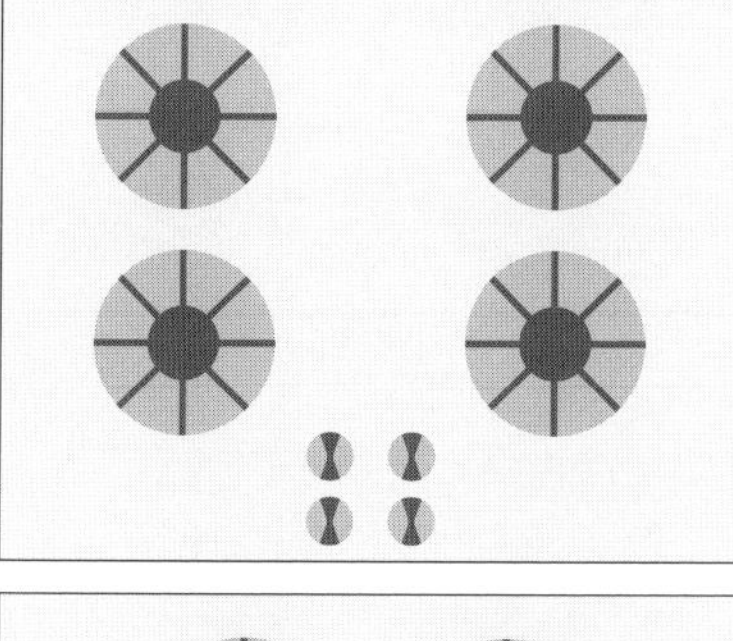
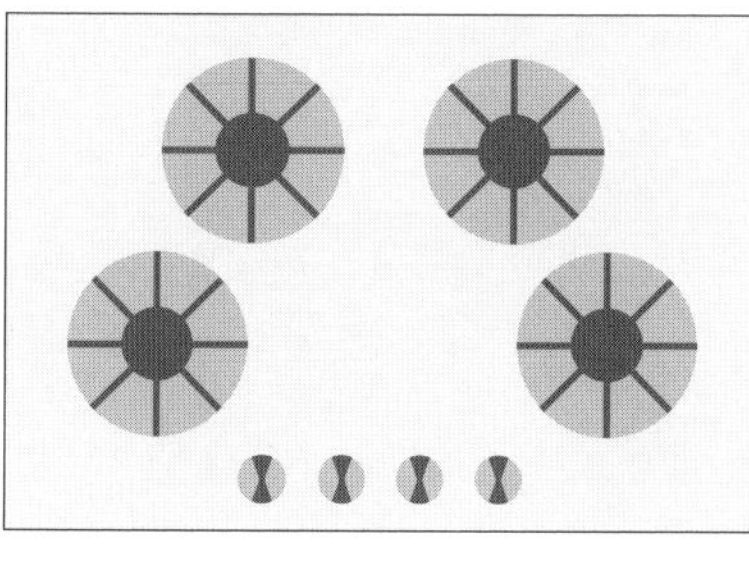
【図5・1】4口レンジの3つのデザイン例

原理である。

本書に書かれていることを一つだけ覚えておくとしたら、これがよい。人になにかをするようにうながしたいのであれば、**それを簡単にできるようにする**こと。「Make It Easy」だ。

もしよければ、イーグルスの往年のヒット曲『Take It Easy』のメロディーにのせて口ずさんでみてほしい。

デフォルト――誰だって「いちばん楽な道」を進みたい

これまでに述べた理由から、多くの人は、とにかく労力が最小限ですむ選択肢、つまりいちばん楽な道を選ぶ。惰性や現状維持バイアス、「はいはい、なんでもいいよ」ヒューリスティックの話を思い出してほしい。したがって、与えられた選択にデフォルトの選択肢が設定されていて、なにもしなければそれがそのまま選択される場合には、大勢の人がその選択肢を選ぶことは予想がつく。それが自分にとってよいものかどうかは関係ない。

そして、これもわれわれが強調してきたことだが、「デフォルトに設定されているのは通常の選択肢か推奨の選択肢だ」と明示的に、あるいは暗黙的に伝えられると、それ以上なにもしなくなる行動傾向に拍車がかかる。

デフォルトはどこにでもあり、その力は強い。また、選択アーキテクチャーというシステムのどの部分にも、「意思決定をする人がなにもしなかったらどうなるか」を決めることに関係するルールがあるはずだ。その意味では、意思決定者はデフォルトを避けることもできない。なにもしなかったら、なにも変わらない。ふつうはこれが答えになり、いま起きていることがそのまま起き続ける。しかし、いつもそうだとはかぎらない。

チェーンソーや芝刈り機のような危険な機械には「デッドマン・スイッチ」があり、スイッチから手を離すと止まるようになっている。

コンピューターをつけたままにして電話をとりにいっても、しばらくはなにも起こらないが、長く話していると、自動的にロックがかかって、スクリーンセーバーの画面に変わる。もちろん、スクリーンセーバーが起動するまでの時間を選ぶことはできる。だが、その選択を実行するには、なんらかの行動をとらなければいけない。あなたのコンピューターにはたぶんデフォルトの起動時間とデフォルトのスクリーンセーバーが設定されていたはずである。いまもその設定のままになっているのではないだろうか。

選択アーキテクト（カフェテリアの運営責任者であるキャロリンのような人たち）にはデフォルトを選ぶ機会がたくさんあり、それを自分の利益のために使うことも、厚生を高めるために使うこともできる。それは公共部門でも民間部門でも同じである。

１９３８年にドイツで行われた選挙では、有権者はこう問われた。「１９３８年3月13日に成立したドイツ国とオーストリアの再統合に賛成しますか。また、われらが指導者、アドルフ・ヒトラーの党に賛成の票を投じますか」。

図5・2に示すとおり、「ya」の選択肢は、ゆるやかなナッジなんてものではなかった。[4] 同じように、民間部門では、企業は顧客のことを第一に考えたデフォルトを設定するか、個人情報を抜きとったりお金を巻き上げたりするなど、自分の利益になるように使うかのどちらかを選べることが多いし、たいていは企業に都合がよいデフォルトが設定されている。顧客のためにならないプログラムに自動的に加入させることだってある。

この点については、第8章で「スラッジ」の問題をとりあげるときにさらにくわしく論じるが、われわれはどのセクターの選択アーキテクトもよい意図をもっていると無邪気に楽観しているわけではないことは、ここではっきり言っておきたい。セイラーはこの本にサインをするときはいつも、「よい方向へと導くナッジを！」と書き添える。これはそうなってほしいという期待ではない。そうしてほしいという訴えだ。

繰り返しになるが、デフォルトの設定がずっとそのままになっているとはかぎらない。その例については後で見ていく。たとえば、選択して得られる結果がどう見ても悪くて、オプトアウトするコストが低ければ、デフォルトを上書きする人は増えるだろう。

大半の車のカーオーディオは、エンジンをかけたときに前回使った音源を前回の音量で再生することがデフォルトの設定になっている。車を使う人が1人だけならそれで十分なのだが、親はいつもニュース番組を小さな音で聞いているのに、前回車を使ったのが10代の子どもで、ヒップホップを大音量で聞いていたなら、親は速攻で音量か音源、あるいはその両方を変えるはずだ。2人とも、車に乗り込むとまず音楽を変えることが習慣になるのではないか（2人に身長差があれば、車に乗るたびにシートやミラーの位

【図5・2】ドイツの投票用紙、1938年

Volksabstimmung und Großdeutscher Reichstag

Stimmzettel

Bist Du mit der am 13. März 1938 vollzogenen

Wiedervereinigung Österreichs mit dem Deutschen Reich

einverstanden und stimmst Du für die Liste unseres Führers

Adolf Hitler?

Ja

Nein

置を調整することも習慣になる）。現代の車は、スマートキーがドライバーを認識して、シートやミラーの位置を自動で調整してくれる。次は音楽がそうなるかもしれない。

ここからより幅広い教訓が得られる。人びとが自分の選好をわかっていて、デフォルトに埋め込まれた結果が好ましくないことがわかれば、デフォルトを変更するだろう。

これについてはわかりやすい実証例がある。室温設定のデフォルト値を変えたら、経済開発協力機構（ＯＥＣＤ）の職員に予想どおりの効果が現れたのだ。冬場にデフォルト設定を1度下げたところ、平均室温は大きく下がった。しかし、選択アーキテクトがデフォルト設定を2度下げると、平均室温の低下幅は逆に小さくなった。なぜか。多くの職員がこれでは寒すぎると感じて、好ましい室温設定にすぐに戻したのである。

一般的な法則として、デフォルトを選択した結

果がほんとうに不快なものであるときには、ヒューマンでさえそれを拒否するようだ。[5]

これまで何度も強調してきたように、デフォルトルールはどこにでもある。民間の機関も、法体系も、デフォルトルールを用いざるをえない。

しかし、全部とまではいかないまでも、重要な留保条件がつくケースも一部にある。選択アーキテクトは、選択をする人が自分自身の判断で選択するように設計することができるのだ！　このアプローチには、「義務的選択」「命令的選択」「能動的選択」など、さまざまな名前がつけられている。[6] たとえば、新しいアプリを設定するには、どの選択肢にもチェックを入れないでおいて、各段階でどれか一つを選ばないと先に進めないようにすれば、義務的選択が実行される。政府のフォームがよくそうなっている。アメリカの給付プログラムだと、大量の質問に答えるように求められるかもしれないし、答えを空欄のままにしておくと、次のページに進めないかもしれない。

能動的に選択をする場面はけっこうある。契約書には非常に重要だと考えられている事項があるのだが、それがあまりにも見過ごされやすいため、多くの場合、定められた条件に明示的に同意するように求められる。そんな意思決定を不用意にしたり、なにも考えずにしたりしてほしくないからだ。

能動的選択には、惰性や不注意、先延ばしを克服できるというメリットがある。人びとがほんとうはなにを選好しているか知ることができるので、選択アーキテクトは選好を推測する必要がない。明示的に同意するように求めることは、行動科学の知見を活用した政策だと考えることができる。人びとが不注意によくない選択をしないようにするだけでなく、操作からも守ろうとする政策だ（実際、そうした政策の多くは、新しい法的権利である「操作されない権利」を反映していると理解できる）。

また、能動的選択は人びとがあることに確実に同意するように設計できる。新型コロナウイルスの影響で閉鎖されていたシカゴ大学の施設が２０２０年秋に再開されたときには、学生も、教職員も、感染対策ルールをすべて理解し、遵守することに同意する旨の「新型コロナウイルス感染症に関する宣誓書」を提出することが義務づけられた。

その中間のような選択肢もある。それが「選択の促進」だ。ある商品をオンラインで購入しようとすると、付随するサービスも購入するようにうながされることがある（保険がそうだ）。選択促進の場合は、選択を強制されることはいっさいない。入力をうながすメッセージをさらっと無視して、「次の画面へ」をクリックすればよい。

この仕組みがうまくいくようにするには、デフォルトを設定しなければならない（入力をうながすメッセージを無視するとどうなるかを決める）。この後、激しい議論が続いている臓器提供の問題で、選択促進についていくつか提言をしていく。ある意味では、強制的選択よりもソフトで押しつけがましくない。強制的選択だと、なにを求めているか答えるように文字どおり強制することになる。

義務的選択は自由を好む大勢の人に支持されており、これがベストな方法になることも多いはずだ。しかし、このアプローチに対しては二つの反対意見がある。

第一に、ヒューマンはたいてい義務的選択を面倒どころではない手間と考え、よいデフォルトがあるほうを強く選好するだろう。ソフトウェアの例に戻れば、どのような設定が推奨されているかがわかるとほんとうに助かる。ほとんどのユーザーは、理解不能なマニュアルを読んで、難解な設定のうちどれを選ぶか決めなければならないような状況は望んでいない。選択が複雑で、判断がむずかしいときには、賢明なデフォルトがあるととても感謝されるだろう。この状況では、人びとに強制的に選ばせるべきだとはいえない。

第二に、義務的選択は一般に、複雑な選択をするときよりも「イエス」か「ノー」かを選ぶ単純な意思決定をするときに適している。レストランでは、デフォルトの選択肢はシェフがふだん用意する料理をそのまま食べることであり、これに特定の食材を加えたり除いたりする選択肢が加わる。すべて自分自身の判断で選ばせるようにすると、極論すれば、客が料理を注文するごとにレシピをシェフにわたさなければいけなくなってしまうのだ！　選択が非常に複雑なときには、義務的選択は得策ではないだろうし、それを実行することすらできないかもしれない。

自分で選択するように強くうながされるとどんな問題が起こりうるかについては、第10章でスウェーデンの年金制度を例に見ていく。

エラーは「起きてしまうもの」と考えよ

人間はミスをする。うまく設計されているシステムは、利用者がまちがえることを前提にして、エラーを許容するようにつくられている。これを例証している現実世界のデザインをいくつか紹介しよう。

- パリの地下鉄（メトロ）に乗るときには、利用者は小さな切符をセットで買って、改札の読み取り機に差し込む。これは何十年も前から変わっていない。すると印字された切符が機械の上部から吐き出される（地元の人は、いまは改札にあるセンサーに電子カードをさっとかざすだけだ）。切符には片面に磁気テープがついているが、それ以外は左右対称にできていた。

セイラーがはじめてパリを訪れてメトロに乗ろうとしたとき、このシステムをどう使うかわからなかった。ためしに磁気テープがついている面を上にして入れてみると、うまくいった。その後もかならず磁気テープ面を上にして切符を入れるようにした。

それから何年もたち、何度もパリを訪れたセイラーが、パリにきた友人にメトロの正しい乗り方を得意げに実演して見せたところ、セイラーの妻が吹き出した。切符をどう入れても、なんの問題もなかったのだ！　セイラーが一度もミスをしなかったのは、ミスできないようになっていたからだった。

これとまったく対照的なのが、シカゴの大半の駐車場でいまだに使われているシステムだ。まず、駐車場に入るときにクレジットカードを読み取り機に入れて、機械に記憶させる。そして駐車場を出るときには、出口にある機械にカードをもう一度入れなければいけない。カードを入れるには、車の窓から手を伸ばして差し込み口に入れる必要がある。クレジットカードは左右対称ではないので、カードの入れ方は4通りある（表か裏か、磁気テープが右か左か）。正解はそのうち一つだけだ。

差し込み口の上に図があることはあるのだが、それでもカードをまちがった向きで入れてしまいやすく、カードが戻ってきてもゲートは上がらない。どうしてカードが拒否されたのか、最初にどの方向でカードを入れたのか、すぐにはわからない。

われわれは2人とも、どこかの大まぬけがうまくカードを入れられずに出口で何分間か待たされた嫌な経験がある。だが正直にいうと、自分がその当のまぬけになって後ろに車の行列をつくってしまい、クラクションの嵐を浴びせられたこともある。

- 自動車は年々、ヒューマン運転手にはるかにやさしい乗り物になってきている。なにしろナッジであふれているのだ。シートベルトをつけ忘れるとブザーが鳴る。ガソリンがなくなりそうになると警告サインが出るし、警告音が鳴ることもある。車線からはみだすと、不快な音が鳴る。車をバックさせてなにかにぶつかりそうになると、大きな警告音で知らせる。3時間以上運転を続けていると、休憩をうながすメッセージとコーヒーカップのマークがディスプレイに表示される。リモートセンシング技術をとりいれた自動車は、車を操作していると自動的にヘッドライトがつき、操作していないと自動的に消えるスイッチがついており、一晩中ライトをつけっぱなしにしてバッテリーがあがってしまうことがないようになっている。このようなナッジは命を救うことにつながり、この先もっと増えるものと期待される。

しかし、エラーを許容するイノベーションのなかには、採用されるのが驚くほど遅いものもある。ガソリンタンクのキャップを例にあげよう。いまではほとんどの車には、ガソリンタンクのキャップにプラスチックのひものようなものがついていて、キャップを外したときに置き忘れたまま走り去ることができないようになっている。プラスチックのひもをつくるコストが10セントを超えることはまずないだろう。数社がすでにこのすばらしいアイデアをとりいれているのに、この機能がついていない車をつくる理由がどこにあるというのか。

ガソリンタンクのキャップを置き忘れるのは、心理学で「完了後」エラーと呼ばれる特別な種類のミスである。[7] 人はメインの課題をやりとげると、それまでのステップに関連することを忘れてしまいやすい。ＡＴＭで現金を引き出した後にカードをとり忘れる、コピーをとった後に元の原稿をコピー機に置いてきてしまう、などもその例だ。ほとんどのＡＴＭはいまではカードが先に戻ってくるため、このエラーが起きないようになっている（けれど、まだ全部がそうではない！）。

ドナルド・ノーマンはもう一つ、彼が「強制機能」と呼ぶものを利用する戦略を提唱している。自分がほしいものを手に入れるには、最初にほかのことをしなければいけないようにするのだ。そう、カードをとらなければ現金が出てこないようにすれば、カードをとり忘れることはない。もちろん、なんのためにＡＴＭにやってきたか忘れなければの話だが。

- 自動車関連のちょっと気のきいたデザインのもう一つの例に、各種のガソリン用ノズルがある。ディーゼル燃料用のノズルはガソリン車の開口部には大きすぎて入らないため、ディーゼル燃料をガソリン車に入れるというミスは起こりえない（ただし、ディーゼル車にガソリンを入れるという逆のミスが起こる可能性は残る）。

これと同じ原理が、喘息（ぜんそく）の治療に関連するエラーの数を減らすために使われている。ある調査によると、〝重大事象〟の82％が、機器の不具合ではなく、ヒューマンエラーが原因で起きている。[8] よく起こるエラーに、ある薬のチューブをまちがった注入口に接続して、患者がまちがった薬を投与されるというものがあった。この問題は、コネクターが薬ごとに異なっている医療器具を設計することで解決された。以前は頻発していたこうしたミスが、物理的に起こりえないようになったのだ。

● 医療分野の大きな問題に、服薬アドヒアランス（訳注：患者が服薬の意義を理解し、治療に積極的にかかわること）と服薬コンプライアンス（訳注：患者が医師から処方された薬を指示どおりに正しく服用すること）がある。決められた回数、用量を守って薬を飲まなければいけない患者は大勢いる。アメリカでは、処方された薬を飲まなかったことが原因で、毎年12万5000人以上が亡くなっている[9]。理屈としては、もしも薬をきちんと飲んでいたら、こうした死はすべて防げたことになる。そうであるならナッジが役に立てるはずだ。

だとすると、選択アーキテクチャーに関するこんな興味深い疑問がわく。あなたが薬を設計していて、自分の好きなようにデザインできるとしたら、どのくらいの頻度で患者に薬を飲ませたいと思うだろうか。

医者が直接1回だけ投与するという選択肢を外すと（この方法はあらゆる面から考えてベストだろうが、技術的に困難なことが多い）、薬を1日1回、なるべく朝に飲むことが2番目によい策になる。

1日1回服用することが1日2回（あるいはそれ以上）服用するよりもよい理由は明快だ。薬を飲まなければいけない回数が増えれば増えるほど、飲み忘れる可能性が高くなってしまう。しかし、問題となるのは回数だけではない。薬を飲む間隔も重要になる。薬を1日1回飲むのは1日おきに飲むよりずっとよい。薬を飲むことを朝のルーティンに組み込めるからだ。そして、年をとるにつれて飲む薬が増える傾向があり、薬がもう一つ増えることは問題にはならない（1日分の薬をピルケースに入れておくのは、よいナッジになる）。これに対し、ほとんどの人は１日おきに薬を飲むことを覚えられない（それと同じで、毎週行われる会議は隔週で行われる会議より記憶しやすい）。

また、１週間に１回飲む薬もあり、多くの患者はそれを日曜日に飲む（ほとんどの人にとって日曜日はほかの曜日とちがうため、薬を飲むことと結びつけやすい）。教会に行く前に飲むことにしてもよいし、ゲームのスイッチを入れる前でも、パズルを始める前でもよい。

その意味では、経口避妊薬（ピル）は特殊な例となる。ピルは３週間毎日飲んだ後、１週間服用を休むのが一般的だからだ。この問題を解決し、薬を飲むプロセスを自動化するために、ピルは特別な容器で販売される。容器は28錠分に仕切られていて、それぞれの仕切りに番号がふられている。患者は薬を順番ごとに毎日１錠飲むように指示される。22日目から28日目までの薬は偽薬で、ヒューマン・ユーザーが用法を守りやすくするためだけにあるものだ。

服薬アドヒアランスを高めるためにはどんなナッジが効果的であるかについては、もっと考える余地がある。そうすればたくさんの命を救うことができる。[10]

● セイラーはこの本の２００８年版を書いていたときに、経済学者である友人のハル・ヴァリアンに電子メールを送った。ハルはグーグルで働いている。セイラーは「はじめに」の草稿を添付して、本の趣旨をハルに伝えるつもりだったのに、添付するのを忘れてしまった。ハルは文書が添付されていないので送ってほしいと返信したが、そのときにグーグルの電子メールプログラム「Ｇメール」でこの問題を解決する新しい機能を実験中なんだと得意げに書き添えた。ユーザーが「添付」という言葉を使っているのにファイルが添付されていないと、「ファイルが添付されていないようです」と教えてくれるというのだ。セイラーは添付ファイルを送り、この本はまさにそのことについての本なんだよ、とハルに伝えた。

グーグルは人間は忘れっぽいということに気づき、いまではそれに対処するように設計されたさまざまなナッジを用意している。２０１８年にグーグルはこう発表している。

「受信トレイに大量のメールがあると、どうしても必要な対応をしそびれてしまいます。そこで役に立つのが新しいＧメールです。新しいＧメールなら、見逃した可能性のあるメールがあれば返信するように、まだ返信がないメールについてはフォローアップをするようにうながす『ナッジ』が表示されます」[11]

われわれが２人とも感じているように、この機能は役に立つ。約束の原稿がまだ届いていないとサンスティーンに送った電子メールには、

「6日前に送信しました。フォローアップしますか？」

というメッセージが表示された。フォローアップした。グーグルはリバタリアン・パターナリズムを見事に実践している。グーグルのコメントはこう続く。

「このナッジは、Ｇメールを設定したユーザーにはデフォルトで有効になりますが、必要に応じてＧメールの設定メニューでこの機能を無効にすることができます」

さあ、祝杯だ！

- アメリカやヨーロッパの別のところからロンドンを訪れた人は、安全に道をわたるのに苦労する。

アメリカ人やヨーロッパ人にとって、自動車とは生まれてこのかた自分の左側からやってくるものであり、彼らの自動システムは左側に注意するものと学習している。しかし、イギリスでは自動車は道路の左側を走るため、自動車は右側からくることが多い。その結果、歩行者の事故が多発する。ロンドン市はうまいデザインでこの問題を解決しようとしている。

たくさんの曲がり角、とくに旅行客がたくさん訪れる地区の曲がり角には、歩道にこう書かれている。「右を見ろ！」。本書の２００８年版が出版された後、セイラーはよくロンドンに行くようになったのだが、不幸な衝突事故を防ぐためのこの標識にはいつも助けられた。

フィードバック──まちがいを本人に自覚させるには？

ヒューマンのパフォーマンスを向上させるには、フィードバックを与えるとよい。うまくデザインされているシステムは、うまくできているかミスをしているかを人びとに伝えるようにつくられている。

- 重要なフィードバックとは、問題が起きていることを警告するものだ。問題が起ころうとしていることを警告するものだと、もっとよい。

　われわれが使っているノートパソコンは、バッテリー残量がほとんどなくなると、コンセントにつなぐかシャットダウンするように警告が表示される。テスラに乗ると、目的地に到着した時点で残っていると推定されるバッテリー残量が表示され、もしも残量が足りなかったら警告が出て、目的地までの途上にある充電ステーションをＧＰＳが提示して案内してくれる。

あらゆる種類の健康アラートが、だんだんリアルタイムで出されるようになっている。しかし、警告システムについては、警告を出しすぎて無視されるという問題が生じないようにしなければならない。その添付ファイルをほんとうに開きたいですかと何度もしつこく聞かれると、なにも考えずに「はい」をクリックするようになる。こんな警告は役に立たない。

● フィードバックの改善でよりよくなる活動はたくさんある。天井にペンキを塗るという単純な仕事を考えてみよう。この仕事は見た目よりむずかしい。天井はふつう白く塗られており、どこを塗ったかまったくわからなくなってしまうときがある。その後にペンキが乾くと塗り残した部分が現れて、困ったことになる。この問題を解決するにはどうすればよいのだろう。

どこかの親切な人が、濡れているときはピンクに発色し、乾くと白くなる天井用のペンキを発明してくれた。ペンキを塗る人が重度の色覚障害で、ピンクと白の区別がつかない場合を除けば、これで問題は解決する。

「マッピング」を理解する――「選択」と「結果」の対応関係

一口に「選択」といっても、アイスクリームの味を選ぶような簡単な課題もあれば、治療方法を選択するようなむずかしい課題もある。

たとえば、味だけがちがっていて、カロリーなどの栄養面は同じであるさまざまな種類のアイスを売っている店があるとしよう。どのアイスを食べるかを決めるのは、いちばんおいしいアイスを選ぶというだけの問題になる。よく知っている味ばかりなら、ほとんどの人は自分の選択と、選択した結果として得られる最終的な消費体験との関係をかなり正確に予測できるだろう。

この「選択」と「選択によって得られる結果」の対応関係を**マッピング**と呼ぶことにしよう。アイスクリームショップにエキゾチックな味があったとしても、無料で味見できるようにすれば、マッピング問題を解決できる。

ところが、病気の治療方法を選択するとなると、まったく別の話になる。いま、あなたは初期の前立腺がんだと告知されたとしよう。治療法として、外科手術、放射線治療、〝待機〟療法（つまり、いまはなにもしないということ）の三つの選択肢から一つ選ばなければならない。前立腺がんは比較的進行が遅いとされているので、待機療法が魅力的な選択肢になりうる。こうした選択肢を選んだ結果として生じる可能性がある治療の副作用、生活の質、余命などは複雑に入り組んでいる。

選択肢を一つひとつ比較するには、次のようなトレードオフをしなければならない。「（この仮定で）余命を約３年延ばすために、３分の１の確率でインポテンツや尿失禁になるリスクをとりたいか」。これは二つのレベルでむずかしい意思決定である。第一に、それぞれの選択肢をとったときの相対的なリスクと便益に関するデータを患者が知っているとは思えない。そして第二に、尿失禁になったらどのような生活を送ることになるのか想像するのは簡単ではないだろう。

さらに、このシナリオには恐ろしい事実が二つある。まず、多くの患者は、医者から悪い知らせを伝えられるまさにその場で、行動方針を決めるように求められる。さらに、どの治療法を選択するかは、主治医のタイプに大きく左右される[12]（手術療法を専門とする医者もいれば、放射線療法を専門とする医者もいる。

待機療法を専門とする医者はいない。十分に活用されていないのではないかと疑われる選択肢があるが、それはどれだろう)。

ちなみに、待機療法を選ぶ患者の数を増やそうと、呼び方が「監視療法」にリフレーム(再定義)されている。これだと受け身な感じがしなくなる。

アイスクリームと治療方法を比べると、マッピングの概念をとらえやすくなる。選択アーキテクチャーのシステムがよくつくられていると、選択と結果をうまくマッピングできるようになって、よりよい結果につながる選択肢を選べるようになる。それには、実際に使うときのことをイメージしやすい単位に数値情報を置き換えて、さまざまな選択肢に関する情報を理解しやすくすることが、一つの方法になる。

私がりんごを買ってアップルサイダーをつくろうとしているのであれば、りんご3個でサイダー1杯をつくれるという経験則を知っていると役に立つ。タイヤの安全性能が10段階評価で4と言われたら、それがなにを意味するのか、自分はいったいどうしたらよいのか教えてもらえると役に立つだろう(タイヤの安全性能のグレードがなにを意味するのかをわかりやすく伝えるにはどうするのがベストであるかについては、実際にアメリカ政府内でくわしく検討されている)。

複雑な選択も「構造化」でわかりやすくなる

選択するときに使う戦略は、対象となる選択肢の数や複雑さに応じて変わる。選択肢の数が少なくて、よくわかっているものであるときには、すべての選択肢のすべての属性をくわしく調べて、必要があればトレードオフを考えることが多い。しかし、選択肢が多くなると、ほかの戦略を使わなければならず、それで問題が起きることがある。

ときに選択アーキテクトは博物館のキュレーターと同じような役割をする。われわれ2人にとっていちばん楽しい美術展は、とても豊かで、充実した体験を提供してくれるが、2時間以内に回れる程度の規模のものでもある。だいたいの映画がそれくらいの長さだ。「足るを知る者は富む」とはよくいったものである。よい選択アーキテクトはたいてい選択肢を扱いやすい数にする。

ただし、自分が自分の選択アーキテクトになることもよくあり、自分自身をナッジすることだってある。セルフナッジは「スナッジ（snudge）」と呼ぶこともでき、スナッジをうまく活用すれば、ほとんどの人の生活は、いまよりもっとよいものにできる。

冷蔵庫のなかに入れる食品の量を減らすことがそうだし、使いたくないお金は満期前に引き出したらペナルティがかかる1年物の定期預金に入れることもそうだ。フェイスブックやツイッターをスマートフォンから削除することも、一定時間電子メールを受信できないように設定することもそうである。

自分自身のセルフコントロール問題に対抗するときには、選択のアーキテクチャーをデザインしなおすことが多い。ある種の選択肢をとりにくくするか楽しくないものにする、あるいは選択肢そのものをなくしてしまうのがその例だ。[13]

もっと複雑な例として、こんなケースを考えてみよう。ジェーンは自分がいま住んでいるところから遠く離れた大都市にある会社から採用通知を受け取ったところだ。ジェーンが直面している二つの選択を比較してみよう。「どのオフィスを選ぶか」と「どのアパートを借りるか」である。ジェーンは勤務先として三つのオフィスを提示されているとする。ジェーンがとるべき戦略としては、三つのオフィスをすべて見て、それぞれの特徴を確認したうえで、規模、眺め、隣の同僚、いちばん近いトイレまでの距離といった属性のどれを重視するか決めるのが妥当だろう。選択に関する文献では、これは「補償型戦略」と表現される。ある属性がすぐれていれば（たとえばオフィスが大きい）、別の属性が劣っていても（たとえば隣の同僚がうるさい）、そのぶんを補うことになるからだ。

もちろん、アパートを選ぶときにはこれと同じ戦略は使えない。大都市ともなれば、アパートはそれこそ何千とある。アパートを一つひとつ訪ねて、全部評価していたら、いつまでたっても働き始められなくなってしまう。そのかわりに、この課題をなんらかの方法で単純化しようとするだろう。

このときに使える戦略の一つに、エイモス・トヴェルスキーが「属性値による排除」と呼ぶものがある。この戦略を使うときには、最初にどの属性（たとえば通勤時間）が最も重要であるかを決めて、カットオフ水準（たとえば30分以内）を定め、基準に満たない選択肢はすべて消す。以下、属性ごと（毎月の家賃は2500ドル以下、キッチンが使いやすい、犬を飼える）にこのプロセスを繰り返し、選択肢が一つになるか、選択肢が絞られてファイナリストによる補償型戦略に切り替えられるようになるまで続ける。

このような種類の単純化戦略を使うと、合格最低点に届かない選択肢は、たとえほかのすべての属性がすばらしくても、はじかれてしまうかもしれない。そのため、たとえば通勤時間が35分のアパートは、眺めが抜群によくて、ほかのどの選択肢より毎月の家賃が500ドル安くても対象外になる。

社会科学の研究から、選択肢の数が非常に多くなったり、異なる属性が増えたりすると、単純化戦略をとる人が増えることがわかっている。それが意味するところは選択アーキテクチャーとも関係がある。選択肢の数が非常に多くなり、複雑さが増すと、選択アーキテクトがやるべきことは増え、（よい意味でも、悪い意味でも）選択に影響を与える可能性がぐっと高まる。

3種類のアイスクリームを売っている店なら、どんな順番でどんなメニューをつくろうと、まったく問題ない。人びとは自分がなにが好きか知っているので、メニューにのっている順番などが選択に与える影響はごくわずかだろう。だが、選択肢が増えると、よい選択アーキテクチャーをつくって、選択肢をわかりやすい構造に整理して提示しなければならないし、選択の構造は結果に影響する。

これを、ペンキ店を例に考えてみよう。特別注文して好みの色をつくってもらう可能性を無視したとしても、ペンキ会社は自宅の壁に塗れるペンキを何千色も販売している。ペンキの色を顧客に構造化して提示する方法はたくさん思いつく。たとえば、ペンキの色をアルファベット順に並べたリストをつくったとしよう。その場合、「Arctic White」の次が「Azure Blue」といった具合に色が並ぶことになる。アルファベット順に並べるのは、辞書や職場の名簿をつくるのであれば申し分のないやり方だが、ペンキ店を経営する方法としては最悪である。

そのため、ペンキ店はカラーホイール（円形のカラーチャート）のようなものをずっと使っている。同系色ごとにまとめられた色見本帳がそれだ。青系のペンキが1カ所にまとまっていて、その隣が緑系、そしてオレンジ系の近くに赤系と続いていく。自分の目で見て確かめられるので、色選びがぐっと楽になる。なにしろペンキの名前では判別のしようがない（ベンジャミンムーアペイントのウェブサイトを見ると、同じような色合いのベージュ系のペンキが三つあり、「ローステッド・セサミ・シード」「オクラハマ・ウィート」「カンザス・グレイン」という名前がついている）。

いまはコンピューターテクノロジーとオンラインショッピングのおかげで、消費者の選択をめぐるさまざまな問題はずいぶん解消されている。よいウェブサイトがあれば、消費者は何十色もあるベージュ系のペンキをすべて見られるだけでなく、天井に補色のペンキが塗られている部屋の壁に塗ったときにはどのような感じになるか（コンピューターのモニターの再現能力の範囲内で）確かめることもできる。

もちろん、アマゾンで売られている本の数（億兆規模）やグーグルで検索できるサイトの数（何億兆もの規模）に比べれば、ペンキの色の数はどうということもない。成功しているオンライン企業が成功しているのは、一つには、このうえなく役に立つ選択アーキテクチャーを提供しているからだ。

ストリーミング配信されている映画やテレビ番組を探している顧客は、役者、監督、ジャンルなどで簡単に検索できるし、好みが似ているほかの映画ファンの選好にもとづいた「おすすめ」情報を受け取ることもできる。

この手法は「協調フィルタリング」と呼ばれる。アルゴリズムがあなたと好みが近いほかの人の判断を使って、膨大な数の本や映画の選択肢をふるいにかけ、あなたが気に入るものを選び出せるようにするというものだ。協調フィルタリングは、選択アーキテクチャーの問題を解決する取り組みである。自分に似た人が好むものがわかれば、知らない商品でも安心して選べるようになる。あなたに似ている人はあなたと好みが似ている傾向があるからだ。協調フィルタリングがあるおかげで、たくさんの人がむずかしい選択を楽にできるようになっている。

ここで一つ、忠告しておきたいことがある。予想外の発見をしたり、掘り出しものを見つけたりするのは、楽しいだけでなく、よいことでもある。この点からすると、「自分に似た人が好きなもの」が主な情報源だというのは、手放しですばらしいことだとはいえないだろう。ときには私たちに似ていない人が好きなものはなにかを知り、私たちがそれを好きになることはあるのかどうか確かめてみるのもよいものだ。協調フィルタリングの場合、あなたがミステリー作家のハーラン・コーベンを好きなら（コーベンが偉大な作家であることはわれわれも同感だ）、ほかのミステリー作家へと誘導するだろう（ちなみに、われわれはリー・チャイルドの作品を読んでみることをお勧めする）。しかし、ジョイス・キャロル・オーツとかA・S・バイアットをかじってみてもよいし、ヘンリー・ジェイムズだってよいはずだ。自分は進歩的な考えの持ち主だと思っていて、自分の好みに合った本が好きなら、保守派の人たちがなにを考えているか、知っておいたほうがよい。少なくとも、一族の集まりで親戚と議論になったときに優位に立てる。

以前ならみずから選ぶことはなかったかもしれない方向に人びとをナッジするのはよいことであり、公共のために尽くそうとする選択アーキテクト、たとえばさまざまなニュースを提供する人はそれをわかっている。選択を構造化することが学習する助けになり、その後は自分でもっとよい選択ができるようになるときもある。

「インセンティブ」の問題――「知っていたら絶対やったのに！」は案外多い

今度は、大半の経済学者なら出発点にしていたであろうトピックについて考える。価格とインセンティブだ。

われわれはこれまで、伝統的な経済理論では軽視されがちな要因を強調してきたが、標準的な経済要因は重要ではないと言いたいわけではない。ちょうどよい機会なので、ここではっきりさせておくと、われわれは需要と供給の原理を信じている。商品の価格が上がると、供給者はふつうはその商品の生産を増やすし、消費者はふつうはその商品を欲しがらなくなる。

そのため、選択アーキテクトがシステムをデザインするときには、インセンティブについて考えなければいけない。賢明なアーキテクトは、重要な意思決定者のインセンティブを調整する。インセンティブについて考えるときには、ある特定の選択アーキテクチャーに対して、次の四つを問うことが出発点の一つになる。

誰が選ぶか
誰が使うか
誰がコストを支払うか
誰が利益を得るか

1人の供給者が財やサービスを提供し、それを1人の人物が選んで、使って、コストを支払うときには、物事はかなりシンプルで、インセンティブはうまくはたらく。どこかにランチに行くときなら、食べたいものを選び、それに対してお金を払う。選んだものが気に入らなければ、次はなにかほかのものを選ぶか、ちがうレストランに行けばよい。

だが、グループでランチに行って、食事代を割り勘にするとなると、話はちょっと複雑になる。グループの人数が多いと、１人のときより高いものを注文しようとする人が出てくるかもしれない。追加コストのほんの一部を負担するだけで、高い料理が食べられるからだ。しかし、それとまったく逆のことをする人もいるかもしれない。セイラーだったら、たとえ高いワインを飲めたとしても、サンスティーンがそのワイン代を負担しなければならないと思うと、なんだか申し訳なく感じてしまうだろう。

先にあげた四つの問いに対する答えが１人の人物であるときには、市場はうまく機能することが多い。少なくとも人びとが十分な情報をもっていて、行動バイアスに陥っていないかぎりはそうだ（外部性についてはひとまず無視するが、気候変動を扱う第14章でまた戻る）。

それと対照的なのが、悪名高いアメリカの医療システムである。患者は主治医が選んだ医療サービスを受けて、医療費は（ほとんどの人の場合）保険会社か政府が支払う。そしてそれを医療従事者から医療機器メーカー、病院、製薬会社、医療事故専門の弁護士まで、たくさんの供給者で分け合う。２人の患者が同じサービスを受けても、医療費が全然ちがうということもある。そう考えると、アメリカの医療費が世界一高いのも、治療の成果がパッとしないのも、驚くことではない。

インセンティブを調整するというのは、経済学のごく標準的な考え方である。それでも、例によって例のごとく、経済の主体がヒューマンであることを念頭において、標準的な分析を掘り下げて強化することは可能である。なるほど、ぼんやりしているヒューマンでさえ、価格が上がっていることに気づけば、買おうとは思わなくなる。しかし、価格の変化に気づくのだろうか。

インセンティブの標準的な分析に加えなければいけない修正のうち、最も重要なのは「顕著性」（目立ちやすさ）である。選択する人は自分が直面しているインセンティブにほんとうに気づくのか。自由市場では、答えはふつうなら「イエス」だが、重要なケースでは「ノー」になることがある。

たとえば、ある都会の家族が車を買うかどうか決めているとしよう。選択肢は「徒歩で行けないか、自転車を使えないときは、タクシーかカーシェアサービスか公共交通機関を使う」か「貯金をはたいて中古車を買う」の二つで、自動車は自宅の前の路上にわずかな金額で駐車できるものとする。一度車を買うと、車を所有するために発生する目に見えるコストは、ガソリン代、不定期の修理代、年1回の保険料だけになる。車に使ったお金の機会費用はたぶん無視される（言い換えると、一度車を買うために支払ったお金のことは忘れ去られて、なにかほかのことに使えていたであろうお金として扱われなくなりやすい）。これに対し、家族がタクシーを使うときは毎回、数ブロック進むごとにメーターが上がって、コストを目の当たりにする。そのため、自動車を所有するインセンティブを行動分析すると、人は自動車を所有することの機会費用のほか、おそらく減価償却などの目につきにくい部分についても過小に評価し、タクシーを使うときに発生する非常に目につきやすいコストは過大に評価するだろうと予測される。*

選択アーキテクチャーのシステムを分析するときにも、同じような調整をしなければならない。税体系を使ってインセンティブを変えることはよくあるが、目につきやすいのはどの税だろうか。多くの国が、老後の生活資金のための貯金をうながすために、税制面でインセンティブを与えている。積立金を引き出すまで、拠出金と収益を非課税にすることがその例だ。そうしたインセンティブは効くのだろうか。

われわれが知る最もすぐれた研究から、このようなインセンティブにはほとんど効果がないことがわかっており、あるもの、と比較すると、とくにそうだといえる。そのあるものこそ（ドラムロール、プリーズ）、デフォルトなのだ[14]！

お金持ちは税金対策のアドバイザーを雇っていることもあって、税制上のインセンティブへの関心が高い人が多い。

そうして非課税の口座にお金を移すが、それはお金をただ移動させているというだけのことがほとんどで、貯蓄が増えているわけではない。しかも、税控除を通じて与えられるこの種のインセンティブは、国民には見えにくい。

アメリカでは、こうしたインセンティブは「租税支出」と呼ばれるが、税控除などを通じて政府が徴収していない金額の明細が国民に送られることはない。行動科学の観点から見ると、健全な公共政策とは、政策目標がどれだけ効率的に達成されているかだけでなく、コストが見えやすいかどうかも評価の基準になる政策である。残念ながら、政治活動のコストを透明にすることは自分たちにとって最善の利益にはならないと考えている政治家は多い[15]。

もちろん、顕著性は操作できるので、よい選択アーキテクトなら、人びとの注意をインセンティブに向ける方法をとれる。ロナルド・レーガンは、アメリカ大統領に選出される前はカリフォルニア州知事だった。州知事に就任した1967年には、カリフォルニアは従業員に毎月支払われる給与から所得税

＊短期レンタルに特化している会社なら、こうしたメンタルアカウンティングの問題を解決する手助けをすることで利益をあげられるかもしれない。

が源泉徴収されない唯一の州だった。そのかわり、毎年納税期日に全額を一括で納めなければいけなかった。ほかのすべての州と同じように毎月の給与から源泉徴収する法案が州議会に提出されたが、財政保守派だったレーガンは、これに反対した。レーガンが自分の立場を正当化するために、「税金は痛みを感じるものであるべきだ」と語ったのは有名である。しかし、州議会は民主党が支配していたため、レーガンの望みはかなわなかった。[16]

一部の領域では、利得と損失の目立ちやすさを非対称に扱ってほしいと思う人もいるだろう。たとえば、ランニングマシンの使用料を「歩数ベース」でとるフィットネスクラブがあったら、そんなところには誰も行きたがらないはずだ。その一方で、ランニングマシンの多くの利用者は「燃焼カロリー」メーターを見て楽しんでいる（燃焼したカロリーを実際よりも寛大に見積もっていそうなことがその大きな理由である）。一部の人には、燃焼したカロリーを食べ物の写真で示すとさらに効果的かもしれない。10分間の運動ではニンジンの小さな袋しか表示されないが、40分運動するとクッキーの大きな袋が現れる、というふうに。

演劇、コンサート、書籍……「幕間休憩」の設定にもセンスはあらわれている

選択アーキテクトの武器庫に入っているツールのなかに、ないがしろにされがちなものが一つある。「休憩をとるタイミング」だ。演劇やオペラ、コンサートでは、最低1回は休憩が入るのがふつうであり、出演者も、観客も、足をのばしたり、トイレに行ったり、軽食をとったりできる。最低でも観客にとっては、休憩時間はもっと気持ちよく寝られる場所を見つける機会になる。

休憩のタイミングがデザインの重要な要素になることがあり、よい選択アーキテクトはそれをわかっている。全幕を一つのセットで上演するように設計されている作品もあるが、これは休憩が入るとどうしても観劇体験が損なわれてしまうからだ。

本の作家もそれと同じような意思決定をしなければいけない。章の長さはどれくらいにするべきだろうか。アクション満載のスリラーは一つの章が短い傾向がある。しかし、われわれが好きな作家たちは、そろいもそろって、続きが気になってしかたなくなるような章の終わらせ方をするので、うつらうつらしているのに、あともう1章だけ、あともう1章だけと読んでしまう。そうやって長い夜をいったいいくつすごしたことか。

この本はスリラーでもコンサートでもないといえばそれまでなのだが、われわれは筋金入りの選択アーキテクトであり、休憩をとるタイミングの大切さはよくわかっている。そこで、このあたりで短い休憩を入れることにしたい。

先に言っておくと、次の章では選択アーキテクチャーのとっておきのツールを紹介することにしており、それがまたおもしろい。ほんとうだ！　もちろん、休憩するかどうかはあなたの自由である。オプトアウトするのは簡単だ。このままページをめくればよい。

第6章

テレビショッピングの魔力

――「待ってください、これだけじゃないんです!」

アメリカでは昔から、深夜になると、魔法のようなキッチングッズや新種のヘビ油を売り込むテレビCMをやっている。こうしたCMはきまってメンタルアカウンティングのシンプルな原則を利用する。「利得はまとめるよりも、ばらしたほうがお得に感じる」。つまり、売る商品を一度に全部紹介するのではなく、一部をとっておいて、それを「いますぐ電話で注文すれば」特別限定価格で提供すると後出しするのである。

それにならって、この章では選択アーキテクチャーの特別限定ツールを二つ提供する。「キュレーション」と「楽しくできるようにする」だ。もちろん、この短い章をいますぐ読んでもよいし、後にしてもよい。どちらにするかは、あなた次第だ。

キュレーション――情報を特定の視点で集め、整理しまとめる

本書の2008年版を書いていたとき、われわれはよく、お気に入りのレストランで2人でランチを

した後、近くの書店にふらりと入っては、あれこれ話を続けたものだ。シカゴ大学のあるハイドパークにはよい書店がたくさんある。この文が現在形であることに気づいて驚いた人もいるだろうが、多くの書店がいまも営業している（サンスティーンはもうシカゴに住んでいないので、ハイドパークの書店を恋しがっているが、いまはマサチューセッツにあるコンコード・ブックショップが大切な場所になっている）。

実店舗型の書店は、どうしてポスト・アマゾン時代を生き残れているのだろう。パンデミックの渦中でさえ、営業を続けている。カフェを併設し、雑貨も扱うようになったところもあるが、ハイドパークとコンコードでは、いまも書籍だけを販売している。成功している書店（そして、その他の小さな小売店）には、どんな共通点があるのだろう。それは、よい**キュレーター**であることだ。

オンラインの巨人たちと競争しようとするどの企業にとっても、キュレーションは欠かせない。アマゾンは、紙に印刷されたほとんどすべての本、そして紙に印刷されていない多くの本を売っており、それを自宅にすぐに届けてくれる。タブレットなら注文に1分とかからない。そうだとすると、従来型の小売店は選択肢を増やして競争することはできない。「なんでもそろう」店には太刀打ちできない。

実際、１００万冊の本が所狭しと置かれている巨大な倉庫を見て回るなんて、考えただけで疲れてしまう（それもたった１００万冊だ）。しかし、アマゾンでのショッピングはシンプルでわかりやすい（それに、コロナ禍でさえ、マスクをする必要はまったくなかった）。

どうして二つの選択肢が両方とも残っているのか。答えは言うまでもない。選択アーキテクチャーだ。小さな店はキュレーションで対抗する一方、オンラインのメガストアはナビゲーションツールを使って、膨大な選択肢のなかから簡単に商品を探して選択できるようにしている。

キュレーションの処方箋は一つではない。事業を成功させる道は一つではないのと同じことだ。一部の巨大書店が繁栄しているのは、よいキュレーションが行われているからだけではない。顧客にすばらしい体験を提供しているからでもある。フィクションの売り場からミステリーの売り場へと足を向けると、思いがけない発見や偶然の出合いがたくさんあって、ほんとうに楽しい。旅行やSFやアートに特化して成功している書店もある。

それと同じように、一部の秀逸なレストランがすばらしいのは、一つのことをきわめて、それをやり続けているからだ。最高のラーメン、ホットドッグ、タコス、ピザ、スペアリブに出合えるのは、それだけを売っている店であることが多い。

有名なシンガポールのホーカーセンター（屋台街）では、どの屋台も1種類の料理だけを出している。ミシュランの星を獲得している屋台も二つある。料理の値段は数ドルで、どこにでもあるような小さな屋台だ。[1] どちらもキュレーションをしているのである。

セイラーが何年も通ったシカゴのワインショップはほんとうに小さなところで、ワインの箱が天井まで雑然と積み上げられていた。しかし、そこにいつもいるオーナーは、店にあるワインも、顧客の好みも、すべて把握していて、まるですぐれたアルゴリズムのようだった。いや、それ以上だっただろう。オーナーはよく、「新しいボトルが入ったから飲んでみますか」と声をかけてくれたし、セイラーは多少のリスクならいとわない人間だった。偶然の出合いがあると楽しい。ワインだけでなく、本でも、音楽でも、映画でもそうだ。よいキュレーションとは、悪い選択肢をとり除いて、新しい選択肢をとりいれることである。

このテーマはこの後の章で繰り返しとりあげていく。人的資源部門から社会保障、医療といった領域の選択アーキテクチャーは、キュレーションとナビゲーションツールをなんらかのかたちで組み合わせて使わなければいけない。そうしなかったら、よい選択はできない。

すでに述べたように、「選択肢を最大化する」という、シンプルな哲学をもっている人もいる。それがいつも悪いわけではないが、選択アーキテクチャーのツールを賢く組み込まないと、問題を引き起こしかねない。キュレーションをしっかりやって選択肢を絞り込むか、よいデフォルトを設定する、あるいはその両方をすれば、非常に満足のいく結果を生み出すことができる。

「楽しいこと」は誰だってやりたい──それで「よりよくなる」ならなおさらだ

われわれが考えるよい選択アーキテクチャーの最後の要素は、「楽しさ」である。ナッジの一つ目のスローガンは、「望ましい行動を簡単にとれるようにする」だった。それをうまく補完する二つ目のアドバイスは、「望ましい活動を楽しくできるようにする」である。

マーク・トウェインの小説『トム・ソーヤーの冒険』の有名なエピソードがそのよい例だ。いたずらが大好きな少年トムは、悪さをしてポリーおばさんに罰を与えられる。その罰とは、おばさんの家の前の道に面した塀（へい）に白いペンキを塗ることだ。

早く友だちと遊びにいきたいトムがいやいやペンキ塗りをしていると、それを見かけた友だちのべン・ロジャーズが、おいしそうなりんごを手にからかいにやってくる。そのとき、名案がひらめく。ペンキをいかにも楽しそうにきれいに塗ってみせるのだ。それがあまりに楽しそうなので、ベンもやりたくてたまらなくなるが、こんな楽しいことはさせられないとトムは断る。するとベンは、これをあげるからペンキ塗りをやらせてくれないかと、りんごを差し出す。それからも友だちがペンキを塗らせてくれと次々に貢ぎ物をもってやってくる。そうして夕方には塀の3度塗りが見事に終わる。トウェインはこう書いている。「白いペンキがなくならなかったら、村の男の子はみんな破産していただろう」。

トウェインはこんな言葉を残している。「仕事はしなければならないことでできているが、遊びはしなくてもよいことでできている」[2]。ある活動を遊びのように見せたり、好奇心をかき立てたり、ドキドキ感やワクワク感を生み出せたりできたら、人はそれを喜んでやるようになるだけでなく、対価を払ってでもやりたがるようになるのだ！

この原則を存分に活用しているのが、フォルクスワーゲン・グループである。フォルクスワーゲンは「ファン・セオリー」と呼ばれるプロジェクトの一環として、広告代理店のＤＤＢストックホルムと共同で一連の動画を制作している。

このプロジェクトは、望ましい行動が楽しそうに見えたら、人びとが環境や健康をもっと意識するようにうながすことができるという考え方にもとづいている。２３００万回以上視聴されたいちばん有名な動画は、ストックホルムの地下鉄の駅が舞台だ。乗客は駅から地上に出るのにエスカレーターを使っている。そのすぐ横には階段があり、スタッフがその階段を大きなピアノの鍵盤に仕上げ、階段を踏むと音が鳴るようにする。作業が終わると、階段は楽器へと変わる。すると乗客はすぐ、飛び跳ねたり、スキップしたり、ダンスしたりしながら、楽しそうに階段をのぼっていくようになる。動画によれば、階段を楽しんで使ってもらうようにしたところ、階段を選ぶ人が66％増えたという。こうしたデータが正確なのかどうかはわからないし、階段をピアノにすることが経済的に見合う戦略だとはどうしても思えないのだが、この原則は正しいとわれわれは信じている。

実際に、この完全版に取り組むかどうかを決めるときには、あるシンプルなルールにもとづいて判断することにした。そのプロセスが楽しいとき、かつそのときにかぎり、やることにする。

ピアノ階段は楽しいが、実用性には欠ける。そこでファン・セオリー・コンテストを企画し、広くアイデアを募集した。コンテストで最優秀賞に輝いたのが、正の強化と負の強化の両面から安全運転をうながそうとするアイデアである。具体的に説明しよう。まず、スピードカメラが道路を走行する車の速度を測る。スピード違反をしたドライバーには罰金が科されるが、速度制限を守ったドライバーは宝くじがもらえる。そしてその宝くじの賞金は、スピード違反の罰金から支払われるという仕組みである。このアイデアを時限的に試したところ、有望な結果が得られた。[3]

この例は人間の重要な行動特性を示している。そう、みんな宝くじが大好きなのだ。一部の政府がすでにこの知見を活用している。とりわけ興味深いのが、台湾の新北市の例だ。新北市は飼い主に犬のふんを後始末するようにうながそうと、宝くじキャンペーンを実施した。犬のふんを袋に入れて所定の施設にもっていくと、袋と引き換えに金塊が当たるくじがもらえる。犬のふんが文字どおりの金（ゴールド）になるというわけだ。１等賞は約２０００ドル相当の金塊だった。市によれば、キャンペーン期間中は路上に放置されるふんが半減したという。[4]

中国本土では、宝くじが別の目的で広く使われている。税務コンプライアンスだ。世界の多くのところがそうであるように、中国は圧倒的な現金社会であり、町の食堂のような小さな店のあいだでは、売り上げを抜いて消費税を逃れる行為が横行している。この問題を撲滅しようと、政府は特別なレシートを用意した。店で代金を支払うともらえるレシートに、スクラッチくじが印刷されているのだ。じつに賢い。こうすればレシートをもらうインセンティブが客に与えられ、その取引が政府に報告されるようになる。世界各国の財務大臣はこのことを覚えておくべきだ。

宝くじは、健康への意識を高める効果的な動機づけとしても使えるだろう。ペンシルベニア大学の心理学者で社会科学者のケヴィン・G・M・ヴォルプらの研究グループが、医療管理会社の従業員を対象に、健康リスク評価への参加をうながす実験をした。あるグループには、評価に参加した人は25%の確率で100ドルが当たる宝くじをもらえるという条件が示された。この宝くじは動機づけとして効果があり、参加率は約20%上がった。[5] 宝くじを動機づけとして使うときには、細部の設計が重要になる。自分も当たっていたかもしれないと思わせると、宝くじへの関心は高まるだろう。

オランダ政府はこの原理をとても効果的に使っている。オランダの公営宝くじの一つは、郵便番号がベースになっている。自宅住所の郵便番号が当選したと発表されれば、くじを買ってさえいたら賞金が当たっていたかもしれないのにと悔やむ。このアイデアは人の後悔の念を刺激するものだ。

宝くじは、正の強化を与える手段の一つにすぎない。宝くじに効果があるのは、人は賞金が当たる確率を高く見積もるからである。もちろん、正しいことをする人に現金を与えてもよいのだが、金額が少なければ、逆効果になりかねない（台湾のキャンペーンの賞金総額が、ふんを袋に入れてもっていった飼い主全員で頭割りされていたら、1袋当たり約25セントになっていた計算になる。25セントのためにわざわざ袋をもっていくだろうか）。

宝くじにかわる選択肢になるのが、マイレージ型の報酬プログラムだ。貯めたポイントをなにか楽しいものと交換できる。人は現金よりもタダでもらえるものに引きつけられることがある。お金目当てだと後ろめたさがあるが、無料の商品と交換するなら「罪悪感のない喜び」という希少なものが得られるからだ。

このような報酬システムは、イギリスでリサイクルを促進するのに使われて成功を収めている。ロンドン郊外にあるウィンザー・メイデンヘッド王室特別区には、リサイクルしたものの重さに応じてポイントがもらえる報酬プログラムがあった。貯まったポイントを利用して地域のお店で割引を受けられる。その結果、リサイクル量は35％増えた。[6]

パンデミックは楽しいものではないが、ニュージーランドのジャシンダ・アーダーン首相はすばらしいユーモアのセンスの持ち主で、新型コロナウイルスとの闘いに楽しさを吹き込んでみせた。パンデミックの最中、首相は厳しい外出制限を課すと発表した。ただし、イースターバニーには制限はかからないし、歯の妖精も仕事を続けられる。首相は記者会見の場で国民にそう伝えた。アーダーン首相はニュージーランド国民を笑顔にしながら、新型コロナウイルスの根絶につながる行動をとるようにナッジし、ときに命令したのである。

ここでの教訓はシンプルだ。「物事は楽しくできるようにする」。そして、なにが楽しいかわからないなら、それは人生を十分に楽しんでいないということである。

第7章

スマート・ディスクロージャー

——すぐれた情報開示が賢い行動を生む

いま、新しいスマートフォンを買うことにしたとしよう。そうなると、端末と通信会社の両方を選択しなければならない。自分はよい選択をするために必要な情報はすべてもっている、そう考えている人はいるのだろうか。われわれ2人がほんの少しでも確信をもって選べそうなのは、端末の色とサイズくらいのものだ。端末の色とサイズは自分の目で見て確かめることができる。そこから先は、もうカオスだ。データ容量は何ギガバイトいるのか。そもそもギガバイトってなに？　「1792×828ピクセル解像度、326ppi」って、いったいどういうことだ？

料金プランの選択は、さらに始末が悪い。どれくらい通話したりテキストを送ったりするか。旅先でスマホを使ったらいくらかかるのか。どれくらいデータを使うのか。新しい端末にしたら使用量は変わるのか。ああもう！　色の選択に戻ってもいいですか？

スマホと料金プランを選ぶのはこんなに大変だというのに、それでも、消費者がしなければならない最も大きい意思決定でもなければ、最も複雑な意思決定でもない。

どのクレジットカードを使うか。１枚だけにするか、複数枚もつか。
どんな種類の住宅ローンにするか。
今度の休暇はどこに行くか。

うれしいことに、このような選択をはじめとするさまざまな領域で、もっとよい意思決定ができるようにすることは可能である。そうなれば財やサービスの市場はいまよりぐっと透明になり、競争がうながされ、公正になる。それには選択アーキテクチャーのある側面をよくしなければならない。「情報をどのように集めて、どのようなかたちで消費者が利用できるようにするか」だ。これを「スマート・ディスクロージャー」と呼ぶことにする。この先、スマート・ディスクロージャーがどう機能するかくわしく見ていくが、その前に少し時間を巻き戻そう。

メートル、リットル……「標準単位」はスマート・ディスクロージャー

現代の市場経済のようなものが生まれる前に、社会がそれまで抱えていたさまざまな問題が解決された。それがどんなにありがたいことか、つい忘れてしまいそうになる。たとえば、市場経済の出発点は**測定**の標準単位をつくることである。

私があなたの穀物を買いたいと思ったら、あなたが私にどれくらいの量を売るか、２人が合意する必要がある。古代社会で長さ、重さ、時間などをはかる標準単位が発明された。貨幣の歴史は、奥が深くてとてもおもしろい。[1] どんなかたちだとしても、貨幣などの価値の尺度ができたことで、効率性がぐっ

と高まった。物々交換に頼っていると交換の機会が非常にかぎられてしまうからだ。あなたが魚をもっていて、それをりんごと交換したいときに、りんごをもっていて、かつ、魚を欲しがっている人を見つけなくてすむのは大きい。

原油や大豆、綿などには、組織化されたコモディティ市場（商品市場）がある。そのような市場をつくるには、標準化された質の単位も必要になる。

西テキサス原油を1バレル買う人は、それがどんな種類の原油か、1バレルはどれくらいの量かわかっている（1バレルは約42アメリカガロン、約159リットルだ）。当然のことだが、社会が進化すれば、新しい測定単位が必要になる。ダウンロードの速さは（現時点では）1秒間に何メガバイト転送できるかで測られる。1980年には、このような統計は消費者には必要なかった。

標準単位を確立して、消費者が比較しやすくなるようにすることは、政府にとって大切な仕事であり、その役割はいまも続いている。これは口で言うほど簡単ではない。

一つの例として、燃費の測定を考えてみよう。一定の単位の燃料で走れる距離が長ければ長いほど燃費がよい車だということは直感的に理解しているが、それはどんな状況で運転したときのものなのか。たとえば、自動車は市街地を走るときより高速道路を走るときのほうが使う燃料が少ない。自動車メーカーが好き勝手に燃費を計算することができて、独自の（それも自分たちに都合のよい）定義を選べたら、消費者は各社が報告する数値を比較できなくなってしまう。

この問題を解決するため、アメリカでは環境保護庁（ＥＰＡ）が燃費を表示する方法を統一し、1ガロン当たりの走行マイル数（ｍｐｇ）が使われている。おもしろいことに、ヨーロッパ方式だと、燃費は100キロメートル当たりの消費リットル数で表示される。*

ここで一つ、注意してほしいことがある。イギリスで制定され、いまもアメリカで使われている古い測定単位からメートル法に換算しなければいけないものの、この数値はそれぞれがお互いの逆数になることだ。アメリカでは、消費者は燃料1単位でどれだけ走れるかを見ているが、それがヨーロッパだと、特定の距離を走るのにどれだけ燃料が必要になるかを見ている。b／aではなくa／bで表示されると、なにか問題があるのだろうか。

リック・ラリックとジャック・ゾルが見事な論文のなかで示しているように、アメリカのやり方には問題があり、アプローチとしてはヨーロッパのほうがすぐれている。[2] どうしてそうなるのかを考えるために、ちょっとしたテストをしてみよう。

アリスは34mpgの車を50mpgの車に買い換える。ボブはmpgが18しかない燃費の悪い車を28mpgの車に買い換える。ガソリン代をより多く節約できるのはどっちだろう。

ほとんどの人はアリスと答える。mpgが16増えているからだが（ボブは10増えている）、実際には、ボブのほうがアリスの2倍以上も燃料消費が減るのだ！　このまちがいは「燃費はmpgの一次関数だ」と考えてしまうために起きる。じつはそうではない。

そのため、よい選択アーキテクトは、標準化された測定方法を使うだけでなく、測定結果の表示のし

＊ここでは、電気自動車の台頭が投げかける疑問は脇においている。温室効果ガスの排出を抑えることが燃費を表示する目的であるなら、電気自動車の燃費を標準化された方法で測定するのはむずかしい。電気自動車が環境に与える影響は発電源によって変わってくる。

かたについてもよく考えて、ヒューマンが混乱しないようにする必要がある（エコンなら、正解はボブだとわかる）。１００キロ当たりの燃費が16リットルの車はわずか8リットルの車の2倍の燃料を使うことは、ヒューマンにだってわかる。

標準化が重要な役割を果たした規制分野にはもう一つ、貸付市場がある。ローンの金利を表示するくらいわけないことだと思うかもしれないが、それはちがう。１９６８年まで、アメリカでは金利の表示方法は貸し手によってばらばらだった。この問題を是正するため、議会は貸付真実法を定め、同じ計算方法を使って金利を表示することを貸し手側に義務づけた。この計算方法は「年利（ＡＰＲ）」と呼ばれた。真実貸付法が意図したとおりの効果を生んだという点では、これはとてもすぐれた選択アーキテクチャーだった。借り手は一つの数字を見るだけで、つまり、記載されているＡＰＲを見るだけで、借り入れのコストを比較できるようになったからだ。

ところが、貸し付けの手段が複雑になると、このシンプルな手法は通用しなくなる。たとえば、住宅ローンのコストは表示されている金利だけではとらえられない。市場の状況が変わると金利が変わる変動金利の住宅ローンはとくにそうだ。当初の金利に加えて、金利がどれだけ早く変動する可能性があるかも知っておく必要がある。市場金利が上がると支払い額が増えてしまう（ＬＩＢＯＲがなにを意味するかご存じだろうか）*。ほかにも込み入った条件が契約書の細字部分にたくさん隠れているにちがいない。この状況を改善するために、なにかできることはあるのだろうか。

一つは、標準契約書を政府がつくることである。細字部分をすべて定型化して、そこから逸脱するものは強調して表示されるようにする。賃貸アパートの標準契約書がよい例だ。標準契約書では、「賃料1カ月分の敷金を支払う」「敷金は借り主の退去後2週間以内に返金しなければいけない」など、通常考えられることがらが定められる。標準契約から逸脱する部分については、手動で追加して、両当事者が合意しなければならない。こうすれば、ぼんやりとして「はいはい、なんでもいいよ」ヒューリスティックを使うことがなくなる。

このやり方のよいところは、契約書が定型化されるので、供給側の提示する条件を消費者が簡単に比較できるようになることだ。これはさまざまな領域で使うことができるアイデアである。この点については、第11章で住宅ローンの問題を考えるときにもう一度触れる。

そもそも「スマート・ディスクロージャー」とは？

細字部分とはおもしろい言葉である。ある意味では文字そのままだ。契約書の細字部分は、ほかのところよりも小さな文字で書かれている。

しかし、そこにはもっと広い意味がある。というのも、ある部分を小さな文字で書くのは、そこを目立たないようにして、情報を処理しにくくするためだからだ。細字部分に書かれているのは、売り手が

＊ＬＩＢＯＲとは、ロンドン市場での銀行間取引金利（London Inter-Bank Offered Rate）のことで、世界の主要銀行が資金を貸し借りするときの指標となる金利である。ＬＩＢＯＲはインターコンチネンタル取引所が運営しており、世界の主要銀行が他行に短期資金を貸し付けるときにどの程度の金利を課すかを調査して算出している。

あなたに伝えることを義務づけられているが、あなたに読んでほしくない情報なのである。**開示すべき重要な情報**は細字部分に宿っている。

あなたが誰にも知られたくない秘密をもっているなら（ある映画スターに恋しているとか）、それを自分の胸にしまっておいてもかまわない。しかし、あなたが家を売りたいのであれば、秘密にしてはいけないことは山ほどある。鉛管は使われていないか。雨漏りはしないか。屋根裏にとてもフレンドリーなネズミの大家族が住んでいないか。こういったことをすべて開示する必要がある。

「開示（ディスクロージャー）」とは法律用語であり、平たくいうと、関連する情報を他人に明らかにして示し見せることである。およそ考えうるかぎりの法的状況の下でなにを開示する必要があるかを決めるために、政府は膨大な時間をかけている。

実際、サンスティーンはオバマ政権で情報・規制問題室（ＯＩＲＡ）の責任者を務めていたときには、数多くの開示ルールを監督していた。そこでの経験に照らすと、開示ルールをつくるときの最初のステップは、ある情報の開示を義務づけるかどうかを決めることである。市場が申し分なく機能していれば、情報開示を義務づける必要はないだろう。

次に問題になるのは、その情報をどう開示するように求めるかだ。これは選択アーキテクチャーをつくるときにはかならず問題になる。ディスクロージャーを義務づけたところで、それが小さな文字で、消費者にはわからない専門用語を使って書かれていたら、なんの役にも立たないだろう。

開示ルールには長い歴史があるが、驚くことに、一握りの例外、とくに金融セクターの例外を除いて、ディスクロージャーを行うために使われるテクノロジーはほとんど変わっていない。なるほど私たちはいまではコンピューターを使っているが、やっていることは羽ペンと巻いてひもでとめる便せんを使っているのと変わらない。ディスクロージャーを義務づけられている人はいまも、紙かオンラインで情報を文書にしている。ヘッドホンの技術仕様書はオンラインで読めるが、周波数特性や感度の数値を見て、それがなにをあらわしているかわかるだろうか。

そこで、ディスクロージャーを抜本的に改革することを提案したい。開示ルールに少なくとも20世紀のテクノロジーを活用するときがきている。さらに踏み込んで21世紀のツールをとりいれれば、もっとよくなるだろう。本書の2008年版でこの考え方に沿った提案をしたときには、「RECAP」という堅苦しい呼び方を使っていた。RECAPがなんの略語だったか、もうわれわれでも思い出せない。オバマ政権のスタッフが「スマート・ディスクロージャー」に名前を変えたらどうかというアイデアを出してくれたので、この案を謹んで採用させていただく。

ホワイトハウスは次のような文書を出しており、この文書はいまも有効である。[3]

> ここで使用されている「スマート・ディスクロージャー」とは、複雑な情報とデータを、標準化された機械可読な形式で適時に公表して、消費者が十分な情報にもとづいて意思決定をできるようにすることをいう。
>
> スマート・ディスクロージャーは通常、財やサービスの消費者が関連する情報とデータセットに個々に直接アクセスする手段を提供するかたちをとる。関連する情報の例としては、さまざまな商

品やサービスに関連する各種のコストがあげられ、そのなかにはスマート・ディスクロージャーを求められなければ透明にならないかもしれないコストもある。

一部のケースでは、代理店や外部の仲介会社がそのデータセットを使用したツールをつくり、消費者が簡単に意思決定できるようにするサービスを提供することもあるだろう。

この点については、たとえば、自分が過去に行った意思決定の内容と効果に関する情報を（すでに発生しているコストや手数料などを含めて）消費者に伝えれば、もっとよい意思決定ができるようになるものと思われる。

詩のように美しい文章とはいえないが、基本的な考え方はわかってもらえたのではないか。端的にいえば、スマート・ディスクロージャーとは、細字部分の問題を解決して、消費者がもっとよい意思決定をできるようにするための一連の政策ルールである。

先に引用した文書によるなら、スマート・ディスクロージャーの柱は二つある。

第一に、複雑な情報は、標準化され、かつ、コンピューターで容易に処理できる形式で開示し、広く利用できるようにしなければならない。スプレッドシートのようなフォーマットを考えるとイメージしやすくなるだろう。

第二に、公共部門、民間部門を問わず、個人や家庭に関わる情報の履歴を保有するどの組織も、通例として、そのデータに個人や家庭がアクセスできるようにしなければならない。とりわけ、顧客が過去に利用したサービスやこれまでの利用状況に関するデータ（スマホのプラン、ネットフリックスのストリーミングサービス、アマゾンで購入したあらゆるものなど）を保有しているどの企業も、そのデータに顧客がアクセスできるようにするべきである。つまり、人びとが自分の購入履歴データを所有するようになるということだ（もちろん、政府の安全保障にかかわるケースなど、例外はあるだろう）。

この二つの点については後でもう少し触れるが、ここで先に言っておくべきことがある。このようなファイルを自分で扱えるのは、テクノロジーに精通した、ごく一握りの消費者だけだろう。そのため、ファイルをそのまま扱うようにするのではなく、人びとがもっとよい選択ができるようにするのを助けるソフトウェアをつくって、そこにデータをとり込むかたちになると思われる。

読み取れない情報、読む気になれない情報は消えてしまえ

無用の長物と化しているディスクロージャーの例は、オンラインサービスの「利用規約」だろう（これがものすごく強い言い方であることは承知している）。

これはオンラインサービスを提供するすべての事業者が顧客に同意するように求めるもので、善意ある規制当局者が、とても高い志をもって、すべての項目を一つ残らず利用規約に明記することを義務づけたというのはよくわかる。しかしそのせいで、逆にディスクロージャーが役に立たなくなってしまっている。

ロンドンのＢＩＴにいる友人から聞いた話では、ペイパルの英語版利用規約は全部で３万６２７５語あるという。この本の英語版の３分の１強に相当する長さだ。ペイパルの全従業員を含めても、利用規

約をすべて読んだ人がいるとはとうてい思えない。そんな文書を「情報開示」と呼んでよいのだろうか。プログラミングでいう「難読化」をしているようなものではないか。

誤解のないように言っておくが、われわれはペイパルを槍玉（やりだま）にあげようなどとは思っていない。そうしたのはBITの同僚たちである。このようなディスクロージャーで不思議に思うのは、文書をオンラインで読むことはできても、大量の紙の山と格闘するのと大差ないことだ。コンピューターで（サクサクッと）読めるしろものではない。いま私たちが使っている旅行サイトが一つの例になる。

ある年代の読者、たぶん40歳を超えている人なら、「トラベルエージェント」という肩書きの人がたくさんいた時代を覚えているだろう。たとえばニューヨークからパリ、ベルリン、ローマを回って、ニューヨークの自宅に戻りたいと思ったら、トラベルエージェントに電話して、航空券とホテルの予約を手配してもらうのである。旅行の手配をするには、何回も電話でやりとりしなければならなかった。うそみたいだけど、ほんとうの話だ。信じられないなら親御さんに聞いてみてほしい。

もちろん、トラベルエージェントはいまもいるが、絶滅危惧種になっている。先ほどあげた旅行も、パソコンかスマホがあれば、エジェンシアやエクスペディア、ブッキング・ドットコムあたりの旅行サイトを一つか複数使って、誰でも予約できる。

消費者がさまざまな選択肢のなかから選ぶのを手伝う会社を**「選択エンジン」**と呼ぶことにしよう。選択エンジンが機能するかどうかは、価格と空き状況に関するタイムリーかつ正確なデータにアクセスできるかどうかで決まる。ここはとても重要なポイントである。

航空会社が関連する情報をオンラインで公開しているから（政府がそれを義務づけているからでもあるが）、予約可能なすべてのフライトを旅行サイトで即座に検索できるのだ。

選択エンジンを信頼してよいものかわからない。そう感じる人もいるかもしれない。どの事業者もそうだが、選択エンジンについても、詐欺（さぎ）や自己取引を取り締まる通常の法律を適用するべきであり、適切な規制当局がその行動を監視するべきだろう。

しかし、選択エンジンの比較サイト（旅行比較サイトのカヤックなど）もあって、ユーザーはさまざまな選択エンジンを簡単に横断検索して、最安値を見つけ出すことができる。そうしたメタ選択エンジンがあると、消費者は個々の選択エンジンが提示している価格をチェックしやすくなる。旅行サイトはとても便利だが、サイトによって異なる価格が出るときがある。関連するすべての情報が提供されているとはかぎらないし、情報にアクセスできないことさえあるからだ。

たとえば、航空会社は一時期、オンラインで価格を公開するときに、航空券を買う際に消費者にかかる税金に関する情報を開示することが義務づけられていなかった。アメリカ運輸省は、行動経済学の知見をとりいれて、情報開示の拡大を求める規制を出した。この決定は消費者にとって大きな助けとなった。航空会社が消費者に転嫁する税金の負担率がぐっと下がったのだ。[4]

残念ながら一部の国では、航空会社は関連する手数料をすべて公開することを義務づけられていない。だとすると、大きなスーツケースをもって旅行する2人分の価格を検索するのは、思っているほど簡単ではないかもしれない。

これは大した問題ではないのだが、ホテルの駐車料金がいくらか、なかなか見つけられないことがある。大きな都市に行くときだと、駐車料金の高さにびっくりするはめになりかねない。

それよりもっと大きな問題は、多くのホテルやリゾート施設が二つの巧妙な慣行を使っていることである。一つは、価格をいくつかの要素に分割して表示する「パーティション・プライシング」、もう一つは選択を完了する段階になってはじめて支払い総額が示される「ドリップ・プライシング」だ（チェックアウトする時点で示されることさえある）。どちらのやり方も消費者の不注意をあてこんだものであり、この領域にスマート・ディスクロージャーが広くいきわたるようになれば、姿を消すかもしれない。

それでも、旅行を選択するのは、住宅ローンを選択することに比べれば楽な仕事である。住宅ローンには、消費者にとってはとても重要になることがあるが、情報を処理するのがむずかしい詳細事項が無数にあるうえ、貸し手側は価格のすべての詳細をオンラインで公開していない。トラベルエージェントは消えつつあるのに、住宅ローン仲介業者と呼ばれる人たちはいまも活躍している理由の一つがこれである。

食品の原材料も、データを見つけるのが驚くほどむずかしいことがある。アメリカでは、食品メーカーはすべての原材料をパッケージに表示することが義務づけられているが、そのリストがまた長かったりするのだ！

あなたの子どもがナッツアレルギーをもっていたらどうだろう。食品メーカーは、商品にアレルギー症状を引き起こすおそれがある物質が含まれていないかどうか確認しやすくするため、８大アレルゲンを太字で個別に表示することも義務づけられている。[5] それはよいことだ。

しかし、商品を一つひとつ調べて、特定の原材料が含まれていないか確かめていたら、首が痛くなってしまう。それが簡単にできるようになったら、日常生活を送るうえでも、子育てをするうえでも、とてもよいことなのではないか。

個人の利用履歴データは、本人が所有するべきか？

音楽と動画のストリーミングサービスが、あなたの好きそうなものをかなりうまく予測できるようになっていることにお気づきだろうか。まるで自分のことを自分以上に知っているように感じることもある。実際、ある意味ではそうなのだ！

ネットフリックスのようなストリーミングサービスを考えてみよう。創業当時、ＤＶＤを郵送していたころのネットフリックスは、あなたが見た映画やテレビ番組に評価をつけてもらって、あなたの好みを探ろうとしていた。しかしいまはもう、その必要はない。あなたが見るもので、あなたが好きなものを推測できるのだ！

テレビドラマの『ブレイキング・バッド』を全部見たか、それとも３話でやめたか。雨が続いた週末に見始めてやめたか、あるいは３シーズン分を一気見したか。もしもあなたがしばらく前からネットフリックスを利用しているなら、ネットフリックスはあなたに対して大きな強みを一つもっている。あなたが見たものはもちろん、見始めたばかりのものでさえ、全部きっちり記憶しているのだ！　私たちヒューマンは、ときどき刑事ドラマの区別がつかなくなってしまう。

もっと広くいうなら、ネットフリックスは貴重なものを手にしている。あなたの「行動履歴」だ。そのため、新しく参入してくるどの企業に対しても優位に立つことができる。あなたの視聴履歴を役に立つレコメンデーションに変換するために、ネットフリックスがなんらかのアルゴリズムを開発しているのはまちがいない。その知的所有権を共有することを義務づける必要はない（また、そうするべきでもない）。しかし、自分の過去の視聴行動を本人も活用できるようにするべきではないか。

ナッツアレルギーの子どもをもつ親の話に戻ろう。一家はいつも近所の大型スーパーで買い物しているとする。そのスーパーがチェーン店だったら、「ショッパーズクラブ」のようなものがきっとあるはずだ。会員家族がスーパーを利用すると、買ったものの履歴が残る。アレルギーをもつ子どもの親はもちろん、ほかのすべての顧客も、オンラインショッピングを含めて、その購入履歴にアクセスする権利をもつべきだと、われわれは考える。

どうしてそのデータにアクセスできたほうがよいのだろう。たとえば、数回クリックするだけで、過去6カ月間の購入履歴をほかのウェブサイトにアップロードできる形式でダウンロードできるとしよう。そのサイトは購入履歴を検索して、この先、買い物リストから外したほうがよいものを見つけるサービスを提供しているとする（ナッツを含む、カロリーが高い、砂糖をたくさん使っている、価格が高いなど、指定された条件にもとづいて選別する）。このサイトを仮に「ノーナッツ・サイト」と呼んでおこう。ノーナッツ・サイトはさらに「この商品にかわるこんなよいものもありますよ」と教えてくれるかもしれない。

もちろん、われわれが提案していることを実現するには、サイト内で扱うすべての商品のすべての原材料が登録されているデータベースがあって、ノーナッツ・サイトがそこにアクセスする必要があるが、それはスマート・ディスクロージャーの一つ目の柱ができてはじめて可能になる。パッケージに印刷されている原材料をオンラインでも検索できるようになれば、商品の原材料のデータベースをつくりやすくなるはずだ。レジで商品のバーコードをスキャンして情報を読み取るので、購入データとマッチングさせやすいし、個々の商品にはそれぞれちがう識別子がつく。オンラインのデータベースに登録されている原材料リストをつねに最新の情報に更新することを食品メーカーに義務づければ、どれも簡単にできる。買おうと思っている商品を一つひとつスマホで読み込んで、買ってはいけないもののリストにある原材料がないことを確かめるより、このやり方のほうが絶対によい。

同じように、新しいスマホと料金プランを決めるときも、選択エンジンが料金プランのすべての情報と、顧客の過去の利用状況データの両方にアクセスできれば、ぐっと選びやすくなるだろう。よい選択エンジンなら、新しいスマホやタブレットにアップグレードすると利用状況がどう変わるかまで予測できるようになるのではないか。その選択エンジンが利用状況に継続的にアクセスすることに消費者が同意すれば、新しいプランへの乗り換えについての提案も受けられるようになる。

スマート・ディスクロージャーはただの机上のアイデアではない。アメリカでも、イギリスでも、スマート・ディスクロージャーを実現させるための取り組みが大きく前進している。やるべきことは山ほどあり、このツールをどこでどのように使うかについてはさらに考えていくが、そのさわりとして、イギリスの例を二つばかり紹介したい。

いまはたくさんの人が家賃、公共料金、クレジットカードの利用代金などの定期的な支払いに銀行の口座振替を使っている。引き落としの手続きはまあまあわかりやすく、ほんの数分でできるが、それなりに面倒ではある。

ある顧客がいま使っている銀行に不満があって、別の銀行に変えたいと思っているとしよう。別の銀行に変えること自体が面倒なので、個人向けの銀行選びには強い惰性がはたらくというのに、そこでまた一連の自動支払いの手続きをやりなおさないといけない。サンスティーンなんてここを読んだだけで冷や汗がどっと出てきてしまう。しかし大丈夫！　ロンドンに引っ越せばよいのだ。

２０１８年以降、イギリス当局の規制を受けるすべての銀行は、あなたの支出の傾向、定期的な支払い、あなたが使っている会社（銀行やクレジットカード、年金基金）といった個人の金融データを、家計管理アプリを運営する認定事業者やほかの銀行に提供しなければならない。もちろん、あなたの同意を得たうえでの話だ。

オープンバンキングを利用して商品やサービスを提供する事業者は、しかるべき当局の規制を受けなければいけない。現時点では、大手銀行9行と住宅金融組合がオープンバンキング・ディレクトリに登録されており、その数はさらに増える見通しである。

オープンバンキングを利用した例の一つが個人金融アプリのルミオで、銀行口座、年金、投資をルミオにつなげれば、すべてワンストップで管理できる。それを可能にするのが、スマート・ディスクロージャーなのだ。

もう一つはエネルギーセクターの事例である。イギリスでは、消費者がエネルギー供給事業者を選択できる仕組みになっている。カリフォルニアに住んでいる人にとってはうらやましいかぎりだろう。カリフォルニアの公共事業会社は、山火事を発生させ、さらに再発を防ぐために計画停電を行ったことで、非難の的になっている。しかし、これまでに見てきたように、選択ができることと、よい選択をすることは、別の話である。

イギリスのエネルギー業界にとって重要なカギとなるイノベーションは、エネルギーを供給する事業者に対して、利用状況のデータを機械可読な形式で顧客に提供し（請求書にＱＲコードが印刷されている）、そして外部の仲介会社と選択エンジンを開発するように義務づけたことだ。その一例がユースイッチである。電気やガスの請求書をスマホのアプリに読み込むと、あなたの利用傾向に合わせたプランの一覧が表示される。

こういうのを、もっとつくってください！

第8章

スラッジ

――ナッジの「悪用」に要注意

【*sludge*】〔名詞〕厚く堆積した柔らかく湿った泥、あるいは液体と固体が混ざり合った粘性の高い混合物、とくに工業処理や精製処理の過程で生じる泥状のもの[1]

よい選択アーキテクチャーの最も基本的な原則をあげるとしたら、それはわれわれのスローガンそのものだろう。そう、「簡単にできるようにする」だ。ある行動をしてほしいなら、人びとがどうしてそうしていないのか、その理由を突き止めて、立ちはだかっている障害をとり除く。運転免許をとったり、ワクチンを接種したりしてほしいなら、手続きをシンプルにする。利便性をよくすることがなによりも大事だ。

しかし、この原則を裏返せば、ある行動をしてほしくないなら、障害を増やして、やりにくくすればよい、ということでもある。

投票しにくくしたいなら、郵便投票や期日前投票をできなくして、投票所を減らす（そして鉄道の駅やバスの停留所などから遠く離れたところにつくる）。ついでに、何時間も列に並んで待たなければ投票できないようにする。

自分の国に移民がやってきてほしくないなら、大量の書類を提出させて、移住を許可する通知が郵便（もちろん電子じゃないほう）で送られてくるまで何カ月も待つようにさせて、申請書に一つでも記入ミスがあったらペナルティを科すようにする。

貧しい人が経済的給付を受けないようにしたいなら、わけのわからないウェブサイトを通じて申請させるようにし、大量の質問に（すぐに理解できる人などほとんどいないようなものも含めて）答えさせるようにする。

世界中の政府は喫煙を減らすことに強い関心を寄せているが、喫煙を禁止してはいない。そのかわり、たばこを吸うのをむずかしくするための取り組みを、段階的に進めている。

われわれの若いころは、どのバーやレストランにもたばこの自動販売機があって、食事中にたばこが切れた愛煙家が困らないようになっていた。それがまず、たばこの自動販売機がなくなり、次にたばこを吸う人は喫煙スペースに隔離され、さらにレストランでの喫煙が全面禁止となった。もちろん、たばこ会社はこうした規制に反対した。たばこのテレビＣＭがまだ放送できていたとき、クリエーターたちはナッジの武器庫にあるツールを総動員して、たばこの魅力を高めようとした。

とくにターゲットとなったのが若い世代だった。若い人をたばこへ誘導できれば、生涯にわたってたばこに縛りつけることができる。たばこの広告のモデルは魅力的でセクシーだった。どういうわけか、１人も臭そうに見えなかったし、病気っぽくもなかった。

ナッジは、より広くいうなら行動科学は、よい目的にも、悪い目的にも使うことができるし、実際に使われている。ヒトラーに賛成票を投じるようにナッジする投票用紙があったことはすでに述べた。人びとのためにならないプログラムをデフォルトに設定することもできる。

この章では、選択アーキテクチャーのダークサイドへとしばし足を踏み入れる。そのダークサイドの一角を表すものとして、**「スラッジ」**という言葉が使われるようになっている。われわれが知るかぎりでは、この言葉はケイト・ランバートンとベンジャミン・キャッスルマンが2016年の『ハフィントン・ポスト』の記事で使ったのが最初であるようだ。[2] それとは別に、「ツイッター」と呼ばれる、その〝権威ある学術の場〟で、セイラーがあるビジネス慣行への怒りを表明し、その慣行を「スラッジ」と呼んだ（これについてはこの後で述べる）。「スラッジ」という言葉は広く使われるようになっており、いまはハッシュタグをつけて「#sludge」とすることが多い。

スラッジとはいったいなにか。当然ながら、厳密に定義された学術用語をつくるメディアとしては、ツイッターは理想のかたちではない。（どう見ても）韻を踏んでいるからその言葉が選ばれた、というようなときはとくにそうだ。

この用語をどう定式化するかをめぐっては、学者のあいだでさかんに議論されている。しかし、この言葉は定着しているし、音の響きも楽しい。そのためこの章では、定義に過度にこだわることなく、「スラッジ」という言葉を使っていく。このトピックを掘り下げて考えたいなら、サンスティーンがそれだけを丸々1冊かけて論じた（短い）本を出している（さあ、タイトルはなんでしょう）。

ここでは「スラッジ」という言葉を、「選択アーキテクチャーの要素のうち、選択をする当人の利益になるような結果を得にくくする摩擦や障害を生むすべての側面」を意味するものとして使う。

20ページの書類を書かなければ学資援助を受けられないなら、それはスラッジである。面接を4回受けないと学生ビザを手に入れられないなら、それもスラッジだ。わかりにくいウェブサイトと悪戦苦闘し、オンラインフォームと紙の書類をいくつも記入し、車を走らせてどこか遠くの病院に行って、そこで2時間待たないと新型コロナウイルスの検査もワクチン接種も受けられないなら、それもまたスラッジである。

選択アーキテクトのなかには意図的にスラッジを組み込む人もいる。アーキテクト自身にとっての目標を達成するため、選択のプロセスに摩擦や障害を加えるのだ。定期購読を解約する手続きをむずかしくすることがその例である。貧しい人が投票するのをむずかしくすることもそうだし、職業訓練に参加する手続きをむずかしくすることも、経口避妊薬を手に入れるのをむずかしくすることもそうだ。オンラインで人びとを操る（そしてそこからお金を吸い上げる）慣行は、**「ダークパターン」**と呼ばれる。そのなかにはスラッジにカウントされるものもある。ある種の料金が発生するのを避けようとすると、大きな摩擦や障害が生じるからだ。

これ以外にも、よい意図をもった管理プロセスの副産物としてつくりだされるスラッジがある。あるものを受け取りたいと言っている人たちに、ほんとうにその資格や権利があるかどうかを確認するようなときがそうであり、このスラッジは避けられない。

この本（原書）の校正ゲラをチェックしていたときに出版社がソフトウェアを用意してくれたのだが、それがなにしろスラッジだらけで、サンスティーンは白旗をあげて、修正箇所を手書きでメモし、それをパソコンに打ち込んでリストをつくった。このときはもう本づくりの最終段階だったので、われわれが最後の最後に突っ込む修正の数を減らすためにこのスラッジが仕込まれたのではないかと、疑わずにはいられなかった。

アメリカでは、情報が不正に書き換えられたりすることがなく、内容が正しい状態であることを**「プログラムの完全性」**と呼び、プログラムの完全性を保つ取り組みの副産物として、スラッジが生まれることがある。

たとえば、ビザを取得したり新しい事業を始める認可をとったりするには、いろいろな書類を提出して、何カ月も待たなければいけないときがそうだ。あるいは、救急医療を受けるのに、わけのわからない書類の束に記入しなければいけないときがそうだし、アメリカ国務省で働くには、過去20年間の渡航履歴や外国にいる友人に関する情報をまとめなければいけないときもそうだ。

政府の手続きに関してとくによく見られるスラッジがあり、このスラッジは「レッドテープ」と呼ばれるようになっている。もっと堅い言葉でいうと**「管理負荷」**である。サンスティーンはこの言葉が大好きだが、セイラーはそれ自体が一種のスラッジだと考えている。

しかし、企業から大学まで、民間の大きな組織で働いたことがある人なら誰でも知っているように、レッドテープは政府の専売特許ではない。多数の会社、多数の非営利団体（大学を含む）が大量のスラッジを生み出している。自分たちの従業員や職員に対してもそうなのだ。

商取引が存在するかぎりは悪徳業者と詐欺師がおり、そして、10数人以上が集まる組織*が存在するかぎりはガバナンスの名の下に自主的なスラッジが生み落とされる。この章の目標は、読者のみなさんがもう少しだけスラッジに意識を向けて、スラッジはどこに潜みやすいか、スラッジを一掃するとまではいかなくても、どうすれば減らせるか考えるようにすることにある。

ここでわれわれがとりあげている事例は氷山の一角であることは重々承知しているし、この問題を網羅的に扱うつもりはない。自分たちの本にスラッジはつくりたくない！

企業のスラッジ――外から見える部分について考える

セイラーは「誤ったふるまい（訳注：セイラーによると、経済理論が前提とする行動モデルと矛盾したふるまいを意味する）」のエキスパートを名乗っており、『誤ったふるまい（misbehaving）』というタイトルの本（邦訳は『行動経済学の逆襲』）まで書いている。

その本が出版されたとき、担当の編集者から「はじめてレビューが掲載されたのでリンクを送ります」というメールがきて、セイラーは大喜びした。それも権威あるロンドンの新聞である。セイラーはワクワクしながらリンクをクリックしたが、リンク先は有料サイトだった。なんてことだ！　しかし待

＊この文を書いていて気づいたが、共通の目標を達成するために存在している組織が、その目標を達成しにくくするスラッジをみずからつくりだしてしまうというのは、なんとも皮肉である。

て。その新聞は1カ月間たった1ポンドで試し読みができるトライアルを受け付けていた。これだ！　もちろん、1ポンドは支払うのだからクレジットカードの情報を提供しなければいけないし、1カ月のトライアルが終わったら問答無用で自動更新されるはずなので、あの忌々しい細字部分をチェックしたほうがよさそうだとあたりをつけた。

やはり、トライアルが終わると購読期間が自動的に更新されることになっていた。そこは意外でもなんでもない。ところが、価格にはちょっと驚いた。オンライン購読が月額27ポンドもするのだ。それでも、サンスティーンの助けを借りずにどうにか書き上げた本の最初のレビューを1ポンドで読めるなら、それに越したことはない。ここは気前よくトライアルに申し込もうと決めて、解約する方法をチェックした。書評を読み終わったらすぐ解約するつもりだったので、一生涯購読し続けるリスクは避けなければいけない。

だがそこで衝撃の事実を知ることになる。解約するには14日前に新聞社に通知しなければいけないと書かれている。つまり「1カ月」のお試し読みは、実質2週間で終わる。しかも解約はオンラインではできなかった。ロンドンにあるオフィスに、ロンドンの営業時間中に、通話料自己負担で電話しなければいけなかったのだ！　ツイッターのハッシュタグ「#sludge」は、こうして生まれた。

「サブスクリプション解約」トラップ——たいてい解約し忘れる

ロンドンの新聞の話は、悲しいが特例ではない。少し極端なだけで、そこらじゅうにある。

われわれが見るところでは、問題は自動更新そのものにあるのではない。逆にそれでスラッジを減らせることもある。どの定期契約についても、顧客はサービスを毎月継続したいと思っているものとされており、それは妥当だろう（サービスを能動的に更新しないと電気やインターネットが月1回止まってしまうなんて、想像したくもない！）。年払いのときは、電子メールで丁寧なリマインダーを送ってほしいと思うし、われわれが気に入っている情報プロバイダーにはそうしているところもある。こうすれば顧客のロイヤリティを高めることにつながる。

スラッジが生まれるのは、申し込むときの手続きと解約するときの手続きが大きくちがうときだ。クレジットカード情報を入力するだけで申し込みできるのに、どうして解約するには長距離電話をかけなければいけないのか。この慣行は顧客を維持するために意図的にスラッジを使っている。

残念ながらそれはめずらしいことではない。あの新聞社の広報担当に「なぜこのような決まりになっているのか」と質問をぶつけたところ、「弊紙の情報の幅広さを実感してもらってから購読を止めるかどうか決めてほしいためだ」との答えが返ってきた。なかでもスポーツ記事は充実しているという。なるほど、あのクリケットの試合の記事を読めないのは、たしかにもったいないかもしれない（うれしいことに、この新聞社は方針を転換し、読者が電子メールを送れば解約できるようになった。ワンクリックで解約できればもっとよいのだが、ためしに電子メールで解約を申し込んだところ、そこから先の手続きはスラッジフリーだった）。

入るのは簡単なのに、やめるのは大変というこの非対称な仕組みを使い、それをビジネスモデルの重要な要素にしている組織は多いように思われる。少なくともアメリカでは、スポーツジムとケーブルテレビ会社はこの戦略を実践していることで悪名高い。われわれが聞いたあるケースでは、新型コロナウイルスの影響で長く閉鎖されていたジムが再開した直後に、「退会したい人は店舗で手続きをとる必要がある」と通知されたという。これはウイルスをさらに拡散させることになるスラッジだ！

先のロンドンの新聞では、少なくとも解約のルールをウェブサイト上で簡単に見つけることができたが、多くの場合は、細字部分の下のほうに隠されている。最低でも、解約条件を開示すること、それもフルサイズの文字で示すことを企業に義務づけるべきではないか。

アメリカの州のなかにはさらに踏み込んでいるところもある。カリフォルニアとニューヨークでは、オンラインで始めたサブスクリプションは解約もオンラインでできるようにすることが義務づけられている。[3]「標準サブスクリプション」のようなものをつくって、解約が簡単に無料でできるようにし、例外的な規定は目立つように示すことを義務づけるのもよいだろう。

「キャッシュバック」トラップ——手続きがどうにも面倒くさい

スラッジだらけのビジネス慣行はほかにもあり、「メールイン・リベート（編集部注：購入時には定価を支払うが、その後、製品についているクーポンを郵送するなどの手続きをとると、払った料金の一部が小切手などのかたちでキャッシュバックされるサービス）」がその一つだ。メールイン・リベートは、ある商品の売り手が購入代金の一部を払い戻すというかたちをとることが多い。

標準的な経済分析では、この手の販促策は「価格差別」の一種だとされる。〝差別〟というと嫌な響きがあるし、もしかしたら違法なのではないかと思われるかもしれないが、価格差別はさまざまな文脈でふつうに行われていて、広く受け入れられている。

航空券やホテルを早く予約すると、料金は安くなる。これは、価格に敏感で早めに計画を立てて動く消費者と、会社の経費で行くなど価格をあまり気にしない消費者とを「差別化」するものだ。価格差別そのものは悪質でもなんでもない。むしろ、正規の料金を支払う滑り込みの利用客が航空会社の収益を支えてくれるから、価格に敏感な消費者は航空券を安く買えるのだ。

一般に、航空券を安く買うには、早く予約する、不便な時間帯のフライトを選ぶなど、なにかをしなければならない。これは割引を受けるために消費者が飛び越えなければいけないハードルのようなものだ。先のメールイン・リベートだと、クーポンを送り返す手間がスラッジとなり、これがハードルになる。そのスラッジの量がものすごく多いこともある。買ったときのレシートの原本と、箱についている商品を識別するためのバーコード部分を郵便で（そう、切符を貼るほうだ）送らなければいけないこともめずらしくない。そのバーコードはたいてい、とんでもなく切り取りにくいところにある。カッターナイフはすぐ手の届くところに置いておこう。

レシートとバーコードを送って（念のためコピーをとっておいたほうがよい）、何カ月か待つと、内容に不備がなく、手紙が「行方不明」にならなければ、小切手が郵送されてくる。小切手だからもちろん忘れずに換金しなければならない。当然ながら換金率は低く、10～40％くらいしかない。

どうして企業はわざわざメールイン・リベートをやるのだろう。言い方を変えると、どうして顧客はこのトラップにはまるのか。この疑問については、「みんな自分は換金すると信じている（Everyone Believes in Redemption）」という、学術論文タイトルコンテストがあったらノミネートさせたい論文で、実験的研究にもとづいてすぐれた分析が行われている。[4]

その研究から、人びとは「自分はくぐり抜けなければならない輪は全部くぐり抜けられる」と、非現実的なまでに楽観していることがわかった。実験の参加者は、自分が小切手を期限の30日以内に換金する確率をおよそ80％と見積もっていたが、実際の換金率は30％前後だったのだ。みんな自分は小切手を換金すると信じているというのはさすがに言いすぎだが、ほとんどの人がそう信じていることはまちがいない。

その同じ研究で、人びとのバイアスをとり除くため、つまり、予測される換金率と実際の換金率の大きな差を小さくするための三つの介入を、それぞれ別のグループに対して行った。一つ目の介入では、これまでのグループで換金した人の割合は3分の1に満たないと、被験者にとてもわかりやすく伝えた。二つ目の介入では、わかりやすいリマインダーを2回送った。一つは購入後しばらくしてから、もう一つはリベートの期限が近づいたときである。三つ目の介入では、手続きをぐっと簡単にし、申し込みフォームを印刷して記入しなくてもすむようにした。

結論からいうと、人びとの楽観傾向はまったく変化しなかった。自分が申し込みフォームを郵送する確率はどれくらいかと参加者に質問したところ、三つすべての条件で、約80％という結果になったのだ！　さらに、最初の二つの介入は、実際の行動になんの影響も与えなかった。ほかのグループの行動を聞かされたときには、「まったく、ほかのグループのやつらはバカだ。自分だったらそんなこと絶対しないのに」と考えた。

この結果から一般的な（悲しい）教訓が得られる。「ある活動（クレジットカードを使い込む、酒を一気飲みする、無防備なセックスをする）は危険だ」と伝えることは、「人はよく寝坊する」と伝えるようなものである。そうしたところで、たいして役に立たない。時間どおりに起きるために必要なのは、目覚まし時計だ。あのクロッキーが必要になる人だっているかもしれない。

唯一効果があったのが、われわれの魔法の秘薬を使った介入だった。そう、手続きを簡単にする介入である。フォームを簡単に郵送できるようにして、スラッジを減らすと、行動しようという人びとの意思が大きく高まったのだ。換金率は約54％に上がり、頭で考えることと実際にすることの差が半分になった。

これは、スラッジを減らすと人びとの幸福が大きく高まる可能性があることを示す明確なエビデンスである。だがもちろん、マーケティング会社はこの方針をとろうとはしないだろう。そうしたら、過度に楽観的な傾向はもちろん、（ある種の）救済を信じる気持ちすら利用しようというリベートのもくろみが崩れてしまう。

「見えない不便」——プリンターの高すぎる替えインクはスラッジ

自分の名前を冠したカミソリ・メーカーの創業者であるキング・C・ジレットは、カミソリ本体を安く売って、替え刃で稼ぐマーケティング戦略を発明したといわれる。カミソリ本体をほとんど無料で提供して顧客を囲い込み、ジレットの替え刃を継続的に買ってもらうようにすれば、替え刃の価格を高めに設定できるようになるという考え方である。

このビジネスモデルはうまくいっているようだ。アメリカの替え刃市場でのシェアはいまもかなり高く、ジレットの替え刃は世界中で売られている。替え刃の事例については、問題になるようなことはこれといってない（スイッチングコスト、つまり別のカミソリに変えるためのコストはとても低い）。

しかし、金額がもっと大きいいくつかの市場でも、これと同じモデルが使われている。インクジェットプリンターがそうだ。その戦略はこうである。「プリンターを安く売って、インクで稼げ」。

消費者の便益を考えるならば、プリンターを使うのにかかるほんとうのコストがわからなくなってしまうことが問題になる。ネットで検索すると、ワイヤレスプリントなどの最新の機能がそろったモデルが簡単に見つかる。価格は100ドルもしない。けれど、インク代がどれだけかかるのか、カートリッジはどのくらいの頻度で交換しなければいけないのかを調べようとすると、これがなかなか見つからない。しかも、プリンターは他社製のインクカートリッジを使えない設計になっている（もちろん、あなたの大切なプリンターが壊れないようにするためだ）。

インクカートリッジは、行動経済学者のグザビエ・ガベックスとデヴィッド・レイブソンが「覆い隠された要素」と呼ぶものの例である。[5] 商品本体の価格は、ユーザーの真のコストをあらわしていない。なぜなら、覆い隠された要素とそれにかかわるコストを突き止めるのはむずかしいからだ。

ホテルは、駐車料金やWi－Fiなど、各種サービスの価格を覆い隠していることで有名だし、「リゾートフィー」と呼ばれるものを顧客に課すときもある。これはサービスを利用するしないにかかわらず、一方的に徴収される。また、ホテルでスーツをクリーニングに出すはめになったことがある人なら誰でも知っているように、ホテルのクリーニング料金は、現地のクリーニング店の料金の少なくとも2～3倍が相場だ。節約志向の利用者なら現地のクリーニング店を探してそこに出すこともももちろんできるが、出張でも、観光でも、クリーニングを出しに行く時間をつくれないときもある。

われわれに言わせれば、覆い隠された要素はスラッジを生み出す原因と見るべきだ。隠されている要素を突き止めるには、消費者も、患者も、投資家も、厚く堆積（たいせき）した泥のなかをかきわけて進まなければいけない。覆い隠された要素があると、財やサービスを比較して購入するのがはるかにむずかしくなる。もちろん、広い範囲にわたるスマート・ディスクロージャーがよい旅行選択エンジンに組み込まれていれば、問題は大きく軽減されるだろう。少なくとも旅行についてはそうだ（ホテルがシャワーフィーなどの新しい追加料金を思いつくまでは、という条件がつくが）。しかし、その日がこないかぎり、この市場からスラッジはなくならない。第11章で見ていくが、クレジットカード市場にも覆い隠された要素がたくさんあるし、さまざまな個人向けの銀行サービス全般もそうである。当座預金口座は一定の残高があれば維持手数料がかからないが、その基準額を下回ったらどうなるだろう。そのときはなにが起きるのか。

ホテルチェーンや銀行のあいだには競争があるので、このスラッジはなくなりそうなものだが、そうならない理由はすぐにわかるはずだ（ヘビ油の話を思い出してほしい）。

いま、チープバンクという銀行が「当座預金口座、無料です！」と宣伝し、その陰でこっそり手数料をとって稼いでいるとしよう。チープバンクが当座預金口座を維持するコストは年間100ドルだとする。そこにライバル銀行が乗り込んできて、「当座預金口座の手数料は100ドルだけ、隠れた手数料はいっさいありません」と売り込む。このバトルの勝者はどっちだろう。小切手の不渡りを出すつもりで当座預金口座を開く人はいない。車の後ろをキズだらけにするつもりで駐車場に入れる人がいないのと同じことである。なにかの拍子にそうなってしまうのだ。

この章でとりあげた三つの例――サブスクリプショントラップ、リベート、覆い隠された要素を結びつける共通点がある。どれも「価格を不透明にする」という目標が戦略の中心にあることだ。リベートと覆い隠された要素の二つは明らかにそうだとわかるが、それと比べると、サブスクトラップとのつながりは見えにくいだろう。

雑誌やケーブル会社、スポーツジムが解約しにくくしているのは、一つには、価格を差別化したいから、つまり、同じ商品（1カ月コース）に異なる価格をつけたいからである。そのために、解約するぞと脅すなど、クレームをつけてくる人たちのための価格が用意されているのだ！

あるカスタマーサービス担当者が（電話かオンラインチャットで）解約したいという顧客にその理由を質問するとしよう。答えが「料金が高すぎるから」だったら、「優良顧客限定の特別プラン」を案内する。だが、実際はまったく逆だ。これは解約するぞと脅す不良顧客限定の特別プランなのである。カードを解約すると脅す会員には、年会費を無料にするクレジットカードもある。これはスラッジを通じた価格差別だ。

顧客の立場から言わせてもらうと、取引をするなら、価格を明示していて、クレーマーだけに値引きをしない会社としたい。もしわれわれが会社を経営することがあったら、そのときもこのような会社にしたい。

経費精算・社内申請……企業の制度はスラッジの山

政府機関は官僚主義で、わずらわしいルールや規制があまりにも多いといわれるが、まったくそのとおりである。自分のところの職員に対してさえそうなのだ（とくにそうだといえるかもしれない）。

しかし、民間企業、病院、そしてまちがいなく大学も似たり寄ったりである。そもそも求人に応募してから採用されるまでに、大量のスラッジが立ちはだかる。職場でも、たいてい毎日大量のスラッジに直面する。看護師や医師に聞いてみるとよい。彼らの職場ではいまだに書類をファックスで送るように求められるときがある（アメリカの医療費が高い一因は明らかだ。スラッジがあまりにも多すぎる！[6]）。

そのよい例が、出張経費の管理と精算だ。出張経費の精算体験では、いろいろな点で、アメリカ政府のほうが民間企業よりもむしろすぐれている。出張が認められると（そのための手続きについてはここでは触れないことにする）、たいていは政府の旅行事務所がフライトとホテルを直接予約して、費用を支払う。価格の交渉までしてくれることもある。ただし予約便が欠航になって、電車で家まで帰らなければいけなくなったら、そのときは運を天にまかせるしかない。

われわれが体験したかぎりでいうと、民間部門の出張手続きはそれこそスラッジまみれである。一つ例をあげよう。いま、あなたは飛行機で2時間かかる別の都市で開かれる会議に参加する計画を立てている。会議は重要なものであり、出張旅費を事後精算すれば承認も問題なく受けられるが、会議に行くかどうかも自分で決めることになる。雇用主は出張命令を出さないが、あなたが行けば旅費を支払う。ただし問題が一つある。なにかが起きて、会議に行くのをやめようと思うことがあるかもしれない。もちろん、トラブルが発生する可能性はどんなときもあるが、このケースでは、そのリスクがいつもより高いことがわかっているとする。

フライトを調べてみると、選択肢が二つある。一つは安くて払い戻し不可の往復チケットで、価格は

400ドルだが、会議に行かなかったら、400ドル丸々失うことになる。もう一つは、価格は高いが全額払い戻される1200ドルのチケットだ。どちらの航空券を買うべきか。

筆者の1人がこの状況になったとき、「安いほうのチケットを買って会議に出なかったらどうなるか」と勤務先の大学に問い合わせてみた。すると、「会議に出席していないなら旅費の精算はできない」と言われた。結局、高いほうの航空券を買って、会議に出席し、大学は航空券代を支払った。スラッジだ！

出張旅費に対してわれわれと同じような考えをもっているのが、ネットフリックスの創業者兼最高経営責任者（CEO）のリード・ヘイスティングスである。ヘイスティングスは著書『NO RULES 世界一「自由」な会社、NETFLIX』で、このことについて書いている。[7] タイトルを見れば、ヘイスティングスがわれわれと同じ種類の人間であることがわかるだろう。

ヘイスティングスは前に経営していた会社で出張旅費の扱いに不満を訴えていた人の話をしている。その会社の規定では、どこかの都市に出張するときにはレンタカーかタクシーを使うことができるが、両方を使うことはできなかった。この社員はクライアントのオフィスが自分の滞在していた都市から車で2時間かかるところにあったので、レンタカーを借りたのだが、その晩に顧客が集まるイベントがあり、お酒を飲むことになるだろうからと、タクシーで会場に行った。そのときのタクシー代の精算を会社に申請したが、認められなかった。社員はこれに腹を立て、結局、「こんなばかげた規定があるような会社では働きたくない」と言って、辞めていった。ヘイスティングスがネットフリックスを立ち上げたとき、そんなやり方はしないと誓った。

ヘイスティングスが社員に最初に送ったメッセージは、「会社のお金は自分のお金のように使え」だったという。具体的にはこういうことだ。社員は自分が正しい選択だと思うフライトとホテルを予約し、わからないことがあったらマネージャーに相談する。マネージャーは経費を管理する立場にあり、このシステムを悪用する社員が見つかったら、まず本人に伝えるが、繰り返し違反する者は解雇する。ヘイスティングスは自分の見解を次のように簡潔にまとめており、どちらも出張以外にもあてはまる。

- 自由を与えると増える経費もあるだろう。しかし、支出が予算を超えたとしても、自由がもたらす利益と比べれば小さな代償である。
- 経費を自由に使えるようにすると、社員は事業にプラスになる意思決定を迅速に行えるようになる。[8]

ネットフリックスのような会社なら、われわれもぜひ働きたいものだ。

大学入学者選抜もスラッジだらけ

アメリカの大学に出願するプロセスは複雑だ。学資援助の対象となる学生はとくにそうで、どの段階でもスラッジが見つかる。低所得層の家庭の学生はほんとうに少ないので、これは嘆かわしいことである。いまアメリカのトップ大学に通う学生のうち、所得分布の上位１％の家庭の学生は、下位50％の家庭の学生より多いのだ！

これは簡単に説明がつくと思うかもしれない。トップ大学は学費がとても高いからだと。しかし実際には、トップ大学の多くは、低所得層の学生に対しては学費の全額を免除している。さらに、トップ大学で学べば、魅力的な職業につく機会を大きく広げることができる。それなのになぜ、貧しい家庭の学生の出願が増えないのだろう。スラッジはその重要な要因であり、スラッジをとり除くことができれば大きな助けになるはずだ。

スラッジを一掃すると大きな効果が生まれる可能性があり、経済学者のスーザン・ダイナースキらが行った大規模なフィールド実験でそれが実証されている。[9] 実験の目的は、成績のよい低所得層の家庭の高校生がミシガン大学（ミシガン州の旗艦大学）に出願するようにうながすことだった。そのため、高校の最終学年が始まったときにその条件にあてはまる生徒4000人を対象に、実験が開始された。

生徒の半分は9月第1週に、ミシガン大学に出願して入学が許可された場合、大学の学資援助が**保証**されると伝える封筒を受け取った。煩雑な申請書類を提出する必要はなく、高校で給食費補助を受けている生徒を研究者側が調べて、そのなかから学資援助の対象者を選んだ。残り半分の生徒は、出願するようにうながす資料だけを受け取った。

実験群に学資援助を前もって提示したのは、従来の大学出願のスケジュールを逆転させるためだった。大学から学資援助の承認を受けるのは、通常は入学許可を得た後になり、出願すらしていない時点では認められない。そのため、生徒は申請書類を提出しないですむだけでなく、大学進学をめぐる不確実性が大きく減ることにもなった。

結果は驚くべきものだった。学資援助が保証されなかった生徒は26％しかミシガン大学に出願しなかったが、保証された生徒は68％が出願したのだ。入学者は2倍以上に増えた。これを金銭的インセンティブの変化によるものと考えることはできない。学資援助の保証を受けなかったが、それでも出願した生徒も、同じ学資援助を受けた。その援助を受けるまでにより多くのスラッジを乗り越えなければならなかっただけだ。

学資援助に加えて、入学者選抜のプロセスのほかの側面でもスラッジをなくせば、大学はもっと多くの学生を集めることができる。たとえば、テキサス大学オースティン校は、高校のクラスの上位6％の学生全員の入学を許可している。[10]

カリフォルニア州ウエストサクラメント市はさらに先を行っている。サクラメントシティカレッジと提携して、高校3年の生徒1人ひとりに向けて、卒業時に地元の2年制カレッジである同校への入学許可証を送るようにした。[11] 書類を提出する必要をなくしたことで、サクラメントの計画は成果をあげており、この制度がなかったらわざわざ出願することはまずなかったであろう生徒も、高校を卒業したら進学することがデフォルトの選択肢になっている。

政府とスラッジ

政府の非常に重要な仕事の一つは、市民がしたがうべきルールを作成し実行することである。しかし、ルールは実行するだけでなく、それを守らせなければいけないし、そのための活動のコストが高くつくことがあるのが現実だ。

ヘイスティングスがネットフリックスの経費方針をどうするべきか考えていたときには、「やりたいことは全部やる」と「許可を申請してとるために自分と相手の時間を無駄にする」とのバランスをとろうとした。これは一種の費用便益分析になる。そのときにはスラッジを費用側に組み込むべきだ。

この点を、アナロジーを使って考えてみよう。いま、政府は川に新しい橋をかけることを決めたとする。ただし、橋の通行料収入が建設費用を上回ることが条件になる（もちろん、適正な割引率を使って計算する）。この意思決定をきちんと分析すれば、通行料を徴収するコストが高くつくことがわかるだろう。かつては、通行料を徴収するには料金所をつくって、係員に給料を支払わなければいけなかった。しかし、通行料の徴収については、見落とされがちな側面がもう一つある。**料金所で通行料を支払うのに列に並んで待つ時間はどれくらい長くなるか**だ。行列の待ち時間はスラッジの好例である。スラッジのコストは政府が直接負担するわけではなく、市民に降りかかるものであり、実際にコストが発生している。

政府が意思決定をするときには、この種のコストはなおざりにされがちだ。先ほどの橋の例に戻って、多くの文脈では、往復両方向の通行料をとる理由がないことに気づくのにどれだけ時間がかかったか、考えてみてほしい（何十年もかかることもあるのだ！）。ニューヨーク市に入るときには通行料を支払わなければならないが、（ホテルカリフォルニアとちがって）いつでも自由に出て行くことができる。

時間とともにテクノロジーが進化して、通行料を徴収するコストは大きく下がっている。人件費の面でも、利用者の待ち時間の面でもそうだ。技術が改良されると、それまでは不可能だった状況で通行料をとれるようになる。たとえば、ロンドンやシンガポールのビジネス街の中心部に車を乗り入れるときには、混雑料金が課される。車の乗り入れはカメラで監視される。

政府の規制や事務手続き、管理負荷の多さについて考えるときには、この通行料徴収のアナロジーが役に立つ。どのルールを評価するときにも、そのルールが生み出す費用と便益をすべて計算に含めなければいけないし、そこに時間を入れることを忘れてはならない。テクノロジーを活用してスラッジを減らしたりなくしたりすれば、政策の選択肢の幅を大きく広げることができる。

政府はスラッジを生むこともあれば、減らすこともある。近年では、アメリカ政府は年間１１０億時間もの書類作成の負担をアメリカ国民に強いている。この時間には、病院、医師、看護師に課される負担が含まれる。医療関係者は政府の要求を満たすために膨大な時間を費やしている。法的に受ける権利がある給付を申請しようとしている貧しい人びともそうだ。大量の書類を書かなければいけないトラック運転手も、学生や大学も、アメリカで学ぶためにビザを取得しようとしている人もそうである。

１１０億時間というコストは、なにも時間だけではない。多くの場合、スラッジが壁として立ちはだかり、それを乗り越える方法を見つけることができない。そのせいで、許可や免許、お金、医療といった権利や支援を受けられなくなってしまう。

スラッジを減らせば、大きな見返りが期待できる。ここで政府がスラッジを増やしたり減らしたりした例を少しだけ紹介しよう。

空港でのスラッジ削減事例

２００1年9月11日以降に商用航空機に乗ったことがある人なら誰でも知っているように、旅客体験はすっかりスラッジまみれになってしまっている。

アメリカでは、連邦政府が２００1年11月19日に運輸保安庁（ＴＳＡ）をつくり、セキュリティチェックを行うようになった。いまでは世界中どこでも見られる光景になっている。ＴＳＡの年間予算は政府の基準ではとくに大きいというわけではないが（約80億ドル[12]）、このオペレーションの真のコストの大部分は、チェックポイントを通過するために待たなければいけない時間と、空港に着く時間を計算するために使わなければいけない時間が占める。ＴＳＡは出発時刻の少なくとも2時間前に空港にくることを勧めている。2時間前だ！

待ち時間スラッジの量を減らすために、アメリカ政府は「グローバルエントリー」と「ＴＳＡプレチェック」という二つのプログラムを導入している。このイノベーションは成功し、ひんぱんに飛行機に乗る何百万もの人が、空港のセキュリティを比較的短時間で通過できるようになっている。

これはまさに「スラッジバスター」だ。セキュリティのチェック項目は大きく減っている。靴を脱がなくてすむし、ノートパソコンをカバンに入れたままでよい。そのおかげで乗客の時間が1年間に何億時間も節約されていると推計されている。これはすばらしいことだ。しかし、セキュリティチェックのコストは貨幣価値に換算されないので、世界全体でのコストは低く見積もられていると断言できる。

これはスラッジではよくあることだ。このように、スラッジを通じて市民に課すコストは、政策の設計や評価で軽視されがちである。

オンライン上で繰り広げられる「スラッジVS.スラッジ」

私たちはみんな、目覚めている時間のうちインターネット上ですごしている時間が占める割合が増えており、当然のこととして、プライバシーの問題への関心が高まっている。私たちがよく使うウェブサイトは、私たちについてどんな個人情報を集めているのだろう。

個人情報の一部は、いわゆる「クッキー」を使って集められている。クッキーとは、あなたが使っているブラウザに保存されるファイルであり、そのブラウザの利用状況に関するデータがそこに記録される。閲覧履歴、購入履歴・選好、位置情報などがそうだ。この情報はふつうターゲットマーケティングに使われる。

欧州連合（EU）は、「一般データ保護規則（GDPR）」を通じてクッキーを規制している。これとは別に「eプライバシー指令」と呼ばれるもの（別名「クッキー法」）もある。こうした規制には選択アーキテクチャーが少し含まれている。ユーザーが能動的に同意した場合にのみ、クッキーをインストールできるのだ。サイトのサービスを遂行するために「必要不可欠な」クッキーには、この規定は適用されない（一例として、アマゾンはショッピングカートにクッキーを使うことが認められる）。しかしそれ以外は、クッキーの使用に関する同意はオプトイン方式になる。

この方針はよいアイデアなのかもしれないが、この規則の対象となるウェブサイトにログオンしたが最後、気づいたときにはもう、スラッジに埋もれてしまっている。われわれの見たところでは、問題は、クッキーの使用を許可するにはオプトインしなければならないが、使用を拒否するときはどうするかがはっきり示されていないことだろう。

われわれの経験に照らすと、携帯電話などのモバイル機器を使っていて、新しいサイトにログオンすると、クッキーの使用に同意するか拒否するかを選択する画面がすぐ現れる。クッキーの使用を拒否すると問題にぶつかる。まず、読みたかった記事にスムーズに切り替わらない。そこからクッキーに関する質問がとても小さな文字で、それはもう延々と続く。

われわれは2人ともこの手順を最後まで終えたことが一度もない。ギブアップしてクッキーの使用に同意するか、サイトを閉じるかする。

そうしているのはわれわれだけではないようだ。EUのクッキー規制にもとづく同意通知にユーザーがどう反応するかをドイツで調査した研究がある。その調査から、ウェブサイトはユーザーに同意させるためにナッジを使っていることがわかった（たとえば、「同意する」ボタンを目立たせたり、「同意しない」ボタンをページの下のほうに埋め込んだりする）。ユーザーに選択肢すら与えないサイトも多い。[13]

その後の実験では、同意通知の位置、文言、デザインが「同意行動を大きく左右する」ことがわかり、ナッジが人びとの選択に強く影響することが明らかになった。また、十分な説明を受けたうえで同意することを選択するという真のオプトイン方式だと、第三者に追跡されることに手放しで同意するユーザーは0・1％しかいないこともわかった。

これはスラッジであって、ナッジではない。この原稿を執筆している時点で、ＥＵは規制の改革を検討しており、ユーザー体験がもっと考慮されるようになることを願っている。

税金のスラッジ

橋の通行料のアナロジーは、政府がお金を徴収するどの方法にも、そのままあてはまる。真っ先に思い浮かぶ例が税金だ。税体系の設計を論じた経済学の文献は数え切れないほどある。それをここで要約するつもりはないので、どうぞご安心を。

経済学者がとくに重視する要因は四つある。**「インセンティブ**（税金によって行動が変わるか）**」「公平性**（各人がいくら支払うべきか）**」「帰着**（特定の税金を実際に誰が支払っているか）**」「コンプライアンス**（法律で支払うことが決められている税金がどこまで支払われているか）**」**だ。

どれも重要であることは誰の目にも明らかだが、そのリストにスラッジを加えたい。ある税金を支払うためにも、逃れるためにも、どれだけの時間と労力が費やされていることか。この問題は、学者も政策を立案する人も無視しているわけではないが、関心が低すぎるきらいがある。

アメリカ税法は、スラッジを生産することにかけては世界のリーダー格だといえるだろう。一つ例をあげよう。アメリカでいちばん使われている納税申告書は「フォーム１０４０」というもので、２０１９年版の記載手引きはじつに１０８ページにのぼった。数年前は２００ページを超えていたので、これでもすでにスリム化されている。[14] 手引きを読み込むだけでも気が遠くなるくらい面倒な作業であり、アメリカで納税申告する人の94％以上がプロに依頼するか、市販のソフトウェアを使って、申告書を作成している。

平均すると、アメリカ人はフォーム１０４０を作成するのに毎年約13時間を費やし、さらに２００ドル前後を支払っている。[15] だがほかの多くの豊かな国では、納税申告はそこまで大変ではない。[16] スウェーデンでは、納税者の80％がほんの数分で、費用もかからず、携帯電話だけを使って、申告書を提出する。

税金を法律に定められたとおりに申告しようとするだけでスラッジにはまる一方で、法律で認められるおびただしい数の税控除を利用すれば、支払う税金を合法的に最小限に抑えることもできる。問題の一つは、税法をもっとシンプルにするべきだという総論には全員が賛成するが、自分たちが恩恵を受けているある特定の税優遇措置がなくなることには反対する集団が現れることである。

いまアメリカには税法というモンスターがいるが、それでも、われわれの友人である経済学者のオースタン・グールズビーが２００６年に提案したある簡単なステップをとりいれれば、膨大な量のスラッジを一掃することができるだろう。[17]

所得税を管轄する内国歳入庁（ＩＲＳ）が、できるだけ多くの人に、必要事項がすでに記入してある納税申告書を送るのである。申告書は、納税者が安全なウェブページ上で規約に同意すれば、オンラインで簡単に提出できるようにする。これはスウェーデンで使われているシステムによく似ている。しかも、納税者の90％近くがこのサービスを利用できることがわかっている。ほとんどのアメリカ人はとてもシンプルなかたちで納税申告をしているからだ。

アメリカでは、控除を項目別に申告するか、標準控除を使うかを選択する（2020年の標準控除は夫婦合算申告の場合で2万4800ドルである）。雇用主から所得を得ている世帯（つまり、自営業者や個人事業主がいない世帯）が標準控除を選択する場合、ＩＲＳは税額を計算するのに必要な情報をすべてもっている。最近は標準控除を選ぶ世帯が増えており、このサービスを利用できる納税者がこれほど多いのはそのためである。[18]

必要事項が事前に記入されている納税申告書を作成することになっても、ＩＲＳがやらなければいけないことがそれほど増えない点は、強調しておくべきだろう。

給与所得は雇用主がＩＲＳに報告し、投資所得は銀行と投資会社が報告する。あなたが税金を申告するときには、ＩＲＳのコンピュータープログラムが税額を計算し、あなたの計算結果と照らし合わせているので、すでに税金の計算も行われている。われわれがこの原稿を執筆している時点では、カナダ議会がこれとよく似たプランを提案している。[19]

誰が見てもとてもよいアイデアなのに、なぜまだ採用されていないのか、不思議に思うかもしれない。もしもこのような法案が議会に提出されたら誰が反対するか、だいたい察しがつくはずだ。そう、納税申告代行ビジネスで儲けている会社である。

ここでニュース速報だ。業界のロビー団体は議会に対して強い影響力をもつことがある。ロビイストらは、必要事項がすでに記載されている申告書を無料で提供することをＩＲＳに義務づける法案を支持せず、逆にそれを禁止する法案を成立させるよう、議会を説得したのだ！　その見返りとして、税務準備サービス業者は納税申告を「無料」で行うことを約束した。

もちろん、物理的サービスを受けにいくか、オンラインサービスにログオンしなければいけないので、「はい」をクリックするほど簡単ではないし、サイトにログオンしたらしたで、還付税金を担保にした超短期のローンを提案されたり、州所得税申告書の作成料金を提示されたりするなど、また新たなスラッジに出くわす可能性はきわめて高い。州所得税の申告も自動で行われるようにするべきだ。

この自動納税申告モデルには、もう一つ別の利点もある。法律で認められている税控除は、現時点では申告しなければ受けられないため、納税者が忘れずに控除を申告して受けられるようにできる。

給付付き勤労所得税額控除がその一つの例だ。この控除は、低所得の労働者の勤労意欲を高めながら、所得を移転する仕組みで、労働者とその子どもを対象に短期と長期のさまざまな給付が用意されている。この控除の対象となる納税者が給付を受けられるようにするために必要な情報を、ＩＲＳはすべてもっている。それなのに、対象となる納税者の多くが給付を受けるために必要な書類を提出しないので、議会が用意した労働補助金をみすみす捨ててしまっている。その結果、この重要な給付を受けられる人の約20％が、まったくなんの補助も得られていない。[20]

自動申告以外にも、税法を遵守するために費やされている何十億時間ものコストを減らすために、政府ができることはたくさんある。書類をシンプルにし、短くすれば、みんな助かるだろう。くわえて、新しい税金の導入案を分析するときには、どんなスラッジが発生するか考え、それを分析に組み込むべきである。

この点を、富裕税構想を例に考えてみよう。富裕税とは、一定の（高い）基準を超える資産を保有する世帯に税金をかけるというものである。たとえば、２０２０年のアメリカ大統領民主党予備選挙では、エリザベス・ウォーレン上院議員が、純資産が５０００万ドルを超える世帯に富裕税を課すことを提案した。超富裕層だけに課税すると、大多数の世帯は対象外になるため、スラッジのことを考えれば理にかなっている。

富裕税がもたらすメリットを総合的に分析するにはわれわれは適任ではないし、そうする気もないので、どうぞご心配なく。上位１％の世帯、つまり０・０１％の世帯が保有する富の割合は時間を追って大きく増えており、富裕層に課税して格差の拡大に歯止めをかけたいという動機は理解するし、共感もする。

しかし、われわれがここで考えているのはスラッジであり、富裕税が導入されたら、スラッジの山が築かれることは避けられないだろう。なによりも問題になるのは、富に課税するには、誰がどれだけ資産をもっているか知る必要があることだ。これは言うほど簡単ではない。

上場株式のように流動性がある証券市場で大半の富が保有されているときはわかりやすい。ジェフ・ベゾスが保有しているアマゾン株の価値は、簡単に測定できる。だが、それ以外の資産はどうだろう。ウォーレン議員は選挙遊説で、富豪が保有する宝石、美術品、ヨットに課税するという持論を展開した。[21] それがどれだけ大変なことか、美術品を例に考えてみたい。

非常に重要な問題は二つある。誰がどんな美術品を所有しているかわからないこと、そして、それにどれだけの価値があるかわからないことだ。美術品には国の登録制度はない（まして国際的な登録制度があるわけがない）。富に課税するには、ＩＲＳは各富裕世帯がどんな美術品を所有しているか、それぞれの現在の市場価値はどれくらいか、すべて把握していなければならない。* 宝石も、切手も、スポーツ関連の貴重なコレクションもそうである。

「大富豪の会計士や大富豪を顧客とする美術商は、こんなに大変なのですよ」と言いたいのではない。そうではなく、富裕税を管理するにはどれだけの人材を配置する必要があるか、考えてほしいだけだ。

それでも、流動性がある資産で保有されている富だけに課税すれば、スラッジを減らせるのではないかと考える人もいるかもしれない。だが言うまでもなく、そうすればほかの形態の富に資産を移す動きが加速することになるだろうし、カーギルやフィデリティ・インベストメンツのように株式を非公開にする大企業も増えるかもしれない。株式が売買されない非公開会社の価値を算定するのはむずかしい。

われわれのメッセージは明快だ。税体系のどの部分も、スラッジが課す負担をよく考えて設計しなければいけない。超富裕層の増税が目標なら、巨額の遺産を通常所得として課税するほうが確実だと思われる。遺産税も選択肢ではあるが、現行の遺産税は、その仕組み上、税収入と比べてスラッジの影響がかなり大きくなってしまうため、大幅な改革が必要になるだろう。

スラッジを減らすには？

ここでもう一度、橋の通行料の例に戻ろう。カメラのようなちょっとしたテクノロジーを活用することで、行列の待ち時間がどれだけ減少したかわからない。「時は金なり」というが、時は時間でもあり、行政は、人びとの時間を増やすために懸命に努力しているはずである。

残念ながら、政府にとってそうした変化を起こすのが困難なことがある。料金を収受する仕事は減らされるか廃止されるし、それに組合が反対することは予想がつく。プライバシー重視派はカメラを懸念する。もっと広くいうと、とくに民間部門と比べるなら、政府は既存の枠組みを破壊するには向かない。

この章の前のほうで、ネットフリックスCEOのリード・ヘイスティングスの話をした。ネットフリックスは既存の市場を破壊し続けている。同社が物理的なDVDを郵便で顧客に届けるという、およそハイテクとはいえないビジネスモデルを導入したとき、レンタルビデオ最大手のブロックバスターが行く手に立ちはだかった。ビデオレンタル業界は比較的新しく、当初は一代限りの小さなレンタル店がほとんどだったが、ブロックバスター自身がそうした既存の構造を破壊していた。ヘイスティングスは共同創業者と２人でネットフリックスを５０００万ドルでブロックバスターに売却しようとしたものの、拒否された。ブロックバスターの店舗はいまでは一つしか残っていない[22]。

ネットフリックスはレンタル業界をさらに２回破壊した。まずストリーミングサービスを提供し、次にオリジナルコンテンツの制作を開始したのだ。ネットフリックスにかぎらず、アマゾン、グーグル、フェイスブック、マイクロソフト、テスラなど、世界を代表する大企業の多くは、比較的新しい企業だ。

＊富裕税でスラッジが生まれる原因はもう一つある。５０００万ドルを超える富だけに富裕税をかけるというなら、世帯単位ではどうするのか。富が３０００万ドルしかない人がいたら、６０００万ドルの富をもっていないことを証明しなければいけないのか。ここでは、疑問はたくさんあるとだけ言っておこう。

これと同じようなことが政府で起こるとしたら、戦争して勝つしかない。そう、冷戦は戦火を交えないかたちで〝闘われ〟、資本主義が共産主義に〝打ち勝った〟。しかし、国の内部では、フランスでエマニュエル・マクロンが結成した共和国前進のように、新しい政党が台頭して勝利するというまれなケースでさえ、政府の官僚制度はそのまま引き継がれるし、スラッジについても、小さな変化ですら疑いの目が向けられ、抵抗されることがある（弁護士がとくにそうで、法律にはスラッジが必要だと言い張るときもある。サンスティーンが証人だ）。

別の国に移住したくない、あるいは移住できないという人にとっては、政府を選択することにいちばん近いのは、住む都市や町を選ぶことだが、その町も、そこから上にある多層システムの一部にすぎない。イギリス人やイタリア人やオランダ人が、カナダやニュージーランドやスイスのような政府がよかったと思っているとしたら、運が悪いというしかない。スラッジがはびこる国から、スラッジとの英雄的な闘いを制しようとしている国に移り住むのは容易ではない。

こうしたことを考え合わせるなら、スラッジを減らそうとする政府の取り組みは少しずつ進むことになるだろう。サンスティーンはオバマ政権でスラッジを減らす任にあたった。できることはやったが、やっておけばよかったと思うことのほうがずっと多い。アメリカでも、それ以外の国でも、あまりにも多くのスラッジがいまも残っており、スラッジを減らすためにできることはたくさんある。それは私たち全員が取り組むべきことなのではないか。

まずは、あなたがつくりだし、あなた自身とほかの人に課しているスラッジをなくすことから始めよう。

第3部

お金のこと

ここまでのところで、リバタリアン・パターナリズムは言うほどクレイジーなものではないこと、そして選択アーキテクチャーのツールは、よい意味でも悪い意味でも、意思決定に影響を与える強力な手段になりうることをわかってもらえたのではないかと思う。

しかし、どうしてそれを気にしなければならないのかと感じている人もいるだろう。映画『ザ・エージェント』にこんな有名なシーンがある。トム・クルーズ演じる主人公（スポーツエージェント）が、キューバ・グッディング・ジュニア演じるクライアントに、自分はなにをしたらよいのかと問う。激しいウォーミングアップを終えたグッディングは、こう言い放つ。「カネを見せろ！」。

この後の四つの章では、あなたにお金に関することを見せていこうと思う。人びとの経済的なウェルビーイングを高めるために、選択アーキテクチャーをどう使うことができるのか。では先に進むことにしよう。あと、お釣りは貯めよう。

第9章 「明日はもっとお金を貯めよう」

——老後の資金は賢く貯めろ

サンスティーンが若き法学生だったころ、ワシントンのいくつかの法律事務所で夏休みのアルバイトの面接を受けた。ある事務所では、面接官がシニアパートナー、つまりその事務所の幹部で、その人からこんな古典的な質問を受けた。「なにか私に聞きいておきたいことはありますか」。面接官がちょっと怖くて緊張していたサンスティーンは、おずおずと答えた。「御所（おんしょ）のいちばんよいところはなんですか」。シニアパートナーは言った。

「最高にすばらしい年金制度があることだ！」

サンスティーンは年金制度とはなんのことだか、よくわかっていなかった。年とった人のためのもの？　退職となんか関係がありそう？　年金制度ってほんとうに必要なのか？　それよりランチの話を聞きたかったな。けれど、いまならわかる。それはサンスティーンが年をとったからというだけではない。退職に備えた計画を立てる手助けをすることは、ものすごく大事なのだ。

老後のためにお金を貯めておくことは、ヒューマンにとって難題の一つである。よいソフトウェアがあったところで、いくら貯めておく必要があるかを計算するだけでも大変なのに、そのプランを実行するには自分を厳しく律しなければいけない。それにこれは人類にとってはまだまだ新しい課題なので、どうするのがいちばんよいか、答えを探っているところである。

なぜ新しいかというと、人類が地球上に生まれてからこのかた、私たちヒューマンは老後の資金を貯めることをそれほど心配する必要はなかったからだ。大部分の人は問題が発生する前に死んでいた。運よく長生きした人も、たいていは子ども家族が面倒をみた。

寿命が延びると同時に、家族が離れて暮らすようになった。老後は子どもに頼らず、退職した後の生活資金を自力でまかなうことを考えなければいけなくなったのは、ごく最近のことだ。人類の長い歴史を考えれば、これはほんの短い期間でしかない。人類は何千年も料理をしてきたが、それでもまだスクランブルエッグをつくれないでいる人がたくさんいる。老後の資金を貯めるというのは料理をするよりも複雑な課題なのだから、これも驚くことではない。事業主も、政府も、対策に乗り出すようになっていき、1889年にはオットー・フォン・ビスマルクが世界で最初に社会保障制度をつくった。[1]

初期の私的年金プランは、「確定給付型」プランと呼ばれるものが多かった。労働者が退職時に受け取るお金（給付）があらかじめ約束されていることから、こう呼ばれる。確定給付型プランの場合、加入者が退職すると支給が始まり、生涯にわたって年金を受け取ることができるのが一般的である。典型的な私的年金プランでは、退職前の数年間に支払われた給与に一定の率を乗じた金額の給付を受ける権利を与えられ、その率は勤続年数によって決まる。アメリカを含め、公的な社会保障制度のほとんども確定給付型である。

選択アーキテクチャーの観点からは、確定給付型プランには重要な長所が一つある。ヒューマンがどれだけぼんやりしていようと、それにすら寛大であることだ。

たとえばアメリカの社会保障システムでは、労働者がしなければいけない意思決定は、何歳から給付を受けるようにするか、配偶者はどうするか、だけである。スラッジはほとんどない。大半の人は、記入する書類は社会保障番号を申請するときのものだけで、それもたいていは親が書く。その後は、働き始めたときにその番号を雇用主に提出するだけでよいのだ！

ちなみにその番号は、給与の支払いを受けたければ、どのみち提出する必要のあるものだ。民間部門でも、労働者が同じ事業主の下で働き続け、その事業主が事業を継続し続けるかぎりは（この二つの条件は重要である）、確定給付型プランは楽であり、寛大である。

確定給付の世界は、生涯にわたって一つの仕事を続ける人にとっては楽かもしれないが、よく仕事を変える人だと、退職後の給付がほとんどゼロになるということになりかねない。どの給付でも、受給資格を得る（つまり、その雇用者が年金を保有する）には、最低雇用期間（5年など）が定められている場合が多い。

また、確定給付型プランは、管理・運営する事業者にとってもコスト負担が重い。そのためアメリカでは、事業主が主体となる新しい種類の年金プランが1980年にできると、既存企業がいわゆる「確定拠出型」プランに切り替え始め、いまではこれが標準になっている（この制度は401〔k〕プランという変な名前で呼ばれているが、これは制度を定めた法律の条項名にちなんでいる）。

確定拠出という言葉は、事業主と雇用者が雇用者名義の非課税口座にいくら拠出（投資）するかだけを約束することからきている。拠出額は決まっているが、退職した雇用者が受け取る給付額は、いくら貯蓄し、どう投資するかに関する意思決定と、自分が選択した投資の運用成績で変わる。確定拠出の仕組みも、政府が主体となる確定給付型年金制度を代替するか補完するものとして、世界中でとりいれられている。次の章でこの種の制度の一つの例を見ていく。

確定拠出型プランには、現代の労働者にとって望ましい特性がたくさんある。このプランはそのまま持ち運びできるため、労働者は自由に転職できる。カスタマイズも可能で、雇用者1人ひとりの経済状況やリスク選好に合わせて、貯蓄や投資に関する意思決定を調整する機会が与えられる。

しかし、自分の運命を自分で決められるということは、よい選択ができるかどうかですべてが決まるということでもある。自分で車を運転すれば、公共交通機関を使うよりも行き先の選択肢は広がるが、注意を怠ると（あるいは運転がおそろしく下手だと）、事故を起こしてしまうだろう。雇用者はきちんと加入する手続きをとり、いくら積み立てるか計算し、何十年間も年金資産を管理し、いよいよ退職するときには積立金をどうするか決めなければならない。この一連のプロセスに怖じ気づく人もいるし、そして実際、たくさんの人が失敗しているようなのだ。

みんな、十分に貯蓄できているか

よい選択アーキテクチャーがあると、人生を自分で導けるようになって、意思決定をすることが、グーグルマップの指示する方向に進むのと同じくらい簡単になるときがある。そのようなときは、選択アーキテクトは特定の選択肢を選ぶようにさせることも、選ばないようにさせることもしない。意思決定をしてそれを実行するプロセスをできるだけ簡単にしているだけだ。このアプローチはよい結果を生むことが多い。

だが、選択アーキテクトが中立であろうとすることをやめて（いずれにしても、100%中立であるのは不可能だということは承知している）、特定の方向にナッジしようとするときもある。つまり、ある選択をするようにゆるやかにうながして、ほかの選択肢を選ばないようにさせるということだ。

この種のナッジはどんなときに正当化されるのか。この問いに一言で答えることはできないが、次のことを思い出してほしい。「人びとを特定の方向にナッジするのであれば、ナッジされる当人が『自分の状況はよくなっている』と感じる結果になる可能性が高いと、確信していなければならない」。

この章では、老後のための貯蓄を増やす手助けをするという目標について考えていく。その目標は正当なものなのだろうか。

退職金積み立て制度について、公的な制度と民間の制度の両方を含めて考えるときには、「人びとが退職した後に安心して暮らせるだけのお金を準備する」という究極の目標を達成しているかどうかが基本の軸になる。これは複雑で議論を呼ぶ問題であることがわかっており、答えは国によってちがってくる。

この問題に一言で答えることができないのは、「貯蓄がどれだけあればよいか」について、つまり、「退職後の所得の適正水準はどこか」について、経済学者の見解が一致していないからだ。退職後の所得は少なくとも仕事をしていたときと同じ水準をめざすべきだとする経済学者もいる。退職後は、旅行のように時間とお金をかける活動をする機会ができることが多い。また、医療費が増えることを心配しなければいけない国も多い。その一方で、退職した人は時間に余裕ができるので、倹約型のライフスタイルを送れるようにすることにもっと多くの時間をかけられるようになると主張する経済学者もいる。

これまでは仕事着にかけていたお金を貯蓄に回せるし、よく考えて買い物して家で食事をつくる時間ができるし、シニア割引を利用できるようにもなるとして、控え目な貯蓄目標を設定する。

この論争については、こうするべきだというような強い主張はわれわれにはないが、ここでいくつかの点を少し考えてみたい。

第一に、貯蓄が少なすぎるときのコストは一般に貯蓄が多すぎるときのコストより大きいことは疑いようがない。お金を貯めすぎたときに対処する方法はたくさんある。予定より早く退職する、ゴルフを始める、エキゾチックなところに旅行する、孫を甘やかす、などだ。貯蓄が少なすぎたときの対処方法は、働き続ける、生活のレベルを下げるなど、あまり楽しいものではない。

第二に、貯蓄がどう見ても少なすぎる人もいる。退職金積み立てプランにまったく入っていない（あるいは加入できるプランそのものがない）雇用者である。中年期に突入しているのに、退職後に向けた備えを始めることができておらず、場合によっては貯蓄よりも債務のほうが多いことさえある人も心配だ。こうした人たちにはまちがいなくナッジが必要だろう。

それが本心かどうかは別にして、「もっとお金を貯めなければいけない」と考えている人は多い。ある調査によると、確定拠出型貯蓄プランの加入者の68％が自分の貯蓄率は「低すぎる」、31％が「ほぼ適正」としており、貯蓄率が「高すぎる」とした人は1％しかいない。[2]

経済学者はこうした発言を過小評価する傾向があり、ある意味では、それはもっともだといえる。よいことを「するべき」だと口で言うのは簡単だ。ダイエットや運動、子どもとすごす時間を増やすことはもちろん、こうしたことはほかにもたくさんある。しかし、人びとの行動が言葉より雄弁に語っているようだ。「もっと貯蓄するべきだ」とは言うが、「支出を減らすべきだ」とはたぶん考えていない。

「銀行にあるお金が増えればそれでよい」と言っているだけなのかもしれない。

実際に、「もっと貯蓄するべきだ」と言いながら行動を変えた加入者はほとんどいない。それでも、こうした発言は意味がないわけでも、でたらめなわけでもない。たくさんの人が「来年は食べる量を減らして、もっと運動する」と宣言するが、「来年はもっとたばこを吸いたい」とか、「もっとポテトチップスを食べたい」とか言う人はまずいない。「もっと貯蓄（あるいはダイエット、あるいは運動）するべきだ」という発言は、人びとが目標を達成する手助けになる戦略に好意的であることを暗に示すものと解釈できる。言い換えれば、ナッジを受け入れやすいということだ。それどころか感謝さえするかもしれない。

確定拠出型貯蓄プランの初期の経験から、ヒューマンはプランへの加入、拠出率の引き上げ、運用成績の向上という三つの面でなんらかの手助けを必要としていることが明らかになった。そしてこの三つのすべてで、ナッジが役に立つことが証明されている。

ナッジによる意思決定①「年金プランに加入させる」

確定拠出型プランを利用する最初のステップは「加入」である。ほとんどの労働者はこのプランに入ることに大きな魅力を感じるはずだ。アメリカなど多数の国では、掛け金は税控除の対象であり、積立金は課税が繰り延べられる。また、多くのプランで事業主は雇用者の掛け金の少なくとも一部を追加拠出（マッチング拠出）している。たとえば給与の6％といった上限を定めて、事業主が雇用者の掛け金の

50%をマッチング拠出するのが一般的である。

このマッチング分は、いってみれば「タダでもらえるお金」である。掛け金を払い込んだら、その場で50%のリターンがつくのだ！　どんなに忍耐力がなく、どんなにお金に困っている家計だろうと、この仕組みを最大限に活用しない手はないはずだ。それなのに、確定拠出型年金プランの加入率は100%にはほど遠い。通常、若くて、教育水準が低く、所得が少ない雇用者のほうが制度に加入する割合は低いが、高給の労働者でさえ加入していないことがある。

たしかに、たとえ事業主のマッチング拠出があったとしても、年金プランにすぐに加入しないことが賢明かもしれないケースはある。金銭的に余裕のない若い労働者がその例だ。

しかし多くの場合、とくに30代以上の人は、プランに加入しないのはたいていは大きなまちがいであり、特定の方向に導くナッジを与えることは正当であると思われる（もちろん、簡単にオプトアウトできることが条件になる）。こうした人たちがもっと早くプランに加入するようにナッジするには、どうすればよいのだろう。

加入問題を解決する方法は、少なくともいまははっきりわかる。簡単に加入できるようにするのだ！　そう、加入をデフォルトにするのである。

もともとの設計では、労働者が加入資格を得ると（雇用された時点で資格を得るときもある）、書類をわたされる。プランに入りたい人は、給与からいくら天引きするか、それをプラン内で提供されているファンドにどう割り振るかを決めなければならない。これが頭痛の種になりかねず、多くの人はぽんと放り出してしまう。そうしてこのプロセスがスラッジになる。

これにかわる選択肢になるのが、「自動加入」として知られるようになった方式をとりいれることである。どういうものか説明しよう。雇用者が加入資格を得ると、加入しないことを選択する、つまりオプトアウトする書類を能動的に提出しないかぎり、(既定の貯蓄率と資産配分で) プランに加入することを伝える書類を受け取る。

この仕組みが機能することは、天才じゃなくてもわかる。実際に、天才でもなんでもない筆者の1人が、このアイデアを1994年に発表した論文で提言している。[3] まあ誰の目にもとまらなかったようだが。ファストフードの巨人、マクドナルドをはじめ、数社がこのアイデアを試したものの、お世辞にも美しいとはいえない名前が与えられた。「消極的選択」だ。[4] どんなによいアイデアでも、悪い名前をつけられるとだめになってしまうことがある。

名前が悪かっただけでなく、「自動加入は合法ではないのではないか」と心配する声もあった。雇用者の明示的な (能動的な) 許可なく行動を起こすことになるからだ。こうした懸念をとり払おうと、連邦政府は自動加入の使用を定義し、承認し、促進する一連の決定や発表を出した。[5] それもあって慎重だった事業主の不安は和らいだが、思わぬ問題を引き起こすことになった。この点についてはこのすぐ後でくわしく述べる。

重要な節目となったのが、ブリジット・マドリアンとデニス・シーが発表した自動加入に関する学術論文の出版である。[6] シーの勤務先がこのアイデアを試し、当時シカゴ大学の経済学教授だったマドリアンに協力を依頼して、なにが起きているのか評価した。シーの会社が自動加入を試したのは、従来のオプトイン方式の設計では従業員の加入がなかなか進まなかったからだ。「雇用開始の1年後から、給与の6％を上限に50％のマッチング拠出をする」という恵まれた条件でもだめだった。

自動加入の効果を評価するため、加入方針を変更する前の年に新しく加入資格を得た人の加入率と、デフォルトを改良した後の加入率を比較した。結果は驚くべきものだった。オプトイン方式だと入社後1年以内に加入する従業員は49％しかいなかったが、自動加入方式が採用されると、加入率が86％に跳ね上がった。オプトアウトした人は14％しかいなかったのだ！

2006年に自動加入方式の導入をうながす法律が成立したこともあって、採用する企業が急増し、いまではアメリカをはじめ、世界中に広まっている。「自動加入方式は加入を増やす」という評価も定着している。2018年のヴァンガードの報告によると、同社が記録関連運営管理を務める473の制度について調べたところ、サンプルの事業主のじつに59％が自動加入方式を使っており、平均加入率は93％にのぼる。[7] これに対し、いまも従業員にオプトインすることを求めている企業は、加入率が47％にとどまる。じつにすばらしい効果だ！

しかし、勝利を宣言するのはまだ早い。言うまでもないことかもしれないが、ある方針をデフォルトの選択肢にしてよい結果が得られるかどうかは、その方針がよいものであるかどうかで決まる。ひどい年金プランがデフォルトになってしまったら、ひどい老後を送ることになりかねない。簡単にオプトアウトできるとしても、惰性と先延ばしのせいでオプトアウトしないかもしれない。

悪いデフォルトがそのまま放置される場合もある。その悪い側面（ファンドが課す手数料など）が目につきにくい場合はとくにそうだ。**このように、たとえデフォルトの選択肢が選ばれる率が高くても、それ**

だけで成功とみなすことはできない。この点は、本書を通じてことあるごとに繰り返し訴えていく。デフォルトの選択肢が選ばれる率が高いと知ると、勝利を宣言したくなりがちだからだ。みなさん、どうか気をつけてください！

マドリアンとシーが最初に調査した企業の経験がそれを物語っている。企業が自動加入を使うときには、デフォルトの投資率と投資戦略を選定しなければいけない。

先の企業のケースでは、デフォルトの貯蓄率は３％で、投資対象はマネーマーケットアカウント（ＭＭＡ）だった。これは最もリスクが低い選択肢である。労働者が「はいはい、なんでもいいよ」と言いながら退職金積み立てプランに加入するなら、デフォルトの条件を受け入れるにちがいない。しかしそれはまずい選択だ。その貯蓄率は低すぎるし、投資戦略は保守的すぎる。若い労働者なら、年金資産の一部を株式に振り分けるべきだ。

もちろん、特定の貯蓄率と投資の選択肢をデフォルトに設定したからといって、全員がそれを受け入れるわけではない。少なくとも結果として、なにかほかのものを能動的に選択することになる人もいるだろう。しかし、従業員の多くは、デフォルトに設定されている選択肢をおとなしく受け入れた。従来のオプトイン方式なら能動的に加入を選んでいたであろう人たちでさえそうだった。このグループは、どれだけ貯めるか、それをどう投資するかの二つの点で、本人にとって不利益になるナッジを与えられた。

オプトイン方式のときに加入した人の行動を見ると、それがわかる。自動加入方式になる前は、プランに加入することを能動的に選んだ人の貯蓄率は、マッチング拠出の規定に強く影響された。「給与の6％を上限に50％のマッチング拠出をする」という条件だったことを思い出してほしい。当然ながら、新しく加入した人の約3分の2がまさにその6％を選んだ。言い換えると、自動加入したときは、いちばん多かった貯蓄率はデフォルトの3％だった。これに対し、従業員が自動加入したときは、もしも自由に選ばせていたらもっと高い貯蓄率を選んでいた人もいただろう。しかも、デフォルトの投資対象が低リスクのMMAであるため、拠出率が低いと運用の収益は微々たるものなってしまう。

自動加入方式をとりいれた結果、なにが起きたか、ここではっきりさせておこう。まず、加入する人が増えた。それはよいことだが、貯蓄率はあまりにも低すぎたし、投資戦略はあまりにも保守的すぎた。悪い選択肢や可もなく不可もない選択肢に自動加入させてしまうと、大きな落とし穴が待っている。しかし、選択アーキテクチャーを改良すれば、この二つの問題に対処できる。

ナッジによる意思決定②「貯蓄率を上げる」

マドリアンとシーが調査したプランの貯蓄率は3％だったが、この貯蓄率は無作為に選ばれたわけではない。いっそそうだったほうがよかった。

自動加入方式が合法であることを示すために勧告決定が出されたという話を思い出してほしい。そうした決定には具体例が盛り込まれているのがふつうで、そのうちの一つにこんな一文があった。「仮に企業が従業員を退職金積み立てプランに3％の貯蓄率で自動的に加入させるとすると……」。これだったのか！

ここを書いた役人には、貯蓄率として３％をとくに推奨しようという考えはかけらもなかった。ただの数値例だったのだ。ところが、知ってのとおりアンカーは大きな影響力をもつときがあり、何年ものあいだ、自動加入を採用したほとんどすべての企業が３％をデフォルトに設定した。これはどうすればよいのだろう。

大半の労働者が貯蓄率を上げるようにするにはなにが必要になるかを考え、それに合った方法をとりいれる――これが一つの答えになるだろう（その方法や似たようなアプローチについては、このすぐ後で述べる）。従来のやり方にかわる選択肢として、セイラー、そしてセイラーとひんぱんに共同研究を行っていたシュロモ・ベナルチが、解決策を考え出した。それが「明日はもっと貯めよう」プランである。[8] ２人はこの文脈で関連がある五つの重要な心理原則に即して、選択アーキテクチャー・システムを組み立てていった。

- 多くの加入者が「貯蓄を増やすべきだ」と考えていると語り、貯蓄を増やす計画を立てるが、それをやりとげることはない。
- 加入者が「いつかそのうちに貯蓄を増やそう」と考えると、セルフコントロール問題が生じやすくなる（私たちの多くは、いつか近いうちにダイエットを始めようと考えるが、今日始めることはない。聖アウグスティヌスは言った。「神よ、私に貞潔をお与えください……でもいますぐにではありません」）。
- 損失回避――人は手取り給与が減るのを嫌う。

- 貨幣錯覚——損失は名目の金額（つまり、インフレ調整前の金額）で感じられる。給料が3％上がると、たとえインフレ率が4％だったとしても、利得とみなされる。しかし、手取り額が減ることには強く抵抗する。少なくともそれを前もって通知される場合はそうである。
- 惰性が強くはたらく。多くの従業員にとって、プランに加入する日が自分で選択する最後の日になり、そのときの選択が10年以上続く。

「明日はもっと貯めよう」プランは、給料が上がるごとにあらかじめ決めておいた拠出率の引き上げを行うことを加入者に約束させる。昇給と掛け金の増額が連動するので、加入者の手取り額はまったく減らず、掛け金を増やしても損失とは受け止められない。

一度このプログラムに加入すると、貯蓄率は自動的に上がっていく。惰性のせいで貯蓄が妨げられるのではなく、惰性を利用して貯蓄が増えるようにするのである。「明日はもっと貯めよう」プランに自動加入方式を組み合わせれば、加入率と貯蓄率の二つを高めることができる。

「明日はもっと貯めよう」プランがはじめて実行されたのは1998年のことで、中規模の製造会社にとりいれられた。従業員には金融コンサルタントと一対一で面談する機会が与えられた。コンサルタントのノートパソコンには、従業員がそれぞれ提供した関連情報（貯蓄履歴、配偶者の退職金積み立てプランなど）にもとづいて推奨の貯蓄率を計算するソフトウェアが組み込まれていた。

従業員の約9割が金融コンサルタントの面談に応じたが、面談の結果に少し驚く人が多かった。ほとんどの従業員は貯蓄率がとても低く、ほぼ全員が貯蓄を大幅に増やす必要があると助言されたのだ。ソフトウェアを使ったシミュレーションの多くで、貯蓄率をこのプログラムで認められる上限である給与の15％にすることを推奨するという結果が出た。しかし、こう提案しても「15％なんて無理だ」とその場で拒否されてしまうため、コンサルタントはほとんどの人に貯蓄率を5％ポイント引き上げることを勧めた。

加入者の約25％が助言を受け入れ、すぐに貯蓄率を推奨どおり5ポイント引き上げた。残りの加入者は手取りを減らすわけにはいかないと答えた。貯金を増やすことをしぶる加入者には、「明日はもっと貯めよう」プランが提案された。具体的にいうと、給料が上がるごとに貯蓄率を3ポイントずつ引き上げるプランである（典型的な昇給率は約3・25〜3・5％だった）。貯蓄率をすぐに引き上げたくない従業員グループのうち、78％が「明日はもっと貯めよう」プランに入り、給料が上がるごとに貯蓄率を引き上げることになった。

その結果は、選択アーキテクチャーが大きな可能性を秘めていることを例証している。三つの従業員グループの行動を比較してみよう。

一つ目のグループは、コンサルタントと面談しないことを選んだ従業員たちである。このグループはプランが開始した時点で所得の約6％を貯蓄しており、その後3年間、貯蓄率は変化しなかった。

二つ目のグループは、貯蓄率を5ポイント引き上げるというコンサルタントの助言を受け入れた従業員たちである。平均貯蓄率は4％強だったが、最初の昇給後に9％強に跳ね上がった。その後数年間の平均貯蓄率はほとんど変わらなかった。

三つ目のグループは、「明日はもっと貯めよう」プランに入った従業員たちである。このグループの当初の貯蓄率は、3・5%前後と最も低かった。ところが、このプランの効果で貯蓄率は着実に上がり、その後3年半のあいだに4回昇給があったため、貯蓄率は13・6%とほぼ4倍になった。貯蓄率を5ポイント引き上げるというコンサルタントの当初の推奨を受け入れたグループの貯蓄率である9%を大きく上回っている。

「明日はもっと貯めよう」プランに加入した人の大部分は、貯蓄率が4回引き上げられたところで、退職金積み立てプランに拠出できる上限に達したため、プログラムが停止された。プログラムを脱退した従業員もわずかながらいたが、貯蓄率を当初の低い水準に下げることはなかった。拠出率は引き下げずに、引き上げだけを止めたのである。

「明日はもっと貯めよう」プログラムを設計するとき、セイラーとベナルチは「キッチンシンク」戦略を使っていた。好ましい要素を入れられるだけ入れてしまうのである。これまでの経験から、魅力的ではあるが欠かせないものではない要素が二つあることがわかっている。まず、貯蓄率の引き上げを昇給とリンクさせる必要はない（これを実行するのがむずかしい企業は多い）。また、後で加入することをいま決めてもらうようにするのも、必要不可欠な要素ではない。

一連の結果を受けて、「明日はもっと貯めよう」プログラムは簡素化され、**「自動上昇」**方式として知られるようになっている。貯蓄率は毎年自動的に引き上げられ、年1ポイント上がるのがふつうだ。自動上昇方式をデフォルトの加入プランに組み込んでいる企業もあり、貯蓄率は3%からスタートして、一定の上限、たとえば10％に達するまで、毎年1ポイントずつ上がっていく。

また、それをオプションにして、従業員が選択できるようにしている企業もある。前にあげたヴァンガードの報告によると、いまでは自動加入方式を使っている企業の約7割が（オプトアウトつき）自動上昇をプランに組み込んでいる。そして、それ以外の企業のほぼすべてが自動上昇をオプションとして提示している。

全体として、自動上昇方式に貯蓄率を押し上げる効果があることは確かだ。ただし、その効果は当初の実験のときほど劇的ではない。実験では貯蓄率は年3ポイント上昇していた。ヴァンガードのサンプルを見ると、3年後も同じ会社で働いている加入者のうち、約半数は当初の計画どおりに毎年1ポイントずつ貯蓄率を上げているが、それ以外のほとんどの人は、貯蓄率をさらに引き上げるべくみずから行動を起こしている。

このような傾向が見られるのは、自動加入時の貯蓄率を3％とすることに深い意図はなかったにもかかわらず、それがいまだに規範として残っているからだ。しかし、最初の貯蓄率は少しずつ引き上げられて、4％か6％になっていることが多いようである。これはうれしいことだ。

ナッジによる意思決定③「デフォルトプランをよりよいものに」

マドリアンとシーが調べたプランにはもう一つ、デフォルトの投資先が低リスクのMMAだという欠点があったことを思い出してほしい。この企業がMMAを選択したのは、その当時、アメリカの退職金積み立てプランを規制するアメリカ労働省が認めていた運用対象がMMAだけだったからだ。

ありがたいことに、労働省は（小言のほうのヌッジ〔noodge〕すれすれの）ナッジの嵐を浴びて新しい規則をつくり、「適格デフォルト商品」を定めた。[9] いまは大半の会社がいわゆるバランス型ファンドをデフォルトに選定し、株式と債券に投資するようになっている。

バランス型ファンドで最も一般的なものは、「ターゲット・デート・ファンド」と呼ばれる。加入者が退職を迎える日を想定し、目標とする期日（ターゲット・デート）に向けて資産配分を調整していくので、この名前がついた。投資家の姿勢は退職が近づくにつれて安定志向になっていくため、株式に投資する割合を徐々に引き下げていく。細かい部分はファンドによって大きくちがうが、手数料が低く抑えられるかぎりは、考え方としては賢明で現実に即している。賢明であるのは、こうしたファンドはあらかじめわかっている投資家の属性、つまり年齢にもとづいてカスタマイズされるからだ。投資家が運用対象のファンドを能動的に変更しなければ、自分の年齢から退職が見込まれる年が目標日に設定される。また、多くの投資家を衝動から守る役割もある。株価が下がると人はパニックになる（サンスティーンは株価が下がるときまってパニックになり、すぐにセイラーに電話する。例外もあるが、ふつうはそれで落ち着く）。

市場が荒れるとあわてふためくヒューマン投資家は、なにもサンスティーンだけではない。確定拠出型年金プランができてからこのかた、投資家は投資判断のタイミングを見事に見誤る謎の能力を発揮してきた。結局、高く買って安く売ってしまっているようなのだ。これはよくないパターンである。株式市場の動きに一喜一憂しないほうがたいていはうまくいくことを示すエビデンスが積み上がっている。金融調査会社のモーニングスターが2019年に示した試算によると、売り買いのタイミングを誤ったことが原因で、ファンドの投資収益率は年約０・５ポイント押し下げられたという。

売買のタイミングを誤るトラップにはまるおそれがあるのは、金融市場のことをわかっていない人たちだけではない。むしろその逆であることを示すデータもある。

退職金積み立てプランのなかには、自由に投資をしたいという加入者向けに「ブローカレッジ（委託売買）枠」を提供しているものもある。ブローカレッジ運用は加入プランの規定のメニューにはない投資の選択肢を利用できるので、売買の回数はたいてい増える。ブローカレッジ枠を利用するのは、所得や口座残高の水準がかなり高い人たちだが、エーオン・ヒューイットの調査によると、ブローカレッジ枠を利用した人の２０１５年の平均収益率は、ほかの４０１（k）加入者よりも年率で３ポイント以上低かった。「安く買って高く売りたい」という欲求は、ここでも悪い結果につながっている。

もう察しがついていると思うが、自動加入する労働者の大多数は、少なくとも当面のあいだはもっぱらデフォルトファンドに投資する。時間とともに資産が増えて、投資への関心が高まると、運用商品の組み合わせを、よくも悪くも変更することを選ぶ人が増える。

とはいえ、「そのお金」はどこからくるのか

ここで問うべき重要な疑問がある。退職金積み立て口座への掛け金を増やすようにナッジすると、純貯蓄額はほんとうに増えるのか。それとも別の（課税対象の）口座からお金が移るだけなのか。悪くすると（ローンを増やすなどして）債務を抱えることにならないのか。

一つ目の心配はしごくもっともなことだが、ナッジそのものとはほとんど関係がない。次に示す二つ

の架空の政府の政策を比較してみよう。

1　自動加入方式をとりいれることを企業に義務づける
2　退職金積み立て口座に拠出できる限度額を引き上げる

退職金積み立て制度に自動加入して拠出された掛け金は、ほぼすべてが新しい貯蓄だといってよい。貯蓄プランに加入するようにナッジされる人は、集団として見ると、ほかのところでほとんど貯蓄していなかった。４０１（k）プランにオプトインしない労働者は、主に大学の学位がなく給与水準が低い従業員である。

これに対し、拠出の限度額を引き上げても、新しい貯蓄はほとんど生まれない。上限いっぱいまで拠出している労働者はほんの一握りであるうえ、ナッジがなくてもそうしている。自分で考えてそうしなかったのなら、きっと金融アドバイザーがそうしろと言ったのだ！

しかし、退職金積み立てプランに加入したり、貯蓄率を引き上げたりするようにうながすナッジが、主に所得分布の下半分の層に影響を与えているのだとしたら、プランに加入するか貯蓄率を引き上げた人たちがゆくゆくは借り入れを増やすことにならないか、という点は気にかけるべきだろう。いずれにしても、そのぶんのお金はどこかからもってこなければいけない。

研究者は加入者の拠出記録にアクセスできないので、この疑問はずっと手つかずのままだった。ところが最近、二つの研究チームがこの問題を克服しており、心強い結果が示されている。

一つ目の研究はデンマークで実施された。この研究ができたのは、デンマーク人が所得だけでなく一家の財産まで詳細に記録してくれているおかげである。[10] 研究チームは、労働者がたとえば退職金積み立てプランがより充実している会社に転職したときになにが起きたかを調べた。結論からいうと、この制度を通じて生まれた貯蓄はほとんどすべてが新しい貯蓄であり、債務が目に見えて増えることはなかった。

二つ目の研究は２０１０年に行われたもので、軍属（軍隊に所属する軍人以外の人）を対象に自動加入方式を導入した効果を評価した。[11] その結果、４年後も信用スコアや債務額に有意な変化は認められなかった。住宅ローン債務は増加していたが、これは統計的に弱いエビデンスであり、われわれはとくに心配していない。

ここにジョーとハリーという2人の人物がいるとしよう。ハリーがローンを組んで家を買ったことを除けば、2人の条件は同じだとすると、経済的に余裕があるのはどちらのほうだと思うだろうか。われわれだったらハリーに賭けるが、金融危機の直前の話だったらわからない。その時期は多くの人が無謀な住宅ローンを組まされていた。

年金の最適解——最も効率的にお金を貯めるには？

ここ10年間、確定拠出型プランは重要性が高まり続けている。自動加入方式、自動上昇方式が広まり、賢明なデフォルトファンドが設定されるようになるなど、環境は大きく改善しており、とてもうれしく思う。いま進んでいる変化もよい方向にむかっている。これまではデフォルトの貯蓄率はたいてい３％

と低すぎる水準に設定されていたが、それも以前ほど多くはなくなっている。かなりの数の企業で従業員は6％の貯蓄率からスタートするようになっており、それでもオプトアウト率は大きく上昇していない。

そして、この方針が適用されているのは、新しく入社する人だけではない。既存の社員を対象に〝一斉加入〟を受け付ける期間を設けることも、ベストプラクティスの一つになっている。22歳のときにオプトアウトした人でも、27歳とか32歳とかになれば考え方も変わるだろう。

確定拠出型プランの運営管理は、ここ10年間でかなりよくなっているが、アメリカなど数多くの国では、事業主が退職金積み立てプランを提供していない労働者が多く、これが最大の問題になっている。こうした労働者は全体の半数を占めるのではないか。[12]

これがなぜ問題になるかというと、最も効果的にお金を貯める方法は、給与から天引きすることだからだ。こうすればお金をついつい使ってしまうことはなくなる。カシューナッツの入ったボウルを片づけるのとそっくりだ。

この基本となる制度に入れない人たちのなかに自営業者がいて、小さな事業を営んでいる人、ギグワーカー、そして非公式経済で働くすべての人が含まれる。この最後のセグメントがかなりの規模になると考えられる国は多い。

オバマ政権はこの問題に対処するために全米規模のシステムをつくろうとしたが、議会が法案を成立させることはなかった。そのため、この問題を認識していた一部の州、カリフォルニア、オレゴン、イリノイなどが州レベルで対応策を打ち出している。

この問題に直面しているほかの州や国にとっては、イギリスで２００８年に設立された国家雇用貯蓄信託（ＮＥＳＴ）制度の概要が参考になる。すべての事業主は、労働者をＮＥＳＴに自動加入させることが法律で義務づけられた。もちろん労働者はオプトアウトできる。

雇用者と事業主の両方が掛け金を拠出し、政府が制度を運営管理する。ＮＥＳＴはゆるやかに始まり、当初の最低貯蓄率は所得のわずか２％だった。ＮＥＳＴに対しては懐疑的な見方が多かったが、驚くことに、オプトアウトした労働者は10％に満たなかった。[13]

その後、貯蓄率はまず５％、その後に８％へと段階的に引き上げられたが、オプトアウト率が10％を上回ることはなかった。投資先のオプションは少なく、ターゲット・デート・ファンドがデフォルトに設定されている。手数料も低めだ。

イギリスがとった選択肢は、数ある設計のなかの一つにすぎない。次の章ではスウェーデンのシステムをかなり掘り下げて見ていく。

どの国にとっても完璧な設計などない。しかしどの国も、自国の市民のニーズを満たす制度をどうやって設計するか、真剣に考えているはずだ。国レベルの制度をつくれば、私的年金制度から漏れる労働者が大勢いるという深刻な問題を解消するのにも役立つ。従業員が会社を辞めるときには、年金資産を現金化して受け取ることが多い。残高が少ないときはとくにそうなる。低賃金の仕事は労働者の回転率が高いため、これは憂（うれ）うべき問題だ。だがそれは、解決できる問題でもある。

第10章

ナッジの効果は永遠に続くのか
――スウェーデンのケース

どのような設計やアーキテクチャーでも、細部こそが重要になることがある。選択の環境もそうだ。第9章では、加入者を増やし、貯蓄率を高めるために使う戦略に焦点をあて、一見すると小さな介入が大きな効果を生むときがあることを示した。今度はスウェーデンに目を向ける。

スウェーデンは20年前にユニークな退職金積み立てプランをつくっており、設計の細かな点がどのような影響を与えるかについて、すばらしい知見を提供してくれるだけでなく、時間がたつとどのようなことが起きるのかを確かめる機会も与えてくれる。

ナッジの効果は永遠に続くかどうか、どのようなときに続くのかは、いまはまだわからないが、この後で見ていくように、効果がかなり長く持続しているナッジがあることは確かだ。

ここから先は少し込み入った話になる。それはわれわれがスウェーデンの貯蓄プランにぞっこんであるからではない。細かいところまで踏み込んで見ていくことで、選択肢を最大化するときに生まれる問題やデフォルトの効果が弱まる可能性、そして惰性の力について、より大きな教訓を学べるからだ。

イギリスの国家雇用貯蓄信託（NEST）プランが例証しているように、確定拠出型退職金積み立てプランは、民間部門だけでなく、公共部門でも広くとりいれられるようになっている。その理由の一つは、社会保障制度などの伝統的なセーフティネットの財政が主に「賦課方式」であるからだ。つまり、いま働いている人たちが払う税金で、退職した人たちの給付が支えられている。しかし、人口動態に二つの変化が起きて、制度を維持することがむずかしくなっている。第一に、人びとが長く生きるようになり、年金を受け取る期間が長くなっている。第二に、子どもの数が減っているので、退職者に対する労働者の比率が下がっており、制度の存続が危ぶまれている。

この領域のパイオニアがスウェーデンだった。スウェーデンは（長い準備期間をへて）2000年に新しい年金制度をスタートさせた。新しい制度はユニークなアプローチがとられているため、選択アーキテクチャーに関して、ほかでは得がたい洞察がもたらされる。

最初に背景を少し説明しておこう。ご想像のとおりかと思うが、スウェーデンは社会のセーフティネットがとても手厚く、退職後に備えた貯蓄も例外ではない。社会保障税は所得の16％である。加入は義務で、ほとんどが確定給付型プランだ。ここでとりあげる改革は、個人の確定拠出型口座をつくって社会保障税の一部をそこに振り分けるというもので、この新しい制度は「スウェーデン・プレミアム年金プラン」と呼ばれる。ここでは略して「スウェーデン・プラン」と呼ぶことにする。

加入は義務であり、自動加入も自動上昇もここでは関係ない。これから見ていくのは、選択アーキテクチャーのほかの特徴である。具体的には、プランで提供される選択肢の数と、設定されたデフォルトファンドの設計と扱いだ。スウェーデン・プランは開始から20年たっているので、加入者の行動が時間とともにどう変わったかも検証できる。

なかでも答えを出すのがむずかしいことの多い疑問が検証できるのは大きい。「ナッジの効果はどれくらい続くのか」だ。少なくともこの文脈では、ダイヤモンドのように見えるナッジもある。そう、消えることなくずっと続いているのだ。

スウェーデン・プランの制度設計の特徴を一言でいうなら、「プロチョイス（選択権の尊重）」になるだろう。事実、このプランは「選択肢を最大化せよ」戦略の好例である。できるかぎり多くの選択肢を与えて、好きなように選ばせるものだからだ。制度を設計する人は、ほとんどすべての段階で自由放任主義的なアプローチを選択している。プランの大きな特徴は次のとおりである。

- 加入者は適格ファンドとして認められた運用商品リストのなかから最大5種類のファンドを選び、自分でポートフォリオ（運用資産の組み合わせ）を決めることができた。
- なんらかの理由で能動的な選択をしなかった人のために、一つのファンドがデフォルトとして（かなり慎重に）選定された。
- 加入者はデフォルトファンドに頼らず、自分で選んでポートフォリオを組むように（大がかりな広告活動を通じて）うながされた。
- 一定の受託基準を満たしていれば、どのファンドも制度に参入できた。自由参入方式をとったことで、制度開始時点で加入者が選択可能なファンドの数は456（！）に達した。

- 手数料、運用実績、リスクなどのファンドに関する情報をまとめた冊子をつくり、加入者全員に配布した。
- ファンドは、資金を呼び込むために広告活動を行うことが認められた（デフォルトファンドは除く）。

こんなことがほんとうにスウェーデンで起きたのかと、疑っている人もいるだろう。これはミルトン・フリードマンが喜びそうなプランだ。自由参入が認められ、自由競争が奨励され、選択肢がたくさんあるというのは、フリードマンにはすばらしいことのように思えるだろう。

しかし、現実をよく知る選択アーキテクトなら、ヒューマンにこれほど多くの選択肢を与えると問題が起きるかもしれないと心配になるのではないか。この後で見ていくように、その懸念は現実のものとなる。

「よりよいデフォルト」づくりの留意点

スウェーデン・プランではデフォルトファンドが設定されたことはすでに述べた。デフォルトファンドは「AP7」と呼ばれており、組み入れ資産の内訳については、すぐ後で説明する。

デフォルトファンドをつくるには、組み入れ資産以外にも、さまざまな選択アーキテクチャーを決めなければいけない。政府からどのような位置づけを得るべきか。政府はデフォルトファンドを選んでほしいのか、選んでほしくないのか、それ以外なのか。制度を設計する人がとりえた選択肢はたくさんあり、次にその一例をあげる。

A　加入者には選択肢がいっさい与えられない。制度内で提供されるのはデフォルトファンドのみとなる。
B　デフォルトが選定されているが、デフォルトの選択は推奨されない。
C　デフォルトが選定されており、デフォルトの選択が推奨される。
D　デフォルトが選定されているが、デフォルトの選択を推奨も非推奨もしない。
E　義務的選択方式をとる。デフォルトの選択肢はない。加入者は能動的に選択しなければならず、選択をしないと掛け金は没収される。

この五つの選択肢のうち、よい選択アーキテクトはどれを選ぶのだろう。加入者が自分で選んで適切なポートフォリオをつくれるか、そうする意思があるかをアーキテクト（制度設計者）がどう考えているかで、答えは決まる。

「A」はとてもナッジとはいえない。選択肢をすべて排除しており、どこをどう見てもプランの理念と真逆である。この選択肢が真剣に検討されたとは考えられない。

その対極にある選択肢として、すべての加入者に資産配分を強制的に選ばせるようにして、デフォルトファンドそのものを選定しないようにすることもできる。それが「E」の義務的選択方式だ。加入者は自分の力で適切なポートフォリオを組めると制度設計者が確信しているなら、この方針が検討されるかもしれない。義務的選択が魅力的な方法になる領域もあるが、スウェーデン政府がほかでもないこの状況下で義務的選択を強く主張しなかったのは正しかったと思われる。[1] 連絡がつかない加入者はかならずいる（国外にいるかもしれないし、病気かもしれないし、多忙をきわめているかもしれないし、連絡できないのかもしれないし、所在がわからないのかもしれない）。こうした人たちが給付をまったく受けられなくなるというのは酷であり、政治や道義の観点からおそらく受け入れられない。

いずれにしても、400本以上のファンドをふるいにかけるのは容易ではない。「デフォルト」を専門家が選んでいるなら、その助言に頼りたいという人もいるだろう。それなのに、どうして政府が国民にむずかしい選択を強制しなければならないのか。

その結果、中間の三つの選択肢が残る。ほかの選択肢に加えてデフォルトオプションを設定するとしたら、それを選択するようにさせるべきなのだろうか、それとも選択しないようにさせるべきなのだろうか。あらためて言うまでもなく、「デフォルトを強く非推奨する」という答えと「デフォルトを強く推奨する」という答えのあいだには幅広い選択肢がある。なにがベストなのだろう。

「D」の選択肢には大きな魅力がある。デフォルトを示すだけで、推奨も非推奨もしないというものだ。しかし、この選択肢をとれば問題は完全になくなるというのは思い違いである。「中立」とはなにを意味するのだろう。このプランは専門家が設計していて、手数料が低いと知らせるのは、デフォルトを推奨していることになるのだろうか（実際、デフォルトは専門家が設計しているし、手数料も低い）。われわれは重箱の隅をつつくような議論をするつもりはない。ここで言いたいのは、制度の設計者はデフォルトプランをどう記述するかについて意思決定をしなければならず、そうした意思決定がデフォルトの市場シェアを左右する、ということである。

中間の選択肢を分析するには、デフォルトファンドを設計・管理する人の能力と、デフォルトを選択しないかもしれない市民の能力と多様性について、ある程度知っておく必要もあるだろう。

デフォルトファンドがすばらしいもので大半の加入者に合っているか、選択する人が大きなまちがいをする可能性が高ければ、デフォルトを推奨するのは理にかなうかもしれない。逆に、デフォルトファンドをつくる人が専門家とはいえないとき、選択する人に十分な知識があるとき、選択する人の状況がばらばらであるときには、政府は中立すぎるぐらいがいちばんよいだろう。よい選択アーキテクチャーをつくるには、こうしたことをじっくり考えて、意思決定する必要がある。

ともかく、スウェーデン・プランは「B」を採用した。大がかりな広告キャンペーンが展開され、加入者は自分で選んでポートフォリオを組むよう強く推奨された。その結果、ナッジ・バトルとでもいうべき状況が生まれた。

ファンドのうちの一つをデフォルトに選定すると、それがたいていかなり強いナッジになることがわかっている。前の章で扱ったアメリカの401（k）プランの加入者の大多数は、デフォルトファンドに投資している。その一方で、政府もファンド会社も、それとは反対の方向にナッジしていた。「自分で選べ！」。さあ、勝ったのはどっちだろう。

勝者は――広告だ！　政府のキャンペーンとファンド会社の広告の相乗効果で、加入者の3分の2が自分で選んでポートフォリオをつくった。こうした人たちを**「能動的選択者」**と呼ぶことにしよう。運用資金が多い加入者ほど能動的選択者になる傾向があり、投資する必要がある金額を調整すると、女性や若い加入者のほうが能動的に選択する割合が高かった（女性のほうが能動的に選択する割合が高い理由について、われわれは一つの仮説を立てている。「女性のほうが加入書類をなくすことが少なくて、加入書類をきちんと郵送することが多い」というものだ。この説を裏づけるデータがないことは認めるし、われわれのパートナーがわれわれよりもはるかにしっかりしているという事実に過度に影響され、利用可能性バイアスが強くかかっている可能性も否定しない）。

残りの3分の1は結局、デフォルトファンドを選んだ。この人たちを**「委任者（デリゲーター）」**と呼ぶことにする。年金資産の管理を他人にまかせたからだ。その結果、デフォルトファンドの市場シェアはどのファンドよりも高くなった。

「能動的な人」はよりよい選択ができたのか？

人びとはどうやって自分のポートフォリオをつくったのだろう。もちろん、加入者1人ひとりの選好を調べる方法などないし、社会保障制度外でどんな資産を保有しているかもわからないため、ポートフォリオをどれだけうまく組めたかについては、はっきりとしたことはいえない。

しかしそれでも、能動的に組まれたポートフォリオをデフォルトファンドと比較し、投資家なら重視するはずの側面（手数料、リスク、運用実績など）について考えていくことはできる。

当初のデフォルトファンドはかなり慎重に選定されたが、少し変なところもあった。資産配分は、外国株（つまりスウェーデン株以外の株式）が65％、スウェーデン株が17％、確定利付き証券（債券）が10％、ヘッジファンドが４％、未公開株式が４％だった。すべての資産クラスを合わせた資金の60％がパッシブ運用され、運用担当者は株価指数を買うだけで、市場を上回る運用成績をあげることはめざさなかった。それもあって手数料は年０・17％と低く抑えられた（投資額１００ドル当たりの年間手数料は17セントになる）。これはとても低い水準だった。当時としてはとくにそうである。

いくつかの点についてとやかく言う人も多いだろうが、ほとんどの専門家は、このファンドは全体としてうまく設計されていて低コストの選択肢だと評価するのではないか。デフォルトファンドを能動的に選択した著名なスウェーデン人経済学者を、われわれも何人か知っている。

能動的選択者が集団としてどのように行動したかを見ていくには、ポートフォリオ全体の比較可能なデータを検証するとよい。この比較で興味深いポイントは三つある。

第一に、デフォルトプランの株式の資産配分はかなり高かったが、能動的につくられたポートフォリオはそれ以上に高く、96・２％に達した。数年間にわたって株高が続いていたこともあって、株式の配分をとても高くしたのだろう。

第二に、能動的選択者は資金の半分近く（48・２％）をスウェーデン企業の株式に投資することを選んだ。これは「投資家は自国の株式を買う」という、よく知られている傾向を反映している。このような選好は経済学では「ホームバイアス」と呼ばれる。[2]

もちろん、自分の国に投資するのは理にかなっているのではないかと思うかもしれない。「自分が知っているものを買え！」である。しかし投資となると、自分がよく知っていると考えるものを買うことが理にかなうとはかぎらない。その会社の話を聞いたことがあるからといって、その会社の将来の投資収益率を予測できるということにはならない。*3

次の事実を考えてみよう。スウェーデンが世界経済に占める割合はおよそ1％である。ドイツや日本の投資家が世界の株式に分散投資するポートフォリオをつくろうとしたなら、資産の約1％をスウェーデン株に投資するだろう。その48倍以上を投資するのは、スウェーデンの投資家にとって理にかなうといえるのだろうか。答えは「ノー」だ。†

第三に、能動的選択者が支払った手数料は0・77％と、デフォルトファンドの0・17％と比べてかなり高かった。1万ドル投資した場合、能動的な投資家が1年間に支払う手数料は、デフォルトポートフォリオを選択した人より60ドル多くなる計算だ。手数料は時間とともに積み上がっていく。‡ 要するに、ポートフォリオを自分で組んだ人は、株式の組み入れ比率が高く、インデックスファンドへの投資が少なく、自国市場の比重がとても高く、手数料が高い運用を選んだのである。

＊同じ理由から、年金資産の大部分を自分が働いている会社に投資するのは賢明ではない。エネルギーとITのビジネスを行っていた巨大企業エンロンと、大手投資銀行であったベアー・スターンズが破綻したときに、社員はそれを身をもって学ぶことになった。両社とも、雇用先が突然なくなり、老後のために蓄えてきたお金の多くも消えたのだ。どちらのケースも、会社は自社株に投資することを奨励していた。

†為替リスクを心配しているのなら、その問題は簡単に解決できる。実際、デフォルトファンドは為替市場でヘッジして解決した（これは一種の保険をかけるようなものである）。

‡ここで報告する手数料は広告に記載されていた手数料である。その後、一部のファンドが値引きしたため、手数料は下がった。

このような投資が行われているときに、能動的選択者がつくったポートフォリオのほうがデフォルトファンドよりもよい運用対象だと主張するのはむずかしかっただろう。

スウェーデンの経験には、ある興味深い特徴がある。株式の強気相場（そしてハイテク株バブル）が終わろうとしているまさにそのときに、ファンドの運用が開始されたことだ。

このタイミングが人びとの選択に（ひいては、民営化計画を始動させるという意思決定にも）どのような影響を与えたかを厳密に特定することは不可能だが、強力なヒントがデータのなかにある。能動的に選択されたポートフォリオが資金の96％以上を株式に投資したことはすでに述べた。もしも制度の開始があと2年だけ遅かったら、株式の組み入れ比率はほぼまちがいなく下がっていただろう。前に見たように、個人の投資家が資産配分を決めるときには、先行きを予測するのではなく、そのときの流れにしたがおうとする傾向がある。

ハイテク株が急騰していた時期に、投資がハイテク株に向かったのも驚くことではない。その実例を一つあげよう。市場シェアでトップに立ったファンド（デフォルトファンドは除く）はロバート・アクティフォンド・コンチュラで、投資プールの4・2％を集めた（この市場シェアはとても高い。ファンドが456本あって、資金の3分の1がデフォルトファンドに回ったことを忘れないでほしい）。

ロバート・アクティフォンド・コンチュラは主にスウェーデン内外のハイテク株とヘルスケア株に投資した。選択時までの5年間でファンドの評価額は534・2％値上がりした。これは運用対象となる全ファンドのなかで最も高かった。しかし、プログラム開始後の3年間でファンドの価値は69・5％目減りした。その後の3年間もリターンは大きく変動している。

いまになって考えると、ロバート・アクティフォンド・コンチュラのようなファンドが投資プールで大きなシェアを獲得したのも驚くにはあたらない。人びとはどうすることを求められているのか考えてみよう。加入者は456本のファンドについてさまざまな期間の収益率がずらりと並んだ冊子を受け取る。この冊子には、収益率以外にも手数料、リスクなどの重要な情報がたくさん書かれているが、加入者には十分な知識がないため、情報を理解できない。

加入者たちが自信をもって言えるのは、「収益率が高いのはよい」ということだけだろう。もちろん、冊子に載っているのは過去の収益率である。しかし、投資家は過去の収益率を将来の予想収益率と混同してしまう傾向がある。きっとスウェーデンのどこかで、スベンソン夫妻がキッチンテーブル越しにこんな会話をしていたにちがいない。

夫（コーヒーを飲みながら）「ウィルマ、そんな冊子を読んでなにしてるんだ」

妻「いちばんいいファンドを探してるところ。ビヨン、このファンドがいいんじゃない？　ロバート・アクティフォンド・コンチュラ。5年で534％値上がりしているんだって。これに投資したら、マジョルカで老後をすごせるわ！」

夫「はいはい、なんでもいいよ。そこのサーモンマリネ、とってくれるか？」

広告の驚くべき効果――広告は選択を誤らせる「そそのかし」？

ファンドが広告を行うことを認める決定は、それほど問題があるようには見えない。事実、この制度のほかの設計を考えると、広告を禁止する理由は見当たらない。ファンドがこの市場に自由に参入できるというなら、あらゆる合法的な手段を使って、顧客を勧誘できるようにするべきだろう。（事実に即した）広告も当然、その一つになる。それでも、広告がこの市場にどのような影響を与えたのかは興味深い。はたしてどうなのだろう。

二つの極端な「夢」のシナリオを考えてみよう。

一つ目の夢は、「ファンドは広告を通じて、最近の収益率から将来の収益率を予測することの愚かしさを説くだけでなく、低コスト、分散投資、長期投資のメリットを説明して、消費者を教育する手助けをしている」というものだ。

自由市場主義の経済学者が穏やかな笑みをたたえながら思い描くこの夢では、広告は消費者1人ひとりが経済学でいう「効率的フロンティア」上の理想的なポジション、つまり、すべての合理的な投資家が見つけたいと願う場所を発見する後押しをする。言い換えると、広告は消費者が、より適切でより賢い選択をするのに役立っている。

もう一つの夢は、むしろ〝悪夢〟に近い。この悪夢のせいで、心理学者や行動経済学者は眠れない夜を重ねている。この夢では、「ファンドは広告を通じて、加入者が（インデックス運用によって）平均的な収益率を甘んじて受け入れるのではなく、大きな成果を追求するように、そして投資をお金持ちになるための手段と考えるようにそそのかしている」。

この悪夢では、広告は手数料にまったくといってよいほど触れない。しかし、過去の実績が将来のパフォーマンスを表す証拠はないに等しいのに、運用実績については雄弁に語る（スポーツイベントに賭けるのが好きな人なら、きたるべきゲームの「本命」を告げて、たとえば過去3週間の予想が驚異的な確率でほぼ的中していると謳いあげる広告との類似性に気づくのではないか)。

現実はどうだったのだろう。ある典型的な広告では、『スター・ウォーズ』『インディ・ジョーンズ』に出演している有名な俳優のハリソン・フォードがスウェーデンのファンド会社の商品を推薦していた。広告のコピーはこうだ。「ハリソン・フォードがよりよい年金を選ぶお手伝いをします」。ハリソン・フォードのどの役がこうした助言をするにふさわしいと判断されたのかは、よくわからない(インディ・ジョーンズはシカゴ大学の教授という設定になっていることは知っているが、われわれの見立てでは、ファイナンスの訓練をきっちり積んでいたとは思えない)。

もっと広くいうと、金融経済学者のヘンリク・クロンクビストの研究が示すように、広告は幸せな夢よりも悪夢に近かった。[4] ファンドの広告のうち、手数料など、合理的な投資家にとって問題になる特徴について情報をはっきり伝えていると判断できるものは、ごくわずかしかなかった。そして、運用成績がよいファンドは過去の収益率を喧伝(けんでん)していたが、それは将来の収益率を予測するのになんの役にも立たなかった。

それでも、ファンドの広告は投資家のポートフォリオ作成に強く影響した。期待収益率が低く(手数料が高い)、リスクが高い(株式の組み入れ比率が高く、アクティブ運用の比重が大きく、〝ホット〟なセクターの比率が高く、ホームバイアスが強い)ポートフォリオをつくるように人びとを誘導したのである。

ナッジの効果はどれくらい持続したのか

ウラジーミル「じゃあ、行くか？」
エストラゴン「ああ、行こう」
2人は動かない

――サミュエル・ベケット『ゴドーを待ちながら』

まだ論じていない疑問が一つある。ナッジの効果は長く続くのかどうかだ。[5] 一つの可能性として、現状維持バイアス、[6] 怠惰、先延ばしなどが原因で、人びとは最初はデフォルトの行動を示すが、時間とともに集団として最初の選択を賢明な方向に変更することが考えられる。そんな世界では、選択アーキテクトの細かい設計は、一過性の効果しかもたない。

しかし、ナッジの効果がずっと続くのであれば、選択アーキテクチャーの設計はきわめて重要になり、効果は何十年も続くことになる。今回のスウェーデンの経験は、この問題に対する理解を深めるまたとない機会を提供してくれている。制度の開始から2016年末までの動きを追うことができるからだ。

最初に背景について少し説明しよう。

スウェーデンの新しい年金制度は鳴り物入りでスタートしたが、その後は国民の目につきにくくなった。政府が広告を大幅に減らし、個々のファンドの宣伝もなりをひそめた。なぜなら市民のほとんどがすでに加入していたからだ。

制度開始時に加入した2000年コホート（訳注：観察対象となる集団）には、その時点で働いていた440万人全員が含まれ、それ以降のコホートは、新規に加入した人だけで構成された。つまり、主に働き始めて所得を得るようになる若者と新規の移住者だ。たとえば、2016年コホートは18万3870人しかいない。この人数では、ファンドの運営会社にしてみれば広告を行っても採算が合わない。

政府も民間も広告をやめたことで、国民の関心は徐々に薄れていき、デフォルトファンドを選ぶ人が増えていった。2003年、新しい制度が開始されてわずか3年後には、新規に加入した人のうち、能動的に選択することを選んだ人は10人に1人に満たず（9・4％）、この割合は2010年にはわずか3％まで下がり、近年では1％を割り込んでいる。

しかも、加入者は「一度設定したらおしまい」と考えているようだ。加入するときには選択を求められて意思決定をしたが、そのときの選択を見直した人はほとんどいなかった。個人のポートフォリオの内容が加入時と比べてどう変化したかを見ると、それがわかる。

この問題をどのように調べるのかを理解するために、マドレーヌとパーという架空の加入者のケースを考えてみよう。2人は1982年1月1日生まれで、プレミアム年金プランが始まったときには18歳だった。当時、2人とも大学生だったが、マドレーヌは入学したときにアルバイトを始めたので加入資格があり、パーが働き始めたのは2002年になってからだった。

2人とも制度がスタートしたときに広告をひととおり目にしていたものの、そのときにどう選択するか考えるようにナッジされたのはマドレーヌだけで、パーはなにも考えなかった。このように、それぞれが置かれている状況によって広告の効果にどれだけ差があるかを推定するには、マドレーヌのような状況にあった人とパーのような状況にあった人を比べるとよい。つまり、2000年に加入した若者の選択とその後の数年間に加入した若者の選択を比較するのである。

統計分析をした結果、ほかの観察可能な特徴を調整すると、2000年コホートの人が能動的選択者になる率は、制度開始直後の2年間、つまり2001年と2002年のコホートの人と比べて、約6倍高かったことがわかった。このように、広告はそれが流れているときに「意思決定」モードに入っていた人に主に影響した。

もう一つの関心事は、時間とともにどのようなことが起きるのか、ということである。最初の選択をずっと続けるのか、それとも、必要に応じて見直すのか。それを確かめる方法の一つは、考えを変えて委任者から能動的選択者に、あるいは能動的選択者から委任者になった人がどれくらいいるかを見ていくことである。この点については、2000年に年金制度に入ったスウェーデン国民440万人の選択を調べて、制度開始から2016年まで追跡することができる。*

最初は委任者だったが、その後に考えを変えて、能動的選択者になることを決めた人は4分の1強いた（27・4％）[7]。スイッチング（預け替え）の大部分は最初に選択してから10年以内に起きた。なぜ能動的に選択しようと思うようになったのか。やはりというか、その一部は、加入者に投資のアドバイスを行う第三者の〝手助け〟によるものだった。制度開始当初は、クライアントがPINコードを提供すれば、アドバイザーが加入者にかわって簡単に変更ができたため、初期はとくに多かった（もちろん、こうしたルールはその後変更された）。したがって、27％という数字は、自身の判断で、自分でポートフォリオを管理することを決めた委任者の割合の上限になる。少なくともわれわれが観察した16年間では、それ以外の全員がデフォルトのままだった。

意外かもしれないが、能動的に選択するようにうながす広告のインパクトは、それ以上に長く続いた。制度開始当初に能動的選択者になった人たちのうち、委任者になった人はごくわずかしかいなかった（2・9％）。一度能動的選択者になると、ずっと能動的選択者であり続けるのだ！

われわれが見たかぎりでは、能動的選択者から委任者へ、委任者から能動的選択者へスイッチする人はまれだった。ほとんどの人はどちらかの戦略を選んで、それをずっと続ける。

くわえて、われわれが能動的選択者と呼んでいるグループも、それほど能動的ではなかった。自分でファンドを1回選んだというだけで、そのラベルをつけたことを思い出してほしい（それも大がかりな広告キャンペーンの影響を受けてのことだった）。彼らの「能動的な行為」はほとんどそこで終わっている。このグループのなかで16年間に行われた売買の回数の中央値は、わずか1回だった。これはアメリカの401（k）プランで見られる回数と同じ水準である。

となれば当然、このように非常に受け身な姿勢をとっていた投資家の大多数は、どのようなときに能動的になるのか、という疑問がわく。どのような刺激があれば、自発的に行動するようになるのだろう。

＊ただし、デフォルトファンドを選択した人（委任者）はいつでも能動的選択者に変わることができたが、制度開始時点では、最初にデフォルトファンドを選ばなかったら、その後にデフォルトファンドに変えることはできなかった。このルールは2009年に変更され、どちらの方向にもコストなしでスイッチングできるようになった。

この問題を検証するチャンスを与えてくれる出来事が二つある。一つは、デフォルトファンドに影響を与えたもの、そしてもう一つは、年金制度内で提供されているファンドの一つに関するものである。

デフォルトファンドはこれまでに何度か設計が変更されている。運用開始時には、手数料が低い国際分散投資型のファンドであることは変わっていないが、前に述べたように、ホームバイアスがかかってスウェーデン株の配分が高く、ヘッジファンドやベンチャーキャピタルにも一部投資するといった、首をかしげたくなるような特徴があった。2010年にデフォルトファンドは事実上のグローバルインデックスファンド（世界中に分散投資するファンド）になり、手数料は0・11%にさらに引き下げられた。*

2010年、スウェーデン政府はそれよりはるかに抜本的な変更を承認した。デフォルトファンドを運営する機関の裁量でレバレッジを組むことが許可され、最大で50%のレバレッジをかけることが法律で認められたのだ。これは要するに、積立金を運用するファンドマネジャーは、お金を借りて株式をさらに買い増せるようになったということであり、彼らはこの新しい裁量を活用した。

50%のレバレッジを効かせるということは、市場が10%上昇すればファンドは15%値上がりすることになるが、逆に株価が下がると、ファンドは株価の下落幅に加え、さらに50%値下がりすることになる。ものすごくリスキーだ！

こうしてポートフォリオのリスク度は一気に上がった。それが心配なら、デフォルトファンドと中身は同じだが、レバレッジを使用しない別のファンドに手数料なしでスイッチすることもできた。

しかし、このようなとてもよい選択肢があったにもかかわらず、そうした人はほとんどいなかった。これは驚くべきことだ。しかも、スウェーデンの投資家に関するある調査によれば、デフォルトファンドに投資している人たちは、自分は平均よりもリスク回避志向が強いとしていて、安全なものに投資したいと答えているのである。[8] おそらくデフォルトファンドの設計変更をまったく知らなかった（あるいは理解できなかった）のだろう。

投資家の惰性もどこまで続くか、その限界をはかるもう一つの出来事は、２０１７年1月に起きた。年金制度に加わっている民間ファンド会社の一つであるアルラのＣＥＯが、その前の年にスウェーデンで最も高額な住宅を購入していたことを、スウェーデンの有力なビジネス誌が報じたのである。それだけでなくヘリコプターまで買っていた。

ここでわれわれから大事なアドバイスを一つ。もしあなたが投資家からお金を巻き上げるつもりなら、富をひけらかすのは得策ではないだろう。それからひと月もたたないうちに、スウェーデンのある有力紙がアルラの不正疑惑を追及する一連の記事を掲載した。数週間後、スウェーデン年金庁はアルラのファンドへの乗り換えを禁止することを決定した。アルラからほかのファンドに拠出金を移すのは、引き続きいつでも手数料なしでできたことは、強調しておくべきだろう。[†]

不正疑惑が報じられるまで、アルラは４本のファンドを提供していた。合計で12万３２１７人がアル

＊デフォルトファンドは、加入者の年齢にもとづいて資産配分を調整する仕組みになっており、加入者の年齢が上がると株式の組み入れ比率が下がっていく。デフォルトファンドは（少なくとも）１００％株式で運用するべきだとする根拠は、これが社会保障制度の一部であるからだ（給与から徴収される社会保障税16％のうち2・5％が割り当てられる）。残りの部分は債券投資に近いかたちで運用されることになっている。

†スウェーデンの法務大臣を務めたこともある著名な検事がアルラの取締役会長だったことにも注目が集まった。

ラのファンドを選択しており、約20億ドルの資産が投資されていた。アルラの不正疑惑が明るみになったことで、いわゆる能動的選択者たちの大多数は資産をひきあげたと思う人もいるかもしれない。実際、取り付け騒ぎが起きてもおかしくなかった。

ところが、そうはならなかった。不正疑惑が浮上してからの1週間で、アルラのファンドを売却した投資家はわずか1・4％にとどまった。ファンドの監査を担当していた会計事務所のデロイトがアルラを当局に通報した後でさえ（デロイトはその後に監査役を辞任）、年初の時点でアルラに投資していた人のうち、ほかのファンドに資金を移すことを選択したのは16・5％だけだった。

このエピソードからどんな結論が導かれるのだろう。スキャンダルが発覚した2017年初めの時点で、制度内で提供されているファンドの数は900本近くにまで増えていた。これはどう考えても多すぎる。実際、新しく制度に加入して能動的に選択する人の数よりファンドの数のほうが多くなるというばかげた状況に近づきつつあった。ファンドの数が投資家1人当たり1本というのは多すぎると、ほとんどの人が思うだろう。

それに、スウェーデンのような小さい国がこれだけ多くのファンドを適切に監視することは、明らかに無理がある。アルラの不祥事を突き止めたのは、規制当局ではなく、記者だった。

スウェーデンの年金プランから得られる教訓

スウェーデンの経験を見ると、惰性の力がいくつかの段階ではたらいていたことがわかる。政府と広告にナッジされて、年金資産のポートフォリオを自分で組むようになった市民は、そのアプローチをかたくなに守ったが、その後はとても受け身な姿勢に転じた。ファンド会社をめぐる大きなスキャンダルが報じられても、非常ベルは鳴らなかった。

デフォルトファンドに投資していた人は、ファンドの組み入れ資産が大幅に変更されたことに気づかなかったが、これも驚くことではないだろう。

それと同じくらい興味深いのは、政策を立案する人たちが、必要に応じて制度の設計を見直そうとしていないことではないか。制度の設計者たちは900本のファンドを提供しようと考えていたわけではない。新しく制度に加入する人のほぼ全員がデフォルトファンドを選んでいるのだとしたら、これがよい状況ではないことは誰の目にも明らかだろう。

もちろん、政府がそこに気づかないわけがない。ファンドの数はいまでは500本弱まで減っているし、スウェーデン議会は追加の改革を検討しているが、構造そのものを抜本的に見直そうという声は聞かれない。政府が新しいプログラムを打ち出すときでさえ、制度設計が驚くほど硬直していることがある（もっと古い伝統についてもそうで、超現代的なスウェーデンはいまも君主制であり、国民はそれを大切にしているように見える。人間というのはほんとうにおもしろい）。

この文脈であれば、われわれは適切なデフォルトに頼ることに大いに賛成する。しかし、もしもわれわれがスウェーデン・プランの制度設計をまかされたなら、ファンドの数を思い切って減らす、デフォルトファンドのレバレッジを外すなど、いくつか変更を加えるだろう（慎重すぎるかもしれないが、それでも、レバレッジ型ファンドを選択肢に入れるのであれば、能動的に選択しなければそうならないようにするべきだと思うのだ）。

また、われわれは「リスタート」という仕組みを、加入者が運用を指図する投資プランのすべてに共通する慣行として強く勧めたい。コンピューターを定期的に再起動（リブート）しなければならないのと同じで、投資家にポートフォリオをもう一度組み直すようにうながすのは健全なことだろう（20年に一度のペースでも十分ではないか）。

リスタートするときには、いまの年金資産の状況を知らせずに、そうするのが理想である（スイッチングするときに税金や取引コストはかからない）。誰かがなにかをしている理由を最もよく説明するものが、「ずっと昔に、ことによるとハリソン・フォードのアドバイスにしたがって、十分な説明を受けないまま投資先を選択したから」であるなら、考え直すべきときかもしれない。

その際には、リブートするよう呼びかけてもそれに反応しそうにない大勢の人たちのために、デフォルトを選定することが必要になるだろう。ここは重要なポイントであり、それを避けて通ることはできない。

ナッジの効果の持続性そのものについて考えるにあたって、この一連の結果はとても参考になるが、それをナッジ全体にあてはめることには慎重にならなければいけない。ナッジの効果がどれだけ持続するかは、どうしても経験的な問題になるので、集団や文脈によって変化すると考えるべきだ。

ナッジと一口にいっても、デフォルトルールからテキストのリマインダー、画像による警告、フォントのサイズと色まで、さまざまなかたちがある。それに、目の前にある課題に人がどれだけ注意を向けられるかは、環境によって大きく異なる。加入者は『ゴドーを待ちながら』のウラジーミルやエストラゴンのようなのか。それとも車線をよく変えるドライバーのようにふるまうのか。

ナッジを与えても、ある人口層はほかの人口層とはちがうふるまいをすることもありうる。それは関心が高いからかもしれないし、時間に余裕があるからかもしれないし、教育水準がちがうからかもしれないし、ただ単に気になっていたからかもしれない。

画像による警告については、効果が長く続くこともあれば、続かないこともあるだろう。人びとが警告に慣れてしまって、インパクトが薄れるおそれがある。そうだとすると、選択アーキテクトは同じ警告をずっと使うのではなく、数カ月ごとに入れ替えたほうがよいかもしれない（実際、アメリカ食品医薬品局がたばこの警告表示を定期的に変更する予定にしている）。

請求書の支払い期限が近づいているというテキストのリマインダーを毎月送ることにしたら、リマインダーの効果はずっと続くかもしれないが、受け取る通知が多すぎて気にかけなくなったらどうしようもない。

ナッジの効果が最も長く続くとしたら、人びとが自動操縦モードにあるときだろう。そうしたケースでは、デフォルトルールの影響力は高くなりやすい。宇宙空間では、ある物体を軽く押すと、もう一度押すまで、押された方向に進み続ける。老後のためのお金を貯めているスウェーデン人は、そんな物体とどこか似ている。

第11章

「今日はもっと借りてもいいか」

——住宅ローンとクレジットカードの甘いささやき

これまでに見たように、ヒューマンはセルフコントロールができなくなって、現在バイアスに陥ってしまうことがある。現在バイアスとは、遅れてしか得られないものよりも、いますぐに得られるものを優先してしまう心理傾向である。

人びとが退職後に備えて貯蓄するのを手助けしようとしたら、この問題を避けては通れない。退職金積み立てプランに投資するときには、たぶん何十年も先でよりよい生活を送るために、いまの消費を先送りしている。将来的にリタイアできるようにするには、現在の支出を収入の範囲内に抑えなければいけないのだが、残念ながら、毎月の支出が収入を上回っていて、とてもそれどころではない家庭が多い。今日、使えるお金を増やすには、お金を借りるしかなく、いまはそれがかつてないほど簡単にできるようになっている。

金貸しの歴史は古いが（シェークスピアの『ヴェニスの商人』の前から存在していた）、消費者金融が広まり始めたのは、1920年代のことだ。このころから、商人（売り手）が消費者に自動車などの高額商品を分割払いで購入する機会を提供するようになった。金利は高く、ローンの支払いが終わるまで売り手が担保として商品の所有権を持ち続けた。

ピカピカの新しい家電を分割払いで買えるようにするのは、カシューナッツが入ったボウルを家中あちこちに置くようなものであり、多くの家庭は買い物をしたいという誘惑に勝てなかった。1930年代に大恐慌が起きると、失業して収入を失った人びとの家から、家電が借金のカタにもっていかれた。

自動車はいまも古くからある割賦(かっぷ)方式とほとんど同じかたちで販売されている。ローンが完済されるまで貸し手が所有権を持ち続けるが、クレジットカードが登場したことで、いますぐ手に入れたいという消費者の強い欲求を満たす新しい方法が生まれた。

現代経済では、クレジットカードやデビットカードをもっていないと、不便を強いられる。航空券を買う、ホテルでチェックインするなど、さまざまなサービスを利用するにはカードが必要だからだ。クレジットカードの利用履歴は、信用スコアを決定する最も重要な要因であり、その信用スコアによって住宅ローンが受けられるかどうか、適用金利がどうなるかが決まる。

これはもう、ちょっとした悪循環だ。いずれ物理的な貨幣は姿を消すか、それに近い状態になり、誰もがクレジットカードなどの電子決済手段を使うようになるだろう。もしかすると、すぐにでもそうなるかもしれない。

もちろん、クレジットカードやデビットカードを便利な支払い手段として使うこともできる。利用代金を毎月きちんと支払えば、利子は発生しない。しかしそれには、相当なセルフコントロールが必要になる。アメリカのクレジットカード債務はいまでは1兆ドルを超えているが、この種の貸出額が膨らんでいるのはアメリカだけではけっしてない。事実、中国のクレジットカード債務の総額はアメリカを超えてしまっている。

家をもちたいと思っている人にとって、全額をキャッシュで支払うという選択肢はふつうはない。多くの家庭は世帯所得の数年分以上の金額を支払って家を買っている。そのため家を買うときには住宅ローンを借りる。

アメリカの個人向け住宅ローン債務はいまでは15兆ドルを超えている。[1] 住宅ローン債務が膨れ上がっているからといって、それがかならずしも警戒すべきことだとはいえない。住宅の持ち分は借り手の資産にもなるからだ。しかし、多くの借り手が購入代金の5％にも満たない頭金だけでローンを組んでいる。その場合、不動産価格が下がれば、住宅ローン残高が住宅の資産価値を上回る含み損の状態（いわゆる「アンダーウォーター」）に陥るおそれがある。

お金を借りるには、質屋、高利貸し、ペイデイローン（訳注：給料を担保とする短期の小口ローン）から学生ローンまで、さまざまな手段があるが、この章では、住宅ローンとクレジットカードに焦点を絞る。この二つは世界中どこでもあるし、選択アーキテクチャーのツールを応用する興味深い機会になるからだ。

これらの市場を論じるにあたっては、次のような線引きをする。消費者体験の最も重要な側面が**「選択」**に左右されるか、**「使い方」**に左右されるかどうかだ。この線引きは消費者の意思決定全般について考えるときに役に立つ。それがどういうことを意味するのかは、例をあげて説明するとわかりやすいだろう。

まず、新しいテレビやコンピューターのモニターを買うときを考えてみよう。この場合、よい商品を選んだかどうかにユーザー体験のほとんどすべての側面が左右される。大きさ、解像度、輝度（きど）といったことで満足度は決まり、一度設定して調整したら、ほかにやることはほとんどといってよいほどない。われわれ2人ですら、リモコンの電源ボタンの使い方をマスターしている。

それをテニスラケットと比べてみよう。サンスティーンはテニスがとてもうまく、使うラケットにこだわりがある。しかし、セイラーがテニスでサンスティーンを打ち負かせるラケットはまだ開発されていない。われわれはシカゴで一緒にプレーしたことがあるのだが、サンスティーンはラケットのガットが切れても（あっさり）勝ってのけた。そして、ラファエル・ナダルやロジャー・フェデラーに30年物のガットをはった古い木製のラケットをわたしても、どちらもサンスティーンに汗一つかかずに勝てるだろう（それも6－0、6－0、6－0で）。このように、テニスをするときにはラケットの選択よりもラケットの使い方のほうが重要になる。

そこまではっきりとしたちがいはないものの、住宅ローンはモニターのほうに、クレジットカードはテニスラケットのほうに近い。よい住宅ローンを選んで、（ここが重要なポイントだが）毎月の返済をきちんと続けていけば、だいたいうまくいく。* クレジットカードも、毎月の請求額を全額支払っていれば、

＊住宅ローンに関するこの記述には一つ、重要な例外がある。金利が下がると、住宅ローンを借り換える機会ができる。目端のきく住宅所有者はこの機会をとらえて、クレジットカード向けのわれわれのアドバイスを活かすこともできる。しかし、セイラーはサンスティーンにこの章を最後まで読んでほしいと思っているので、この複雑性はここでは無視する。

だいたいうまくいくだろう。愛犬の写真をカードの柄にできるからという理由で選んだとしても、請求額を毎月きちんと支払っていれば、大変なことにはならないはずだ。

残念ながら、クレジットカードの多くの利用者は複数のカードの利用残高を繰り越しており、債務は数千ドルに膨らんでいる。こうした状況では、カードの選択よりも消費者のカードの使い方のほうが重要になる。

この区別を念頭において、住宅ローンについては、もっとよい選択をする手助けができるかを考えていき、クレジットカードについては、もっと賢い利用者になる手助けをすることに焦点を合わせる。

住宅ローン——複雑すぎてなにを選んだらよいのかわからない

昔は住宅ローンを探すのはとても簡単だった。ほとんどの住宅ローンは全期間（アメリカではたいてい30年間）を通じて固定金利で、ほとんどの借り手は最低でも2割の頭金を支払った。この仕組みだと、ローンを比較するのは楽だった。金利がいちばん低いローンを選べばよい。すべての貸し手に金利を年率（ＡＰＲ）を使って表示することが義務づけられると、この作業はさらに楽になった。

それがいまでは、住宅ローンを探すのは格段に複雑になっている。

借り手はさまざまな種類の固定金利ローン（ローンの全期間を通じて金利が変わらないもの）を選べるだけでなく、特定の債券市場に連動して金利が上下する各種の変動金利ローンもある。

また、当面は利子だけを返済するインタレストオンリー（ＩＯ型）ローンのような特殊なローン商品を検討することもできる。ＩＯ型ローンは返済分が元本部分には充当されないので、住宅を売却するか

（しかも売却益が出るという幸運に見舞われての話だ）、あるいは借り手側が宝くじを当てるか、ローンを借り換えるか、家を売ってローンを全額返済するかしないかぎり、元本が完済されることはけっしてない。

多くの変動金利住宅ローンをいっそう複雑にしているのが、いわゆる「ティーザー金利」である。ティーザー金利の場合、最初の1年か2年は低い金利が適用されるが、その後は金利（そして返済額）が上昇する。それが劇的に跳ね上がるときもある（ティーザー金利は現在バイアスを悪用するものだ）。

それから手数料の問題がある。手数料と一口にいっても、ローンの金利を引き下げるかわりに一定額を支払う「ポイント」システム、ローンを期限前に返済するときに支払わなければいけない繰り上げ返済手数料など、いろいろなものがある。ここまで複雑だと、年金プランのポートフォリオをつくることなどやさしく見えてくる。

せめてもの慰めになる要素があるとしたら、住宅ローン市場はかなり分散化されていて、競争が激しいことだ。これだけ競争が激しければ、消費者はよくない選択をしないように守られるとする経済学者もいる。ところがこの主張は、論理的にも、経験的にも、まちがっている。

一つには、さまざまなかたちのスラッジがはびこっているため、住宅ローンを探すのがよりむずかしくなっている。たとえば、スラッジの章で述べたように、住宅ローンの特徴の一部が「覆い隠されている」[2]と、消費者は自分が実際にはいくら支払っているのかわからなくなってしまうだろう。そうした環境では、最適な商品、あるいは最安の商品が競争で勝つとは言い切れない。

実際、貸し手は人びとのかぎられた注意力を最大限に利用するかもしれないし、実直な貸し手がずさんな競争相手に負けることもあるだろう。行動バイアスを悪用することが勝つ戦略になるときもある。なにも隠されていなくて、競争原理がおおむねうまくはたらいている商品もある。たとえば、交差点の四つの角に一つずつガソリンスタンドがあって、価格がはっきりと表示されていたら、スタンドによって価格が大きくちがうようなことはないだろう。しかし、別の交差点の四つの角に一つずつ住宅ローンを扱う銀行があっても、借り入れのコストが収束すると考える理由はほとんどない。銀行がそれぞれ、ある特定の住宅ローンの金利を大きく掲示していたとしても、覆い隠されているコストは消費者には見えない。そのため、燃料価格のほうが住宅ローンのコストよりも比較しやすい。

複雑性の問題を解決する方法の一つとして、専門のアドバイザーに助けてもらうことが考えられる。実際、複雑な市場の多くで、ファイナンシャルプランナーや不動産エージェントのように、専門的な助言をする職業が生まれている。住宅ローン市場では、モーゲージブローカー（住宅ローン仲介業者）がそれにあたる。

こうした状況で問題になるのは、アドバイザーとのあいだで利益が相反して、よい助言をもらいにくくなる可能性があることだ。不動産エージェントは住宅が売れてはじめて報酬が入るため、売却を勧める強いインセンティブがはたらく。買い手側のエージェントでさえ、顧客に査定価格帯の最高ランクの物件を紹介する傾向があるが、販売価格の一定割合が報酬として入ることを考えれば、それも驚くことではない。だからといって、そうした専門家がみんな悪党だと言っているわけではない（サンスティーンの姉妹に不動産エージェントがいるが、誠実な人物である。ほんとうにほんとうだ）。アドバイス市場で得られるアドバイスがよいものだとはかぎらないと言っているだけである。占いのようなアドバイスをする人もいるのだ。

どんなに複雑な分野でも、誠実で、豊富な知識をもつ専門家はいるが、知識や経験が不十分な買い手にしてみれば、市場がとても不透明だから専門家の助けを求めているのに、市場がとても不透明なせいで専門家が提供するアドバイスにほんとうに価値があるのか、見きわめるのがむずかしくなってしまっている。

モーゲージブローカーについては、顧客の最善の利益のために行動しない者が少なくとも一部にいることを示すエビデンスが山ほどある。その理由を理解するために、モーゲージブローカーが得る報酬は、「ローンの金額」と「貸し手にとってのローンの収益性」に大きく左右されることを頭に入れておいてほしい。つまり、借り手にとってよい取引であればあるほど、ブローカーの実入りは減るわけだ。

2008年の金融危機を引き起こした要因はたくさんあるが、頭金をほとんど支払う必要がなく、低いティーザー金利が適用される住宅ローン契約が横行していたこともその一つだった。ティーザー期間が1年か2年で終わると、金利は一気に上昇した。するとこうしたローンの借り手はたいてい返済できなくなるので、金利が上がる時点でローンを借り換えようとした。するとまた、ブローカーには棚ぼた式に利益が転がり込んでくる。不動産の価格が下がると、ローンの残高が住宅の評価額を上回るようになり、多くの借り手は返済することができなくなった。

住宅ローン市場で問題になっている側面はほかにもたくさんあり、経済学者のスーザン・ウッドワードがそれを明らかにしている。[3] ウッドワードはリスクなどの要因を調整し、どのような借り手がどのような状況下で最高の条件を獲得したのか調べた。以下に重要な発見をいくつか示そう。

- アフリカ系アメリカ人とヒスパニックは、リスク調整後の住宅ローン返済額が多い。
- 大人が高卒者ばかりの地区に住む借り手のローン返済額は、大人が大卒資格をもっている地区に住む借り手よりも多い。
- 相見積もりをとると、手数料がかなり安くなることがある。電話するモーゲージブローカーを2社増やすと、平均で1400ドル手数料を節約できる。
- モーゲージブローカーが取り次ぐローンは、住宅ローン会社が直接提供するローンより割高である。
- ポイントや、クロージングコスト（編集部注：不動産購入で購入金額以外にかかる諸費用）の売り主負担分など、住宅ローンを複雑にしている諸経費（ローンの比較がいっそうむずかしくなるおそれがある）は高額であり、追加費用は直接ローンより仲介ローンのほうが多い。

この分析からいくつかの一般的な教訓が得られる。市場が複雑になると、知識や経験が少なく、教育水準の低いローン希望者はとくに不利になる。ローン希望者のためになる助言をしているようなふりをして、役に立たない助言をしたり自分の利益をはかろうとしたりする輩（やから）のえじきになるリスクも高い。

この市場では、富裕層を相手にするモーゲージブローカーには「公正な取引をする」という評判を確立して新規顧客の開拓につなげるインセンティブのほうが強くはたらくのに対し、貧困層を相手にするモーゲージブローカーはたいてい手っとり早く金を稼ごうとする気持ちのほうが強い。そのため、この問題には格差の問題という一面もある。

こうした状況を改善するために、なにができるのだろう。ここでは選択アーキテクチャーに関して三つの提案をしたい。

一つ目の提案は、手数料や費用を覆っているカーテンをとりはらって、もう隠せないようにすることだ。住宅ローン会社には、ローンにかかわる「主要な費用」のすべてを1ページ（場合によっては2分の1ページ）にまとめたリストをつくることを義務づけるのも一つの例になる。そして、こうしたコストを借り入れ金額に上乗せし、理想としては金利に含めて、ローン条件を比較しやすくするべきだ！

二つ目の提案は、それより野心的なものになり、これが実現されれば一つ目の提案は必要なくなる。リースの標準契約書のように住宅ローン契約のひな形をつくるのである。先のガソリンスタンドと住宅ローンを扱う銀行の例を見ればわかるように、住宅ローンの標準契約書があれば、比較検討を簡単にできるようになる。標準契約書をつくるとしたら、規制当局が比較的少数の住宅ローンの種類を標準として指定することになるかもしれない。貸し手はそれを自社が提示する選択肢のメニューにかならず入れるようにする。

住宅ローンの種類は固定金利型と変動金利型の二つ、期間はそれぞれ15年と30年で、選択肢は全部で四つというところだろうか。これを「ＥＺローン」と呼ぶことにする。ＥＺローンの細字部分はすべて同じ内容になり、業界や消費者専門家と協議して規制当局が定める。金利以外に手数料はなく、変動金利ローンの規定はどれも同じであることが理想だ。変動金利の基準となる金利、金利の変動幅の上限、金利を見直す間隔などがそれに含まれる。[4]

この設定なら、住宅ローンを探していて、選択肢をEZローンに絞ってもよいと考えている借り手は、固定金利型か変動金利型か、期間は15年か30年かを決めるだけでよくなる。どのカテゴリーでも、APRがいちばん低いローンを選べば、最高の条件を確保できるようになる。信用スコアや頭金の額で金利が変わるとしても、自分に合ったカテゴリーのローンを比較検討して、ベストな条件をすぐに見つけられることに変わりはない。

われわれはリバタリアン・パターナリストなので、それ以外の種類の住宅ローンを禁止しようとは思わない。ティーザー金利などのトラップが組み込まれているおそれがあるものに関しても同様だ（ただし、あるトラップが消費者に害を与える可能性があること、そして消費者を守るのにナッジでは十分ではないことが証明されれば、われわれの考えは覆される）。ただし、そうしたローンには、「これはEZローンではないので、借り手は注意しなければならない」という警告を表示する。そこからさらに踏み込んで、「経済的健康を損なうおそれがある」として、そうしたローンの一部が禁止することも考えられるが、そうした住宅ローンでさえ、借り手によってはよい選択かもしれないこともある。

どの規制の分野でも、買い手と売り手の選択にどこまで介入するかをかならず決めなければいけないが、われわれのモデルなら、少なくとも市場のなかに比較検討をしやすい区分ができる。スキー場の初心者コースのようなものである。

三つ目の提案は、一つ目と二つ目の提案がとりいれられればいらなくなるかもしれないのだが、政府がいつもわれわれの提案を受け入れてきたわけではないので、ここは出し惜しみせず、政策の選択肢をもう一つ示すことにしよう。ここではスマート・ディスクロージャーのツールを使う。

（非EZ）住宅ローンの規約は、それはもう複雑に入り組んでいるため、専門家でさえすべての条項を把握しているかわかったものではない。規制当局はこれまで何度もディスクロージャーの形態を簡素化させてきており、われわれもその流れを歓迎していることは前に述べた。しかし、簡素化されたものでさえ要約するのがむずかしいことがあり、一つ目の提案がといりいれられたとしても、重要な詳細はあのおぞましき細字部分に、いつの間にか埋め込まれてしまうかもしれない。

この問題を解決するには、すべての詳細を構造化された電子フォーマットで取得できるようにすることだ。このオンラインデータベースは継続的に更新される。これを「住宅ローンファイル」と呼ぶことにしよう。

機械学習などの現代のツールを使えば、専門家でもむずかしい仕事をコンピューターで簡単にできるようになる。つまり、住宅ローンファイルがあれば、旅行サイトのような活気のある住宅ローン選択エンジンの市場ができるということだ。借り手が頭金の額、信用スコアなどの条件を入力すると、選択エンジンが最適な選択肢を提示してくれる。高度な選択エンジンなら、種類（固定か変動か）や期間の選択も手助けできるだろう。

もちろん、人間の専門家がロボットに置き換わるからといって、助言にバイアスがかからない保証はない。住宅ローン会社が選択エンジンを提供する会社に裏金をわたして、自分の会社の住宅ローンを勧めるようにロボットをプログラムさせることもできる。それでも、選択エンジンには人間のアドバイザーと比べて大きな強みが一つある。監査をするのがはるかに容易であることだ。

選択エンジンに対しては、推奨した内容を記録し（個人データは保護され、秘密は保持される）、規制当局から求めがあれば記録を提出できるようにしておくことを義務づけるようにする。

また、旅行比較サイトのカヤックのように、選択エンジンの比較サイトが生まれることもあるかもしれない。そうなれば、消費者自身でさっと監査できるようになる。ＥＺ商品はとくにそうだ。

そして最後に、われわれが広めようとしているオンライン契約は、とりわけ女性やマイノリティグループの助けになるだろう。自動車の購入に関するある調査によると、女性やアフリカ系アメリカ人が車を買うときの支払い額は、オンライン購入だと白人男性とほぼ変わらないが、ディーラー店で買うと、所得などのほかの要因を考慮に入れた後でさえ、白人男性より多くなる。[5]

クレジットカード――「つい使いすぎてしまう」のはいったいなぜ？

クレジットカードには二つの機能がある。一つは、現金にかわる支払い手段を提供すること、もう一つは、手持ちの現金が足りないときにすぐに流動性を供給することである。

デビットカードはクレジットカードとよく似ているが、一つ目の機能しかない。銀行の預金残高の範囲内でしか使えず、与信枠を設定しないかぎり借り入れはできない（一つ警告しておこう。一部のデビットカードには与信機能もあるが、手数料が高い。デビットカードを使って借り入れをするのであれば、クレジットカードで借り入れるより手数料が低いかどうか確かめるべきである）。

クレジットカードはこのうえなく便利だ。現金で支払うより短い時間ですむことが多いし、小銭と格闘する必要がなくなる。ポケットに手を突っ込んで目的の硬貨を探し出したり、家で1セント硬貨の入った大きなガラス瓶を管理したりするわずらわしさから解放される。ポイントが貯まることは言うまでもない！

アメリカの消費者はそれをよくわかっている。2018年の時点で平均的なカード利用者はカードを4枚もっていた。[6] しかし、注意しないとクレジットカード依存になる危険性があり、ヒューマンはクレジットカードを乱用しがちである。次に示すアメリカの統計を考えてみよう。

- 毎月の利用残高を翌月に繰り越す人（リボ払いの利用者）は全体の43％で、毎月全額を支払う人は31％である（残りは残高がないか、利用停止状態にある）。
- 2020年2月時点のクレジットカード債務の総額は1兆1000億ドルだった。
- 2019年のアメリカの家計の平均クレジットカード債務残高は約6000ドル、平均保有枚数は3・1枚だった。融資利率は14～18％で、利払い分の総額は1210億ドルだった。
- 2018年の時点で、汎用カード（編集部注：一般的なクレジットカード）の保有者の約9％、ハウスカード（編集部注：特定の企業や店舗、グループ内で使えるクレジットカード）の保有者の約4・5％が過去12カ月間に少なくとも1回、深刻な支払い遅延を起こしていた。
- カードユーザーは利子に加えて、手数料をたくさん支払う。請求締め日時点の残高に対する手数料率は年約5・5％であり、遅延損害金の利率の半分弱に相当する。

アメリカ以外のたくさんの国でも、似たようなデータを見つけることができる。いろいろな点で、状況は時間を追って悪化しているようだ。第2章で論じたセルフコントロールの問題に立ち戻ると、どうしてクレジットカードが一部の人に深刻な問題を引き起こすのか、その理由がわかる。

クレジットカードが登場する前は、家計はなにがあっても支出を収入の範囲内におさめなければいけなかった。だからみんなクリスマス・クラブを使ったり、使い道や支払い先を明記したラベルを貼ったガラス瓶にお金を入れたりしていた。いまなら車のガソリンを満タンにできるだけの現金がなくても、いつでもクレジットカードを使える。

クレジットカードがセルフコントロールを妨げてしまう例はほかにもある。マーケティング学教授のドラーゼン・プレレックとダンカン・シメスターが行った調査から、バスケットボールの試合のチケットをオークションにかけると、クレジットカードで支払えるときの入札価格は、現金で支払うときの2倍になることがわかった。[7]

ポイント獲得を狙ったカード払いはいったいどれだけあるだろう。一つのカードが利用限度額に達しても、使えるカードはほかにいくらでもあるし、あなたは「事前承認」されていますと伝える勧誘の手紙の山のなかから一つ抜き出して、新しいカードをつくることだってできる。

このような問題に対しては、これまでは規制で対応してきた。たとえば、2009年にはアメリカ議会がクレジットカード説明責任、責務および開示法（CARD法）を制定した。CARD法は、超過手数料や遅延損害金など、さまざまなリスクやコストからヒューマンを保護するためにつくられたものだ。行動科学の知見を活用して、開示義務というかたちのナッジがいくつかとりいれられており、覆い隠されている要素をもう隠せないようにしている。

一例として、クレジットカードの利用明細書には、長期にわたってリボ払いで最低額だけを支払った場合にどのような結果になるかについて、情報を明示しなければいけない。一部の手数料の請求が禁止されたという意味では、CARD法はナッジの範囲をはるかに超えている。たとえそうだとしても、「金融機関は行動バイアスにつけ込んでいる」、なかでも「かぎられた注意力と非現実的なまでの楽観を利用している」という考えにもとづいて、ヒューマンがミスをしないように設計されている。

うれしいことに、CARD法の効果で、消費者は年間約119億ドルを節約していることが明らかになっている。[8] ここでも大きな分配効果が生まれているようだ。クレジットカードのコストを節約している人は、信用スコアが低い層に集中している。

それでも、複雑な商品の規制がどれもそうであるように、売り手は買い手をだます新しい手口をかならず編み出すものだ。リバタリアン・パターナリズムのツールを使えば、消費者がもっとよい意思決定をする手助けができるし、そうするべきである。開示義務を拡充させることを真剣に検討しなければいけない。そのときには経済のはしごの底にいる人たちを守ることに焦点を合わせる。

デビットカードについては、高金利のローンを組むことになる当座貸越保護プラン（編集部注：預金残高が不足した場合に、不足額を自動的に借り入れできるサービス）から消費者を守るために、追加の対策がとられるかもしれない。アメリカ連邦準備制度理事会（FRB）は行動科学の知見にもとづいて、新規口座をつくるときに当座貸越保護をデフォルトの選択肢にすることを銀行に禁じている。これは妥当な判断だが、これまでに見たように、デフォルトの選択肢がいつも選ばれるわけではない。[9] 新しく口座をつくるときには、現金が不足した場合には自動で借り入れができるという、すばらしいオプションをつけたいかどうか聞かれる。一見すると太っ腹なこの提案の中身を確かめようとする人はまずいない。そうして銀行はがっぽり儲ける。

それに、一部の消費者には、当座貸越保護が役に立つことがある。残高が不足していてもＡＴＭで現金を引き出せるのは便利だし、小切手で不渡りを出してしまうと高い手数料をとられる。ここはバランスを見きわめるのがむずかしい。いずれにしろ、消費者を保護するとされているが結局は損をすることになるプランに消費者が加入させられないようにするために、ＦＲＢがさらにナッジをとりいれることを検討するべきである。

住宅ローンと同様、クレジットカードはスマート・ディスクロージャーを使うのにうってつけの領域だと思われる。クレジットカード会社には、すべての規則と手数料を住宅ローンファイルによく似たオンラインデータベースに公開するように義務づけることを提案する。この提案が実現すれば、住宅ローンと同じように、どのカードを使うか、１枚にするか複数枚にするかについて、人びとがもっとよい選択をするように選択エンジンが手助けできるようになる。

一つ例をあげよう。クレジット会社は、請求書の受け取りから支払い期日までの期間を短くすることで、巧みに利益を増やしている。支払いが遅れると、遅延損害金が発生するだけでなく、いつもなら請求額を全額支払えるような買い物でも、翌月は利用総額に対する利子も支払わなければならない。出張が多いなどの理由でクレジットカードをよく使う人なら、１回の高額の支払いが１日遅れるだけで、何百ドルも余計に支払うことになりかねない。

それだけではない。スマート・ディスクロージャーには、もっと大きなメリットがある。それは消費者が行動を変える後押しになることだ。テレビとテニスラケットのちがいを思い出してほしい。消費者がクレジットカードをどう使うかのほうが、どのカードを選ぶかよりも重要になる。前に指摘したように、クレジットカードを使う平均的なアメリカの世帯は、カードを4枚もっていて、利用残高は6000ドル以上ある。つまり、利子と手数料の両方で大金を支払っているということだ。多くの場合、支払わなくてもよいお金をたくさん支払っている。

家計がクレジットカード債務に対処するためにとれる次善の策は、返済金をうまく振り分けることである。以下にシンプルな例をあげよう。

ダンはクレジットカードを2枚もっている。カードAは利用残高が2000ドルで、金利は18％、カードBは利用残高が1000ドルで、金利は23％である。今月はお金に余裕があって、600ドル返済してカード債務を減らそうと考えている。最低支払い額はカードAが40ドル、カードBが20ドルだ。ダンのような問題に直面した場合、消費者はどのカードにいくら返済すればよいのだろう。

ある経済学者のチームがこの問題をイギリスのデータを使って調べ、その後、アメリカのデータを使って再現している[10]。大半の人はどうするかを見る前に、ダンはどうするべきかを、まず考えてみよう。

少なくともそれぞれのカードの最低支払い額を返済しなければならないことは確かだ。金額はほんのわずかでも、支払いを忘れたときのペナルティは高くつく。それぞれの最低支払い額を振り分けた後、ダンにとっていちばんよい戦略は、残る全額を金利が高いカードの返済にあてることだ。これはとてもシンプルなルールである。**それぞれのカードの最低額を支払い、その後、金利が高いカードの返済をする**。ところが、調査したサンプルのなかで、このルールに近いものにしたがっている人は約10％しかいない。

そのかわりにどうするのか。人びとがしたがいそうなヒューリスティクスはたくさん思いつく。それぞれのカードに同じ額を返済することもその一つだ。しかし、いちばん多く見られる戦略は、この研究チームが「残高マッチング」と呼ぶものである。先の例でいうと、ダンはカードAに400ドル支払い、カードBに200ドル支払うということだ。どうも金利のちがいにはまったくといってよいほど反応しないようで、金利差が6%ポイント以上になることがあっても、そうなのである。所持するカードが多ければ多いほど、このミスの代償は大きくなる。残高が多ければ多いほど代償が大きくなることも、言うまでもない。

このミスは氷山の一角でしかないことは強調しておくべきだろう。家計が使うことができた金利裁定機会はほかにもたくさんある。真っ先に思い浮かぶのは、クレジットカード債務が積み上がりすぎないようにすることだ。

それ以外にお金を節約する方法の一つに、貯蓄を取り崩して返済を増やすことが考えられる。利息がほとんどつかない当座預金口座や普通預金口座にお金があって、多額のクレジットカード債務を抱えている家計はめずらしくない。[11]

これがまずい選択かどうかには、メンタルアカウンティングとセルフコントロールの問題が複雑に絡んでくる。もしものときのためにお金を貯めておく銀行口座をつくっておいたほうがよいときもあるし、クレジットカードの利用限度額を低く設定して、支出を自制する手段として使っている家庭もある。ホームエクイティローン（編集部注：自分の家を担保に入れて、その資産価値のぶんだけ融資を受けること）や401（k）資産を担保とするローンなど、クレジットカードよりも低い金利で借り入れるときにも、同じような問題が生まれる。さまざまなカードに返済額を最適に振り分けるという簡単な問題を解けないなら、ほかの問題も解決できそうにない。それはもう認めてしまおう。なによりも重要なのは、「少なくとも最低支払い額を期日までに払うこと」だ。

この問題は、クレジットカードの支払いを銀行口座からの自動引き落としにすれば解決できるのだが、このサービスを使っているカード保有者は約15％しかいない。[12] もちろん、当座預金残高が不足した状態で小切手を振り出すと高い手数料がかかることを考えれば、銀行口座の残高がそれほど多くない消費者にとっては、自動引き落としは得策とはいえないだろう。

クレジットカードの最大の問題は使い方だと力説したが、その理由がわかってもらえたと思う。この領域では、うっかりミスや計算ミスは高くつく。そして、自動引き落としにすれば払い忘れの問題は解決できるが、それよりもっとよい戦略は、クレジットカード債務の管理を、数字に強くて、やるべきことを忘れない誰かにまかせることだろう。

いまはありとあらゆるアプリがあるといわれており、この分野も例外ではない。われわれがとりわけ気に入っているアプリがタリー（Tally）だ[13]（じつは、タリーの共同創業者であるジェイソン・ブラウンは、シカゴ大学ブース・スクール・オブ・ビジネスの学生だったとき、セイラーの授業をとっていた。一つ言っておくが、われわれはブラウンの会社には出資していない）。

いま、ダンには2枚のクレジットカードの利用残高が合わせて3000ドルあるとする。そのダンがタリーにサインアップするとどうなるか、説明しよう。タリーは簡単な信用チェックを行ったうえで、ダンが抱えている３０００ドルのクレジットカード債務を自動で全額返済して、ダンの口座管理を引き受ける。その後、２枚のカードとダンの当座預金口座が関係するすべての取引をモニターし、代金の支払いがすべて期限内に行われるようにする。なによりも重要なのは、タリーが毎月、使用できる現金とこれから発生する経費をチェックし、デフォルトの支払い額を引き上げることを勧めて、債務を早く返済するようにダンにナッジすることだ。このサービスを利用すると、タリーから融資を受けるので、ダンはそれに対する利子を支払うことになるが、金利はクレジットカードよりも低い。

さらに、月末に遅延損害金が発生したり、未払いの残高が繰り越されたりしないようになるので、ダンはかなりの金額を節約することにもなる。クレジットカードを使うコストが非常にかさむのは、まさにそうしたときだからだ。カードの利用残高がゼロで、なにかを１０００ドルで買う場合には、次の支払い日まで利子はいっさい発生しない。次の支払い日は長ければ55日先になることもある。しかし、ある月の支払いが請求総額を１セントでも下回ると、その１０００ドルの買い物に対して、購入した日に遡って利子が発生し始めるのだ。これは痛い。

なぜタリーはこんなことができるのだろう。ジェイソンはナイスガイだが、タリーはビジネスであって、慈善事業ではない。答えはこうだ。信用スコアがかなりよい人でも、クレジットカードの金利はほんとうに高い。だからタリーは、利用者にかわってそれよりも低い金利で銀行から直接借り入れて支払いを行い、金利の差を利用して少額の報酬を受け取るかたちになる。

クレジットカードの支払いを一度も忘れたことがなくて、銀行にお金がたっぷりあるとしても、うっかりして支払いが遅れてしまうと、20％近い金利が課される。銀行はほぼ金利ゼロで借り入れができるこのご時世に、だ。

意外なことに、遅延損害金収入全体の20％は、信用ランクが「スーパープライム」の人たちが支払っている。[14] 高収入の人たちでさえ、うっかりすることがあるからだ。クレジットカードビジネスがこれほど儲かる理由の一つがこれである。当座預金口座の残高をそれなりにキープできるのに、われわれのようにうっかりしやすい人は、忘れずに自動引き落としの手続きをとってほしい。

この章のはじめのほうで、選び方と使い方を区別し、住宅ローンでは選び方のほうが大切だが、クレジットカードだと使い方のほうが重要になると述べた。住宅ローンについては、スマート・ディスクロージャーとEZローンが実現すれば、もっとよい選択ができるようになると考えており、住宅ローンの払い忘れがないように支払いは自動引き落としにすることを強く勧める。

そして、クレジットカードにスマート・ディスクロージャーがとりいれられれば、この分野にも選択エンジンが生まれるようになるだろう。利用者のデータが対象になる場合はとくにそうだ。クレジットカードの利用代金を毎月全額支払っているなら、付与されるポイントがいちばん気になるかもしれないが、利用残高があるなら、金利と手数料をいちばん気にしなければいけない。

タリーは選択エンジンではない。これは**「ユーザーエンジン」**だ。こういうものがもっとあったらよいとは思わないだろうか。われわれはジェイソンが好きだし、ジェイソンには幸せになってもらいたいが、彼のビジネスモデルを模倣する人がたくさん現れて、激しい競争が起きることを願っている。クレジットカードを使うコストを減らす手助けができる人なら、誰でも大歓迎だ。そしてここでも「簡単にできるようにする」がわれわれのスローガンであることに変わりはないものの、簡単にできるようにするには、「自動でできるようにする」ことが非常に効果的である。

第12章

「保険」についての考え方

——「小さいことにくよくよするな」で万事解決？

『小さいことにくよくよするな！——しょせん、すべては小さなこと』。こんなタイトルの自己啓発本が人気になったことがある。ささいなことにこだわってはだめだ、どれも大したことではないのだから。それが本のメッセージだった。これはよいアドバイスで、まったくそのとおりであり、日常生活のほとんどすべての側面にあてはまる（何十年も一緒に仕事をしてきた共著者同士でも、たまにそのアドバイスを忘れてしまう）。その本は感情のウェルビーイングに関するもので、ライフプランに沿った資金計画の話は出てこないが、このタイトルは保険を選ぶときのすぐれた指針になる。

保険についてどう考えるのが正しいかという点については、経済学者の意見は一致している。最も重要な原則は、「まれにしか起こらないが、いったん起こった場合には経済的に破綻してしまうような重大な出来事に備えること」である。

保険でカバーするべきリスクは、洪水や火災による住宅の被害、大きな健康問題、一家の家計を支える働き手の死亡や障害、自家用車の事故（まだ少しでも価値が残っている場合）である。こういった出来事がどれか一つでも起きると、家計は何年も債務を抱えることになりかねない。破産することだってある。会社にお金を払ってこうしたリスクを分かち合うのは理にかなう。しかし、ひいきのチームが優勝決定戦で負ける可能性や、コーヒーマシンが壊れる可能性はもちろん、夜中にバックで車庫入れをして車をへこませる可能性については、保険をかけるべきではない。

もちろん、なにが「大きな」損失となるかは、その人の経済状況によって変わってくる。大富豪には保険はいっさい必要ないが、貧しい家庭はなにかあったときの影響が大きい。それでも、カギとなる重要な原則は変わらない。「小さいことに保険をかけるな」だ。これはほんとうによいアドバイスなのだが、それが守られているようには見えない。

それどころか、大きなことに保険をかけていないときもあるのだ！　洪水が起こりやすい地域で暮らしているのに洪水保険に入っていない人は多い。１００年に一度とされる規模の洪水がいまでは10年に一度起きているように感じられるようになっており、そんな大洪水が起きれば家は流されてしまう。まさに悲劇だ。

とはいえ、この章では、その対極にあるミス、つまり、小さいことに保険をかけるというエラーに集中する。後で見ていくように、そのせいで1年に何千ドルも損をすることがある。

最初期の保険は、保険をかけるべきリスクをカバーするものだった。商人は、理由を問わず、貨物を積んだ帆船が戻ってこないリスクを保険でカバーした。[1]

火災保険が広まったのは、１６６６年のロンドン大火がきっかけだった。[2] 住宅ローンの貸し手はいまでは住宅所有者に家財保険に入ることを義務づけて、銀行の担保が煙と消えることがないようにしている。

保険の契約はえてして複雑で、細かい文字でびっしり書かれていることがあるため、ヒューマンは保険選びでよくつまずくと聞いても、驚きはないだろう。そして、ここでも選択アーキテクチャーを少し改良すれば多くの人を助けられると聞いても、驚きはもっとないだろう。

住宅ローンを完済していても、家が火事で焼けてしまったり、嵐の被害にあったりするなどの万一の事態に備える保険に入っておくのは、完全に理にかなっている。多くの家庭にとって、いちばん価値の高い保有資産は住宅であり、全焼・全壊となった場合に、住宅（土地ではない）の再調達価額を基準として保険金が支払われるようになっているか、確認するべきである。

ところが、住宅所有者保険には、ほかの数多くの保険と同じで、免責金額があるのがふつうだ。これは損害が発生したときに保険契約者が自己負担しなければならない金額のことである。

免責金額の仕組みを理解しておくことは大事だ。どの保険でも、まちがった免責金額を選んでしまうのが、消費者のいちばん犯しやすいミスだからである。

お金に関する失敗の話はもう聞き飽きたという人は、ある経験則を守ると約束してくれれば、残りの部分は飛ばしてもらってかまわない。その経験則とは、**「保険を購入するときは、選択肢のなかでいちばん高い免責金額を選ぶ」**である。

もちろん、どんな経験則にも例外はある。これもその一つだ。提示されている免責金額があまりにも高すぎて、それを負担すると経済的にかなり厳しくなってしまうようなときは、それよりも低い免責金額を選んでもよい。

しかし全体としては、あまりにも低い免責金額が選ばれている。このミスに**「免責金額回避」**という名前まであるほどだ。

新しい家電の「延長保証」はつけたほうがいい？

いちばん高い免責金額を選ぶというわれわれのアドバイスの根底にある一般原則は、できるだけ多くのリスクに〝自家保険〟（貯蓄）で備えたほうがよい、というものだ。なんといっても、保険会社があなたに保険を売って、保険金の請求を処理するにはコストがかかる。そのため、小さなリスクに保険をかけるのは消費者にとっては得策ではない。そうした保険に入るように求められたら、まず例外なく断るべきだ。

たとえば次のような例を考えてみよう。電子レンジを買おうとネットで探していたら、約100ドルのちょうどよいものが見つかった。10ドルを追加で支払うと、延長保証がつけられるという。これはお得なのだろうか。

そんなときは、こう問いかけるとよい。前回電子レンジが動かなくなったのはいつだろう。われわれの経験では、そんなことは起きたためしがない。だが、あなたはこう考えるかもしれない。金属が使われているものをうっかりレンジに入れてしまって、配線が焦げたらどうする？

ここでわれわれが言いたいことは二つある。第一に、それはたぶん補償の対象ではない。細字部分を見てほしい。そして第二に、電子レンジは100ドルだ。けっして安くはないが、ものすごく高いわけでもない。新しいのを買いなさい！

人生をもっとハッピーにするために、ある特殊なメンタルアカウンティング・プランをとりいれることを勧めたい。心の会計として、その名も「じぶん保険勘定」をつくるのである。万が一、保険に入っていたほうがよかったという、まれなケースにあたったときに、どうして保険に入っていなかったのかと配偶者に責められそうな場合はとくに勧める。じぶん保険勘定は、銀行でリアルの口座をつくってもよいし、家計簿上でもスプレッドシート上でもかまわない。延長保証や旅行保険に入らなかったとき、あるいはレンタカーに車両・対物事故免責額補償をつけるのを断ったとき（いずれにしてもクレジットカードの付帯保険でカバーされるだろう）、さらには保険の契約でより高い免責金額を選んだときに、節約したぶんのお金をそこに入れるのだ。

その選択がまちがっていることもまれにあるが、そんなときはじぶん保険勘定の残高からそのぶんを差し引く。免責金額に関するわれわれのアドバイスにしたがえば、じぶん保険勘定の残高はすぐに増えていくだろう。

「免責金額」──いくらの出費から保障対象にするべきか？

保険を契約するときは、たいてい免責金額を選択する。アメリカの場合、住宅保険、自動車保険、医療保険がそうである。「小さなリスクに保険をかけ（すぎ）る」というタイトルの論文で、経済学者のジャスティン・シドナーが高いほうの免責金額を選ぶべき理由を実証している。[3]

シドナーが分析したのは、2000年代初めにある保険会社が販売した住宅所有者保険に加入した契約者5万人のデータだ（ほかの種類の保険でも同じような結果になるだろう）。当時、その保険会社は免責金額の選択肢を1000ドル、500ドル、250ドル、100ドルと四つ設定していた。免責金額を100ドルにする人はほとんどいない（これだと保険料がとても高くなる）。なので、100ドルは選ばないように、とだけ言っておこう。

われわれがここで明らかにしたいのは、消費者にとって免責金額を上げるのは賢いことなのかどうかだ。この疑問はどう分析するのか、一つ例をあげて見てみよう。

平均すると、免責金額を500ドルから1000ドルに上げると、契約者は保険料を年間約100ドル節約できる。もちろん、保険金を請求する際に、自己負担しなければならない金額は500ドル増えることになる。そうだとすると、収支がトントンになるには、だいたい5年に1回保険金を請求しなければいけない。わかりましたか？　しかし、保険金をそんなに何度も請求することはない。シドナーのサンプルでは、毎年保険金を請求する契約者は約5%しかいない。そう、免責金額を上げるのはお得なのだ！

すべての契約者がわれわれのアドバイスを受け入れて免責金額を上げ、節約したお金をじぶん保険勘定に入れたら、それぞれの残高は毎年100ドル増えていく。それをとり崩すとしても20年に一度あるかないかぐらいだろう。見方を変えれば、20年後にはじぶん保険勘定に平均すると1500ドル（プラス利息）が貯まることになる。1回賢い選択をするだけでこの結果なら上出来だ！　自動車保険でも同じように保険料を節約できる。医療保険もそうだ。
そこで今度は医療保険に目を向けよう。*

医療保険――「どう見ても悪い選択」をしてしまう理由

キャロリンとカフェテリアの話を覚えているだろうか。その事例をとりあげたとき、われわれは、「選択アーキテクトは中立的な選択環境と考えられるであろうものをつくり、人びとを特定の方向にナッジしないように努めるべきだ」と言った。そして、「100%中立であることは不可能だ」とも述べた。

人が選択するときはいつも、その根底になんらかの選択肢の設計がなければいけない。だが、行動経済学者のサウラブ・バルガヴァ、ジョージ・ローウェンスタイン、シドナーが行った研究のおかげで、その選択肢の設計が選択の結果に影響すること、そして、中立を保つのはむずかしいことを示す十分なエビデンスがある。[4] さらに、一見すると賢明な設計がまずい選択につながり、コストが高くつく結果になるときがあることも示せる。

研究チームは、アメリカのある大企業が従業員に提供する医療保険の選択肢の設計を変えたケースを調べ、その結果なにが起きたかを検証した。この企業は、われわれが「サラダバー」方式と呼ぶアプローチをとっていた。加入者は自分がほしいものを一つひとつ選んで医療保険を組み立てていく。このケースタディの重要なポイントは、プラン間のちがいがコストだけであることだ。どこで、誰から医療を受けられるか、処置を受けるのに事前承認が必要かどうかといったことに関する選択肢は、どの加入者もまったく同じになる。サラダバーなのは、お金に関することだけだった。

従業員は年間の免責金額を四つの選択肢（1000ドル、750ドル、500ドル、350ドル）から選ぶことができ、自己負担額の上限は三つの選択肢（3000ドル、2500ドル、1500ドル）から、そして免責金額を超えてから自己負担額の上限に達するまでの医療費の一部を負担する共同保険率は二つの選択肢（80%、90%）から、さらに窓口負担は二つの選択肢（初期診療15ドル／専門医35ドル）から選ぶことができた。こうした用語がなにを意味するのかわからなくても、話の筋には関係しないので、気にすることはない。選択肢は自由に選べたので、プランの組み合わせは全部で48通りあり（4×3×2×2）、それぞれ保険料がちがった。

この新しい医療保険プランは、社内でそれこそ鳴り物入りでスタートし、従業員は自分でプランを組み立てることが奨励された。スウェーデンのプレミアム年金プランでも、加入者は自分でポートフォリオを組み立てることが奨励されており、それととてもよく似ている。しかし、自分で選びたくないとい

＊シドナーの論文には興味深い発見がもう一つある。惰性を示すエビデンスがたくさん見つかっているのだ。免責金額は時間を追って、インフレとともに上がっている。保険料がとても高い100ドルの免責金額を選ぶ人はほとんどいないことは本文で述べたが、それはどんな人なのか。大半はその選択をずっと前にした長期の保険契約者である。平均すると、最近の契約者のほうが免責金額は高い。
この発見は、スウェーデンの社会保障制度と同様、利用者が一度選択をして、その後に自動操縦モードに入ったら、どのようなことが起こりうるのかを示している。ちょうどよい機会なので、あなたが加入している保険の免責金額がどうなっているかチェックして、じぶん保険勘定をスタートさせたらどうだろう。

う人のために、ある選択肢がデフォルトプランとして選定された。毎月の保険料が最も低く、従業員の費用負担が最も高いプランである。では、ここでクイズを一つ。自分でプランを設計して、能動的に選択した従業員は何％いただろう。

大勢の人が選択をオプトアウトしただろうと考える人がいるかもしれないが、それももっともだ。48通りの選択肢の組み合わせを説明したくだりを読むだけで、サンスティーンなんて頭がズキズキしてくる。けれど、デフォルトを選ぶというのも場違いな感じがする。コスプレパーティーに週末の普段着を着ていくようなものだ。それでも、読み進める前に、まずは自分で考えてみてほしい。

答えを明かす前に、何人がオプトアウトしたかを厳密に把握するのはまず不可能であることは言っておかなければならない。スウェーデンの例と同じで、デフォルトプランも能動的に選択できるプランの一つだからだ。デフォルトプランに入った人は全体の14％だけだった。大半の人はそれを能動的に選んだと研究チームは考えており、デフォルトプランを受動的に選んだのは2％にすぎないと推定している。

この推定が厳密に正しいかどうかは別にして、これも大半の人がデフォルトを拒否する例の一つであることはまちがいない。そしてスウェーデンのケースと同じように、デフォルトプランはかなりよい選択肢で、この後で見ていくとおり、そのかわりに選ばれたプランの多くよりも明らかに**よかった**。

プランを選択するのは気が遠くなるような仕事に思えるだろうが、この企業は従業員に配慮して、ユーザーフレンドリーな選択プロセスをつくっていた。研究チームは次のように書いている。

「従業員は四つの属性を一つひとつ順番に選んでいって（「あなたのニーズに合う年間免責金額はどれですか」

などと質問される）、候補となるプランをつくり、その後、保険料と保障内容を秤（はかり）にかけるように強くうながされた（「思い出してください。免責金額が低いほど、1年間に給与から差し引かれる保険料は高くなります」というメッセージが表示される）。最初のプランができあがると、毎月の保険料が表示される。従業員はそのプランで加入することもできるし、同じプロセスを繰り返してプランをつくりなおすこともできる」。

では、従業員のプラン設計はどうだったのだろう。じつはあまりよくなかった。これは判断するのがむずかしいと思う人もいるかもしれない。そもそも、サンスティーンのサラダがセイラーのサラダよりもよいかどうか、誰が決めるのか。「De gustibus non est disputandum（たで食う虫もすきずき）」ということわざのとおりなのだろうか。

そんなことはない！　このケースにはそのことわざはあてはまらない。なぜなら、従業員が行った選択の多くは、合理性に関する基本的な考え方に反するものだったからだ（本書では「合理性」という言葉はめったに使わない。その言葉を使うといろいろ面倒なことになるからだ）。

その考え方とは、**優越性**の原則である。選択肢Aが少なくとも一つの属性で選択肢Bにまさっていて、ほかに劣っている属性がない場合には、AはBよりも選好されなければいけない。

サンスティーンはダイエットコークをこよなく愛する。そのサンスティーンにダイエットコークの缶を二つ見せて、どちらか一つを選んでもらうとしよう。ダイエットコークはどちらも同じものだが、価格がちがうため、安いほうの選択肢が高いほうの選択肢に優越する。この原則をわかっていながら、それにしたがわない人はいないだろう。だが驚くことに、従業員の大多数が別の選択肢に優越されるプランを選んだのである。

この結果をじっくり考えてみよう。この会社は従業員に完全な選択の自由を与え、うまく機能しているインターフェースを提示して選択肢を比較できるようにしたが、従業員の大多数は、少なくとも彼らが拒否した選択肢の一つよりも明らかに劣るプランを選択した。

しかも、このまずい選択は高くついた。劣ったプランを選んだ従業員は、自分が選んだプランにまさるプランにスイッチした場合よりも、平均で28％多く保険料を支払うことになった。論文にはこんなタイトルがつけられた。「損するほうを選ぶ」。

まずい選択にはある共通点があった。免責金額が低かったのだ！　多くのケースで、免責金額が低いプランは、ほかの条件は同じで免責金額が高いプランより劣っていた。

たとえば、あるプランは年間免責金額が1000ドルで、年間保険料が930ドルだった。このプランは、免責金額が500ドルで保険料が1568ドルである以外はまったく同じ特性をもつプランにまさっていた。それは考えればわかる。後者のプランを選んだ人は、免責額を500ドル減らすために638ドル支払っているが、ほかの条件はすべて同じである。少なくとも138ドル損をしており、保険金を請求することがなければ、638ドルが丸々節約されていたことになる。「いちばん高い免責金額を選ぶ」という、われわれが提案する役に立つルールにしたがっていたら、このトラップを避けられていただろう。

この企業では、保険料を多く支払うことになるプランのほうが圧倒的に選ばれていたが、それはこの大企業にかぎったことではない。チェンユアン・リューとシドナーが行った追跡研究では、アメリカの事業主の大きなサンプルを対象とした調査結果が用いられた。[5]

2人は免責金額が高いプランと低いプランの両方がある比較可能な保険制度を提供している会社を探し、その結果、331社が見つかった。そのうち、労働者が「高いほうの免責金額を選ぶ」という経験則にしたがっていたら保険料が節約されていたと思われる会社は62％にのぼった。

高額の医療費が発生した年でも、節約できることは変わらない。およそ半数の企業で、免責金額が高いプランを選んでいたら、ほぼ確実にコストが下がった。免責額が高いプランにすると概して年間500ドルが節約できると見込まれ、多くの場合、経済的リスクは高まらない。つまり、各家庭のじぶん保険勘定に年間500ドル積み立てられる計算になる。*

免責金額回避は、アメリカ人だけに見られる症状ではない。オランダ人も同じ問題を抱えている。オ

＊ここでは、このような加入者が損をすることになるプランをなぜ企業が提供するのかを問うべきだろう。この疑問に対しては明確な答えはない。アメリカのほとんどの大企業は「自家保険」方式をとっている。つまり、従業員の医療費に対する支払いリスクをすべて負い、医療ネットワークの手配と保険請求の管理のためだけに保険会社を使う。そのため、雇用主と従業員の利害はぶつからない。

また、リューとシドナーは、高額免責プランが格安である理由を次のように説明している。「逆選択とモラルハザードが組み合わさると、低額免責プランのコストが上昇するので、高額免責プランの加入者と低額免責プランの加入者の（保険者の側から見た）平均コストの差が、プラン間の補償水準の差から予想されるものよりも大きくなる。しかし、企業からの拠出金にはプラン間の差はほとんど見られない。そうだとすると、平均コストの大きな差は調整されずに、そのまま保険料の大きな差になってあらわれることになる。この場合には、高額免責プランに加入している人は保険料を大幅に節約できるため、プラン間で免責金額と自己負担額の上限の差が大きくないときは、高額免責プランが経済的に優位だといえる」。

ランダでは、健康保険に加入することが国民全員に義務づけられており、（2020年時点で）免責金額を年間385ユーロ以上に設定することが法律で定められている。[6]ただし、家族は免責金額を最大で500ユーロ増やすことを選べる。大まかにいうと、免責金額を100ユーロ増やすと、保険料は約50ユーロ減る。われわれが勧める免責金額の経験則は、オランダでは（まだ）あまり知られていないようだ。最低額より高い免責金額を選ぶ人は約10％しかいない。[7]

だが、カリフォルニア大学バークレー校とロンドン・スクール・オブ・エコノミクスの経済学者による研究チームは、大半の人はそうすると得することを明らかにしている。[8]誰が見てもそうすることを選択するべき人たち、つまり、医療費が最低免責金額をまず上回りそうになく、追加で費用を負担することになるリスクがほとんどない人もそうである。このグループでさえ、免責金額を増やすことを選んだ人は15％しかいなかった。彼らがエコンだったら、全員、免責金額を増やしただろう。

アメリカでは、免責金額が高いプランを選ぶ家計には、架空のじぶん保険勘定よりもっとよいものをつくる選択肢がある。じぶん保険勘定は、結局のところ、心の会計にすぎない。そのかわりに、医療費貯蓄口座（HSA）と呼ばれるものをつくることができ、HSAに預けた金額は税金から控除される。

事業主は、免責額が高いプランを選ぶ従業員がつくったHSAに拠出することにして、従業員が高額免責プランを選ぶようにうながそうとしている。年末の時点で使われていない残高は翌年に繰り越されるので、退職金積み立て口座としての一面もある。このような口座があることを考えると、高額免責プランを選べば確実に保険料を節約できるケースでさえ、このプランを選ぶ人がどうしてこれほど少ないのか、謎は深まるばかりだ。

高額免責プランを選ぶ人が少ないのは、一つには、ＨＳＡを開設する手続きがこのうえなくスラッジフリーであることを消費者がわかっていないからだろう。ＨＳＡは事業主が自動的に開設し、多くは１月１日時点で開始残高がすでに入金されている。加入者はこの口座とリンクしているデビットカードを受け取り、治療費や医薬品などの購入費はこのカードで支払うことができる。書類を提出する必要はなく、事前承認もいらない。

前に述べたように、アメリカには「フレキシブル支出口座（ＦＳＡ）」という古い制度があり、労働者はそれと混同しているのかもしれない（ＦＳＡはいまもある）。ＦＳＡは手続きのいたるところにスラッジが潜んでいて、それはもう悪夢としかいいようがない。請求書を提出しなければいけないし、それがよくわからない理由でたびたび拒否される。しかも、次の年には医療費がどれくらい必要になるか推測しなければならないうえ、翌年の３月31日までに使い切れなかったら、残高は没収されてしまう。そのため、期末になるとメガネ店に特需が生まれる。期限切れが迫っている顧客がどっと押し寄せるのだ。

いまは家族用プランの免責額が４０００ドル以上にもなることがあるため、高額免責プランを選ばない人のほうが多いのは、リスク回避という理由できれいに説明がつくと思うかもしれない。しかし、免責金額が高いプランのほうには、多くの場合、リスクがない。医療費がどれだけかかろうと、家計の負担は減るのだ！

次の（単純化された）[*]例を考えてみよう。事業主は免責額の選択肢として、1000ドルと4000ドルの二つを設定し、従業員が高いほうの免責額を選べば、HSAに1000ドル拠出する。高額免責プランは保険料が月300ドル安く、年間では3600ドル浮く。

ある家族が保険料の節約分はすべてHSAに入金し、それをじぶん保険勘定だと考えるとする。その場合、年末のHSAの残高は4600ドルになっている計算になる。自己負担となる免責額を十分にカバーできるし、それを超えて共同保険の自己負担分を支払うことになっても、まず問題ない。

この家族には、次のようなメンタルアカウンティング・プランをとりいれることを提案する。医療費が発生したときには、免責金額に達するまでは、HSA用のデビットカードを使って支払う。免責額を超えるぶんには保険を使う。

ここで注目してほしいのは、この家族は医療費が持ち出しにはならないことだ。ただし、1年の早い段階で高額の医療費が発生せず、繰越金が積み立てられていれば、という条件がつく。これは大きな「ただし」だ。生活費がギリギリという家族だと、家計は破綻しかねない。それでも、この問題は簡単に解決できる。

事業主がHSAに拠出しているのは、従業員の家族が高額免責プランに入るようにうながしたいからであることを思い出してほしい。それがほんとうに目標であるなら、ある支援制度を追加することを勧めたい。1年の早い段階で高額の医療費が発生した人なら誰でも借りることができる無利子の融資だ。制度の目的が正しく伝われば、医療費の支払いに大きな不安を抱えていると思われる低所得の従業員の加入が増えるかもしれない。

また、高額免責プランは割安であり、保険料を節約できていちばん助かるのは、こうした従業員の家族だろう。

しかし、これには重要なただし書きが一つつく。消費者が免責金額を選ぶときにはわれわれが勧める経験則にしたがってほしいと訴えてはいるが、免責金額が高くなると医療システムそのものの効率が上がるのかどうかはまだわからない。消費者は低いほうの免責金額を選ぶ傾向が強いようだが、それがよいことかどうかははっきりしていない。

免責金額を高くすることを支持するのは、経済学でいう「モラルハザード」を防ぐためだとされることが多い。患者が医療費を支払わなくてよいなら、医療費を使いすぎてしまうという考え方だ。経済学者は消費者にも「自腹を切る」ことを求めている。パーティーなどでアルコールを無料で提供するバーカウンターや食べ放題の店に行ったときのことを思い浮かべてほしい。そして少なくとも、患者が自分で医療費を払わなければいけないなら、病院に行ったり、薬局で処方薬をもらいに行ったりするかどうか、よく考えるはずだ。問題は、削るべきところを削っているかどうかである。エビデンスを見るかぎりでは、残念ながらそうなっていない。

経済学者のキャサリン・ベイカー、センディル・ムッライナタン、ジョシュア・シュワルツスタインによれば、医療制度を設計する人は、「行動ハザード」を、モラルハザードと少なくとも同じくらいは

＊計算を簡単にするために、共同保険分などのそれ以外のコストは省いている。高額免責プランが低額免責プランに優越するケースでは、この単純化は分析に影響しない。

心配する必要があるという。[9]

多くの医学的状況で克服しなければならない大きな問題は、医師のいうところの「アドヒアランス」や「コンプライアンス」であることを思い出してほしい。糖尿病、高血圧、脂質異常といった病気では、処方された薬を飲むことが健康を維持するのに欠かせず、薬を飲み忘れると、高いコストがかかる救急医療を受けることにもなりかねない。システムがしっかり構築されていれば、こうした医薬品のコストは差し引きでマイナスになるだろう。患者が処方された薬を正しく服用すれば、私たちが恩恵を受けるようになるということだ。

薬代の一部あるいは全部を患者が支払わなければならないときは、ふつうの風邪で処方されるようなほとんど効果がない薬を減らすと同時に、インスリンやベータブロッカーといった高価な薬も減らす可能性が高いことを示すエビデンスがある。

とくに有力なのが、ニティーシュ・チョードリー率いる医療研究チームが行ったある実験の結果である。[10] 実験では心臓発作の治療を受けて退院した患者が対象となり、通常の保障が適用されて再処方の費用が12～20ドルかかる対照群か、スタチン、β遮断薬、ACE阻害薬（心臓発作の治療に有効であることが知られている薬）が無償で提供される治療群のどちらかにランダムに分けられた。その後1年間、アドヒアランス率と治療結果を追跡した。

価格が安くなると、消費者が使う薬は増えた。これは経済理論が予測するとおりの反応である。だが、この行動は治療結果にどう影響するのだろう。

ある最近の実験では、メディケアの処方薬剤給付プログラムに新たに加入した人が追跡調査された。[11] 加入資格を得るのが誕生月であるという関係で、早い月（たとえば2月）に生まれた人は、遅い月（たとえば9月）に生まれた人より、年末までに共同保険を使う可能性が高くなる。つまり、薬剤費の自己負担額が多くなるということだ。増加額は小さく、1薬剤当たり約10ドルだったが、先の実験と同じように、患者は薬の使用を減らした。しかし、医学理論が予測するように、患者が薬の使用を減らすと、死亡するリスクがぐっと上がった。約33％も高くなったのだ！

それだけではない。経済理論によるなら、心臓発作や脳卒中などのリスクが最も高い人たちは、薬を減らす量を最も少なくすると予測されるが、薬の価格が上がったときに、スタチン、β遮断薬、ＡＣＥ阻害薬のような命を救う薬を減らす割合が最も高かったのが、そうした人たちだった。

このように、効果が証明された医薬品の費用を患者に請求すると、お金（医療費が上がる）と命の両方が犠牲になる。そのため、患者に薬剤費を負担するように求めると、短期的には支出が押し下げられるだろうが、長い目で見て医療費が下がるかどうか、たとえそうだとしてもそれがよいアイデアかどうかは、疑問が残る。

ならば、じぶん保険とＨＳＡを組み合わせたメンタルアカウンティングは、二つの点で役に立つだろう。

第一に、家計が経済的にすぐれているプランを選ぶ助けになると考えられる。免責額を５００ドル減らすために８００ドル支払うのは意味がない。そして、免責金額に達するまでは、じぶん保険勘定を使って医療費を「支払う」ようにすることを勧めるのは、自己負担分が払えなくて、必要な治療を受けられないようなことがなくなってほしいと願っているからだ。

しかし同時に、将来の医療費や退職後の生活資金としてＨＳＡにお金を積み立てて投資するようにうながすことで、無駄な支出を減らすようになってほしいとも思っている。もしそうなったら、メンタルアカウンティングを通じたナッジが役に立つことになる。

ここではアメリカの医療制度に焦点を合わせてきたが、同じような力学はほかの多くの国にもある。したがって、「いちばん高い免責金額を選ぶ」というわれわれの金言は、世界中で役立てることができる。

第4部

社会を見渡す

お金について見てきた第3部では、分析のレベルは主に個人や家計だった。第三者の影がところどころに見え隠れしていたが（処方された薬を飲まないで、他人の医療費を押し上げたり、診療を受けるまでの待ち時間を引き延ばしたりする患者などがそうだ）、メインの焦点ではなかった。

次の二つの章では、広角レンズに切り替えて、二つのトピックを見ていく。ここでの大きな目標は、主にほかの人を助ける行動をとるように人びとをうながすことである。新型コロナウイルス感染症にたとえるなら、人がたくさん集まっている場所には行かないようにうながすナッジから、ウイルス検査で陽性となった人と接触したときは家にいるようにうながすナッジへとスイッチしていく。

最初のトピックは臓器提供である。ここでは、自分の死後のことであっても自分の身体をどうするかを決める権利を尊重しながら、移植が必要な人への臓器提供を増やすことを目標としている。

二つ目のトピックは気候変動だ。私たち全員が犠牲を払い、まだ生まれていない子どもたちを含めて、すべての人が利益を分かち合うようにしなければならない。

さいわいにも、どちらの問題でも選択アーキテクチャーのツールが役に立てる。さまざまな問題で、個人の行動が、よい意味でも、悪い意味でも、第三者に強く影響することがある。そうした問題に選択アーキテクチャーのツールを使って対処していくために、この分析を通じて、より幅広い教訓を示していければと思う。

第13章

臓器提供

――「すぐれたデフォルトですべて解決」は幻想にすぎない

政策を立案する人たちは政策目標を達成するために選択アーキテクチャーを使うようになり、使い方はしだいに洗練されてきている。それを踏まえると、選択アーキテクチャーがさかんに議論されている領域が、まさに「まずい選択が行われてきた」とわれわれが考えている領域であるのは驚きである。そのトピックは臓器提供だ。本書の2008年版ではこの問題に丸々1章を割いた。

この章もそうだが、2008年版でも臓器提供の章はかなり後ろのほうにあり、だから誰も読まなかったのだろう。あるいは、書き方がよくなかったのかもしれない。そうでなかったら、われわれの立場はだいたい見当がつくから読む必要はないと判断されたのかもしれない。

そこで、ゴルフでいう「マリガン」をわれわれに与えることにする。そう、ミスショットをなかったことにして、打ち直すのである。では、始めよう。

われわれがその2008年版に取り組み始めたとき、とりあげたいトピックの候補をリストアップした。臓器提供はリストの上のほうにあった。これはよいトピックになると、このときは考えていた。なぜなら、友人であるエリック・ジョンソンとダン・ゴールドスタインによる研究の結果を知っていたからだ。[1] 2人は、人が突然死亡した場合に、臓器提供の意思表示にデフォルトルールがどのような影響を与えるかを調べた。

結果は劇的なものだった。人びとは臓器提供に同意しているものとする国（いわゆる「推定同意国」）では、オプトアウトを選ぶ人はほとんどいなかった。しかし、臓器提供をするにはなんらかの行動をとらなければいけない国では（この方針はインフォームドコンセント〔訳注：十分な説明を受けたうえで同意すること〕や明示的同意、アメリカでは明示的承諾と呼ばれる）、ほとんどの人はオプトインしなかった。この論文には、「社会科学で最も有名なグラフ」と呼ばれているものが載っている（図13・1）。

一連の結果は、ここまで読んできた読者には驚きではないはずだが、それでも思わず目を見張ってしまう。ドイツ人は12％しか臓器提供に同意しなかったが、オーストリア人は99％以上がオプトアウトしていない。もうびっくりだ！

その自然な流れで、われわれは臓器提供に関する章では推定同意ルールを支持することになるのだろうと考えていた。われわれの本のことを知っている人のほとんども、実際に読んでくれた人も含めて、われわれは推定同意ルールを支持していると受け止めた。ところが、驚くことに、それはわれわれがたどり着いた結論ではない。このトピックを調べていくうちに、別の方針を支持するようになった。われわれはそれを**「選択促進」**と呼んでいる。

それなのに、その後、ウェールズ、イングランド、ドイツを含む数カ国が、推定同意に切り替えることを検討しているか、すでに切り替えている。そうした法律が可決すると、ツイッターで祝福のメッセ

【図13・1】国別の有効同意率（出所:Johnson and Goldstein, [2013]）

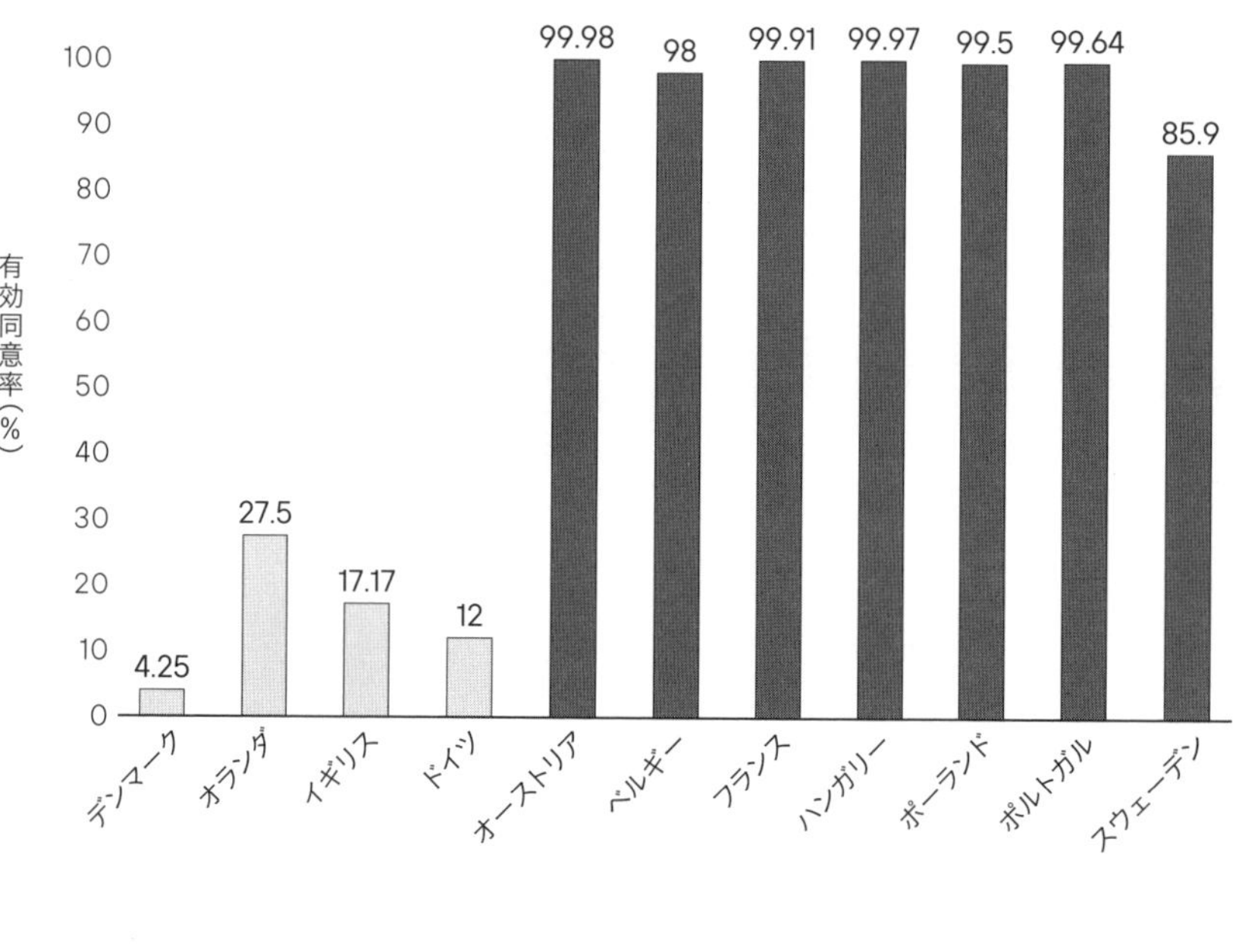

ージががんがんくるのだ！

デフォルトルールの選定がほかのどのトピックよりも高い関心を集めている領域で、われわれがまちがっていると考えているシステムが次々に採用されている。その悔しさたるや、思わず歯ぎしりしてしまうほどだ。

どうしてこんなことになったのか。一つ可能性として考えられるのは、われわれが下した結論がまちがっていたということだ。

そこで、この完全版を執筆するために調査をするなかで、この問題を深く掘り下げ、さまざまな政策の選択肢の長所と短所についてじっくり考えた。

結論からいうと、この政策の望ましい目標について、なんらかの混乱が生じているとわれわれは考えている。その目標は、あの棒グラフの値をできるかぎり高くするシステムを選ぶことだけではない。最大の目標は、命を救うことだ。そのために移植に使用するための臓器を増やすのである。

しかし、大切なのはそこだけではない。競合する可能性がある利害、選好、権利を考慮することも重要になる。

この政策について考えていくにあたっては、三つの重要な（かつ重なり合う）集団を区別することが欠かせない。

一つ目の集団は、命を救うための臓器を必要としているか、これから必要になる人びとである。この集団を「患者」と呼ぼう。

二つ目の集団は、人生のどこかの時点でかぎりなく死に近い状態になる可能性があり、臓器を提供することで誰かの命を救える人びとである。デフォルトルールが直接適用されるこの集団を、「潜在的ドナー」と呼ぶ。潜在的ドナーには一つの国の健康な成人がすべて含まれるため、政策議論はおのずとこの集団に焦点が置かれることが多い。ここで役に立つデータを一つお伝えしよう。臓器を必要とする患者になる確率は、臓器を提供することになる確率の約3倍高い。

三つ目の集団は、潜在的ドナーのうち、実際に亡くなり、かつ、臓器が移植に使用できる健康な状態にある、ごく少数の人びとの家族である。この集団を「家族」と呼ぶことにする。家族が関係してくるのは、移植チームは通常、臓器をとりだす前に近親者とやりとりをするからだ。臓器提供の候補者は多くが突然亡くなっており、子どもや人生のパートナーを失うという耐えがたい状況のなかでそうしなければならない。やりとりの内容は国によって大きくちがう。われわれに言わせれば、悲しみに暮れる家族が負う役割は、政策議論ではほとんど置き去りになる。

この領域の主な目標は、命が救われる患者の数を最大化することだが、潜在的ドナーと家族の権利と選好も尊重されるべきである。このケースには、哲学者のジョン・ロールズの「無知のベール」という概念をうまくあてはめることができる。誰もが潜在的ドナーだが、人生のどこかの時点で、患者や家族になることもありうる。自分がどの立場になるか誰もわからない状態で、ベストな政策を設計しなければいけない。

この問題をくわしく論じるのは、問題そのものが重要であるからだけではなく、デフォルトの選択肢がどのように機能するのかについて、いくつかの一般的な教訓を得られるからでもある。年金の例で見たように、あるものに自動で加入している人は、自分で加入することを選んだ人と同じように扱われるとはかぎらない。それと同じことはここでもいえる。推定同意国でオプトアウトしていない潜在的ドナーは、明示的承諾が法律で定められている国で臓器ドナーとして登録することを決めた人とは扱いがちがう。これを区別することが重要な意味をもつため、考えられているよりも分析が複雑になるときがある。

われわれが選択促進方式を支持するのは、ほかの実行可能な選択肢をとりいれれば救われる命が増える（したがって、患者の利益という観点からはすぐれている）ことを示すエビデンスがないからであり、潜在的ドナーと家族の権利や利益がいちばん尊重されていると思われるからである。

と同時に、選択を促進する効果を高めるために、ナッジを増やし、選択アーキテクチャーを改良することを提案する。

臓器提供のしくみと背景

臓器移植がはじめて成功したのは1954年で、男性が自分の双子の兄弟に腎臓(じんぞう)を提供した。死者からの腎臓移植がはじめて実施されたのはそれから8年後だった。その先のことは説明するまでもないだろう。

1988年以降、アメリカでは81万9000件以上の臓器が移植されており、臓器の8割近くが死者から提供されている。[2] 残念ながら、臓器に対する需要は供給を大きく上回っている。そうであるなら、移植に使用できる臓器を増やす方法を見つけられれば、たくさんの命を救うことができる。

2020年11月現在、臓器移植(主に腎臓)の待機者リストに載っている患者の数はアメリカだけで10万8000人を超え、世界全体ではさらに何十万人もいる。[3]

患者の多くは待機中に亡くなり(その割合は6割に達するおそれがある)、近年、待機者リストの登録数は減っているが、移植件数は必要とされる数を大きく下回る状態が続いている。臓器移植を3年以上待っている人はほぼ3万5000人いる。アメリカ政府の推計では、毎日17人が臓器移植を待ちながら亡くなっている。[4]

臓器の主な提供者は「脳死」を宣告されている患者、つまり、脳のすべての機能が停止して、回復する見込みがない状態にあるが、人工呼吸器によって生命を維持している患者である。アメリカでは、潜在的ドナーとなる脳死患者は年間でおよそ1万2000人から1万5000人を数えるものの、ドナーになるケースは3分の2に満たない。その理由は、がんや感染症がないという医学的条件を満たさないか、移植が承諾されないかのいずれかである。[5]

腎臓は生きているドナーからも提供される。人間には腎臓が二つあるからだ。生きているドナーに金銭を支払うことは違法である（ただし、一部の国ではこの種の闇市場が黙認されている）。それでも、腎臓を提供した人は、もしも自分が臓器移植を必要とするような状態になったときには、優先的に提供を受けられるようになるかもしれない。生体ドナーは腎臓移植を受ける患者の友人や親族であることが多い。しかし、提供者が適合しない場合には、病院はマッチングシステムをつくることができるだろう。これはいまあるなかで市場に最も近いものになる。

いちばん単純なケースを考えてみよう。ある患者の血液型がA型で、その患者に臓器を提供しようとしている人の血液型がB型だとすると、マッチング組織は、本人の血液型がB型で、そのドナー候補の血液型がA型の患者を探し、その後、同時手術を手配する。ところが、ドナーを交換するのがむずかしいことがある。血液型がまれなときはとくにそうだ。アルヴィン・ロスを筆頭に、経済学者は、ドナーと患者をうまく結びつけることのできるメカニズムをつくり、この問題を解決しようとしている。[6]

また、そうするのが正しいことであるから腎臓を提供しようとする、「よきサマリア人ドナー」も少数ながらいる。だが残念ながら、需要を満たすには十分ではない。

このケースのように需要が供給を上回るときには、経済学者はふつうは価格を利用して不足を解消することを勧める。たとえば、ゲーリー・ベッカーとフリオ・ホルヘ・エリアスは、腎臓の市場をつくることを提唱している。[7] 移植に使用できる腎臓を、それに対して支払ってもよいと考える金額がいちばん高い患者に割り当てるのだ。マセラティやサントロペの別荘を割り当てるときと同じやり方である。患者の支払い意思額が高ければ高いほど、腎臓を提供する人は増える。こう考えているのは経済学者だけではない。腎臓を売買できるようにするべきだと強く訴える哲学者もいる。[8]

それでも、この政策はそれほど広がっていない。合法的な腎臓の市場が認められている国はイランだけだ。[9] ロスが正しく指摘しているとおり、ほとんどの人がそうした市場自体が「不快」だとしている。[10] 腎臓は支払い意思（そして支払い能力）だけにもとづいて割り当てるべきだとは考えられていない（部分的にでもそうである）。ぜいたく品をお金持ちだけのものにするのはかまわないだろうが、命を救う手術はそうであってはならないと、大半の人が考えている。そのため各国は、腎臓（そしてその他の臓器）移植の待機リストの優先順位を、患者がどれくらい長く待っているかだけでなく、緊急度がどれくらい高いか、余命がどれくらいあるかといった医学的要因にもとづいて決めるべきだとしている。

こうしたことを考え合わせると、腎臓に対する需要、そして心臓や肝臓など、生体移植が不可能なほかの臓器に対する需要を満たすには、死亡したドナーの臓器に頼る必要がある。1人のドナーから最大で八つの臓器を提供することができるので、ドナーが1人増える価値は非常に大きい。[11]

臓器提供に関する説明を受けるのは、多くが潜在的ドナーとその家族であり、どれだけ臓器を確保できるかは、潜在的ドナーとその家族の行動に大きく左右される。そこでデフォルトルールの出番というわけだ。潜在的な臓器提供者が死亡を宣告されるとき、政策はどうあるべきだろう。検討するべき選択肢はたくさんある。

「ルーチン的摘出」方式――「該当者は即摘出」は受け入れられるか？

最も積極的なアプローチは、**「ルーチン的摘出」**方式と呼ばれる。この方式では、死亡した人の体の器官に対する権利を国が保有し、誰の許可を得なくても臓器を摘出できる。おぞましい話のように聞こえるかもしれないが、救われる患者の命はほかのどの方式よりも確実に多くなるだろう。

患者の命を救うことだけが目標であるなら、この方式がベストかもしれない。しかも、少しでも回復する見込みのある人に介入することなく、命を救える。

アメリカでは、このアプローチが使われている州は一つもない。しかし一部の州では、監察医は誰の許可も得ることなく角膜を摘出することが許されていた。このルールが採用されていた州では、角膜移植の供給が劇的に増えた。たとえばジョージア州では、ルーチン的摘出の効果で、１９７８年には25件だった角膜移植が、１９８４年には１０００件を超えるまでになった[12]。

腎臓のルーチン的摘出が広まれば、何千人もの早すぎる死を防げることに疑問の余地はないが、潜在的ドナーの権利だと多くの人が考えているものを踏みにじることになる。臓器ドナーになることには進んで同意するという人でさえ（われわれ2人もそうだし、実際に同意している）、たとえ死期が迫っているとしても、明示的な同意なしに臓器を政府が摘出することを認める法律には、たくさんの人が反対するだろう。

このようなアプローチは、「広い制限の範囲内で、個人は自分の身体がどのように扱われ、なにをされるかを自分で意思決定できなければならない」とする、一般に受け入れられている原則に反する。ルーチン的摘出の潜在的な利益はたしかに大きいものの、反対する人が多いため、普及は進まないと思われる。

「推定同意」方式——「臓器提供したくなければ、その意思表示を」は推奨しない

一部の国では、一般に**「推定同意」**（あるいはみなし同意）と呼ばれるオプトアウト方式が採用されている。これを厳密に適用すると、臓器提供しないという意思が明示的に登録されていないかぎり、すべての市民は臓器提供に同意しているものとされる。

実際にオプトアウトする人はほとんどいないことは、あの有名なグラフからわかっているため、この方式はとても魅力がある。命を救うという点では、大きな利益がありそうに見えるかもしれない。

そして、潜在的ドナーの権利を守るという点でも、かなりよさそうに見えるかもしれない。なんといってもオプトアウトできるのだから。その理由から、家族の利益を守るという点についても、申し分ないように映るかもしれない。

だがちょっと待ってほしい！　どんな文脈でもほとんどすべての人がデフォルトを選んでいるという、その事実こそをよく考えるべきかもしれない。少なくとも、ここではいったいなにが起きているのかを問うべきだろう。

オプトアウトしていないのは、不注意や惰性によるものかもしれず、自分で意思決定をしていたらそうしていただろうと考えてデフォルトを選んでいるのではないかもしれない。大半の人がこの選択をじっくり考えていないか、この政策があることさえ知らないのであれば、データから推測される選好を額面どおりに受け止めるべきではないだろう。

実際、ごく一握りの人しかオプトアウトしていない国では、オプトアウトしないという行動が人びとの確固たる信念を反映していると考えるべきではないという意味で、そこに重きを置くのは理屈に合わないと思われる。

この問題をさらに検証するために、デフォルトルールを決める際の倫理について、もう少し考えてみよう。すでに述べたように、選択アーキテクトは、人びとが関連する情報をすべてもっていて、行動バイアスがかかっておらず、じっくり考える時間が与えられたときにするであろう選択と一致するデフォルトを選ぼうとするべきである。多くの国で大多数の市民は臓器提供をしたいと考えていることを示す調査結果があるため、推定同意はこのルールにおおむね沿っているように見える（そしてこれも、ほかの人の命を救う手段であるように見える。「見える」という言葉については、後でまた触れる）。

しかし、考えなければいけない要因がもう一つある。「ある行動をとらなかった」ということから誰かの選好を推測することに、どれだけの強い確証がもてるのかだ。とくにオプトアウト率がきわめて低いときは、オプトアウトしない理由は、顕著性の欠如（選択肢があることを知らなかった）とスラッジ（オプトアウトするコストが高い）のどちらでも説明がつく。

このように、オプトアウトしていないことが選好を伝える明白なシグナルだとはかぎらないというのであれば、デフォルトをどう選ぶかは、慎重に考えなければいけない。

そのことを示すために、二つのオプトアウト方式を比較してみよう。推定同意と退職金積み立て制度の自動加入である。

ある人が退職金積み立て制度にデフォルトで加入するときには、それがデフォルトであること、そしてオプトアウトする権利があることをはっきりと伝えることが重要になる。その事実を後になって知った場合や、よく考えずに「はいはい、なんでもいいよ」と言って入った場合、そして、どうしても貯蓄したくない場合には、いつでもオプトアウトできる。拠出を止めるか、積立金をすべて引き出せばよい。早期に引き出すとペナルティとして税金がかかるかもしれないが、いずれにせよ、自動加入して害がおよぶことがあるとしても、その余地はかなりかぎられている。

これに対し、自分が死んだ後に自分の身体に誰かがなにかをすることに強く反対しているが、オプトアウトするためになにをする必要があるかはおろか、推定同意方式がとられていることさえわかっていないような人たちがいる。リマインダーが役に立つこともあるが、目につきにくいかもしれないし、気がついてもぐずぐずと先延ばしにするかもしれない。そうした人の臓器を提供したくないという希望は無視してよいのだろうか。前に述べたように、答えは絶対に「ノー」だと多くの人は訴えている。

遺言書は、相続人に遺産をどう分けるかを決める法的文書である。自分が死んだ後に自分のお金をどう使うかを決める権利をもつべきだと考えているのであれば、自分の身体をどうするかを決める権利ももつべきではないのか。同じように、患者が事前に終末期はこうしてほしいという意思を表明している場合には、われわれはその希望を尊重する。

今度は、前にあげた三つ目の集団の利益を考えてみよう。亡くなった患者の家族である。厳格な推定同意（〝ハード〟な推定同意）を実施している国、つまり、家族に相談せずに亡くなった患者から臓器を摘出する国は、たとえあるとしてもごく少ない（後で見るように、ここはわれわれの分析で非常に重要なポイントになってくる）。

そのかわりに、亡くなった患者の家族に臓器提供の意思を確認する。家族が反対すれば、臓器は摘出されない。現に、推定同意方式を最近とりいれた多くの国では、自国の方針を「ソフト」な推定同意方式と呼んでいる。かならず家族に相談すること、家族の希望を尊重することが法律で定められているからだ。

われわれに言わせれば、このやり方は家族に残酷で異常な処罰を科すものだ。家族の多くはすでに愛する人の死に直面している。それもほとんどは突然のことである（高速道路などでの死亡事故は、若くて健康な臓器の大きな供給源である）。

このように、推定同意方式は実際には家族同意方式であり、家族はドナーの希望に関する情報をほとんどもっていないことが問題になる。ある人がある方針をオプトアウトしなかったという事実から、多くの情報を得ることはできないだろう。ほとんど誰もそうしていないときはとくにそうだ。推定同意方式をとっている多くの国では、臓器を提供すると能動的に意思決定している人を登録するシステムはない。

ただし、最近ソフトな推定同意に切り替えたウェールズとイングランドは例外で、臓器ドナーになる意思を登録した人のリストがもともとあり、そのリストに新しく登録することが奨励されている。それでも、「推定同意方式がとられているということは、すでにデフォルトで登録されている」と多くの人が考えるようになると、ドナー登録する人がしだいに減っていくおそれがある。臓器提供に同意しているとすでに推定されているなら、なんでわざわざ登録しなければいけないのか。

もう一つ、指摘しておくべきことがある。ある国がハードな推定同意方式を採用することになり、ほとんど全員がデフォルトを選択するとしたら、ルーチン的摘出と推定同意はほぼ同じことになる。よく似ている政策なのに、一方はおぞましいとされることがあり、もう一方はよく考えられていて現代的だとされるのは、不思議でしかたない。

なるほど、そうした環境下では、推定同意方式を採用すると、オプトアウト率が上がらなければ、患者の命がたくさん救われることになる（その前提は妥当ではないだろうが）。推定同意方式なら、ルーチン的摘出とちがって、潜在的ドナーにオプトアウトする機会が与えられるのは確かだ。少なくとも理論上ではそうである。その機会がはっきりと与えられ、簡単に行使できるなら、倫理面から反対する声はぐっと弱くなるだろう。

なお、貯蓄制度への自動加入と臓器提供者の自動登録には、異なる点がたくさんあることも指摘しておくべきだろう。

前者の目標は、従業員がお金を貯める手助けをすることであり、後者の目標は、第三者の命を救うことである。第三者の健康がかかわっているのであれば、より強いナッジを使うこと、場合によっては命令を使うことさえ、正当化されると考える人もいる。われわれも同感だ！　しかしこの文脈では、われわれわれは、潜在的ドナーは自分の身体が希望どおりに扱われる権利を与えられるべきだし、選択アーキテクチャーはその希望を奪うものであってはならないという前提に立っている。さいわいにも、検討すべき選択肢はほかにもある。

「明示的な同意」方式――登録の手間を惜しむ人は、意思があってもドナーになれない

推定同意はオプトアウト式のルールである。それにかわる選択肢として真っ先に思い浮かぶのが、なんらかのかたちのオプトイン式ルールを採用することだ。最も一般的なのが、**「明示的」**同意（あるいはインフォームドコンセント）と呼ばれるルールである。

明示的同意方式では、決められた手順にしたがって臓器提供をしたいという意思を表明しなければならない。アメリカではいまは、オンラインでドナー登録するのがふつうである。だが、臓器を提供したいという意思はあっても、必要な手続きをとっていない人が多いことは明らかだ。それがジョンソン－ゴールドスタインのグラフが伝える要点だった。

たとえば、ギャラップが最近行った世論調査によると、アメリカ人の90％以上が移植手術のための臓器提供を「支持する」か「強く支持する」と答えたが、ドナー登録をしていると答えた人は55％にとどまった[13]。

調査でほんとうのことを答えない可能性があるとはいえ、人間は注意力にかぎりがあり、惰性に陥るし、やるべきことを先延ばしするものでもある。それに、決められた手順にしたがって臓器ドナー登録

をするという手間が壁になって、臓器提供を希望している人が登録していない可能性もある。

そうだとしたら、潜在的ドナーがこの質問に意識を集中させていて、正しい情報を得ていて、臓器提供を希望しても病院での扱いに不利益が生じないと信じていて、やるべきことを先延ばしにしなかった場合の答えを反映していないかもしれない。

オプトイン型アプローチが〝簡素〟である場合、つまり、なんらかのかたちで補完されていない場合には、潜在的ドナーのほんとうの選好をとらえるという点では、よいアプローチだとはとてもいえない。潜在的ドナーに必要なのはナッジなのではないか。

「選択の促進」方式——スマホのタップひとつでドナーになれる

どうすれば臓器ドナーになりたいと考えている人がその選好を登録するように誘導できるのだろう。ドナー登録をデフォルトにすることが一つの方法であるのは確かだが、そのやり方には欠点があることは、これまでに見てきたとおりである。

さいわいにも、選択アーキテクトが使えるツールは、デフォルトルールだけではない。われわれが推奨する設計に**「選択促進」**という名前をつけたのは、ドナー希望者がドナー登録をするようにさまざまな方向からナッジして、明示的に同意するように後押しするからだ。選択促進の主な利点は、先延ばしや惰性、かぎられた注意力を克服できることである。

そのための最初のステップは、おなじみの処方箋である。「簡単にできるようにする」だ。アメリカに住んでいる人なら、ものの数分でオンライン登録できる。ドネート・ライフのウェブサイト（donatelife.net）に行けばよい。なんでしたら、いまやりますか？

以前は運転免許証の裏や特別なドナーカードにサインするように求められるのがふつうで、2人の証人による署名を提出することが必要なケースもあった。それがドナー登録を阻む障害になっていたが、現代的で賢明な法律ができて、それもとり払われている。スラッジが削減された実例だ！

次のステップは、人びとの注意を引きつけることである。ここが「促進」パートだ。たとえ簡単に登録できるとしても、全員がわざわざ登録するとは思えない。それなら、人びとの注意が向いているときに登録してもらうようにしたらよいのではないか。アメリカではどの州も、運転免許証を更新するときにそうするようになっている（ただし、免許更新の間隔が長いところもあるが）。

写真をとって、手数料を支払うと、ドナーになりたいかどうか質問される。「なりたい」と答えると、名前が登録者リストに加えられ、免許証に「ドナー」と表示される。*最近では免許をオンラインで更新するときに登録するケースが増えている。いまアメリカにはドナー登録者が約1億7000万人いて、ほとんど全員が運転免許を更新する手続きを通じて登録している。[14]

＊小さいことだが、検討すべき点がある。このシステムを使う州では、前回の免許更新時にドナーになることに同意した人にもう一度質問するべきか、それとも、前回の答えと同じであると推定するべきか。セイラーが前回免許を更新したときには、係員はゆるやかなナッジのように見えることをした。「いまも臓器ドナーになりたいと思っているということでよろしいですね」。

最後のステップは、ドナーの希望が尊重されるようにすることである。アメリカではすべての州で「本人同意法」が成立しており、まさにそうすることが義務づけられている。個人がドナー登録すると、その時点で、死後に臓器提供することが法的に許可される。その法的権限にもとづいて行動する移植チームにも、信義誠実の原則による免責が認められる。

臓器提供に反対する家族は騒ぎ立てるだろうが、法律によって明確に規定されているため、移植チームは、家族に説明しているときに、「自分たちはあなたの愛する人の希望を尊重することが法律で義務づけられている」と伝えられるようになる。これは家族にとって大きなプラスになる。強い不安とストレスのなかで意思決定をする必要がなくなるのだから。

患者にとってもよいことだ。アメリカでは、登録ドナーの死亡が宣告され、医学的に臓器提供に適していると判断されたケースの「転換」率は100%近い。

それでも、この選択アーキテクチャーを改良することはできるだろう。運転免許を更新するたびに臓器提供の意思を確認するアプローチにはうなずけなくもない。以前は「ノー」と答えたが、それから気持ちが変わっているかもしれない人については、そうしたアプローチをとることを歓迎する。しかし、前回の更新時に臓器提供をしたいと答えている人に質問するべきなのか。前にイエスと答えた人はいまもイエスと答えると推定するのは理にかなっているのだろうか。それに、前にイエスと答えた人がもう一度質問されると、

「自分の臓器はもう移植には使えないのか」

「もう一度聞かれるということは、考え直せということなのか」

といった、意図しないシグナルを受け取ってしまう可能性もある。前にイエスと答えた人でも考えを変えられるべきだというのは、われわれもそのとおりだと思うが、どのくらいの間隔で選択をうながせばよいかはわからない。

くわえて、車両管理局は、臓器提供の意思決定をする場所として最適だとはいえないだろう。ドナーリストにオンラインで名前を登録できるのだから、呼びかけはどこでもできるはずだ。

こうした考え方に沿ったアプローチがイスラエルにある。イスラエルでは投票をするときに有権者にドナーになるようにうながしていた。この巧みなアイデアはイノベーションの成功例になっている。アメリカの一部の州（ニューヨーク州など）では、有権者登録をするときにドナー登録をすることもできる。これもよいアイデアだ[15]。納税申告をするときに登録するようにすることも、選択肢になるかもしれない。

人びとがドナー登録するようにナッジする方法はほかにもある。メディアキャンペーンもその一つだ。秀逸な例が、ブラジルのサッカーチーム、スポルチ・レシフェが展開したキャンペーンである。レシフェはホームゲームのときにチームのロゴ入りのドナーカードに署名するようにファンに呼びかけるビデオを上映した。「Immortal fans（永遠のファン）」で検索すると、その動画が見つかる。*ぜひ見てほしい。心臓移植を受けた女性が、「わたしの新しい心臓はレシフェのために鼓動を刻み続けます」と誓ってい

＊ウェブサイトに直接アクセスすることもできる（https://youtu.be/E99jQScSB8）。もう一つ、エッジがちょっときいているからというべきか、エッジがちょっときいているのにというべきか、ドネート・ライフの広告も気に入っている（https://youtu.be/BHO4JOjzYu4）。

るのだ！
　このキャンペーンを通じて、5万人以上が登録したという。ほかのスポーツチームもこの事例に続くことを願っている。リーグ全体がそうなるともっとよい。

　こうした呼びかけのパイオニアが、ベルギー、とくにフランダース地方である。2018年、テレビ番組「ベルギーをふたたび偉大な国にする」が1回の放送分を丸々使い、臓器提供にまつわる感動的なエピソードを交えて、「行動を起こそう」という明確なメッセージを発信した。同時に、フランダース地方の240の自治体と協力して、次の日曜日に役所を開け、ドナー登録を受け付けたところ、そこで2万6000人以上が新規に登録した。フランダース地方の臓器ドナー登録数はそれまでは年間で7000〜8000人だったことを考えると、驚くべき成果だ。[16]
　2020年にも、新しいオンライン登録制度の認知度を上げるための特別番組が放送された。そのなかでフランダース地方のコルトレイク市で行われた特別キャンペーンのエピソードが紹介されている。一夜明けて朝になると、自転車専用道路に「0491－75－71－63に電話を」というメッセージがスプレーで書かれている。この番号に電話すると、オンラインでのドナー登録を呼びかける市長と番組の司会者のメッセージが流されるというものだ。
　また、ベルギーでは地方自治体選挙のときに市民が臓器ドナー登録をすることもできた。さらに政府は「フェデラルトラック」号を導入して、2015年から2019年にかけて国中を回り、臓器移植について学童を教育し、家族で臓器提供のことを話し合う機会をもつようにうながした。こうした取り組みの積み重ねを考えれば、2009年以降、臓器ドナー登録数は3倍以上増えているが、オプトアウト率は横ばいであるのも、驚くことではない。[17]

われわれが拍手を送りたい最後のナッジは、正真正銘のよいナッジであり、しかもアップルの事例である。アップルの創業者であるスティーブ・ジョブズは生体肝移植を受けているのだ。アメリカ人が新しくｉＰｈｏｎｅを買うか、ヘルスケアアプリを入れると、ドネート・ライフの臓器ドナーリストに登録するようにうながされる。２０１６年の開始以降、このアプリを通じてこれまでに６００万人以上がドナー登録をしている。

「命令的選択」方式――「命令」はそれだけで「拒絶反応」につながる

もう一つの選択肢は、臓器を提供したいかどうか意思を表明することを全員に**義務づける**というものだ。それを全員に義務づけることが現実に可能かどうかは、国によってちがってくるだろう。

アメリカでは、全員をカバーする方法はすぐには思いつかない。誰もが運転免許証やパスポートをもっているわけではないからだ。それでも、運転免許を申請する人に質問するときに、要請ではなく命令を使うことはできるだろう。

全員が国民ＩＤカードをもつことが義務づけられていて、それなりの間隔で更新される国なら、もっと広く実行できるはずだ（このような問題では、18歳のときに表明した答えを確定的なものとみなすべきではない）。

命を救うことが目標であるなら、命令的選択のほうが多くの人が選択を登録するので、選択促進よりも少しよいように見えるかもしれないし、潜在的ドナーと家族の権利を守るという点では、少なくとも選択促進と同じくらいよいように感じるかもしれない。ほんとうにそうなのだろうか。

その疑問に答えるには、もう一つ別の問いに答えを出す必要がある。「選択促進と命令的選択のちがいはなにか」だ。両者のちがいはわずかで、実際に、われわれが「選択促進」と呼んでいるものは、臓器提供の文献ではずっと「命令的選択」と呼ばれており、大きな混乱を招いている。ちょうどよい機会なので、ここではっきりさせておこう。

いま、運転免許の申請がオンラインで行われているとする。臓器提供の意思表示が義務づけられているなら、質問に答えないと申請の受け付けは完了したことにはならない。一方、うながされるだけなら、回答しないという選択もできる。*これはプラス要因である。登録していないことは臓器提供を拒否するということではないためだ。それなら患者が亡くなったときに家族に臓器提供の意思を確認することができる。また、家族に決めてほしいという人もいる。ある種の文化ではとくにその傾向が強い。

オプトイン方式の選択アーキテクチャーの大きな利点の一つは、臓器提供をするという意思を表明するルートが二つできることである。答えることを強制すると、その利点が消えてしまう。

命令と促進では、どちらのほうがよいのだろう。答えはすぐには出ない。この質問に十分な注意が向けられていないなら、命令が必要かもしれないが、それだったら「臓器提供に関する質問に回答がありません。回答しないならこれで手続きは終了しますが、回答しますか」といったリマインダーを表示すればよいのではないか。

われわれはリバタリアン・パターナリストであり、命令にはできるかぎり抵抗するし、このケースでは、反対する明確な理由をいくつかあげられる。一つには、命令的選択は逆効果になりかねないことを示すエビデンスがある。そうだとすれば、命を救うという点では、選択促進に劣るかもしれない。

テキサスで命令的選択方式がとられたときには、臓器提供に同意した市民は20％しかいなかった。[18]程度こそ小さいが、バージニア州でも同じような結果となり、登録した人は31％にとどまった。[19]

また、経済学者のジャッド・ケスラーとアルヴィン・ロスが実験で明らかにしたように、選択を強制するとドナー登録に同意する人が少なくなることを示すエビデンスもある。2人の結論は、論文のタイトルに集約されている。「ノーという返事を答えとして受け入れてはいけない」。[20]

市民の反発も、ほとんどの州で採用されているかたちの選択促進を選好する理由の一つである。臓器提供に関する質問に回答しないことを選択した人は、臓器ドナーとして記録されないが、運転免許証は発行される。また、こうした州が管理するのはオプトインした人だけで、オプトアウトした人は記録されない。それはドナーを登録するリストであって、臓器提供に関する意思決定を登録するリストではない。

この区別は重要になる。というのも、命令的選択に興味深い問いを投げかけるものだからだ。臓器提供しないという回答は公的に記録されるのだろうか。命令であるならばそうでなければいけないように

＊ニューヨーク市は独自のハイブリッド型アプローチを使っている。臓器提供に関する質問に答えないと、申請が完了したことにはならないが、臓器提供に関する質問に対する答えの選択肢の一つに「この質問に回答しない」がある。このやり方をどう分類すればよいのかわからない。質問を飛ばすという選択肢が命令になるのか。これについては強い促進かリマインダーと考えるのがベストだろう。

思われる。そうした場合には、その情報は法律にもとづく正当な拒否の意思表示として扱われ、家族と共有される。ドナーになりたくないという人のリストがつくられたら臓器提供はほぼ確実に減るだろう。

選択を義務づけると命が救われるなら、義務的選択方式を支持する強力な理由になるはずだが、エビデンスを見るかぎり、この文脈では命令よりも促進を選ぶべきだと思われる。

「インセンティブ」方式――メリットを示せばドナーは増える？

生きているドナーに金銭を支払うことは認められていないが（イランは例外）、どんな制度でも、インセンティブを増やすことはできる。たとえば、生体腎移植のドナーはいまでは医療費は全額補償され、一定の休業補償も受けられるようになっている。[21] イスラエルはこうした考え方に沿ったインセンティブ型政策を実行しており、ここからいくつかの有用な教訓が得られる。

イスラエルにはオプトイン方式のドナーリストはあるが、臓器提供に関する最終決定は近親者が行うため、承諾をどう得るかがカギになる（「本人同意」法はない）。このことに気づいたイスラエル議会はまず、臓器移植の待機者のうち少なくとも3年前に臓器ドナー登録をしていた人に優先権を与える法律を2008年に成立させた。次に、死亡時に臓器を提供した第1度近親者（訳注：両親、兄弟姉妹、子ども）がいる待機者は優先順位をさらに上げることにした。* この二つ目のルールができたことで、臓器提供に関する最終決定をする近親者が、臓器提供を認めることから直接恩恵を受けられるようになる。

シンガポールもインセンティブを提供しているが、フレームを「損失」に切り替えている。かなりハードな推定同意方式をとっており、オプトアウトしたい人のリストがある。しかし、オプトアウトする人には、もしも自分が病気になってドナーが必要になった場合には、待機リストの最後になると説明される。[†]

イスラエルの政策はうまくいっているようだ。政策が変更された後の5年間を見ると、家族の承諾率は45％から55％に上がった。[22] ドナーの登録数も増えている。このやり方を真剣に検討する価値はありそうだ。登録率が低い国はとくにそうだといえる（アメリカでは成人の約55％がドナー登録していることを思い出してほしい）。

ナッジで命は救われたか

最近、いくつかの国がオプトイン方式から推定同意方式に切り替えており、アメリカの一部の州もそうすることを検討している。ほとんどの場合、推定同意方式をとれば命が救われるというのがその根拠になっている。問題は単純ではないが、その結論を裏づけるエビデンスに説得力があるとは思えない。しかも、この章で提起した問題のいくつかについては混乱も見受けられる。

＊優先順位が最も高いのは生体ドナーだった待機者であり、これはほかの国でも同じである。
†中国は、近親者に臓器提供を承諾させるために、もっと直接的なインセンティブを与えている。現金だ。この政策が評価されているかはわからない。念のために言い添えておくと、アメリカでは違法になるだろう。

そもそも、かの有名なジョンソン－ゴールドスタインのグラフから誤った結論が引き出されていると思われる。ここで導くべき結論は、「デフォルトは選好の誘導に大きな影響を与える」というものであることは明らかだ。その結論を裏づけるエビデンスは本書を通じて見てきており、この例は、非常にすぐれた経験的検証の一つであることに変わりはない。しかし、「推定同意方式を採用し、オプトアウト率が低くなれば、かならず命は救われる」と結論づけるのはまちがっている。

ハードな推定同意ルールを実行している国であれば、家族に相談する必要がないので、その結論は妥当なものだろう。ドナーは臓器提供に同意しているものと文字どおりに推定される。そのため、家族が臓器提供に反対するリスクがとり除かれるだけでなく、一刻を争うなかで家族の承諾を得るために時間と手間をかける必要がいっさいなくなる。

ところが、実際にこの政策を実行している国は、あるとしてもごくわずかであることがわかっている。一つだけ例をあげると、名目上は推定同意国であるイタリアでは、われわれのいう「家族」の役割について、公式サイトでこう説明されている。

「亡くなった人が生前に臓器提供に関する意思を表明していない場合には、親族が提供に反対していない場合にのみ、臓器の提供が認められます（決定権の順位は、配偶者、パートナー、成人している子ども、親の順になります）。未成年者については、両親が判断するものとします。どちらか1人でも反対していたら、臓器提供は行われません[23]」。

オーストリアやシンガポールのように、ハードな推定同意が法律で規定されている国でさえ、現場では、臓器を摘出する前に医師が家族と相談する。同じくハードな推定同意国とされるスウェーデンでも、ドナーが生前に能動的にオプトインしていなければ、家族が拒否することができる。こうした政策がとられるのは理解できる。強い不安とストレスのなか、その故人の希望がわからない状態で、悲しみに暮れる家族に臓器提供を迫るようなことは、医師もしたくはない。たとえ臓器提供の橋渡しをする正当な権利があるとしても、だ。そのような決断を強いれば、臓器提供そのものに対する反発を招くことにもなりかねない。

イングランドやウェールズをはじめ、近年に推定同意方式をとりいれた多くの国では、その政策がソフトな推定同意の一種であることが法律にはっきり記されている。臓器が使用される前には家族や近しい友人にかならず相談し、誰とも連絡がつかない場合は、手術は行われない。こうしたルールや慣例があることを考えると、推定同意方式で実際に命が救われるかどうかはわからない。

ここまでの議論を整理して確認するために、国の方式（オプトイン方式かオプトアウト方式か）と、行動（選好の表明あり）か無行動（選好の表明なし）のいずれかによって示される選好で分類してみよう。表13・1に示すように、分類は4通りある。*

＊鋭い読者は、この単純化された4分割表に異議をとなえるだろう。明らかに二つのグループが抜けている。ドナーになること、あるいはドナーにならないことを能動的に登録できていたらそうしていたであろう人たちだ。この二つをそれぞれ「A*」と「C*」と呼ぼう。実際、自分の国に臓器提供を希望する人と希望しない人を登録するリストがあれば、それが可能だっただろう。国レベルの登録リストがある国は増えているが、明示的同意国には臓器提供を希望しない人のリストがない傾向がある一方、推定同意国では臓器提供する意思を能動的に示している人を登録することはめったにない（顕著な例外はベルギー、ウェールズ、イングランド、オランダである）。これは、各国はドナー希望者の登録リストを管理しているのであって、臓器提供の意思決定を登録しているわけではないからだ。

AとD（臓器提供に暗黙的あるいは明示的に同意しているグループ）が同じものとして扱われる場合はもちろん、同じように扱われる場合でさえ、デフォルトのシステムがとても重要になるだろうが、実際には扱いは大きくちがう。

本人同意法があるアメリカでは、D（登録ドナー）は、臓器提供に最も前向きなものとして扱われる。ドナーが能動的に示した希望は法律で守られる。しかし、オプトアウトしていないだけのAは、登録していないCと同じように扱われる。そこからある論理が見えてくる。**選好を能動的に示していない人は、制度に関係なく、同じものとして扱う**。そして、あの有名なグラフからも明らかなように、この論理は大半の人にあてはまるのだ！

これに対し、BとDの希望はおおむね受け入れられる。BとDは能動的に選択しているからだ。オプトイン型アーキテクチャーのよいところは、同意する機会が一つ増えることである。個人がドナー登録していなければ、家族が承諾を求められる。

臓器提供の専門家であるアレクサンドラ・グレイザーはこれを「りんごをふたかじりする」（訳注：二度のチャンスがあるという意味）と言い表している。[24] ひるがえって推定同意方式では、とくに登録ドナーリストがない場合だと、同意するチャンスは1回しかなく、それを家族がすることになる。

このように、実際の運用を考えると、「推定同意」という言葉は誤解を与えるおそれがある。誰の同意も推定されていない。多くの国が推定同意法に引きつけられるのは、一つには、デフォルトを変更す

【表13・1】臓器提供方式における行動と無行動が暗黙的に表す選好

	選好の表明なし	選好の表明あり
オプトアウト国（推定同意）	A 不明。私の家族に聞いてください。	B いいえ。私の臓器を提供しないでください。
オプトイン国（明示的同意）	C 不明。私の家族に聞いてください。	D はい。私の臓器を提供してください。

ることが意味するところについて、混乱が生じているからだと思われる。推定同意が実行されると、ドナーがオプトアウトしていなければ、臓器のルーチン的摘出を行うことができるので、命が救われることはまちがいないだろう。

しかし、われわれが強調してきたように、実際にそうしている国は一つも見つからなかった。オーストリアやシンガポールのように、そうすることが法律で義務づけられている国でさえ、現実はちがっている。

それでも、これは経験的な問題である。推定同意方式に切り替えれば、命は救われるのだろうか。この疑問については数多くの研究がなされており、各国の臓器移植の実績を比較して答えを明らかにしようと試みられてきたが、結論はまちまちである。明確な答えが得られていないのは、一つには、調査対象となった国が50に満たず、サンプル数がかなり少ないうえ、臓器提供に影響を与えうる重要な相違点があるからだ。

一つだけ例をあげると、カトリック信者は臓器提供に好意的な傾向があり、カトリック信者が圧倒的に多い国は推定同意方式を採用する割合が高い。そうだとすると、推定同意国のほうが臓器提供率が高い場合には、それは宗教上の理由によるものなのか、それとも公共政策によるものなのか。なるほど多変量解析をすれば、複雑に絡み合った要因を解きほぐせるかもしれないが、そうなるとサンプルサイズが小さいという問題が大きく立ちはだかる。*

実証分析については、それ以上に根本的な問題として、どの国を推定同意を使用している国に分類するべきかを決めなければいけない。

スペインのケースを考えてみよう。長く臓器提供先進国として世界をリードしてきたスペインは、ふつうは推定同意国に分類される。1979年という早い段階で推定同意法を成立させていることがその理由の一つだが、そのわずか1年後、同法には「かならず家族に相談しなければならない」と明記された。ドナーの同意はまったく推定されず、オプトアウトを希望する人の登録リストすらない。したがって、スペインは事実上は（家族による）オプトイン国である。古い法律をスペインの傑出した臓器移植の実績に結びつけるのは、どう見ても無理がある。

スペインの国立臓器移植機関の創設者であるラファエル・マテサンスと、現長官のベアトリス・ドミンゲス＝ギルは、その法律がスペインの移植医療が成功した理由ではないと明言している。「そうではなく、インフラの構築、死者からの臓器提供にかかわる組織・仕組みの整備、絶えざるイノベーションが成功のカギだと考えられる」[25]

「スペイン・モデル」の核となるのが、3階層の移植コーディネーター・ネットワークだ。地域レベルでは、調達病院がそれぞれ専任の移植コーディネーターを指名する。指名された医師は、病院内で臓器提供候補者をすみやかに把握し照会する責任を負う。臓器移植にかかわる医療従事者も、臓器提供のプロセス全体にわたって専門のトレーニングを受ける。重症管理室での死亡例は規定として病院内外の専門家による監査を受け、潜在的ドナーが見逃されていないか調べて、改善策を立てる。

また、臓器提供に関連して病院が支出した費用は国から十分に償還されるようにして、臓器提供を減らす金銭的なインセンティブがはたらかないようにすることにも重点が置かれている[26]。

このように、スペインをオプトアウト国に誤って分類すると、経験的検証が歪められるおそれがある。スペインは人口当たりの死後の臓器提供数が世界でいちばん多いからだ。

しかし、もっと基本のところでは、ハードな推定同意を実践している国は、あるとしてもごく少ないので、このカテゴリーに入ることがなにを意味するのかさえわからない。ある国でずっと前に施行された法律が、（規制や慣例が理由で）いまは文言どおりに実行されていないのであれば、それを脳死患者の家族から承諾を得るという問題を克服するための法的枠組みとするよりも、その国が臓器提供に好意的な態度をとっている（とっていた）シグナルと受け止めるほうが正しいだろう。

国が政策を変更するときには事前・事後分析も行われるが、そこでも明確な答えは得られていない。

＊統計学マニアに向けた脚注：多くの研究がそれぞれの国から得られた複数の観測値を利用しているが、これだとサンプルサイズが実際よりも大きく見える錯覚が生じてしまう。一つの国から複数の観測値が得られるとき、観測値は独立ではない。そのことを考慮すると、なんらかの結論を導き出せるだけの十分な検出力はない。

ブラジルが１９９７年に推定同意方式を導入したとき、政府はインフラの整備に投資しなかったため、１年後に方針を撤回した。

ウェールズが政策を変更した後、死後の臓器提供が増えたが、それに間接的に影響を与える要素（交絡因子）はたくさんある。ウェールズがオプトアウト方式をとりいれたときには、２００万ポンドをかけてメディアキャンペーンを展開する、スタッフの訓練を拡充する、能動的なドナー登録を促進する取り組みを継続するなど、ほかにもさまざまな活動が行われた。* ２０１６年から２０２０年のあいだにウェールズで15万人以上が能動的に臓器ドナーとして登録したが、オプトアウトを登録した人は１万７０００人に満たなかった。[27]

こうした要因があるため、臓器提供が増加した原因をなにか一つに特定するのはむずかしい。実際、ウェールズが名ばかりの政策変更はせず、それ以外の活動だけに力を注いでいたとしても、臓器提供はこれと同じくらい増えていたか、場合によってはそれ以上に増えていた可能性がある。

ある州や国の臓器提供プロセスを評価する簡単な方法の一つは、死亡1万人当たりの臓器提供数を使うことである。その際には区域によって偏りがある死亡率を調整する。この方法を使うと、選択促進・オプトイン方式を採用しているアメリカの臓器提供率は世界屈指の水準になり、一部の州はスペインの提供率を上回る。[28] 実際、アレクサンドラ・グレイザーとトム・モーネがアメリカの州を国として扱って推計した臓器提供率を見ると、オプトイン地域の提供率はオプトアウト地域よりも27％高い。

別の制度に切り替えるとどんなメリットがあるかを考えるときには、どんなリスクがあるかを考えることが重要になる。推定同意方式に切り替えて目に見える成果があらわれている国は、当初の臓器提供率がアメリカの現在の水準を大きく下回る低い水準にあった。また、先にあげたギャラップの２０１９年の世論調査では、「アメリカが推定同意方式に移行したらオプトアウトする」と答えた人が37％もいた。この数字にはリアクタンスによるものが含まれているかもしれない。

つまり、どんなものでも選好が推定されると、それに反発する人が出てくることがある。[29] この数字が正しければ、アメリカが推定同意方式に変更すると、提供率はむしろ大きく下がる可能性がある。

結論──誰のためのナッジなのか？

ここまでに力説してきたように、デフォルトは強力なツールになりうるが、デフォルトを変更すればあらゆる問題が解決するわけではない。臓器提供がそのよい例である。ここで非常に重要な要因になるのは、潜在的ドナーだけが関係当事者ではないということだ。家族が臓器提供のプロセスにかかわるため、推定同意方式はツールとしては一般に考えられているよりもずっと弱くなる。

これまでに見てきたとおり、臓器提供はほかの側面に成功の秘訣がある。スペインはそれをとてもうまく管理している。選択アーキテクチャーを整備すると同時に、家族にアプローチするときには適切な

＊イングランドとウェールズはいまもドナー登録をするように呼びかけている。それに対しては拍手を送りたいが、両国がそうしているということは、推定同意法をつくってもそれだけで問題が解決するわけではないと認めているということである。

コミュニケーション戦略をとっており、そうした要因はデフォルトの選択以上に大切であることが明らかになっている。

アメリカでは、58カ所にある臓器調達機関（OPO）がその役割を担っており、OPOはそれぞれの担当地域で死後の臓器提供を調整する責任を負う。[30] たとえば、フィラデルフィアを拠点とするOPOで、ペンシルベニア州東部とデラウェア州を担当するギフト・オブ・ライフ・ドナー・プログラムは、全米トップの実績をあげていることで広く知られており、ペンシルベニアとデラウェアの臓器提供率は一貫して高くなっている。

残念ながら、潜在的ドナーのプールは地域によって差があるうえ、OPOがふむ手順には不透明な部分が多く（少なくともわれわれ2人にとってはそうである）、OPOのどの手法が高い臓器提供率につながっているのかを特定するのはむずかしい。

この文脈では、患者の命を救うこと、潜在的ドナーの権利を尊重すること、そして家族の利益を守るためにできることはなんでもすることを目標とするべきである。それを念頭におくと、この問題に取り組むにあたっては、州や国は二つの最優先課題に集中するべきだと思われる。

一つはスペインなどのベストプラクティスから学ぶこと、そしてもう一つは、ドナー登録をうながすために、登録する場所やインセンティブ、メディアキャンペーンなど、さまざまな方法を試すことである。デフォルトルールを変更すると、成功する見込みがより高い道から遠ざかることになりかねない。

第14章

私たちの地球を救え
——これからのナッジ活用

ほんの少しでも関心がある人なら知っているように、世界は「気候変動」と呼ばれる危機に直面している。徐々に地球は暖かくなり、気候は不安定になっていて、人びとの健康や厚生にさまざまな悪影響がおよんでいる。その被害を最も受けているのは貧しい国の人たちだが、豊かな国の人びとも深刻なリスクにさらされている。激しい暴風雨や大規模な山火事は、人を選ばない。

これは非常に大きな問題なので、全員が結束して対策に取り組むだろうと思うかもしれない。実際に、一部の国が大胆な構想を打ち出し、温室効果ガスの排出を減らすために莫大な費用を投じている。しかしこれまでのところ、問題はほとんど前進していない。大きな理由は、その巨額のコストである。排出量を大幅に減らそうとしたら、けっして安くはあがらない。

話をわかりやすくするために、ここでは温室効果ガスの排出削減に集中するが、残念ながら、この先かならず、世界は気候変動の影響に対処する方法を見つけなければいけなくなる。今後数十年で気温は上がり、海水面は上昇し、嵐は激しさを増し、山火事は増えるだろう。たとえ排出が増加するペースが大きく減速したとしても、それは変わらない。そのため、こうした悪影響に適応するための政策が必要になってくる。

そしてそこに選択アーキテクチャーのベストプラクティスや、さまざまなナッジを組み入れるべきだ。適応策とは、気候変動の被害を軽減する施策のことである。

たとえば、さまざまな介入をすれば、山火事の頻度を下げたり、制御しやすくしたりできるようになる。防潮堤をつくれば、海面上昇による浸水のリスクを減らすことができるし、洪水が起こりにくいところに住宅を移転できれば、さらに被害を少なくできる。より干ばつに強いハイブリッド穀物を開発することは可能だが、何世代もほかのものを栽培してきた農家がそれに切り替えるようにするには、ナッジが必要かもしれない。

選択アーキテクチャーへの理解が深まれば、温暖化が進む世界で被害を減らすためのさまざまな改革を後押しすることになるはずだ。

「温室効果ガスは絶対に減らすべき」なのに、取り組みがいっこうに進まない理由

どうして各国の取り組みは前進していないのだろう。行動経済学の基本的な考え方が、その理由を理解する手がかりになる。残念ながら、私たちはいま、〝パーフェクトストーム〟状態にある。さまざまな要因が重なって、集団で行動することがむずかしくなっているのだ。大きな障害には次のようなものがある。

1 「現在バイアス」

これまでに見てきたように、人間は将来よりも現在をはるかに重視する傾向がある。科学者たちは何十年も前から気候変動がもたらす危険を警告してきたが、多くの場合、非常に深刻なリスクは将来のものであり、おそらく何十年も先のことだと考えられている。

しかし、そのツケがいま、私たちの前に突きつけられているのだ！　地球のいたるところで、いままさに、気候変動に関連するリスクや問題に直面している。これまでにも重要な局面があったにもかかわらず、数多くのリーダー、そして数多くの有権者は、気候変動は将来世代の課題とみなし続けており、気候変動政策には投票しない。そこは新型コロナウイルス感染症と大きくちがう点である。

コロナ禍では、友人や家族、政治のリーダーが感染したことで、感染や死亡のリスクを目の当たりにしている。

2 「顕著性」

スモッグは目に見えるし、みんななくなってほしいと思っている。汚れた空気も、汚れた水も、どちらも目で見てわかるし、恐ろしく感じる。アメリカをはじめとする数多くの国で、大衆は空気と水をきれいにするように求めてきた（そして多くの場合、それを手に入れている）。

これに対し、大気中にある温室効果ガスは目に見えない。目で見ることさえできないなら、気にしないかもしれない。

3 「敵の不在」

一部の脅威については、顔の見える首謀者がいて、その非道な行為に世間の目が注がれる。テロリストに対抗する機運を高め、テロとの闘いに資源を投入するのは、それほどむずかしいことではない。著名なリーダーたちがその指揮をとり、テロリストを攻撃すると宣言しているときはとくにそうだ。

ところが、気候変動には「顔」がない。無数の人びとの行動が生み落としたものだ。私たちのほとんど全員が非常に長い期間にわたって地球に負荷をかけてきた結果である。

アメリカ同時多発テロの後には、特定の敵の存在（とくにオサマ・ビン・ラディン）が積極的な対応を後押しした。しかしそのときに、人命の損失という点ではテロリズムよりも気候変動のほうが大きな脅威だと訴えることもできただろうし、いまならもっと声を大にして訴えることができるだろう。

4 「確率的被害」

行動のなかには、それが害を引き起こすことが簡単にわかるものがある。たとえば、ある人が別の人をなぐるときや、ある会社が有害物質を地元の湖に廃棄するときがそうだ。

気候変動がおよぼす害はたいてい確率的なものであり、そのせいでコンセンサスにいたるのがむずかしくなる。世界の一部の地域でハリケーンや火事や暴風雪が増えているとしても、それは気候変動のせいなのだろうか。もちろん、気候アトリビューション科学（訳注：異常気象と気候変動の関連性を分析する手法）は急速に進歩しており[1]、大勢の科学者が気候変動の影響でハリケーンと火事の発生頻度や強度が高まると予想されると訴えている。それは正しい。それでも、特定の事象が気候変動のせいで生じたと主張することはできないだろう。

気候対策の機運を高めたい人たちにとっては、そこが問題になる。それに、どれだけ慎重に言葉を選んでも、気候変動懐疑派は言葉尻をとらえてくる。

5「損失回避」

損失回避についてはすでに述べた。人があるものを失うときに感じる痛みは、それと同じものを得るときに感じる喜びよりも大きい。温室効果ガスを削減する取り組みを始めると、その時点で損失を強いられることになる。全員が新しい「環境税」を支払うことになれば、損失回避の法則がはたらきはじめる。

たしかに気候変動も損失をもたらすが、最悪の損失が発生するのは将来のある時点でのことであり、それがどれくらいの規模になるかも、多くの点で不確かである。

断っておくが、われわれはこうした問題は克服できないと言っているのではない！　気候変動と闘う活動が世界中で若い世代を中心に広がりを見せており、大きな規制活動へとつながっている（ヒューマンは現在バイアスを克服できるし、将来世代のことも少なからず気にかけているし、気候変動がもたらす損失は目に見えるようになっているし、損失の多くはいままさに起きているし、保険が確率的被害への備えになることを知っているし、大きな排出源は特定できる）。しかし、気候変動、ひいては環境保護全般には、さらに二つの問題がある。それによって、適切な対応をとるのがなぜこんなにむずかしくなることがあるのか、その理由に一部説明がつく。

第一に、自分の行動が環境にどのような影響を与えるのかについて、明確なフィードバックがない。あなたがエネルギーを使うと、空気や水が汚染されたり、炭素を排出することになったりしても、その事実に気づいていないかもしれない。少なくともずっと意識しているわけではないだろう。たとえそう聞かされたとしても、あなたの行動にはなんの影響も与えないのではないか。

いつも部屋を快適な温度に保ってくれる魔法のような冷暖房システムを使っている人は、その意思決定がほかの人にコストを負わせていることなど、その瞬間瞬間はもちろん、日々考えることさえありそうにない。そして自動車をたくさん運転すれば気候変動に加担することを知っていたとしても、運転を減らしたり、電気自動車を買ったりするだろうか。そうするかもしれないし、しないかもしれない。なにを食べるか、購入する商品にどんな原材料が使われているかといった、気候変動との結びつきが見えにくい意思決定となれば、なおのことそういえる。

第二に、フリーライド（ただ乗り）の問題がある。これは非常に重大な問題だ。気候変動問題が前進するかどうかは、多数の国とその市民がどう行動するかにかかっている。一つの家族、一つの大企業、さらには一つの国が排出を減らせば、それはまちがいなく前進である。しかし、ほかの家族や会社や国が排出を増やしていれば、世界全体で見ると取り組みが後退することになりかねない。

たとえば、アメリカの著名なリーダーたちはなにかあるたびにこう考えてきた。「中国やインドは排出を減らしていないのに、どうしてアメリカが減らさなければいけないのか。ほかの国はいつもどおりに経済活動をして、アメリカに害を与えているのに、なんでアメリカがたくさんお金を使って、ほかの国を助けなければいけないんだ」。これに対し、中国とインドのリーダーはなにかあるたびにこう考えてきた。「そもそもほかの豊かな国がこの問題を生んだのに、どうしてわれわれが積極的に動いて、排出を減らさなければいけないのか」（この点については、すぐ後でもう一度触れる）。

これがいわゆる「共有地の悲劇」である。共有地で牛を放牧している農民には、それぞれ自分の群れの数を増やすインセンティブがはたらく。牛の数を増やしたぶんだけ利益は多くなるが、それにかかるコストはほんの一部しか負担しないからだ。しかし、その結果として牛の総数が増えすぎてしまえば、やがて餌となる牧草が食べ尽くされてしまう。酪農民たちはこの悲劇を避ける方法を見つける必要がある。

同じような問題は漁業でもあるし、大気汚染や気候変動の問題も、これで一部説明がつく。後者は〝厄介な〟共有地問題と言い表されることがある。脅威があまりにも大きくて、非常に多くの人と国がかかわっているからだ。[2] 共有地の悲劇が起きているときには、なんらかの強制力をはたらかせることが、標準的な解決策になる。先の酪農民の例でいえば、全員が自分の群れに加える牛の数を制限することに同意する、取り決めを破った人には罰を与えることで同意する、などがそれにあたる。規範も役に立つことがあり、[3] 選択アーキテクトはそうした規範をつくる手助けができるが、時間がかかる。

もしもみなさんが、「低コストのナッジを使えばこの問題はなくなるので心配しなくていいですよ」と言ってもらえると期待してこの章を読んでいるとしたら、がっかりさせることになる。これまでたびたび強調してきたように、軽い介入であらゆる問題を解決できるわけではない。地震が起きて、巨大な津波があなたの暮らす町にものすごい勢いで押し寄せてきたら、波の99％は海岸の端に到達する前に戻りますよと津波を説得しようなんて考えてはいけない。それよりも高いところに走って逃げるべきだ。

残念ながら、気候変動から走って逃げるという選択肢はない。だが、津波の場合とちがって、行動する時間がまだもう少しある。ナッジでこの問題を解決できるわけではないのは確かだが、ナッジにできることはあるし、できることはすべてやらなければいけない。

また、気候変動を地球規模の選択アーキテクチャー問題として考えることも役に立つ。どうすれば問題を前進させられるかを理解するには、心理学と行動経済学の知見が助けになる。

どうすれば「みんなで協力」できるのか?

「共有地の悲劇」という言葉は、ギャレット・ハーディンが1968年に有名な論文で発表したことで広く使われるようになったが、その概念は社会科学者のあいだではずっと前からよく知られていた。[4] 経済学では、その分野の巨人であるポール・サミュエルソンが1954年に発表した3ページ(!)の論文で、「公共財」問題と呼ぶものについて書いている。[5] サミュエルソンは公共財を「すべての人が消費できて、ある人が消費してもほかの人が消費できる量が減少することのないもの」と定義した。山の新鮮な空気がよい例だ。あなたが山頂でどれだけ深呼吸しても、ほかのすべての人が深呼吸できるだけの十分な量が残される。

サミュエルソンの分析は、当時の経済学者に広く受け入れられていた前提にもとづいていた。人はエコンのように行動する、つまり、人は合理的かつ利己的であるというものだ。* この文脈では、人は自分がおかれている状況を理解して(サミュエルソン本人はやっとそれを理解したところだったのだが)、自分自身の幸福を最大化するために行動し、ほかのすべての人の選好は無視することを意味する。

こうした前提に立つと、大きな問題が生まれる。なぜなら、公共財をつくるために誰もなにもしようとしなくなるからだ。これは個人にあてはめて考えるとわかりやすい。あなたが生活のなかで環境にやさしい選択をすると、あなたが生み出す便益を全員が分け合うことになるので、あなたはそうした選択をしないかもしれない。

ありがたいことに、ヒューマンはエコンほど利己的ではなく、一部の人や政府はみずから行動を起こしてはいるが、私たちが思っているほど多くはない。

公益事業者や自動車メーカーといった、世界の炭素排出量で大きな割合を占める大企業にあてはめると、この分析はこれまで以上に重要になる。

こうした大企業の目標は、たいていは利益をあげることである。汚染を減らすと、利益をたくさん得られなくなるかもしれない（消費者がその見返りを与えてくれる場合は別だが）。事業主も従業員も気候変動の影響を受けることは確かだが、それを考慮に入れたとしても、厳密な利潤最大化分析をすれば、温室効果ガスの排出を大きく削減するべきではないという結果が出るかもしれない。

それでも、数多くの企業が排出を減らす対策を（多大なコストをかけて）とっている。会社を経営して

＊「**合理的**」という言葉は使わないと前に言ったが、この章ではその自主規制を破り、この言葉を単に人は物事を正しく計算することを意味するものとして使う。「**利己的**」という言葉も加えたのは、それがまったくちがう概念だからだ。他人の幸福や厚生を気にかけるのは完全に合理的だといえるが、標準的な経済モデルはたいてい、私たちは自分自身のことや場合によっては身内のこと、少なくとも大半の身内のことだけを考えていると仮定している。

いる人たちには良心がある。そして、従業員、投資家、顧客は経営者をナッジできる。自分の子どもたちからのナッジはとりわけ効果があるだろう。そうはいっても投資家は利益を気にするので、この文脈では、それが大きな課題になる。

フリーライド問題は、政府レベルになるとさらに重要になる。気候変動対策を前進させるには、世界中の政府が協調して取り組んでいくしかないからだ。

世界の国々は放牧地に牛を何頭増やすか意思決定している農家のようなものだと考えることもできる。国民や他国から大きな圧力がかかるか、気候問題に取り組もうという強い意志をもつリーダーが現れないかぎり、中国、インド、アメリカはみずから排出を大幅に削減しようとはしないかもしれない。なんらかのかたちの強制力のある合意が必要になるのではないか（3カ国ともほぼ自発的に排出量を大幅に削減させた時期があることは強調しておきたい。ここで言いたいのは、フリーライド問題が原因で、この3カ国、あるいは世界全体がやるべきことをやるようにさせるのがむずかしくなっている、ということだ）。

社会科学者は興味深い実験ゲーム研究を行って、この状況が意味するところを明らかにしており、このゲームからは、2015年のパリ協定をはじめとするさまざまな国際合意について、有益な洞察を得ることができる。そのゲームは「公共財ゲーム」と呼ばれる。

どういうゲームか説明しよう。ゲームの参加者はあなたを含めて10人。ほかの9人の参加者は見知らぬ人で、この先、顔を合わせることはない。

参加者はそれぞれ1ドル札を5枚わたされ、このお金は自分のポケットにしまって持ち帰ってもよいと説明される。しかし、一部あるいは全部を「公共財ポット」に匿名で拠出することもできる。あなたかほかの誰かが1ドル拠出すると、実験の主催者も1ドル拠出し、その後、ポットに入っているお金は10人のプレーヤーに均等に分配される。誰もいっさい拠出しなければ、それぞれ5ドル持ち帰る。全員が5ドルを全部拠出すると、全員が10ドル受け取る。

さあ、あなたは何ドル拠出するだろう。金額を100倍とか1000倍とかにすればもっと真剣に考えられるようになるというなら、そうしてほしい。

あなたが考えているあいだに、われわれがかわりに計算しておこう。あなたが1ドル拠出すると、公共財ポットの残高は2ドル増え、そこから自分の取り分を受け取る（2ドルの10％なので20セントになる）。このように、あなたが公共財ポットに拠出すればするほど、あなたが持ち帰るお金は少なくなる。だが、なにも拠出しないと決める前に、全員が拠出を増やせば増やすほど、それぞれの取り分は多くなることを思い出してほしい。全員が協力すると、受け取るお金がほんの数分で2倍になるのだ！

あなたはどうすることにしただろう。利己的なエコンになるのか、寛大なヒューマンになるのか、あるいはそのあいだのなにかか。

このゲームはさまざまな設定で、何千回とはいかないまでも、何百回も行われており、人は経済学者が考えていたほど利己的ではないことが明らかになっていて、誰もなにも拠出しないという予測はまちがっていることが確かめられている。

平均すると、実験参加者のグループは手持ちのお金の約半分を公共財に拠出している。それは（どちらかといえば）よいニュースである。しかし、ゲームが何回か繰り返されると、悪いニュースが出てくる。公共財ゲームを繰り返し行うと、拠出率は徐々に下がり、約15％になってしまうのだ。大まかにいうと、人は**「条件付き協力者」**なのである。ほかの人も公共財に拠出するなら進んで拠出するが、ほかの人がただ乗りしていると、誰も拠出しなくなっていく。

おもしろいことに、意思決定をする前に参加者同士で会話させると、拠出率は上がる。[6] 参加者が協力するように訴え、自分は拠出すると誓うと、その約束には拘束力がないのに（こうした言葉は経済学では「チープトーク」と呼ばれる）、拠出率は上がり、その効果は長く続く。

気候変動との闘いで国際協力を進める試みがあまりうまくいっていないケースがあり、そこでなにが起きていたのかを、このシンプルなゲームが明らかにしている。

参加者同士が会話できる設定の実験と同じように、最高レベルでの国際間の話し合いは、高尚な理想を語ることから始まり、ともにこの危機に立ち向かおうと、普遍的な誓いを立てる。みんなが協力すれば、快適な気候の下でこの地球で暮らし続けるチャンスを将来世代に与えることができるのだと。それが役に立つこともある。

しかしそのうち、（排出量を減らして）気候変動を抑制するために、各国がそれぞれどれだけ取り組むべきかという話になり、長期の目標をどう設定するか、それをどう守らせるかについて議論が始まる。パリ協定採択にいたるまでの交渉が難航したことが示すように、大変なのはここからだ。各国には各国の立場がある。**誰がどれだけ公共財ポットに拠出することになるのか。**

　このところをもう少しだけ肉付けするために、気候変動の科学的な背景をごく簡単に説明しておこう。人類が地球で暮らし始めてから、少なくとも火を絶やさないようにするすべを学んでからずっと、私たちは温室効果ガスを排出し続けている。

　温室効果ガスは大気中に長くとどまる。北アメリカやヨーロッパなどの豊かな国は、累積総排出量に占める割合がとても大きい。電気、移動手段、工場、暖房、冷房といった現代の発明は、温室効果ガスをたくさん出すからだ。アメリカは累積排出量が不動のトップで、1751年以降の世界の総排出量の約4分の1を占める[7]（ただし、アメリカが占める割合は年々下がっている）。

　その一方で、中国、インド、ブラジルなど、歴史的に貧しい国は、経済の発展が長く立ち遅れていた。そのため、国際交渉の場では、豊かな国はエネルギーをたくさん使って豊かになった、貧しい国に突然、厳しい排出制限を課すのはあまりにも不公平であり、国益にまったくかなわないと繰り返し主張した。2006年という早い時点で、中国の年間排出量はアメリカを追い越して世界最大の排出国になっており、いまではアメリカを大きく上回っていることは事実である[8]。しかし中国は、豊かな国は何世紀にもわたって温室効果ガスを排出してきており、その結果として豊かになったのに、それと同じ制限を貧しい国に押しつけるのは公正さに欠けると訴えた。

　この状況ではなにが公正なのかについて、このまま延々と議論を続けてもよいのだが、この問題で合意に達することは、まず不可能だ。哲学的な問題は複雑きわまりない。いずれにしても、なにが公正かを人が判断するときには、「自己奉仕バイアス」がかかることがわかっている[9]。

　この行動を間近で見たかったら、離婚することになって財産を分けている夫婦を観察してみてほしい。気候変動の分野では、国際交渉でなにが公正であるかを議論するときには、すべての当事者が自分に都合のよいように判断する傾向が見受けられ、前進を阻む大きな障害になっている。

そのなかにあって、進むべき一つの道筋が、行動経済学の文献に示されている。公共財ゲームのプレーヤーは条件つき協力者であることを思い出してほしい。ほかの人が協力するなら自分も協力する。行動経済学者のエルンスト・フェールとサイモン・ガッチャーは、一連の実験を通じて、繰り返し公共財ゲームでは、協力しない人に対して参加者が自分自身もコストを払って罰を与えられるようにすると、協力行動が増えることを示している。[10]

どうしてそうなるのかを、先の公共財ゲームを例に説明しよう。プレーヤーD（参加者に関する情報はいっさい与えられない）が拠出していないことをプレーヤーAが観察すると、AはDに罰を与えることができる。Aが罰のコストとして1ドル支払うごとに、Dのお金は3ドル減る。ここで注目してほしいのは、Aは罰行動そのものからはいっさい利益を得ないことだ。逆に、協力的でない人を罰するには、そうするためのコストを負担しなければならない。そのため、エコンはこのゲームで誰かを罰することは絶対にない。しかし、善意のある（意地悪なだけかもしれないが）ヒューマンは罰を与えるのだ！

このように、エコンなら使わないオプションを加えると、協力度はぐっと上がる。現に、そうしたルールを設定すると、ゲームが繰り返されるにしたがって、協力行動は増える。通常のルールの下で観察されることとはまったく逆である。

こうした発見は、ノーベル賞を受賞した経済学者、ウィリアム・ノードハウスが提案しているアイデアに行動科学的な裏付けを与えるものだといえる。気候の専門家であるノードハウスは、各国に「気候クラブ」を設立することを提案している。[11] テニスクラブなどのほかの種類のクラブと同じように、会員は一定の便益を受ける（コートを使える）が、クラブのルール（ラケットを投げない、会費をきちんと支払う）に同意することも求められる。ルールを守らないと、退会させられることもある。

ところが、気候クラブのカギは別のところにある。加盟してルールにしたがうことに同意しない国は、加盟国から罰を受けるのだ（なんらかのかたちの関税が課されることになるだろう）。

われわれは気候クラブを熱烈に支持するが、気候クラブという言葉そのものには不安がある。この表現だと、ちょっとかわいい感じになって、国として真剣に取り組むまでもないもののように受け取られかねない。国が好きなのは条約と協定であって、クラブではない。ラベルは大切だ。

しかし、この提案は多くの示唆に富んでいて、広く関心を集めており、すぐれた社会科学研究によって裏打ちされている。実際、パリ協定を実現する過程にパリで起きたことと密接に関係している。2015年に採択され、2016年に発効したパリ協定の下で、世界の大半の国は気候クラブに似たものに加入している。加盟国は「国別貢献目標」を策定し実施することに同意しており、この目標はこの先さらに野心的なものにしていくことが求められている。2020年にジョー・バイデンが次期大統領に選出されると、アメリカはすぐにパリ協定に復帰しており、問題が大きく前進するのではないかと期待を寄せている。うまくいくことを祈ろう。

それにしても、各国に約束を守らせるにはどうするべきなのだろう。どうすれば排出量の削減目標を達成できるのか。これについてはさまざまな答えが考えられるが、理想としては、最初のステップで金銭的インセンティブを正しく設定しておくことが望ましい。

環境への配慮をうながす二つのインセンティブ

インセンティブがうまく調整されていないときには、政府がインセンティブを再調整して問題の解決に努めなければいけない。実際、経済学者はなにかにつけて論争好きな集団だが、このトピックについては、意見はほぼ一致している。

「温室効果ガス（あるいはその他の汚染物質）が過剰に排出されているのであれば、意思決定をする人にコストを課して、排出を削減させる正しいインセンティブを与えるべきである」[12]。環境の分野では、提案されているアプローチは大きく分けて二つある。

一つは、汚染を生む者に税金やペナルティを払わせることである。温室効果ガス排出税がその一つの例だ。もう一つは、「キャップ・アンド・トレード制度」と呼ばれるアプローチである。環境を汚染する者に一定の「汚染する権利」（上限＝キャップ）を与えて（あるいは売却して）、それを市場で取引（トレード）するのである。汚染が許容量を超えると、削減義務違反となる。

どちらのアプローチもそれぞれ支持されているが、どちらのほうがすぐれているかについては、ここでは明確な立場はとらない。これはむずかしい問題であり、思慮分別ある人たちのあいだでも意見は分かれる。この二つのアプローチは、それぞれ別の方向から問題に取り組むものである。

グリーン税――「払いたくなきゃ、二酸化炭素を減らしなさい」

政府が選ぶツールが税金であるときは、排出量を減らす正しいインセンティブを与える価格を設定しようとする。望ましい変化が生まれるまでに時間がかかることもある。ガソリンの価格が明日4倍になっても、多くの人は暮らす場所や働く場所をすぐに変えることはできないし、通勤の手段もすぐには変わらない。しかし、炭素の価格が高くなれば行動はかならず変化し、企業がつくるものやつくり方も変わる。ヨーロッパでアメリカよりも小さくて燃費のよい車が使われているのは、一つには、何十年も前から燃料税が高かったからだ。

インセンティブを設定する手段として税金を使えば、大不況と新型コロナウイルス感染症との闘いで巨額の赤字を抱えている政府にとって、税収がもたらされる利点もある。

炭素税の注目すべきメリットは、イノベーションを起こすインセンティブが生まれることだ。炭素をほとんど、あるいはまったく排出しない低コストのエネルギー源の開発もその一つである。さまざまな国で、税金などのインセンティブを背景に、太陽光や風力などのグリーンエネルギーに関するイノベーションが後押しされているだけでなく、電気自動車の開発・普及が進むきっかけにもなっている。

炭素税をどう構築するか、税収をどう使うかといった議論はほかの人たちにまかせる。われわれとしては、税負担が貧しい人に重くのしかからないような仕組みを支持したい。累進課税になるようにするため、そして、損失回避を克服するために、炭素税は経済支援と「セット」にし、低所得層の負担が（少なくとも平均して）差し引きで増えることにならないようにするべきだろう。

たとえば、炭素税を導入するときには、生活が打撃を受ける低所得層への給付に加えて、低所得層を支援するか、広く支持されている政府の施策への支出とセットにすることは可能かもしれない。無料の高速インターネットをつくってくれる人、どこかにいませんか？

富裕層は炭素の排出を増やす行動をするので、富裕層が支払う炭素税は、人口1人当たりの金額を上回ることになるが、われわれとしては、炭素税の一部を明示的に累進化することも提案したい（豪邸や高級車から排出される炭素に対する単位当たり税率を高くすることなどが考えられる）。

また、一部のケースでは、負の税金を与える仕組みにすることもできる。たとえばアメリカはいま、電気自動車や家庭用ソーラー発電システムの購入に補助金を出している。炭素税を導入すると税収が増えるので、そのお金を創造的に使う機会が生まれる。税金を使うアプローチは、価格を設定して、後は市場にまかせるので、排出総量の水準がどうなるかは不確実なままだ。その後に排出量が適切な目標まで下がらないか、気候危機がさらに切迫した状態になれば（残念だが、十分考えられる話だ）、税率を調整すればよい。

環境主義者のなかには炭素税に非常に懐疑的な人もいる。排出量をすぐに大幅に削減することを求めていて、税金ではそれを達成できないと冷ややかに見ている。われわれに言わせれば、そうした懐疑論には根拠がない。排出量をすぐに大幅に減らしたいというなら、税金でそれをまちがいなく達成できる。カギとなるのは税の規模だ。税率が高ければ高いほど、排出量は減る。問題の大きさを考えると、税率を低くしたり名目的なものにしたりすることは勧められない。

多くの人や一部の国が、一定の期間内に排出量を「ネットゼロ（正味ゼロ）」にするという目標を掲げているが、1年後に世界の排出量をゼロにしようとしても無理だし、それをめざすべきでもない。いまから移動手段も電気も使わずにやっていけなどといわれても、そうはいかない（排出量をいますぐゼロにするためには、そうした犠牲を払わなければいけないかもしれない）。

しかし、炭素の排出に高い税金をかけて、税率を時間とともに引き上げていくようにすれば、排出量を大きく減らすことができる。そうなれば、この先10～20年で炭素の排出量を下げられるかもしれない。

理論上では、炭素税は「炭素の社会的費用」と等しくなければいけない。炭素の社会的費用とは、炭素排出量1トンがもたらす損害を推計したものである。もちろん、これをどう算出するべきかについては、思慮分別ある人のあいだでも意見が割れている。社会的費用を算出するには、数々の前提条件を設定しなければならず、それが明確なエビデンスにもとづいているともかぎらない。

２０１６年、アメリカは炭素の社会的費用を約50ドルとし、その数値がほかの多くの国の評価に影響を与えた。いまでは、50ドルは低すぎると考える専門家が多く、新しい科学的発見が生まれていること、不確実性が解消されていないこと、気候崩壊のリスクがあることなどをふまえて、それよりはるかに高い数字を採用するべきだとしている。ここでは細かい部分は説明しない。さしあたっては、このときまでにカーボンニュートラルを実現したいという期限を決めるのであれば、期限内に目標を達成できるようにさまざまな税金を設計するのは可能である、とだけ言っておこう。

スウェーデンの現行の炭素価格は世界でいちばん高く、１トン当たり約１３０ドルである。[13] １９９１年に炭素税が約28ドルで導入された後、徐々に現在の水準まで引き上げられた。炭素税導入以降、スウェーデンの実質ＧＤＰ（ほかのＯＥＣＤ加盟国のＧＤＰと比較可能なもの）は83％増えて、排出量は27％減っている。[14] 炭素税が導入されてガソリン価格は上がったが、炭素税への反応はそれ以上に大きく、ガソリン価格が上昇しただけの場合に予想されるよりもずっと大きな行動変化がうながされた。[15]

ここから一般的な教訓が得られる。「ある税金をかけるのは深刻な問題に対応するためだ」と理解されると、純粋に経済的なインセンティブを与えたときよりも大きな反応が生まれるかもしれない。

この文脈だと、「温室効果ガスの排出を減らすのはよいことだ」というシグナルを受け取るのかもしれないし、たとえそれが自分の経済的な利益にはつながらなくても、そうしようとするのかもしれない。人間とはそういうものだ。

いまのくだりを読み飛ばした人もいるかもしれないので、スウェーデンの手法について重要なポイントもあげておこう。1991年以降、スウェーデンの炭素税は4倍近くに引き上げられている。低い炭素税率からスタートして、徐々に引き上げていくというやり方は、行動科学的にはとても理にかなっており、ドイツをはじめとする数カ国で採用されているか、本格的に検討されている。これは「明日はもっとグリーン化しよう」方式とでも呼ぶべきだろう。政策当局（および民間企業）は、現在バイアスと損失回避を意識して、今日は、あるいはその後しばらくは、コストを比較的低くしておいて、徐々に高くするようにしているのかもしれないからだ。

ヘルガ・フェール＝デューダとエルンスト・フェールは、気候変動との闘いに行動経済学を活用することについて幅広く論じた啓発的なエッセイで、こう指摘している。「政策は今日実行するが、結果は先延ばしにするというのは、政治家の常套手段である。たとえば、退職年齢を引き上げれば、支持者を失わずにすむ」。[16] その手法は、気候変動政策など、さまざまな分野で使うことができるという。

気候税の構想への政治的反発が強い国や、効果の低い選択肢のほうが支持されている国では、「明日はもっとグリーン化しよう」方式が進むべき道であるかもしれない。

キャップ・アンド・トレード――排出権取引の課題と展望

これに対し、キャップ・アンド・トレード制度は、最初に望ましい排出量の水準（キャップ）を定めて、後は市場に排出許可権の価格を決めさせる。テクノロジーが進化して、クリーンエネルギーを生産するコストが下がれば、排出許可権の価格は下がる。実際、キャップ・アンド・トレード制度の主な目標は、よりクリーンなエネルギーを開発するインセンティブを生み出すことである。

キャップ・アンド・トレード制度では、最初に排出許可をどう割り当てるかが重要な問題になる。排出量を削減すれば、そのぶんの排出権をほかの国に売却して利益を得られる。そうだとすれば、何年も黒い煙を吐き出してきた工場に、許可権を多く割り当てるべきなのか。こうした法律はすぐには成立しないので、汚染者は排出権をできるだけたくさんもらおうと、汚染を除去するのを遅らせるおそれもある。

ここでも、こうした疑問には深く立ち入らない。それはこれが小さなことだからではない。問題が複雑に入り組んでいるため、本書の主要なテーマ以外のところに気をとられたくないからだ（きれいな空気と同じで、注意力は希少な資源である）。

保険の分野では、免責金額と共同保険を通じて医療費の一部を患者に負担させることには問題があるかもしれないと疑問を投げかけたのに、この領域ではなぜ経済的なインセンティブにここまでこだわるのか、不思議に思うかもしれない。そう感じるのももっともだ。

医師の診察を受けて処方薬をもらうのにかかるお金を節約するインセンティブを医療消費者に与えることをためらうのは、医療消費者は健康とお金のトレードオフがあまり得意ではないことを示唆するエビデンスがあるからだ。経済学用語でいえば、患者は自分の健康の「生産関数」をわかっていない。心臓発作を起こしたことのある人が、今月は車が故障してしまったし、高血圧の薬が自分のためになっているかどうかわからないといった理由で、薬を飲む量を減らすようなことをしてほしくない。

消費者のレベルでは、エネルギー消費と行動との関係は少なくともいくらか透明になる。空調の設定温度を夏は上げて、冬は下げると、大きな省エネ効果を得られる。また、この効果をもっと目立たせて、もっと透明にすることができ、この点については後で説明する。

ほかの領域では、消費に関連して発生するが、気候変動との関係が見えにくい暗黙的な排出量を減らすには、「価格シグナル」が役に立つだろう。たとえば、肉牛を育てることは、温室効果ガス集約的な食料生産方法の一つである（牛の「排出ガス」は環境にやさしくなく、牧草地として必要な土地は、環境にもっとやさしいほかの用途に使えていたはずである）。牛肉の価格が上がれば、アメリカ人のヒューマンでさえ、ハンバーガーを食べる量を減らすだろう。

それ以上に重要な理由は、変える必要のある行動の大部分は、企業の行動であることだ。炭素排出権の価格が高ければ、ありとあらゆる面で革新を起こすインセンティブがはたらくようになり、テスラの開発から、代用肉を使ったインポッシブル・バーガーまで、さまざまなイノベーションがうながされる（ちなみに、インポッシブル・バーガーはびっくりするほどうまい。ぜひご賞味あれ！）。

経済的インセンティブを検討するにあたっては、税金とキャップ・アンド・トレード制度に焦点を絞ってきたが、インセンティブを調整する手段はほかにもある。

さまざまな国の政治のリーダー（そして一部の気候研究者）は、補助金を出すことを求めてきた。ある種の環境では補助金は税金と同じ効果をもつことがあるが、補助金は利得となり、損失は発生しないので、一般大衆には税金よりもはるかに受け入れられやすいかもしれない。たとえば、アメリカでは電気自動車の購入には補助金が出されているのに、ガソリン税はほかのほとんどの国と比べて低いままである。

これには政治的な判断が反映されている。補助金を出すことが適切な政策手段になる環境では複雑な問題がもちあがるものの、ここでは扱わないことにする。補助金が重要な役割を果たすこともあるだろうが、そもそもがつぎはぎのアプローチであり、そのぶんのコストを誰かが支払わなければならないことは、ここではっきりと言っておきたい。

エネルギーのパラドックス――どんな「よい選択」も、気づかれなければ意味がない

こうしたことを考え合わせると、経済的なインセンティブに軍配があがるが、行動科学の知見に根ざした経済学・心理学の研究を見ると、規制命令も環境問題に対処するよいアプローチになるかもしれないことを示唆するものが増えている。経済学者がこれまで考えてきたよりもずっとよいアプローチかもしれないのだ。

しかし実際には、アメリカでも、ほかの多くの国でも、議会は包括的な炭素税やキャップ・アンド・トレード制度を導入しようとしていない。そのため、気候変動を懸念する規制当局は、ほかの方法を使

うようになっている。そうした方法は明らかに次善の策だと、大半の経済学者は考えている。そうかもしれないが、そうでないかもしれない。

いったいどうしたら、なまくらな規制がインセンティブよりも効果を発揮できるというのだろう。出発点となるのは、消費者が自動車や家電を買うときには、燃費のよい車や省エネ家電を買うと（自分が）どれくらいお金を節約できるか、十分に考えないかもしれない、という問題である。これは**「エネルギーのパラドックス」**として知られている。[17]

100ドル高い省エネ型の洗濯機を買えば、ほんの数年で100ドルを軽く上回る金額を節約できるのに、ヒューマンである消費者はそうしない。そして、燃費や省エネ性能の向上から得られる消費者レベルでの経済的利益が考慮されないのであれば、理屈としては、規制命令が大きな経済的利益を生み出す可能性がある。その効果は外部性だけを減少させる場合に生まれる経済的利益をゆうに上回るだろう。

実際に、消費者はそうした利益にほとんど注意を払わないことを示唆する研究は山ほどある。また、政府機関のいくつかの分析によれば、燃費や省エネ性能の向上から得られる節約効果はほんとうにあるし、しかもとても大きい。

だとしたら、温室効果ガスの排出やほかの大気汚染物質の排出を削減して得られる便益に、消費者の金銭的な節約効果を加えるべきだ。そうすれば、野心的な燃費や省エネ性能の向上を義務づけて得られる節約総額が費用を大きく上回ることもありうる。原理としては、その純便益が経済的インセンティブの純便益をはるかにしのぐ可能性がある。経済的インセンティブは外部性には対処するが、消費者の節約にはつながらない。

消費者が節約効果を十分に考慮しないなら、そうするように強制するのではなく、ナッジするべきだ――われわれはきっとそう言うだろうと思っていたかもしれない。そして実際に、多くの国が節約額のラベル表示を義務づけて、その方向に進んでいる。なかには、行動科学的な知見を活用して、とくにヒューマンにはたらきかけるように設計されているものもある。こうした取り組みには拍手を送りたい（この点については後でさらにくわしく述べる）。

それでも、ナッジは役に立つが、経済的な節約効果をよく考えない消費者の行動を正すものではないとする分析が多く見られるし、われわれもそう危惧している。しかし、その立場を強く主張するつもりはなく、まして問題を解決しようなんて考えていない。[18] ともかく、ルールと命令を使うと、地球を守りながら、消費者が多くのお金を節約できる可能性があることは頭に入れておいてほしい。

その実例が建築基準である。消費者は省エネ性能が高いぶん価格も高い住宅は買わないだろうと住宅メーカーが考えれば（それはおそらく正しい）、断熱材などに十分な投資をしなくなるだろう。だが、断熱材は後から入れるより建築中に入れるほうがずっと安くすむ。

規制当局のみなさん、ぜひ覚えておいてください（そして消費者のみなさんは節約効果を考えてください）。

誰もがもつ「ブラックリストに載りたくない気持ち」を利用せよ

これまでに力説してきたように、環境問題に対処する際に最も重要なステップになるのは、価格を正しく設定する（つまりインセンティブを正しく設定する）ことだ。

世界各国がそう考えるようになることを願っているが、多くの国にとっては政治的にむずかしく、それはこれからも変わらないだろうということは、われわれもわかっている。少なくともアメリカでは、大統領候補がガソリン価格や公共料金を上げると公約に掲げて選挙戦を進めたことはない。２０２０年の大統領選挙戦でジョー・バイデンが炭素税を支持すると語ったのはよい兆しだ（民主党の大統領候補でそうしたのはバイデンがはじめてだった）。

アメリカを含む多くの国では、インセンティブを改善しようとしても、それを阻む大きな壁がある。汚染のコストは隠れているが、ガソリンの価格や公共料金の請求額ははっきりと目に見えることだ。「総力戦」アプローチで気候変動に取り組むことを提案しているのはそのためである。さまざまな領域で、ナッジの範囲を大きく超える、賢明な規制が導入されることになるかもしれない。しかし、「環境対策のツールキットに入れるべきナッジ」と呼べる有用な介入もたくさんある。それだけで気候変動のリスクがなくなるわけではないが、力になる。

オバマ元大統領は、大きな問題にほんの小さな影響しか与えない取り組みについて、こう好んで言う。「少しでもよくなれば、それでよい」。

賢明な取り組みを進めて、情報や開示が拡充されれば、自分の行動がどのような影響を与えるのかを消費者にうまく伝えられるようになる。そうした戦略を通じて市場と政府の働きを改善できるし、コストもどちらかといえば低い。開示そのものに効果はなく、できることはかぎられているのではないかと、多くの人が不安に感じていることは確かだ。それが正しいことも多い。だがときとして、情報が驚くほど強力なきっかけになることがある。

情報開示政策の輝かしいサクセスストーリーが、「緊急計画および地域の知る権利に関する法律」だ。この法律はインドのボパールで起きたアメリカ企業の化学工場事故を契機に１９８６年に制定された。[19]内容は穏当なものであり、論争は起きなかった。

同法の基本は、有害物質を帳簿に記載して管理することである。有害物質がどこでどのくらい使われて、排出されているかを、アメリカ環境保護庁（ＥＰＡ）と地元のコミュニティが把握できるようにすることが目的だったのだが、それよりもっと大きなものをもたらすことになる。実際、有害化学物質排出目録（ＴＲＩ）制度はめざましい成果をあげ、環境法のまぎれもない成功例の一つにあげられている。

ＴＲＩ制度の下では、企業と個人は、有害性のある化学物質がどれだけ貯蔵されているか、どれだけ環境に放出されているかを自国の政府に報告しなければならない。情報はＥＰＡのウェブサイトで、誰でもいつでも見ることができる。現在では何万もの施設が何百種類もの化学物質に関する詳細な情報を開示しており、敷地内・敷地外への処分などで何十億ポンドもの化学物質が放出されていることが明らかになっている。

また、有害化学物質を使用するときには、化学物質の保管場所、種類、量も地域の消防署に報告しなければならない。さらに、人の健康におよぼすおそれのある影響に関する情報も開示することが義務づけられている。

驚くことに、企業に行動を変化させるようにとくになにも命令していないのに、アメリカ全土で有害物質の放出が大きく減った。[20] この思いがけない結果が物語るように、情報開示を義務づけると、排出量が大幅に削減されるときがある。開示義務は、イタリアのシーリゾートの浄化・リサイクルの取り組みから、スウェーデンの地方自治体の気候指数まで、数え切れないほど多くの環境分野や国で使われている。

なぜＴＲＩはこれほど大きな成果をもたらしたのだろう。これについては、環境保護団体、そしてメディア全般が、悪質な違反事業者に目を光らせて、いわば「環境ブラックリスト」をつくりあげたことが大きい。[21] これは「社会的ナッジ」の好例だ。

ＴＲＩで目立ちたい会社などほとんどない。悪い評判が広まれば、株価が下がるなど、あらゆる悪影響がおよびかねない。[22] ブラックリストに載ってしまった会社には、排出量を削減させる強力なインセンティブがはたらく。さらに、ブラックリストに載らないようにする動機づけにもなる。

その結果として一種の競争が生まれ、有害物質の排出に大きく関与していると見られないようにするための対策を拡充させる。低コストで排出量を減らせるのであれば、悪い評判が立って害がおよぶことだけは避けたいと考えて、そうするだろう。

「温室効果ガス削減」その画期的な方法は？

この事例に照らせば、気候変動対策を後押しするためにすべての国がするべきナッジが見えてくる。

政府は温室効果ガス排出目録（ＧＧＩ）をつくって、重要な排出事業者に情報の開示を義務づけるべきである。ＧＧＩができれば、自分が暮らす地域などでさまざまな温室効果ガスの排出源を把握して、時間変化を追跡できるようになる。政府はそのリストをもとに適切な立法措置を検討することもできる。メディアをはじめとする利益集団が大規模な排出事業者に目を光らせることは言うまでもない。

もちろん、この種のリストはそれだけでは大きな変化を生まないかもしれない。だが、このようなナッジはコストがうんと高くつくわけではないし、役に立つことはほぼまちがいない（排出事業者に関する情報を集めることは、経済的インセンティブを設計するのに必要な条件でもある）。

この取り組みはすでに前進している。なんらかのかたちのGGIがアメリカをはじめとする多くの国で義務づけられている。パリ協定でも、加盟国は自国のGGIを提供することを求められている。しかし、EPAはパリ協定に大きく先駆けて、2011年から公式にGGIを義務づけている。大量の温室効果ガスを排出している事業者が排出量を実際に削減するようにナッジしようとしていることは明らかだ。

民間部門でも自発的なプログラムが広まっている。一例として、カーボン・ディスクロージャー・プロジェクト（CDP）が標準化された国際的な開示プラットフォームを提供しており、投資家や企業、都市、州、地域が環境への影響を記録・管理するのに活用している。CDPだけで8400社、800都市以上が情報を開示している。[23]

われわれが知るかぎりでは、GGIが実際にどれくらいのインパクトを与えているか検証した調査は見当たらない。少なくともアメリカでは、TRIのような大きなインパクトを与えているようには見えない。市民には十分に周知されていないか、温室効果ガスの排出は「有害」物質の排出ほど恐ろしく感じられないからだろう。

しかし、それも変わるかもしれない。本書を執筆していたとき、アメリカ西海岸の大部分が大規模な山火事に見舞われ、煙のにおいがあたりに立ちこめていた。オーストラリアでも山火事が続いており、脅威は無視できなくなっていた。その一方で、大西洋では記録的な数の熱帯低気圧が発生した。熱帯低気圧は毎年Aからアルファベット順に命名されるのだが、用意された英語名では足りなくなって、ギリシャ文字のアルファベットに切り替えることになり、結局「イオタ」までいくことになった（ギリシャ文字のアルファベットを忘れてしまっている読者のために説明すると、イオタは9番目の文字である）[24]。

極端な気候現象は当たり前のように起きるようになっている。誰が問題に加担していて、誰が解決策を生み出しているかを含め、排出の傾向に目を向けさせるためにできることはたくさんあるだろう。

「環境にやさしい」をデフォルトに

環境をもっときれいにすることが目標であるとすれば、**グリーンな選択肢を簡単に選べるようにする**ことがシンプルな解になる。そして、それをほんとうに簡単にするのが目標なら、自動化することだ。

多くの国では、私たちの生活のなかで「グリーンデフォルト」とでも呼べるものが環境に悪いデフォルトに置き換わるようになっている。人が部屋にいないときはライトが消える人感センサーを考えてみよう。人感センサーがとりつけられると、「消灯」がデフォルトのようになる。オフィスの空調でも、デフォルトの温度設定を冬場は下げて、夏場は上げると、お金もエネルギーも大きく節約できるはずだ。

少なくとも、デフォルトの温度があまりにも不快で、設定が変えられてしまうことがなければの話だが。

政策面でも、テクノロジーの面でも、こうしたグリーンデフォルトが簡単に使えるようになりつつある。これまでに見たように、惰性の力は強い。くわえて、グリーンデフォルトは一種のシグナルになる。「こうすることが正しい」と人びとに伝えるものとなるので、それを拒否すると、後ろめたくなるかもしれない。

実際、人びとはよくそう感じていることを示すエビデンスがある。ここから一般的な教訓を得られる。選択アーキテクチャーを変更して、簡単に選択できるようにするか自動化すると、正しいことをするように説くよりもずっと大きな影響を与えることがある。

今度はもっと大きな疑問を考えよう。公益事業者を選べるときの選択である。デフォルトは通常、環境にやさしくないものだろう。石炭でつくられているということさえあるかもしれない。グリーンエネルギー（太陽光や風力など）を使うには、それに関連する情報を探して、積極的に選択しなければならない（グリーンエネルギーが選択肢にあれば、という条件がつくが）。大半の人はわざわざそんなことはしないが、グリーンデフォルトに切り替えて、自動的に選択されるようにしたら、どうなるのだろう。

これについてはエビデンスがある。それもとてもはっきりしたエビデンスだ。グリーンエネルギーが少々割高だったとしても、多くの人がグリーンエネルギーを選ぶのである。

ドイツで行われたあるランダム化比較試験で、目を見張る結果が出ている。これはデフォルトルールがグリーンエネルギーの使用にどう影響するかをテストしたものである。[25] ほぼ4万2000世帯が4・

5週間の試験に参加し、参加者は二つの処置群にランダムに分けられた。一つ目のグループは、グリーンエネルギーの使用をオプトインしたいかどうか質問された。二つ目のグループは、グリーンエネルギー事業者に自動的に登録されたが、オプトアウトしたいかどうか質問された。どちらの処置群も、グリーンエネルギーは若干割高だった。

デフォルトルールの効果はとても大きかった。エネルギー契約をした世帯で条件づけると、オプトイン処置群ではグリーンエネルギーを契約した世帯は7・2%だけだった。しかし、オプトアウト処置群では、エネルギー契約の69・1%がグリーンエネルギーとなり、半数を大きく超えたのだ。しかも、選択した契約のサービスの質、電気の基本料金、電力量単価を調整した後でも、効果は強固だった。

ドイツ全土では、多くの事業者がいまでは契約者をグリーンエネルギーに自動登録している。[26] フィールドエビデンス（実験にもとづくエビデンスではなく、実際に起きていることから得られるエビデンス）は、そのナッジがうまくはたらいていることを示している（ドイツ、スイスなど）。全体として、ほとんどの人はオプトアウトしていない。その結果、大気汚染は大きく改善し、温室効果ガスの排出は大きく減っている。

コストをかけずにエネルギー削減を達成した「すごいナッジ」

前に述べたように、私たちは自分がどれだけエネルギーを使っているかをたいてい知らない。エネルギーの使用量が、近所の人たちと比べて多いか少ないかもわからない。

この問題に対処すべく、現在はオラクルの一部門となっているオーパワーが、「ホーム・エネルギー・レポート」という、すごいナッジを生み出した。これを見れば、自分のエネルギーの使用量が近隣住民の標準量と比べて多いか少ないか、エネルギーを節約するにはどうすればよいかが一目でわかる。[27]ホーム・エネルギー・レポートはいまでは広く使われているので、どれだけ大きな成果をあげているか問うことができる。

最もすぐれた研究は経済学者のハント・オルコットによるもので、オルコットの推計によれば、このレポートを送ることで消費量が約２％減少した。[28]これは多いのだろうか、少ないのだろうか。

２％というと大したことないように見えるかもしれないが、前にも言ったように、ちりも積もれば山となる。エネルギーの使用はとくにそうだ。エネルギーの使用は排出量に占める割合が大きい（アメリカは約20％にのぼる）[29]。

さらに、オルコットによれば、この削減効果は料金を一時的に11～20％引き上げたときに得られるものとほぼ同じだという。ここでのキーポイントは、それがほぼ追加費用なしで達成されていることだ。その情報は顧客がいつも受け取っている請求書に書かれている。こういう低コストの介入、もっとやってください。

それに関連するこんなアイデアもある。個人の消費者ではなく、大小の企業が自発的に参加するグリーン化支援プログラムをつくるのだ。こうしたプログラムでは、行政は誰にもなにも義務づけない。そのかわり、環境に望ましい効果をもたらすと期待される一定の基準にしたがう気持ちがあるかどうか、企業に問う。自由市場であっても、企業は最新の商品を使わないことが多く、汚染を減らしながら利益をあげるのを手助けできるときがある。それがこのプログラムの背景にある基本的な考え方だ。

本書で論じた問題のなかで、気候変動は最も深刻で、最も困難なものである。にもかかわらず世界での取り組みが進んでいない理由については、すでに述べた。個人のレベルでは、気候変動は究極のフリーライド問題であり、行動バイアスがそれに輪をかける。

同じことは国にもいえる。排出量を大幅に削減することは、豊かな国だけでなく、貧しい国にとっても不可欠になっており、国際交渉は大きな難題に直面している。排出量を大幅に削減するには、インセンティブを変えなければいけなくなるだろう。たとえそれが、ブレークスルーを生み出すために必要な技術革新を促進するためだけであるとしても、だ。

インセンティブにはいろいろなかたちがある。税金もあれば、補助金もあるし、目標期日、コンテストなどもある。しかし、選択アーキテクチャーを改良して、さまざまなナッジをすることも、重要な役割を果たせる。世界が自動的にグリーン化されるようになり、その過程で数々の悲劇が防がれるようになることをなによりも願っているし、そうなると信じている。

第5部

「ナッジの苦情、受け付けます」

——「ナッジの問題点」について考える

第15章

ナッジをめぐる「から騒ぎ」

――ナッジは「選択の自由」を実現できるか？

本書の2008年版を出版してくれるところを見つけようとしていたとき、手を上げるところはあまりなかった。リバタリアン・パターナリズムに関する本を買って読む人など、著者の身内ぐらいのものだろうと、ほとんどの人が考えていた。本が出版されると、どういうわけかたくさんの人が読んでくれて、ほんとうに驚いた。

出版社もそうだった。英語版のタイトルは『ナッジ（Nudge）』であり、これが効いたことはまちがいない（このタイトルは、出版を丁重に断られた会社の一つが提案してくれたものだ）。もちろん、読む人が増えれば、懐疑的な人もそのぶん増える。われわれはさまざまな分野からそれなりの批判にさらされてきた（経済学、心理学、哲学、政治学、法学などだ）。政治的スペクトラムも、右派から左派まで網羅している。

政治についていえば、右派と左派の両極端が怒っているということは、われわれは正しいことをしているのだと結論づけたくなるが、それは自己奉仕バイアスによるものだろう。右派も左派も激怒させたのは、きっとわれわれのアイデアがよくないか、道義に反するか、浅いか、とっちらかっているか、少なくとも本の出来が悪いからなのだ！　この完全版では、不明確な部分を明確にしようと努めたが、それはこの本をよくするためである。

この章で本質的な批判を検討していくものの、それに体系的に回答することはしない。われわれが批判から多くを学んできたこと、そして、そうした疑問や疑念があったからこそ、この完全版がよりよいものになったことは、声を大にして言っておく。

ナッジに対する批判には、概念に関するものや倫理や経験にもとづくものなどがあり、それらについて書いていたら、ゆうに1冊の本ができあがるので、ここでは簡潔に説明していきたい。[1] その一つの方法が、意味論的な議論の泥沼にはまり込まないようにすることだ。リバタリアン・パターナリズムはリバタリアンなのか、それともパターナリズムなのか、といった議論がその例である。

前に述べたように、われわれが**リバタリアン**という言葉を使うときには、「選択の余地が残されている」ということを意味している。また、なんらかのスラッジがあるときはとくにそうだが、現実にはオプトアウトすることすらむずかしい場合があり、われわれが理想とするナッジは、それ以外のことを選好する人に課されるコストをできるかぎり小さくするものであるとも述べた。

2007年にこの本のタイトルを『ワンクリック・パターナリズム』にしようかと2人で考えたことがあった。そのひどいタイトルはさすがに1日か2日くらいで却下したが、われわれがなにを目標としているかはわかってもらえるだろう。

われわれに言わせれば、GPSによる指示は完璧なナッジである。きれいな声で「右方向です」と丁寧に案内されたのに、そのまま直進することにしても、文句は言わない。もちろん、ナッジやナッジに触発された政策がすべてその理想を満たせるわけではないが、理想を満たさなければ、それを一種のスラッジと考えて、政策の費用便益分析に組み入れる。

われわれが**パターナリズム**という言葉を使うときには、十分な知識が与えられて、行動バイアスがかかっていなかったらしていたであろう選択へと導き、人びとが誤った判断をしてしまうことがないように守る取り組みが含まれる。これは手段についてのパターナリズムであって、目的についてのパターナリズムではない。ナッジとは一般に、人びとがみずからの目的を達成するしかるべき手段を見つけるのを手助けするためのものだ。われわれが選好する選択肢へと誘導するつもりはまったくない。われわれ2人の意見が一致していないのだから、そんなことができるわけがない。

いまさら説明する必要はないと思うが、セイラーはワインが好きで、サンスティーンはダイエットコークが好きだ。セイラーは長いディナーパーティーが大好きで、サンスティーンは大嫌いだ。サンスティーンは哲学的な議論をするのが楽しくて、セイラーはなにがあっても避ける。

もうおわかりだろう。われわれの選好は、政策をよくすることとはなんの関係もない。

そして最後に（といっても面倒くさい話をさっさとかたづけようとしているわけではけっしてない）、選択アーキテクトは、公共部門だろうと民間部門だろうと、全員が全員優秀で豊富な知識をもっているとは考えてない。いつも十分な熱意をもっていたり、自分が影響を与える人の最善の利益を心から考えていたりするとさえ思っていない。

よく組織された利益集団が力をもっていることは否定しない。専門家がまちがうことも認める。いや、すみません！

ここ何十年かのあいだ、世界でなにが起きているのか、注意深く見守ってきた。国家元首が情緒の安定した天才というわけではないこともわかっている。権威主義的な政府が懸念されるまでに台頭していることもだ。

そして民間部門では、自分の利益をはかろうとするナッジが横行している（それは本書で何回も指摘したとおりである）。また、金融危機時に起きたことにも注意を払ってきた。金融サービス業界のなかで悪者が1人もいないところを見つけるのがむずかしかった時期だ。

新型コロナウイルス感染症のパンデミック期には、大勢の人がまちがいを犯し、その多くは自分の利益だけを考えていた。このように、誰もがほかの人のウェルビーイングを第一に考えているわけではないと、ここではっきり言っておきたい。どの選択アーキテクトもまちがえるし、悪意のある者だっている。

しかし、どれもわかりきっていることであり、そこからどのような教訓を引き出すべきなのだろう。選択アーキテクチャーとナッジは避けられるものではないことを思い出してほしい。なくなれと願ってもなくなるものではない。これは前にも述べているが、この点はほとんど無視されているので、ここでもう一度言っておくべきだろう。

たばこのパッケージにがんの危険性を警告する画像をのせることには反対できるし、デフォルトルールよりも能動的選択を選好することもできる。カロリーをラベル表示するという考えそのものを拒否することもできるし、GPS装置をなくすように訴えることもできるし、ソーシャルディスタンスを求めるガイドラインを拒否することもできる。

しかし、ナッジそのものに反対することは、空気と水に反対するのと同じようなものだ。ナッジも、空気も水も、それなしにはやっていけない。そして、禁止ではなくナッジを選択するのは、一つには、あらゆる種類の選択アーキテクトがまちがうからにほかならない。人びとがそれぞれの道を行くことができて、簡単に「ノー！」を言えるのであれば、リスクは大きく減る。公職にある者がまちがったらどうするのか、インセンティブが歪められないかと心配しているなら、最初に批判するべきターゲットは強制と命令であって、ナッジではない。

それでも、悪い輩がこの本を読んで、人びとをもっと効果的にナッジする新しい方法を見つけ出すことを心配するのか。もちろんだ！　スラッジの章で述べたように、われわれはそうしたことをいたく心配している。とはいえ、悪い輩は本書が出版される前から存在している。それに、行動バイアスを深く理解すると、それを自分の利益のために利用できる（そして実際に利用されている）ことは確かだが、この本が詐欺師の手にわたるリスクを、心配するべきことのリストのトップにおくべきだとは思わない。それよりも気候変動を心配したほうがよいのではないか。

前置きはこれくらいにして、最もよくある批判に話を進めよう。一つは右派からの批判、主にリバタリアン派からの批判である。自由を好み（そこはわれわれも同じである）、ナッジは自由を損なうと考えている（そこはわれわれとちがう）。

重要な懸念もなかにはあるが、リバタリアンがナッジを批判するのは、一つには、われわれが彼らの言葉を許可なく使用したばかりか、彼らが嫌う別の言葉とくっつけたことが気に入らないからではないかと思うときがある。野球が好きな子どもたちがクリケットのボールを借りて、それを使って野球をすること（あるいはその逆）のようなものかもしれない。そう、神への冒涜(ぼうとく)だ。

リバタリアン・パターナリズムが不快感を与える言葉だったことは認めるが、あれから長い年月をへたいま、われわれのリバタリアンの友人たちにこう言いたい。そろそろ終わりにしませんか。

われわれはナッジの先に進まなければいけないとよく言われる。ナッジは小さな変化にすぎないと考えられているのだ。求められているのは大きな変化であり、ナッジではそれを達成できないとされている。彼らにとってナッジはちょっとした気晴らしのようなトピックでしかない。そうした人たちの多くが関心をもっているのは、経済格差であり、労働者の権利であり、独占であり、警察の暴力であり、人種や性別にもとづく差別などである。それはわれわれも同じだ。そして、本書をここまで読み進めてきたみなさんならおわかりのように、選択アーキテクチャーをうまく設計すれば、多くのことを達成できるケースもある。小さなしかけの寄せ集めなどではないのだ。世界各国で、いわゆるナッジユニットで働く人たちをはじめとする公職者が大きな成果をあげている。

それでも、選択の自由を愛する人たちにとってさえ、命令、禁止、経済的インセンティブを使うことが大いに理にかなうときがあることは、強調しておくべきだろう。

苦情①「ナッジは『すべりやすい坂』、ほかの深刻なリスクを誘発する」

なんでもないようなことに不安を感じる人がいるのはよく知られており、その多くには名前がついている。影を怖がる影恐怖症がそうだし、口のなかの上側にピーナッツバターがくっつくことを恐れるピーナッツバター上口蓋付着恐怖症まである。

そのなかでもとくに漠然としていて、どういうわけかリバタリアンの法学者のあいだにとりわけ多いように見受けられる不安がある。階段恐怖症だ。これは坂をすべり落ちたり、階段を転げ落ちたりするのではないかという不安を感じる症状である。その恐怖症こそが、**すべり坂論法**にとりつかれている原因ではないかと、われわれはにらんでいる。

最初に断っておくが、文字どおりにすべりやすい坂を用心するのはばかげていると言っているのではない。氷雨をともなう暴風が吹き荒れた後のスキー場の上級コースがその例だ。そこには絶対に立ち入らないように。すべりやすくて急な坂なら、少なくとも警告サインを出してナッジするべきだし、極端な場合には禁止したほうがよいケースさえある（「このコース／通りはしばらく閉鎖します」）。警戒されすぎだとわれわれが考えているすべり坂は、物理的な坂のことではない。これは隠喩（いんゆ）であり、ある特殊な論法で使われている。

すべり坂論法とは、次のようなものである。いま、私たちがあることをするとしよう。それをXと呼ぶ。そして、それがある流れを生み出して、YやZといったほかのことを誘発する深刻なリスクがある。Xそのものに問題はなく、むしろよいことだが、YやZはかなり恐ろしい状況である。そうだとすると、Zという結果を受け入れる覚悟がなければ、Xをするべきではない。

すべり坂論法は、アメリカで銃規制に反対する人たちのあいだでよく使われる。この場合、Xは銃を所有する個人の権利を制限することであり（殺傷力の高い武器の所有を禁止するなど）、Zは政府がステーキナイフや水鉄砲を含むあらゆる武器を没収するようになるということだ。まあこれは誇張だが、だいたいそんなイメージである。

ほとんどのすべり坂論法には問題がある。実際に坂をすべり落ちていることを示すエビデンスがいっさいないのだ。つまり、XをするとYとZになることは避けられないと考える理由はおろか、そうなる可能性が高いと考える理由さえない。それなのに、そんなこじつけとしかいいようのない論法がまかりとおっている。

たとえば、医療保険制度改革法（オバマケア）に関連して、政府が市民に健康保険に加入することを義務づけるのは合憲かどうかが最高裁で議論されたとき、アントニン・スカリア判事は、「それが合法であれば、将来、政府がブロッコリーを食べることを義務づけるのを止めるものがなくなる」と主張した。[2]脅し戦術とはこのことだ！

政治の領域についていえば、すべり坂論法が予測するようなことになっているようには見えない。女性参政権反対派のある人物はかつて、女性に投票する権利を与えると、「女性が男性的で、男性が女性的な種族が生まれ、そのなかで交配が進むことで、退化した種族が生み出されることになる」と予言した。[3]別の反対派は、女性は全人口の半分以上を占めるのだから、女性に参政権を与えると、政治のリーダーはすぐに全員女性になってしまうと予言した。[4]現実には、2021年の時点でアメリカ連邦議会における女性議員の比率は26％にすぎない。[5]この坂がもうちょっとすべりやすかったらいいのに！

ここですべり坂論法をもちだしたのは、ナッジとリバタリアン・パターナリズムを批判するのに、それが使われてきたからである。「最初はナッジだが、次は力づくで押しやるようになり、最後には銃で脅すことになる」というのだ（それにしても、どうしてそうなるのだろう。銃で脅すのは論外だとしても、力づくでしたがわせないようにすることこそが、ナッジの重要なポイントなのに）。

興味深いのは、こうした主張の一部では、その理論的な基礎づけとして行動バイアスが引き合いに出されていることである。たとえばグレン・ホイットマンは、行動経済学で**「極端回避」**と呼ばれる人間心理にもとづいて、次のようにナッジを批判している。極端回避とは、真ん中の選択肢を選ぼうとする傾向のことである。

一つだけ例をあげると、貯蓄プラン（脱退する選択肢あり）への加入を法律で義務づけることが、現時点では中間の選択肢であるように見える。しかし、いったんそれが標準になると、自由放任型の選択肢に位置づけられるようになる。

すると、「明日はもっと貯めよう」方式（脱退する選択肢あり）が新しい中間になる。それがとりいれられると、これもいちばん下になり、投資先を自由に選べるが、完全に脱退する選択肢がない自動加入方式が中間になる。

このような道筋を少しずつ進んでいけば、最終的に、加入が義務で、最低拠出額が決められていて、投資先が非常にかぎられていて、オプトアウトの選択肢がないプランですら、「妥当な中間」のように見えてくることになりかねない。[6]

ほんとうなのだろうか。

なるほど、本書が最初に出版されてから12年のあいだに、自動加入も「明日はもっと貯めよう」プランも、世界中で広く採用されるようになっていることは事実である。しかし、われわれの見るかぎりでは、オプトアウトする権利をなくす動きはまったくない。もとより、ある選択肢が適切な中間の選択肢のように見えるのであれば、それが広く使われるようになるだけで、極端に感じられるなにかに姿を変えることはないだろう。そもそもその坂はそれほど急ではないのではないか。

社会の流れを予測することはできない。アメリカではかつて、アルコールの販売を禁止する合衆国憲法の修正条項が批准された（批准手続きは、恐ろしいほどスラッジだらけである）。これが喫煙や過食などのほかの活動の禁止へとつながっていったのか。答えは「ノー」だ。逆に、それがまちがっていたことに気づき、その後に廃止された。いまでは各州でマリファナの販売を合法化する流れが急速に広がっている。こうした坂を予測するのはどうもむずかしそうだ。

ナッジが強制へとそっと進んでいくことを心配する理由はこれといって見当たらない。もう一度言おう。ナッジそのものを避けることはできないし、ナッジは本来、選択する自由を維持するものである。その境界線を受け入れるかぎりは、ナッジは強制とは明確に区別される。

えびを含む商品を禁止するのではなく、この商品にはえびが含まれていると警告する表示をすればよい（そうすれば、サンスティーンのように甲殻類アレルギーの人を助けることになる）。紙を節約したいのであれば、プリンターを片面印刷に切り替えるのを禁止するのではなく、両面印刷をデフォルトに設定することもできる。「ナッジが政策としてアピールするのは、それが一種の妥協点であるからだ」といわれたら、これはもうそうだとしかいいようがないが、ナッジについて考えるときには、急斜面恐怖症にすぎないかもしれない架空のリスクにもとづくのではなく、メリットにもとづいて評価しようではないか。

苦情②「ナッジは人びとの自由と能動的選択を阻んでいる」

自由を愛する批判派のなかには、第二の矢をもつ人もいる。この矢にはわれわれも共感を覚える。こうした人たちは、幸福や厚生よりも、束縛されない自由と自由な選択を気にかける（自由と自由選択を測定したり評価したりできるのかと疑っているのだ）。そのため、うまく設計されたデフォルトより能動的選択を強く選好する。選択をするために必要な情報を提供し、自分で考えて選ぶようにさせるというところが、許容できる程度のぎりぎり上限だろう。スウェーデン政府は市民に自分で投資ポートフォリオを選ぶようにさせたが、その決定にはこうした考え方が反映されていた。しかし、すでに見てきたように、この戦略には欠点もある。

能動的選択は選択アーキテクチャーの一形態であり、人びとが自分の意思で選択をするようにナッジすることができる。それがとてもよいアイデアになるときがあるのは確かだ。

だが、人びとに選択することを義務づけるべきなのだろうか。誰にでも？　どんなときでも？　能動的選択を**義務づける**のは、選択が単純なとき、たとえばオプトインするかオプトアウトするかを選ぶときなどは、いちばん適しているだろう。だが、何百種類もあるミューチュアル（個人投資家向け）ファンドのメニューからポートフォリオを組むといった、もっと複雑な状況では、選択を強制するのは戦略としては疑問がある。かなりパターナリズム的でもある。であるなら、適切に設計されたデフォルトを提示したうえで、それ以外の選択肢を自由に選べるようにすればよいのではないか。選択しないことを選択するケースは多いし、その選択は尊重するべきだ。

過去10年間に労働市場に入ったスウェーデン人は、自分でポートフォリオを組むという選択をしなかった人が圧倒的に多いことは、すでに見たとおりである。自分が自分の主治医になることは誰も求めていない。それなのになぜ、信頼できて、その仕事をもっとうまくできる専門家がいて、その専門家を自由に選べるというのに、複雑な意思決定をすることを人びとに義務づけなければいけないのか。もちろん、**「信頼できる」**と**「専門家」**という表現については、アドバイザーに関していえば、全員が全員、信頼できるわけでも、専門家であるわけでもないことは承知している（この点については前にも述べた）。

臓器提供の文脈では、われわれは能動的選択モデルに近いものを強く支持している。義務的選択よりも選択の促進を選好しているのは、人はなんらかの質問に答えなければならないと言われると、反発することがあるからだ。しかし、この領域で誰かの同意を推定するという考え方は行きすぎであるとも感じている。

義務的選択は、自由を侵害するだけでなく、そもそも実際的でない場面も多い。レストランの料理に使う原材料を全部自分で選びたいと思うだろうか。新しい車を買うなら、周りが暗いときには自動的にヘッドライトがつき、明るくなったら消える仕様をメーカーがデフォルトにしてほしいと思わないだろうか。ヘッドライトは手動で操作すると主張するなら（自由が増える！）、まだ暗い時間に家を出るが、明るい時間に会社に着くようなときにライトをつけっぱなしにしてしまう可能性はきわめて高くなる（そうなるとバッテリーがあがる）。そんな状況はいくらでもある。新車にはじめて乗ったのに、ディスプレイのちょうどよい明るさを選ぶのに1時間かけなければいけないほうがよいのか。この状況では、適切なデフォルトを選んでおくのがよいだろうし、シートやミラーの位置を調整する方法を目につきやすいところに表示することがデフォルトになるともっとよい。シートやミラーのちょうどよい位置は人によってちがうので、とくにそうだといえる。

能動的選択はたいていはよいアイデアだが、キュレーションがしっかりしていて、よくできたデフォルトがあるとありがたい領域は多い。そのような可能性を排除してはならない。

苦情③「ナッジが必要ないくらいに教育に力を入れるべき」

自由な社会では人には「まちがう権利」があると強く主張する人もいる。人はまちがいから学んでいくものなので、失敗が役に立つことがある。この点については、われわれは心から同意する。だから、他者に害を与えないかぎり、オプトアウトする権利を総じて支持する。

老後のための貯蓄の大部分をルーマニアのハイテク株にどうしてもつぎ込みたいというなら、それを禁止するわけにはいかない（十分な情報が与えられていれば、という条件はつくが）。しかし、選択する人に十分な知識や経験がないときは、途中でなんらかの警告サインを出しても、ほとんど害はない。スキー場の一部のエリアにスキーの初心者や中級者に向けて次のような標識を立てるのは正しい。「あなたが上級者でないのなら、このコースをすべろうなんて考えてはだめです」。

ナッジを批判する人のなかには、ナッジするかわりに教育することを強く選好する人もいる。官民の機関は、選択アーキテクチャーに頼らず、人びとを教育して、能力を「ブースト」するべきだというのだ。[7]

そのなかでいちばん理解に苦しむのが、ドイツのある心理学者の主張である。「教育ではなくナッジに関心が向いていることは、ナッジが生まれた特定の政治的背景に照らして理解するべきである。アメリカでは公教育制度は失敗だと広く考えられており、読み書きがほとんどできない大衆の大部分を導く方法を見つけようと政府は懸命に努力している。しかし、この状況はどこにでもあてはまるわけではない」[8]。

ここでは国家主義的な中傷には反論せず、ナッジをせずに教育するべきかどうか、つまり「ブースト」するべきかどうかという、もっと本質的な問いを考える（「ブースト」とは、自分で選択する能力そのものを高めることをめざす取り組みだと理解している）。

われわれの最初の反論はこうだ。「なぜどちらか一つを選ばなければいけないのか」。われわれには責められてもしかたがないところはたくさんあるが、教育を否定しているという批判は的外れだろう。われわれはブーストを気に入っているし、ブーストが効果を発揮するケースがあるのは確かである。

われわれは2人とも教えることを職業にしている。多くのナッジは人びとを教育しようとする（そして、リテラシーを高めることを求める）ものにほかならない。情報の開示、警告、リマインダーは、なにかを知らせるためのものだ。それでも、キュレーションがしっかりと行われて、絞り込まれた選択肢のなかから選べるようになるとありがたいし、よく考えられたデフォルトが提示されて、デフォルトを拒否したければそうできるのであれば助かる。この世界をうまく進んでいくために必要なスキルと知識をそなえた市民が生まれれば、それでよい。人びとの能力を高めて、主体性をもって行動するように助ける価値はあるし、それはとても重要なことだ。ブーストが好きな人が力説しているように、統計リテラシーが高まるとなおのことよい。しかし、現実をよく見る必要もある。ドイツのトップ高校でも、金融経済学の博士課程レベルの訓練をすることはまずないだろう。

この批判は、われわれの人間観を根本から誤解している。人びとはバカだとは、われわれは考えていない。世の中が複雑すぎるのだ！　自分はさまざまな選択肢のなかから最適な住宅ローンを選ぶことができる、あるいは老後の生活資金をいくら貯める必要があるか厳密に計算できると胸を張る経済学者などほとんどいない。逆に、医療プランの選択を誤ったという知り合いの経済学者ならたくさんいる。1人ひとりの状況に合わせて個別化したデフォルトがあって、選択肢を簡単に比較できて、スマート・ディスクロージャーが実践されていて、選択エンジンがうまく機能している世界に暮らしていたら、人生はもっと楽になるのではないか。

ナッジか教育かの二者択一ではない。両方やるのだ！　ナッジは選択の自由を守るので、十分な情報をもとに自由を行使する手助けをするときにとくに力を発揮する。

高校生への金融リテラシー教育に強い関心を寄せている人は多い。われわれもそうだ。もしもわれわれが高校のカリキュラムを設計していたら、三角法をなくして、統計と家計管理を組み込むだろう。複利と正味現在価値のほうが、サインとコサインよりまちがいなく使える。もっと基本的なところでは、家計をどのように管理するか、クレジットカード債務がどれほど危険かを教える。教育は役に立つ。それもときに大きな効果を生み出す。

しかし、常識から考えてもそうだし、実証研究の結果を見てもそうだが、教育の効果を過信してはいけない。これについては、あなたが高校の化学の授業で教わったことをどれくらい覚えているかで、反応はちがってくるはずだ。ついでにいえば三角法のところも。複利を理解したとして、その知識は化学や三角法の知識よりずっと長く持続すると考えているのかと、疑う人もいるにちがいない。

経験的結果は、この思考実験から得られる直感を裏づけている。金融リテラシー教育の有効性に関する重要なメタ分析から、三つの重要な結果が得られている。[9]

第一に、訓練の期間が長いほど、成果は大きい。24時間の授業から得られる効果は、12時間だけの授業を上回る。

第二に、訓練の効果はそれほど大きくはない。天才は一朝一夕では生まれない。

第三に、どんなプラス効果も徐々に小さくなっていき、わずか2年で完全に消える。ここがいちばん重要なポイントである。この研究の執筆者たちは、金融リテラシー教育は「ジャスト・イン・タイム」方式で行うのが最も効果的だろうと結論づけている。つまり、必要なものを、必要なときに、必要なだけ与えるのである。高校2年時と3年時には、高校卒業後のさまざまな教育形態における収益率に関する情報、各種の学資援助や学生ローンの申請方法、クレジットカードとの付き合い方などに関する情報を伝える。そうすればこの訓練をすぐに活かすことができるだろう。

だが、固定金利と変動金利のちがいについて教えたからといって、それが10年後によりよい住宅ローンを選ぶのにかならず役に立つと考えてはいけない。高校生たちがやがて家を買おうと考えるようになったときには、待ち受ける落とし穴にはまらないように、無料で講習を受けられるようにすることだ

（必要なら、シンプルなナッジもいくつか与えるようにする）。

苦情④「ナッジは姑息（こそく）」——ほんとうに？

命令や禁止、税金にはナッジと比べて大きな利点が一つあるという人もいる。それがなんであるか、みんな知っていて、だまされる人はいない。それに対し、ナッジは目に見えず、その意味で人を操ることになり、一種の策略だという。[10]人びとは知らないうちに影響を受けている。

ほとんどのナッジに照らせば、この批判は理解に苦しむ。ラベルも、警告も、リマインダーも隠されてなどいない。隠されていたら役に立たなくなる。デフォルトルールは完全に透明でなければいけないし、たいていそうである。グリーンエネルギーに自動登録されるなら、グリーンエネルギーに自動登録されていることを伝えなければならず、通常そう伝えられる。事業主がオプトアウト方式で従業員を自動的に貯蓄プランに加入させるときにも、隠されていることは一つもない。もしも隠されていることがあったら、スラッジ問題が生まれる。オプトアウトするステップははっきりと示されていなければならないし、ワンクリックでできることが望ましい。

ナッジの影響を受ける人がナッジに意識を向けなくても、ナッジが作用するケースがあることは確かである。場合によってはナッジについて考えることさえない。たとえばカフェテリア方式の食堂で、健康によい食品が目につきやすくて手にとりやすいところに置かれていたら、カフェテリアを利用する人がたとえ自分がナッジされていることに気づかないとしても、選択に影響を与える可能性がある。この状況では、設計そのものは隠されていない。よく見える状態にある。しかし、そう設計されている理由は目に見えないだろう。

それはカフェテリアにかぎったことではない。ビールのテレビCMには露出度の高いモデルが登場するが、それは視聴者の注意を引きつけてビールを買わせようとしているのですよという警告は示されない。政治家が演説をするときには、候補者を支持する可能性を最大限に高めるようにメッセージの文言を（テストして）つくっていることは明かさない。だが、CMは商品を売るためにつくられていて、政治家の演説は票を集めるために書かれていることに気づかないくらい世間知らずな人がいるだろうか。なるほど、カフェテリアはCMではないが、そこには設計がある。それはもちろん、理由があって選ばれたものだ。

カフェテリアが健康的な食生活をうながすように設計されているときや、なんらかの制度に自動的に加入することになっているときには、民間の機関も（とくに）公的な機関も、その事実を隠すべきではない。ナッジをする理由も明らかにされるともっとよい。この点については、すぐ後でまた触れる。

これとは少しちがう批判として、「ナッジが機能するのは、ナッジを受ける人が、自分がナッジされていることに気づいていないときだけだ」というものがある。この批判はいくつかの文脈で検証されており、それがまちがっていることが繰り返し示されている。これまでの調査で、ナッジが透明であっても、効果は減少しないことが明らかになっている。[11]

むしろその逆だ。退職金積み立てプランにはマッチング拠出と税優遇措置があり、これを利用するのは賢い選択だと考えているから、従業員は自動で加入することにしているのだと事業主が伝えれば、加入する人は増えるだろう。カフェテリアが健康的な食生活をうながすように設計されていることに注意が向くと、それは貴重な情報となるので、設計の効果が高まることがある。[12]

ナッジは人を操作するのだろうか。その疑問に答えを出すには、操作とはなにかを定義する必要がある。その（とても）長くて複雑な話を要約すると、哲学者らの見解は、「物事を合理的に深く考える人間の能力が十分に尊重されていないのであれば、その行為は操作的だとみなされる」というところでおおむね収束してきている。[13]

この基準に照らすなら、大半のナッジは操作にはあたらない。[14] 次の木曜日に病院の予約が入っていますとリマインドされるときには、誰もその人を操作していない。食品のカロリー含有量に関する情報が与えられる場合もそうだし、ある食品に貝やナッツが含まれているとか、薬を推奨量を超えて服用するとなにか悪いことが起きるかもしれないと警告される場合もそうである。

たしかに、デフォルトルールがあることが示されていなかったり、オプトアウトすることがむずかしかったりするなら、デフォルトルールを一種の操作として分類できるかもしれない。われわれはこれをスラッジと呼んでいる。そして、スラッジは人を操作することがありうる。

苦情⑤「サブリミナル広告と同じでは？」——線引きと公知性の原則

もうだいぶ昔の話だが、サンスティーンは娘をロラパルーザに連れていったことがある。ロラパルーザは真夏にシカゴで開かれる3日間のロックフェスティバルだ。金曜日の夜になると、巨大なスクリーンに電子メッセージが次々に流れる。たいていはパフォーマンスのスケジュールを伝えていたが、そうしたなかにときおりこんなメッセージが差し入れられた。「もっと水を飲みましょう」。文字は大きかった。そして、もう一つ別のメッセージも添えられた。「炎天下で汗をかくと、体の水分が失われます」。

この告知はなにを言おうとしていたのだろう。このときシカゴはひどい熱波に襲われており、ロラパルーザの運営者たちは、脱水によるさまざまな健康被害をなんとか防ごうとしていたのにちがいない。このメッセージはナッジだった。誰も水を飲むことを強制されていない。しかし、メッセージをつくった人は、人がどのように考えるのかよくわかっていた。

とくに秀逸なのが、〝もっと水を〟という言葉の選択である。「十分な水分をとりましょう」とか「水を飲みましょう」といったありきたりな言葉より、はるかに効果的だったのではないか。「体の水分が失われる」という示唆は、水分を補給しなければという損失回避意識をよびさました（くしくも、サンスティーンはそのメッセージをもっと早く見ていればと悔やむことになった。サンスティーンはパフォーマンスを見ている最中にのどがカラカラになったのだが、観客がすし詰め状態だったため、水を飲みに行くことができなかったのだ）。

これを考えられる代替策と比較してみよう。「もっと水を飲みましょう」という目に見えるメッセージを出すのではなく、その日の演奏スケジュールに、短いサブリミナル広告が目に見えないかたちで挿入されたとする。サブリミナルメッセージとは、意識としては認識できないが、考え方や行動を変えるだけの影響をもたらす知覚刺激である。

広告は「もっと水を飲みましょう」「のど、乾いてない⁇」「飲んだら乗るな」「ドラッグはあなたをダメにする」「大統領を支持しよう」「中絶は殺人です」『ＮＵＤＧＥ　実践　行動経済学　完全版』を10冊買いましょう」といったようなものだ。サブリミナルメッセージは、有料の広告を含めて、リバタリアン・パターナリズムの一形態と見ることができるのだろうか。つまるところ、サブリミナルメッセージは人びとの選択を操作するが、人びとにかわって意思決定をするわけではない。

われわれはサブリミナルメッセージを容認しないし、リバタリアン・パターナリズムとはみなさない。たとえ望ましい目的をもったサービスで使われているとしても、それは変わらない。

リバタリアン・パターナリズムやある種のナッジそのものに対する批判は、「陰湿だ」というものかもしれない。人びとを政府にとって望ましい方向に巧みに誘導する力を政府に授けると同時に、その目的を達成するすぐれたツールを役人たちに与えるというのだ。

サブリミナル広告を、それと同じくらい狡猾（こうかつ）なしかけと比べてみよう。人びとに減量してほしいと考えているのであれば、カフェテリアのなかに鏡を置くことが効果的な戦略になる。鏡に写った自分の姿がでっぷり太っていたら、食べる量を減らすかもしれない。これはよいのだろうか。

鏡が受け入れられるのであれば、太って見えるように加工してある鏡はどうだろう（こうした鏡は年々増えているように思えるのだが）。カフェテリアにいるわれらが友、キャロリンにとって、そんな鏡は受け入れられる戦略なのだろうか。もしそうだとしたら、ファストフードレストランにある、やせて見える鏡はどう考えるべきなのだろう。

これは大きな問いであり、筆者の1人なら、その疑問について本を1冊か2冊書き上げているかもしれない。[15] このかぎられた紙幅で問題にアプローチするために、ここでわれわれが指針とする原則の一つに立ち戻ることにする。その原則とは、「透明性」である。

この文脈では、哲学者のジョン・ロールズのいう**「公知性の原則」**を支持する。[16] 最も単純に述べるならば、公知性の原則とは、「官民の選択アーキテクトは、正当性を公然と主張できないか、そうする意思のない政策を採用してはならない」というものである。

われわれは二つの理由からこの原則に好感をもっている。一つ目の理由は、実際的であることだ。正当性を公然と主張できないような政策を企業や政府がとりいれれば、かなり厄介な問題が起こるし、その政策や根拠が開示されたりしたら、もっと大変なことになるだろう。われわれは同僚や学生に、プライベートや仕事で重要な選択をするときには、かならずこの方針をとるように強く勧めている。

第二の、そしてもっと重要な理由は、「尊重」という概念にかかわるものである。あらゆる組織は人を尊重するべきであり、正当性を公然と主張できず、そうする意思のない方針を採用するのは、人を尊重していないということだ。市民をいいように利用し、操作する道具として扱っているのである。

民間部門でも公共部門でも、公知性の原則は、ナッジをするかしないかを判断するすぐれた指針になるだろう。アメリカ政府は規制案をたいてい公表し、市民の意見を募集して、意思決定に反映させている。ナッジのカテゴリーに入る規制案の多くがこれに含まれる。燃費のラベル表示、包装された食品の栄養成分表示、たばこの画像警告がその例だ。ナッジは透明だし、ナッジを支持する理由も透明である。

同じ結論は、法律上のデフォルトルールにもあてはまる。臓器提供や環境保護を奨励する、年齢差別を減らすといったデフォルトルールを政府が変更するのであれば、それを隠してはならない。そのためにとるべき行動を開示しなければならないし、説明もしなければならない（できれば市民が前もって意見を提出できるようにするとよい）。

行動に関する知見をとりいれて、ナッジを与える啓発キャンペーンにも同じことがいえる。政府当局者が巧みな表現でゴミを減らしたり、窃盗を防いだり、臓器ドナー登録をするようにうながしたりする表示を使うなら、手法と動機の両方を進んで明らかにするべきだ。

アメリカでずっと前から使われているある広告を考えてみよう。熱されたフライパンの上に目玉焼きがのっている。そこにこんなナレーションが流れる。「これはドラッグを使っているときのあなたの脳です」。この強烈な映像は、ドラッグを使用することへの恐怖心を引き起こすことを目的としてつくられている。この広告は人を操作するものであるかどうかに関係なく、公知性の原則には反していなかった。

ちょうどよい機会なので、ここではっきりさせておくと、われわれはナッジの基本原則をまとめた「ナッジの権利章典」をつくることを提案しており、それにサブリミナル広告の禁止を盛り込むべきだと考えている。[17]

苦情⑥「命令や禁止だって、ときには必要では？」——もちろんです

リバタリアンはナッジが強制へと進んでいくことを心配していることはすでに述べた。もっと進んだ

考えをもつ批判派のなかには、逆の心配をしている人がいる。「はるかに強い手段が求められているときに、ナッジで止まってしまうのではないか」という心配だ。政府がナッジをするなら、たとえナッジではどう見ても不十分だとしても、それ以上のことはしないと考える人さえいる。気候変動に真剣に取り組まずに、エネルギー効率のラベル表示で満足してしまうかもしれないというのだ！

もしもわれわれが（ついでにいえば誰かが）世の中の大部分の問題には軽い介入で十分に対処できると考えているなら、それは深刻な問題だろう。殺人、レイプ、暴力、窃盗は犯罪であり、強制をともなう処分を適切に行わなければいけない。公害のような問題が起きるのは、人びとが他者に害を与えているからだ。

これまでに強調してきたように、そうした問題に対処するにはナッジでは十分ではない。たしかに役には立つかもしれない。ガソリンに課税すれば、燃費のよい自動車を買うようにナッジを通じてうながすことができる。外部性を減らすナッジはたくさんある。だが、外部性をコントロールしようとしたら、ナッジだけでは足りない。

ナッジはアーミーナイフのような道具だといえるかもしれない。このナイフは幅広い用途で使えるようにつくられており、缶を開けなければいけないときや、ネジを締めなければいけないときなど、ある特定の環境下で威力を発揮する。しかるべき状況下では、ナッジも非常に多くのことを、とても低いコストで達成できる。

しかし、繰り返し訴えてきたように、税金、補助金、命令、禁止にもそれぞれの役割がある。喫煙を減らすためにやるべきことがすべて警告だけでできるわけではない。デフォルトを変更したからといって、それで移植に使用するための臓器の不足が解消されるわけでもない。そして丸々1章かけて説明したように、気候変動と闘うには削岩機とブルドーザーが必要で、ポケットナイフはそれを補助するものだ。

ナッジを使うと当局がより強い措置をとらなくなるとは、どうしても思えない（サンスティーンはアメリカ政府で4年間働いたが、そんなことはまったく起きなかった。一度もだ）。ある国は重いアルコール税をかけるとともに、飲酒運転をしないようにナッジして、さらに酒に酔った状態で運転して逮捕されたら高額の罰金を科すかもしれない。スカンジナビア諸国はこの三つをすべてしている。燃費のラベル表示を義務づけるなどして、燃費のよい車を買うようにナッジすると同時に、ガソリンに高い税金をかけたり、電気自動車の購入に補助金を出したりする国もあるかもしれない。特定のドラッグの使用を犯罪化しながら、そのドラッグを使わないようにナッジする国もあるだろう。ナッジが使えるようになると、より積極的な手段が使われなくなるというのは、鋭い指摘のように見えるかもしれない。世界の歴史を振り返れば、そういうこともあったかもしれないが、これはあくまでもこのような批判があるという話であって、深刻な懸念というわけではない。

それでも、思慮分別ある人たちのあいだでさえ、いつナッジから禁止や命令に進むべきか、あるいは禁止や命令からナッジに進むべきかについて、意見が分かれることももちろんあるだろう。

一つ例をあげると、われわれの友人で同僚のデヴィッド・レイブソンはセイラーとともに、ある財団の退職金積み立てプランの設計にたずさわっていた。このプランにはよくできた低コストのデフォルトの選択肢のほかに、キュレーションをしっかりやって絞り込んだ投資の選択肢がいくつか用意されている。2人が（やんわり）対立したのは、いわゆる「ミューチュアルファンド・ウィンドウ」を設定するべきかどうか、という点だった。この枠があると、熱心な加入者があらかじめ用意された運用商品以外にさまざまなファンドを選べるようになる。

だが、このオプションを使う職員が非常によい投資決定をできるとは考えにくく、平均すれば、長期の運用成績は、プラン内で提供される運用商品に投資していた場合よりも（もちろん、本人自身が望む結果と比べて）悪くなるだろうという点では、2人の意見は一致していた。（ほかの状況での経験的エビデンスにもとづくと）このオプションを活用する職員はほんの一握りだろうし、ウィンドウにアクセスすると警告が表示されるなど、多少のスラッジがある場合はとくに少なくなる、という点でもそうだった。

レイブソンは自分ならこのオプションは外すと考え、セイラーは入れると考えたが、2人とも自分の判断が正しいかどうか、自信はない（これについて、サンスティーンはレイブソンと同意見である。ここは多数決?·)。

これはより一般的なジレンマを示している。まずい選択をするリスクをとくに心配する熱烈なパターナリストは、禁止と命令を強く求めるかもしれない。ヒューマンがほんとうにミスをするのであれば、選択することを禁じて、ミスが起こらないようにすればよいのではないか。

もちろん、この議論に明確な終わりがあるわけではない。われわれはリバタリアン・パターナリズムを、オプトアウトすることで簡単に避けられる行動、ルール、その他のナッジを含むものと定義している。「簡単に避けられる」とはなにを意味するのかについては、はっきりとした定義はないが、既存のテクノロジーで手に入れられるものに最も近いのが「ワンクリック」・パターナリズムになる（将来、〝ワンソート（1回考えるだけ）〟や〝ワンブリンク（1回まばたきするだけ）〟のテクノロジーがきっと開発されるだろう）。さまざまな領域で、人びとが可能なかぎり少ないコストでそれぞれの道を進めるようにするのがベストである。

われわれが支持している政策には、ワンクリックではすまないものもあることは確かだ。自動加入プランをオプトアウトするには、従業員や職員は通常、なんらかの書類を記入して返送しなければならない。大きなコストではないとはいえ、ワンクリックよりは負担が重い。政策のコストがどれくらい高ければリバタリアンとして認めがたいか、硬直したルールを示すのは恣意的だろうし、おかしな話のようでもあるが、程度そのものはじつは重要ではない。簡潔にいうと、こうしたコストは一般に小さいことが望ましい。ほんとうの問題は、どのようなときに人びとの幸福や厚生を高めるために少なからぬコスト、場合によってはとても高いコストを課そうとするべきなのか、ということだ。

「クーリングオフ期間」の設定を義務づける規制を考えてみよう。クーリングオフ期間が与えられているのは、消費者はその場の勢いで、考えが足りなかったり軽率だったりする意思決定をしてしまうことがあるからだ。その根底にはセルフコントロール問題がある。訪問販売のクーリングオフ制度がその一つの例になる。[18]

たとえば1972年にアメリカ連邦取引委員会が定めたルールでは、すべての訪問販売業者は、取引から3日以内に購入契約を破棄する権利があると買い手に書面で伝えることが義務づけられている。強引な販売手法や小さな文字で書かれた契約書に関する苦情が多かったために、この法律ができた。

この場合も、クーリングオフが助けになる人の便益と助けにならない人のコストを比べることで、法律をつくるべきかどうかを評価できる。この費用便益テストを使って規制当局者が知りたいのは、商品を受け取るまでに数日待たなければいけない人に課すコストがどれくらい大きいか、そして、買い手が心変わりする頻度はどのくらいかだろう。コストが小さく（ウィキペディアが登場する前であっても、百科事典をその場で購入する必要に迫られている人がはたしていただろうか）、心変わりする頻度が高いときには、クーリングオフ規制は理にかなうといえる。

重大な意思決定が衝動的にされがちな場合も、同じような戦略をとるのがベストだろう。一部の州では、カップルの離婚が認められるまでに待機期間が設けられている。[19] 離婚のような大きな決断をする前に、いったん立ち止まって考えるように求めるのは賢明なように思われる。非常に極端な状況を除けば、どんな人だろうと一刻も早く離婚しなければならない理由はほとんど思いつかない（配偶者同士が心底憎み合っているときがあるのは確かだが、すぐに離婚できないのはそんなにひどいことなのだろうか）。

結婚するという意思決定にも同じような制限を課すことは容易に想像でき、この方向に動いている州もある。[20] 人は後で悔やむような行動をとるかもしれないことを規制当局者はわかっており、選択を阻むのではなく、落ち着いてよく考える時間をつくるようにしている。

この点に関して注目すべきこととして、「その意思決定をひんぱんにすることがないため経験が大きく不足している」「感情が高ぶりやすい」という二つの条件が満たされるときに、クーリングオフ制度が最も理にかない、この制度が導入される傾向がある。これは人が後で悔やむ選択をとくにしてしまいがちな状況である。*

クーリングオフ期間の設定は、どちらかというとやわらかい介入である。社会はいつ、禁止や命令を課す次のステップに進むべきなのだろう。ここでも、その線引きをどこでするかについては、思慮分別ある人でも意見が分かれることがある。われわれの目標は人間のウェルビーイングを高めることであり、その概念をどう理解するべきかについても、思慮分別ある人のあいだで意見が分かれることは理解している。

たとえば、研究者仲間である行動科学者のニック・チェイターとジョージ・ローウェンスタインは、本書でとりあげた確定拠出型年金プランは、エラーが発生する機会が多すぎるため、規定の貯蓄率で強制的に加入する仕組みに置き換えるべきだとしている。[21] オーストラリアのプランは加入が義務づけられていて、貯蓄を担保にお金を借りることは許されておらず、2人はこの制度を高く評価している。たしかに、加入が義務づけられているなら、定義上では、加入率は100%になる。少なくとも公式経済で雇用されている人はそうだ。これと同じような制度であるイギリスの国家雇用貯蓄信託（NEST）プランは自動加入方式を用いており、加入率は90%を超える。それでもこちらのほうが悪い制度だと言い切れるのか。

いずれにしてもその評価は、選択の自由をどれだけ重視するか、オプトアウトすることを決めた人にどれだけ害がおよぶかによって変わってくる。オプトアウトする人は、少なくとも正当かつ十分な理由でそうする可能性があり、その推測を裏づけるエビデンスもある。[22] たとえば、いまどうしてもお金が必要だからオプトアウトするのかもしれないし、それとは別の退職金積み立てプランに入っているからかもしれない。人びとに自分で選ばせるようにするほうが好ましいことが多いのも、これで一部説明がつく。

命令と禁止が正当化される文脈はまちがいなくある。すでに述べたように、人びとの選択が他者に害を与える結果につながるのであれば、禁止（暴力や窃盗を罰する法律を考えてほしい）や矯正税（温室効果ガスの排出を考えてほしい）を導入するほうがよいのではないか。しかし、そうした文脈でさえ、ナッジは重要な役割を果たすことができる。

人びとがばかげたことをしていたり、いま目の前にあることしか考えていなかったり、自分を傷つけることになるような選択をしたりしている場合には、命令という選択肢を外すことはしない。[23] われわれは社会保障制度には反対しない。トランス脂肪酸の禁止にも、省エネを求める命令にも、自転車に乗るときにはヘルメットを着用し、自動車を運転するときにはシートベルトをすることを義務づける法律にも、パンデミック期に人前に出るときにはマスクをするように義務づけることにも反対しない。人びと

＊クーリングオフ期間の設定を義務づけるメリットがないと判断される状況ももちろん出てくる。中絶がその例だ。これは感情と政治が絡む非常に複雑な問題であり、クーリングオフ期間を設定する政策のメリットを、その根底にあるより根本的な論争をぬきにして論じるのはむずかしいだろう。選択権を尊重する人たちはクーリングオフの義務づけをスラッジと見ており、クーリングオフのコストが高くなりうることはまちがいない。手術を受けられる診療所を探すために遠くまで行かなければいけない女性にとって、経済的にも、プライバシーが侵害される可能性の面でも、3泊するコストがとても高くなることがある。そのような状況では、たとえそれが善意によるものだとしても、われわれはそうしたルールには反対するだろう。どんなときもそうだが、細部こそが重要になる。この問題でこれ以上批判に身をさらしたくないので、ここはきっぱりとオプトアウトすることにしよう。

が将来の自分に害を加える選択をしているなら（喫煙を考えてほしい）、ナッジ以上のことをしたほうがよい（われわれはたばこ税やレストランでの禁煙に賛成している）。

ただし、税金や命令、禁止には、それぞれに問題と懸念がある。自分の人生をどう生きるかについて、十分な情報にもとづいて意思決定しているのであれば、われわれはそれに対して謙虚になって、敬意を払い、さらには選択する自由を尊重するだろう。しかし、選択の自由を尊重するということは、あなたがわれわれの主張を受け入れない権利を守ることにほかならない。

エピローグ

本書の２００８年版を書いていたとき、世界は地球規模の金融危機に突入しようとしていた。この完全版は、地球規模のパンデミックの最中に書き上げている。

その間はまさに激動の連続だった。民間部門は並外れた創造性を発揮し、グーグル、アップル、フェイスブック、アマゾンなど、過去に例のない規模と力をもった巨大企業が台頭した。新型コロナウイルス感染症対策で（非常に巧みなナッジの使用を含めて）目を見張る成果をあげている国もあれば、厳しい状況に追い込まれている国もある。われわれが歓喜した選挙もあれば、絶望に沈んだ選挙もある。ひいきのチームや選手が勝ったこともあれば、負けたこともある。ラファエル・ナダルを除けば、ビッグゲームでは負けるのがふつうだ。そして、気候変動との闘いはまったくといってよいほど前進していない。氷が溶けて、山火事が起きているにもかかわらずだ。

しかし、われわれはどこまでも楽観的な人間である。コップの水がもうこれしかないとは考えず、まだこんなにあると受け止める。それはわれわれの性格によるものかもしれないし、行動バイアスに陥っているだけかもしれない（われわれの配偶者は後者の説をとっている）。それはそれとして、ここでは本書を結ぶにあたって、できるだけ現実に即しながら、未来への希望を示していきたい。

世界は非常に大きな問題に直面しており、その一部に行動科学のツールを応用する可能性は格段に広まっている。アメリカ、イギリス、アイルランド、デンマーク、オーストラリア、ニュージーランド、インド、カタール、アラブ首長国連邦、オランダ、日本、フランス、ドイツをはじめとして、それこそ世界中に導入例があり、国際連合、世界保健機関（ＷＨＯ）、欧州委員会（ＥＣ）で膨大な研究が行われている。新型コロナウイルスのパンデミック、気候変動、テロリズム、禁煙、経済成長、男女平等、労働の安全など、さまざまな領域で行動科学は広く活用され、それが当たり前になっている感さえある。

かつては過激とされていた考え方が、やがて粋なアイデアへと姿を変え、トレンドになり、ありふれたものになっていった。いまはもう時代遅れになっているかもしれない。ある状況では、それは望ましいことでもある。経済学の分析にヒューマンの存在が適切に（さらには最適に）組み込まれるようになって、行動経済学という分野が消滅する日がくることを願っていると、セイラーはずっと言い続けている。

行動科学を公共政策や企業経営に組み込むという考え方は、標準的な費用便益分析や事業計画を行うのと同じくらい当然のことになり始めている。こうした考え方が専門のナッジユニットにかぎった話ではなくなっていることをうれしく思う。もちろん、ナッジユニットの活躍も、同じくらいうれしく思っている。最も重要な研究が、上位の省庁や大統領府・内閣府によって行われていることも多い。世界中のリーダーが行動科学とナッジに関する知識をそなえており、なかには専門的な知識を身につけている人もいる。

これまでに声を大にして訴えてきたように、どの政策にもなんらかの選択アーキテクチャーが必要になる。それはすべての商品になんらかのデザインが必要なのと同じことだ。スティーブ・ジョブズにならなくても、卓越したデザインをきわめることはできる。それには、ユーザー体験を優先順位のトップにすえなければいけない。ある集団が見た目の部分を担当し、別の集団が機能の部分を担当したら、押す必要があるのに引きたくなるドアハンドルができあがってしまう。スラッジはこうして埋め込まれていく。

よい選択アーキテクチャーをつくることを、あらゆる政策分析と企業の意思決定の柱にすれば、成功するチャンスはぐっと広がる。スウェーデンのプレミアム年金プランをつくった人たちは、最初から何百本ものファンドのなかから選ぶようなシステムをつくろうとしたわけではない。結果としてそうなっただけだ。ただ単に、提供するファンドのキュレーションを外部に委託することを選択したのである。キュレーターとなったのは欧州連合（ＥＵ）の規制当局者だった（ＥＵは適格ファンドの運用会社と個別ファンドの新規登録を規制するルールを定めている）。その過程で何百本ものファンドが登録されることになったが、それに気づいたときには、もう後戻りできなくなっていた。

政策を設計する人は全知になれるし、なるべきだと言っているわけでは断じてない。しかし、ヒューマンはなにができて、なにをするのかについて、少なくとも一歩先を考える必要がある。それ以上に重要なのは、必要に応じてシステムをどんどん修正していくようにすることだ。残念ながら、惰性の力は強い。

筆者は2人とも、行動科学を政策に組み入れようと試みた経験が少なからずある。この領域の文献も増えている。こうした経験や研究成果をふまえて、政策をつくるプロセスのごく初期の段階で選択アーキテクチャー（そしてその他の行動科学の要素）を組み込むと、ブレークスルーを実現する機会を最大化できると、われわれは信じている。別の形態のある〝アーキテクチャー〟が、それを物語っている。

シカゴ大学ブース・スクール・オブ・ビジネスが新しいビルを建てることを決めたとき、数人の有名な建築家(アーキテクト)によるコンセプト提案のコンペが行われた。コンペで選ばれたのは、ウルグアイ出身のラファエル・ヴィニオリが率いる有名な建築事務所の提案だった。コンペに勝った後、ビルの詳細な設計にとりかかる前に、ヴィニオリらのチームはシカゴ大学を訪れ、数日間にわたって学生、教授、職員がどのようにすごしているか観察し、建物にどんなことを望んでいるかを調べた。そうして生まれたのが、物理的に美しいだけでなく、通りを一つへだてたところにあるフランク・ロイド・ライトが設計した住宅に敬意を表した建物である。この建物はじつに見事に「機能」している。

たとえば、教授たちはほかの教授と偶然に出会う機会を大切にしていることがわかった。少なくとも学生たちとばったり会う機会よりも楽しみにしていたりする。あと、研究科長の研究室のメンバーと出会う機会よりも。教授陣の研究室は上層の三つの階にあり、吹き抜けのある階段でつながっていて、教授同士が出会いやすいつくりになっている。研究科長と学生のエリアは下層階にあるので、研究科長や学生と出会う機会はカフェテリアにかぎられる。

ここで一つ、うれしい報告がある。このカフェテリアはサラダバーを通らないとハンバーガーのコーナーに行けないようにデザインされている。

公共政策を設計するときにも、これと同じようなことが起こりうる。目標が道路や職場における公衆の安全を守ることが目標であるならば、政策を立案する人は、いちばん安全な選択肢をいちばん簡単に選べるようにできる。貧困を減らすことが目標なら、法律を制定する人は、人間は現実にどのように考えて、どのように行動するかを考慮して、教育を受け、雇用を得るようにナッジする（そしてスラッジをなくす）プログラムを設計できる。学生、教師、投資家、起業家、亡命を求める人があなたの国にきて滞在できるようにすることが目標なら、そのための手続きを簡素化できる。予防策をとり、ワクチンを接種するようにうながしてパンデミックと闘うことが目標であれば、政策を立案する人は、利便性を高め、適切に設計された警告をするのが重要であること、そして、社会的規範が大きな力をもつことを強く意識した対応をとれる。

どれも夢物語のように聞こえるかもしれないが、それはちがう。こうしたことがすでに起き始めており、政策が実際にどのように実行されているかを管理する人たちのあいだでとくに理解が進んでいる。過去に例のない規模と力をもつまでに成長した巨大企業の強みが、その選択アーキテクチャーだというのは偶然ではない（その強みはなによりも大きい）。

しかし、法律や規制の文言に埋め込まれている（それもたいてい暗示的にしか書かれていない）選択アーキテクチャーを改良するためにできることは、まだまだたくさんある。それを陰で支えるサイレントヒーローは、背景調査を行い、多くは最終草案を作成することになる職員たちである。

もしもそのような人物が知り合いにいたら、読み終わったこの本をその人にわたしてもらえないだろうか。本にはわれわれにかわってこう書き添えておいてほしい。

「よい方向へと導くナッジを」

その願いは少しずつ実を結びつつあり、世界中で計画され、実行されている無数の改革に反映されるようになっている。

謝辞

この完全版はちょっとした短距離レースになった。この数カ月間、われわれと一緒に走ってくれたたくさんの人たちに感謝する。リア・カターニョ、ダスティン・ファイア、ロヒト・ゴヤール、エリ・ナクマニー、ルーカス・ロスをはじめとする、すばらしいリサーチアシスタント・チームに心から感謝したい。とりわけルーカス・ロスはさまざまな仕事で手腕を発揮し、リアはさらに最終段階で作業の内容や手順を見事に管理してくれた。彼らがいなかったらこの本を完成させることはできなかっただろうという言葉にうそはないが、こんなありきたりな言葉ではとうてい足りない。

ロブ・ガートナー、デヴィッド・ハルパーン、アレックス・イマス、エマニュエル・ローマンら、何人かの友人が初期の草稿を読んで、コメントをくれた。友は宝だ。とくに臓器提供の問題では、アレクサンドラ・グレイザー、エリック・ジョンソンとの議論が役に立った。ここにお礼申し上げる。サラ・チャルファントはまさに智恵の泉だった。ジョン・シチリアーノは編集者として存分に腕をふるってくれた。

そしてなにより、2008年版を読んでくださった数多くの読者に感謝する。この本がはるかによいものに仕上がったのも、読者からのコメント、熱い支持、懸念、異論があったからこそだ。

6, no. 3 (2015): 361–83.

9. Daniel Fernandes, John G. Lynch, and Richard G. Netemeyer, “Financial Literacy, Financial Education, and Downstream Financial Behaviors,” *Management Science* 60, no. 8 (2014): 1861.

10. Edward Glaeser, “Paternalism and Psychology” *University of Chicago Law Review* 73, no. 1 (2006): 133–56.

11. Hendrik Bruns et al., “Can Nudges Be Transparent and Yet Effective?” *Journal of Economic Psychology* 65 (2018): 41–59, https://papers.ssrn.com/sol3/papers.cfm?abstract_id=2816227; George Loewenstein et al., “Warning: You Are About to Be Nudged,” *Behavioral Science and Policy Association* 1, no. 1 (2015): 35–42.

12. Craig R. M. McKenzie, Michael J. Liersch, and Stacey R. Finkelstein, “Recommendations Implicit in Policy Defaults,” *Psychological Science* 17, no. 5 (2006): 414–20.

13. Anne Barnhill, “What Is Manipulation?” in *Manipulation: Theory and Practice*, ed. Christian Coons and Michael Weber (New York: Oxford University Press, 2014): 51–72. バーンヒル自身の説明はもっと婉曲である。

14. Cass R. Sunstein, *The Ethics of Influence* (New York: Cambridge University Press, 2016)（邦訳サンスティーン著『ナッジで、人を動かす――行動経済学の時代に政策はどうあるべきか』田総恵子訳、NTT出版、2020年）.

15. Cass R. Sunstein, *The Ethics of Influence*（『ナッジで、人を動かす』）；およびCass R. Sunstein and Lucia Reisch, *Trusting Nudges* (New York: Routledge, 2019)（邦訳サンスティーン、ライシュ著『データで見る行動経済学――全世界大規模調査で見えてきた「ナッジの真実」』遠藤真美訳、日経BP、2020年）を参照。

16. John Rawls, *A Theory of Justice* (Cambridge, MA: Harvard University Press, 1971)（邦訳ロールズ著『正義論』川本隆史、福間聡、神島裕子訳、紀伊国屋書店、2010年）.

17. Sunstein and Reisch, *Trusting Nudges*（『データで見る行動経済学』）を参照。

18. Cooling-Off Period for Door-to-Door Sales, 37 Fed. Reg. 22934 (October 26, 1972; to be codified at 16 CFR 425).

19. たとえば、Cal. Fam. Code §2339(a)（離婚判決が確定するまでに6カ月間の待機期間を設けることを義務づける）；Conn. Gen. Stat. §46b-67(a)（裁判所が離婚調停を開始するまでに90日間の待機期間を設けることを義務づける）を参照。一般的な議論については、Elizabeth S. Scott, “Rational Decisionmaking About Marriage and Divorce,” *Virginia Law Review* 76, no. 1 (1990): 9–94を参照。

20. Camerer et al., “Regulation for Conservatives.”

21. George Loewenstein and Nick Chater, “Putting Nudges in Perspective,” *Behavioural Public Policy* 1, no. 1 (2017): 26–53.

22. John Chalmers, Olivia S. Mitchell, Jonathan Reuter, and Mingli Zhong, “Auto-Enrollment Retirement Plans for the People: Choices and Outcomes in OregonSaves” (National Bureau of Economic Research working paper no. w28469, 2021), https://www.nber.org/papers/w28469.

23. Cass R. Sunstein, “Behavioral Welfare Economics,” *Journal of Benefit-Cost Analysis* 11, no. 2 (2020): 196–220で、筆者の1人がこの問題をくわしく論じている。

12. "Carbon Taxes II," Initiative on Global Markets, http://www.igmchicago.org/surveys/carbon-taxes-ii/.
13. "Sweden's Carbon Tax," Government Offices of Sweden, Ministry of Finance (2020), https://www.government.se/government-policy/swedens-carbon-tax/
14. "Sweden's Carbon Tax," Government Offices of Sweden.
15. Julius Andersson, "Cars, Carbon Taxes and CO2 Emissions" (Centre for Climate Change Economics and Policy working paper no. 238, Grantham Research Institute on Climate Change and the Environment working paper no. 212, 2017), https://www.cccep.ac.uk/wp-content/uploads/2017/03/Working-paper-212-Andersson_update_March2017.pdf.
16. Helga Fehr-Duda and Ernst Fehr, "Sustainability: Game Human Nature," *Nature* 530 (2016): 413–5.
17. Robert N. Stavins, "Assessing the Energy Paradox," *Environmental Forum* 32 (2015): 14, https://scholar.harvard.edu/files/stavins/files/column_67.pdf.
18. Hunt Allcott and Michael Greenstone, "Is There an Energy Efficiency Gap?" *Journal of Economic Perspectives* 26, no. 1 (2012): 3–28; Hunt Allcott and Cass R. Sunstein, "Regulating Internalities," *Journal of Policy Analysis and Management* 34, no. 3 (2015): 698–705; Renate Schubert and Marcel Stadelmann, "Energy-Using Durables—Why Consumers Refrain from Economically Optimal Choices," *Frontiers in Energy Research* 3 (2015), https://www.frontiersin.org/articles/10.3389/fenrg.2015.00007/full.
19. Congressional Budget Office, "Homeland Security and the Private Sector" (2004), https://www.cbo.gov/sites/default/files/108th-congress-2003-2004/reports/12-20-homelandsecurity.pdf.
20. "EPCRA Milestones Through the Years," United States Environmental Protection Agency, https://www.epa.gov/epcra/epcra-milestones-through-years.
21. Archon Fung and Dara O'Rourke, "Reinventing Environmental Regulation from the Grassroots Up: Explaining and Expanding the Success of the Toxics Release Inventory," *Environmental Management* 25, no. 2 (2000): 115–27.
22. James T. Hamilton, *Regulation Through Revelation* (New York: Cambridge University Press, 2005).
23. "What We Do," CDP, https://www.cdp.net/en/info/about-us/what-we-do.
24. "With #Alpha, 2020 Atlantic Tropical Storm Names Go Greek," National Oceanic and Atmospheric Administration, https://www.noaa.gov/news/with-alpha-2020-atlantic-tropical-storm-names-go-greek#:~:text=Having%20reached%20the%20end%20of,by%20the%20World%20Meteorological%20Organization.
25. Felix Ebeling and Sebastian Lotz, "Domestic Uptake of Green Energy Promoted by Opt-Out Tariffs," *Nature Climate Change* 5, no. 9 (2015): 868–71.
26. Micha Kaiser et al., "The Power of Green Defaults: The Impact of Regional Variation of Opt-Out Tariffs on Green Energy Demand in Germany," *Ecological Economics* 174 (2020): 106685.
27. Robert Walton, "Home Energy Reports: Still the 'Biggest, Baddest Way' to Drive Customer Behavior," *Utility Dive*, July 10, 2019, https://www.utilitydive.com/news/home-energy-reports-still-the-biggest-baddest-way-to-drive-customer-beh/558166/.
28. Hunt Allcott and Todd Rogers, "The Short-Run and Long-Run Effects of Behavioral Interventions: Experimental Evidence from Energy Conservation," *American Economic Review* 104, no. 10 (2014): 3003–37.
29. Benjamin Goldstein, Dimitrios Gounaridis, and Joshua P. Newell, "The Carbon Footprint of Household Energy Use in the United States," *Proceedings of the National Academy of Sciences* 117, no. 32 (2020): 19122–30.

第15章

1. 批判の一部については、Richard H. Thaler, *Misbehaving* (2015)（邦訳セイラー著『行動経済学の逆襲』遠藤真美訳、早川書房、2016年）; Cass R. Sunstein, *Why Nudge?* (2014); および Cass R. Sunstein, *How Change Happens* (2019) でも検討している。
2. James B. Stewart, "How Broccoli Landed on Supreme Court Menu," *New York Times*, June 13, 2012, https://www.nytimes.com/2012/06/14/business/how-broccoli-became-a-symbol-in-the-health-care-debate.html.
3. Richard H. Thaler, "Slippery-Slope Logic, Applied to Health Care," *New York Times*, May 12, 2012, https://www.nytimes.com/2012/05/13/business/economy/slippery-slope-logic-vs-health-care-law-economic-view.html; Henry L. Tischler, *Introduction to Sociology*, 11th ed. (Boston: Cengage Learning, 2013), 261も参照。
4. Thaler, "Slippery-Slope Logic, Applied to Health Care."
5. "Women in the U.S. Congress 2020," Center for American Women and Politics, https://cawp.rutgers.edu/women-us-congress-2020.
6. Glen Whitman, "The Rise of the New Paternalism," Cato Unbound, https://www.cato-unbound.org/2010/04/05/glen-whitman/rise-new-paternalism.
7. Ralph Hertwig and Till Grüne-Yanoff, "Nudging and Boosting: Steering or Empowering Good Decisions," *Perspectives on Psychological Science* 12, no. 6 (2017): 973–86.
8. Gerd Gigerenzer, "On the Supposed Evidence for Libertarian Paternalism," *Review of Philosophy and Psychology*

binnenland/gigantisch-succes-meer-dan-26-000-registraties-voor-orgaandonatie-in-heel-vlaanderen~af353bba/.

17. Section Belgian Transplant Coordinators, "Donor & Transplant Statistics 2018" (2018), https://www.transplant.be/assets/bts_-_donor_and_transplant_statistics_2018.
18. Gina Kolata, "Families Are Barriers to Many Organ Donations, Study Finds," *New York Times*, July 7, 1995, https://www.nytimes.com/1995/07/07/us/families-are-barriers-to-many-organ-donations-study-finds.html.
19. Ann C. Klassen and David K. Klassen, "Who Are the Donors in Organ Donation? The Family's Perspective in Mandated Choice," *Annals of Internal Medicine* 125, no. 1 (1996): 70–3.
20. Judd B. Kessler and Alvin E. Roth, "Don't Take 'No' for an Answer: An Experiment with Actual Organ Donor Registrations" (National Bureau of Economic Research working paper no. w20378, 2014), https://ssrn.com/abstract=2482141.
21. "How We Help and Support Donors," Donor Care Network, https://www.donorcarenet.org/support-and-protections.
22. Jacob Lavee et al., "Preliminary Marked Increase in the National Organ Donation Rate in Israel Following Implementation of a New Organ Transplantation Law," *American Journal of Transplantation* 13, no. 3 (2012): 780–5.
23. "Donazione dopo la Morte" (Donation After Death), Ministero Della Salute (Ministry of Health), http://www.trapianti.salute.gov.it/trapianti/dettaglioContenutiCnt.jsp?lingua=italiano&area=cnt&menu=cittadini&sottomenu=diventare&id=245.
24. Alexandra K. Glazier, "Organ Donation and the Principles of Gift Law," *Clinical Journal of the American Society of Nephrology* 13, no. 8 (2018): 1283–4.
25. Rafael Matesanz and Beatriz Domínguez-Gil, "Opt-Out Legislations: The Mysterious Viability of the False," *Kidney International* 95, no. 6 (2019): 1301–3.
26. Rafael Matesanz et al., "Spanish Experience as a Leading Country: What Kind of Measures Were Taken?" *Transplant International* 24, no. 4 (2011): 333–43; Rafael Matesanz, "A Decade of Continuous Improvement in Cadaveric Organ Donation: The Spanish Model," *Nefrología* 21, no. S5 (2001): 59.
27. "Statistics About Organ Donation," NHS, https://www.organdonation.nhs.uk/helping-you-to-decide/about-organ-donation/statistics-about-organ-donation/.
28. Alexandra Glazier and Thomas Mone, "Success of Opt-in Organ Donation Policy in the United States," *JAMA* 322, no. 8 (2019): 719–20.
29. Health Resources and Services Administration, *National Survey of Organ Donation Attitudes and Practices*, 2019.
30. "Volunteer Locally," Health Resources and Services Administration, https://www.organdonor.gov/get-involved/volunteer.

第14章

1. Michael Burger, Jessica Wentz, and Radley Horton, "The Law and Science of Climate Change Attribution," *Columbia Journal of Environmental Law* 45, no. 1 (2020): 57; Rebecca Hersher, "Climate Change Was the Engine That Powered Hurricane Maria's Devastating Rains," NPR, April 17, 2019, https://www.npr.org/2019/04/17/714098828/climate-change-was-the-engine-that-powered-hurricane-marias-devastating-rains も参照。
2. Richard J. Lazarus, "Super Wicked Problems and Climate Change: Restraining the Present to Liberate the Future," *Cornell Law Review* 94, no. 5 (2009): 1153–234.
3. Edna Ullmann-Margalit, *The Emergence of Norms* (Oxford: Clarendon Press, 1977).
4. Garrett Hardin, "The Tragedy of the Commons," *Science* 162, no. 3859 (1968): 1243–8.
5. Paul A. Samuelson, "The Pure Theory of Public Expenditure," *Review of Economics and Statistics* 36, no. 4 (1954): 387–9.
6. Robyn M. Dawes, Jeanne McTavish, and Harriet Shaklee, "Behavior, Communication, and Assumptions About Other People's Behavior in a Commons Dilemma Situation," *Journal of Personality and Social Psychology* 35, no. 1 (1977): 1–11; R. Mark Isaac and James M. Walker, "Communication and Free-Riding Behavior: The Voluntary Contribution Mechanism," *Economic Inquiry* 26, no. 4 (1988): 585–608.
7. James Hansen et al., "Assessing 'Dangerous Climate Change': Required Reduction of Carbon Emissions to Protect Young People, Future Generations and Nature," *PloS One* 8, no. 12 (2013): e81648.
8. "China's Environmental Abuses Fact Sheet," U.S. Embassy and Consulates in Brazil, https://br.usembassy.gov/chinas-environmental-abuses-fact-sheet.
9. Linda Babcock and George Loewenstein, "Explaining Bargaining Impasse: The Role of Self-Serving Biases," *Journal of Economic Perspectives* 11, no. 1 (1997): 109–26.
10. Ernst Fehr and Simon Gächter, "Cooperation and Punishment in Public Goods Experiments," *American Economic Review* 90, no. 4 (2000): 980–94.
11. William Nordhaus, "Climate Clubs: Overcoming Free-Riding in International Climate Policy," *American Economic Review* 105, no. 4 (2015): 1339–70.

第12章

1. Solomon Huebner, "The Development and Present Status of Marine Insurance in the United States," *Annals of the American Academy of Political and Social Science* 26 no. 2. (1905): 241–72.
2. James Read, "How the Great Fire of London Created Insurance," Museum of London, https://www.museumoflondon.org.uk/discover/how-great-fire-london-created-insurance.
3. Justin Sydnor, "(Over)insuring Modest Risks," *American Economic Journal: Applied Economics* 2, no. 4 (2010): 177–99.
4. Saurabh Bhargava, George Loewenstein, and Justin Sydnor, "Choose to Lose: Health Plan Choices from a Menu with Dominated Option," *Quarterly Journal of Economics* 132, no. 3 (2017): 1319–72.
5. Chenyuan Liu and Justin R. Sydnor, "Dominated Options in Health-Insurance Plans" (National Bureau of Econonic Research working paper no. 24392, 2018), https://www.nber.org/papers/w24392.
6. "Health Insurance Deductible: How It Works," CZ, https://www.cz.nl/en/health-insurance/deductible.
7. Benjamin R. Handel et al., "The Social Determinants of Choice Quality: Evidence from Health Insurance in the Netherlands" (National Bureau of Econonic Research working paper no. 27785, 2020), https://www.nber.org/papers/w27785.
8. Handel et al., "The Social Determinants of Choice Quality."
9. Katherine Baicker, Sendhil Mullainathan, and Joshua Schwartzstein, "Behavioral Hazard in Health Insurance" (National Bureau of Econonic Research working paper no. 18468, 2012), https://www.nber.org/papers/w18468.
10. Niteesh K. Choudhry et al., "Full Coverage for Preventive Medications After Myocardial Infarction," *New England Journal of Medicine* 365 no. 22 (2011): 2088–97.
11. Amitabh Chandra, Evan Flack and Ziad Obermeyer, "The Health Costs of Cost-Sharing," (National Bureau of Economic Research working paper no. 28439, 2021), https://www.nber.org/papers/w28439.

第13章

1. Eric J. Johnson and Daniel G. Goldstein, "Defaults and Donation Decisions," *Transplantation* 78, no. 12 (2004): 1713–6.
2. "National Data: Transplants by Donor Type (January 1, 1988–July 31, 2020)," Organ Procurement and Transplantation Network, https://optn.transplant.hrsa.gov/data/view-data-reports/national-data/#.
3. "National Data: Overall by Organ, Current U.S. Waiting List," Organ Procurement and Transplantation Network, https://optn.transplant.hrsa.gov/data/view-data-reports/national-data/#.
4. "Organ Donation Statistics," Health Resources and Services Administration, https://www.organdonor.gov/statistics-stories/statistics.html.
5. Ali Seifi, John V. Lacci, and Daniel Godoy, "Incidence of Brain Death in the United States," *Clinical Neurology and Neurosurgery* 195 (2020): 105885.
6. Alvin E. Roth, Tayfun Sönmez, and M. Utku Ünver, "Pairwise Kidney Exchange," *Journal of Economic Theory* 125, no. 2 (2005): 151–88; Scott Simon, "Opinion: Kidney Transplant Chain Is a Touching Act of Kindness," NPR, October 31, 2020, https://www.npr.org/2020/10/31/929802669/opinion-kidney-transplant-chain-is-a-touching-act-of-kindnessも参照。
7. Gary S. Becker and Julio Jorge Elías, "Introducing Incentives in the Market for Live and Cadaveric Organ Donations," *Journal of Economic Perspectives* 21, no. 3 (2007): 3–24.
8. Janet Radcliffe Richards, *The Ethics of Transplants* (New York: Oxford University Press, 2012).
9. Shashank Bengali and Ramin Mostaghim, "'Kidney for Sale': Iran Has a Legal Market for the Organs, but the System Doesn't Always Work," *Los Angeles Times*, October 15, 2017, https://www.latimes.com/world/middleeast/la-fg-iran-kidney-20171015-story.html.
10. Alvin E. Roth, "Repugnance as a Constraint on Markets," *Journal of Economic Perspectives* 21, no. 3 (2007): 37–58.
11. "Organ Donation Statistics," Health Resources and Services Administration, https://www.organdonor.gov/statistics-stories/statistics.html#:~:text=One%20Donor%20Can%20Save%20Eight,up%20to%208%20lifesaving%20organs.
12. James F. Childress and Catharyn T. Liverman, eds., *Organ Donation: Opportunities for Action* (Washington, DC: National Academies Press, 2006), 241.
13. Health Resources and Services Administration, *National Survey of Organ Donation Attitudes and Practices*, 2019 (Rockville, MD: U.S. Department of Health and Human Services, 2020).
14. Donate Life America, "Stronger Together: 2020 Annual Update" (2020).
15. "Become an Organ Donor," New York State, https://www.ny.gov/services/become-organ-donor.
16. Daimy Van den Eede, "Gigantisch Succes: Meer Dan 26.000 Registraties voor Orgaandonatie in heel Vlaanderen" (Gigantic Success: More Than 26,000 Registrations for Organ Donation in Flanders), *Het Laatste Nieuws*, September 23, 2018, https://www.hln.be/nieuws/

10. Raj Chetty et al., "Active vs. Passive Decisions and Crowd-Out in Retirement Savings Accounts: Evidence from Denmark," *Quarterly Journal of Economics* 129, no. 3 (2014): 1141–219.
11. John Beshears et al., "Borrowing to Save? The Impact of Automatic Enrollment on Debt," *Journal of Finance* 77, no.1 (2021): 403-47.
12. たとえば、"Americans Without a Retirement Plan, by State," AARP, https://www.aarp.org/politics-society/advocacy/financial-security/info-2014/americans-without-retirement-plan.htmlを参照。
13. Chris Arnold, "Why Is It So Hard to Save? U.K. Shows It Doesn't Have to Be," NPR, October 23, 2015, https://www.npr.org/2015/10/23/445337261/why-is-it-so-hard-to-save-u-k-shows-it-doesnt-have-to-be.

第10章

1. 能動的選択の義務づけに関する議論については、Gabriel Carroll et al., "Optimal Defaults and Active Decisions," *Quarterly Journal of Economics* 124, no. 4 (2009): 1639–74を参照。
2. Kenneth R. French and James M. Poterba, "Investor Diversification and International Equity Markets," *American Economic Review* 81, no. 2 (1991): 222–6.
3. Shlomo Benartzi, Richard H. Thaler, Stephen P. Utkus, and Cass R. Sunstein, "The Law and Economics of Company Stock in 401(k) Plans," *Journal of Law and Economics* 50, no. 1 (2007): 45–79.
4. Henrik Cronqvist, "Advertising and Portfolio Choice" (Ph. D. diss., University of Chicago Graduate School of Business, 2006), https://citeseerx.ist.psu.edu/viewdoc/download?doi=10.1.1.423.3760&rep=rep1&type=pdf.
5. Hunt Allcott and Todd Rogers, "The Short-Run and Long-Run Effects of Behavioral Interventions: Experimental Evidence from Energy Conservation," *American Economic Review* 104, no. 10 (2014): 3003–37.
6. William Samuelson and Richard Zeckhauser, "Status Quo Bias in Decision Making," *Journal of Risk and Uncertainty* 1, no. 1 (1988): 7–59.
7. Henrik Cronqvist, Richard H. Thaler, and Frank Yu, "When Nudges Are Forever: Inertia in the Swedish Premium Pension Plan," *AEA Papers and Proceedings* 108 (2018): 153–8.
8. Anders Anderson and David T. Robinson, "Who Feels the Nudge? Knowledge, Self-Awareness and Retirement Savings Decisions" (National Bureau of Economic Research working paper no. 25061, 2018), https://ideas.repec.org/p/nbr/nberwo/25061.html.

第11章

1. Kathleen Howley, "U.S. Mortgage Debt Hits a Record $15.8 Trillion," *Housing-Wire*, January 9, 2020, https://www.housingwire.com/articles/u-s-mortgage-debt-hits-a-record-15-8-trillion/.
2. Xavier Gabaix and David Laibson, "Shrouded Attributes, Consumer Myopia, and Information Suppression in Competitive Markets," *Quarterly Journal of Economics* 121, no. 2 (2006): 505–40.
3. Susan E. Woodward, *A Study of Closing Costs for FHA Mortgages* (Washington, DC: Urban Institute, 2008).
4. Hamilton Project, "An Opt-Out Home Mortgage System" (policy brief no. 2008-14, 2008), https://www.hamiltonproject.org/assets/legacy/files/downloads_and_links/An_Opt-Out_Home_Mortgage_System_Brief.pdf.
5. Fiona Scott Morton, Florian Zettelmeyer, and Jorge Silva-Risso, "Consumer Information and Discrimination: Does the Internet Affect the Pricing of New Cars to Women and Minorities?" *Quantitative Marketing and Economics* 1 (2003): 65–92.
6. Bureau of Consumer Financial Protection, *The Consumer Credit Card Market* (2019), https://files.consumerfinance.gov/f/documents/cfpb_consumer-credit-card-market-report_2019.pdf.
7. Drazen Prelec and Duncan Simester, "Always Leave Home Without It: A Further Investigation of the Credit-Card Effect on Willingness to Pay," *Marketing Letters* 12, no. 1 (2001): 5–12.
8. Sumit Agarwal et al., "Regulating Consumer Financial Products: Evidence from Credit Cards," *Quarterly Journal of Economics* 130, no. 1 (2015):111–64.
9. Lauren E. Willis, "When Nudges Fail: Slippery Defaults," *University of Chicago Law Review* 80 (2013): 1155.
10. John Gathergood et al., "How Do Individuals Repay Their Debt? The Balance-Matching Heuristic," *American Economic Review* 109, no. 3 (2019): 844–75.
11. David B. Gross and Nicholas S. Souleles, "Do Liquidity Constraints and Interest Rates Matter for Consumer Behavior? Evidence from Credit Card Data," *Quarterly Journal of Economics* 117, no. 1 (2002): 149–85.
12. Bureau of Consumer Financial Protection, *The Consumer Credit Card Market*, 51.
13. Tally, http://www.meettally.com/.
14. Bureau of Consumer Financial Protection, *The Consumer Credit Card Market*, 68.

Journal of Economic Perspectives 25, no. 2 (2011): 3–25.
7. Reed Hastings and Erin Meyer, *No Rules Rules* (New York: Penguin Press, 2020)（邦訳ヘイスティングス、メイヤー著『NO RULES——世界一「自由」な会社、NETFLIX』土方奈美訳、日経BP、2020年）.
8. Hastings and Meyer, *No Rules Rules*, 70（『NO RULES』）.
9. Susan Dynarski et al., "Closing the Gap: The Effect of a Targeted, Tuition-Free Promise on College Choices of High-Achieving, Low-Income Students" (National Bureau of Economic Research working paper no. 25349, 2018).
10. "Admission Decisions," University of Texas at Austin Office of Admissions, https://admissions.utexas.edu/apply/decisions.
11. Cass R. Sunstein, "Automatic Enrollment in College Helps Fight Inequality," *Bloomberg*, June 20, 2020, https://www.bloomberg.com/opinion/articles/2020-06-19/college-automatic-enrollment-addresses-inequality.
12. Bart Jansen, "TSA Gets Boost in Funding, Including Testing 3D Scanners, Without Fee Hike Trump Proposed," *USA Today*, March 21, 2018, https://www.usatoday.com/story/news/2018/03/21/tsa-spending-3-d-scanners/447410002/.
13. Christine Utz et al., "(Un)informed Consent: Studying GDPR Consent Notices in the Field," in 2019 ACM SIGSAC Conference on Computer and Communications Security (CCS'19), November 11–15, 2019, London, UK (2019), https://arxiv.org/pdf/1909.02638.pdf.
14. "1040 and 1040-SR Instructions: Tax Year 2019," Internal Revenue Service (2020), https://www.irs.gov/pub/irs-pdf/i1040gi.pdf; Demian Brady, "Tax Complexity 2016: The Increasing Compliance Burdens of the Tax Code," National Taxpayers Union Foundation, https://perma.cc/BT3X-VHFY.
15. Glenn Kessler, "Claims About the Cost and Time It Takes to File Taxes," *Washington Post*, April 15, 2013, https://perma.cc/C7FJ-L7LM; Brady, "Tax Complexity 2016." 注：13時間という数字は全納税者のもので、非事業者は8時間である。これはIRSの推計で、記録管理、租税計画、申告の時間が含まれる。
16. T. R. Reid, *A Fine Mess* (New York: Penguin Press, 2017).
17. Austan Goolsbee, "The Simple Return: Reducing America's Tax Burden Through Return-Free Filing," Brookings Institution, https://www.brookings.edu/research/the-simple-return-reducing-americas-tax-burden-through-return-free-filing/.
18. Scott Eastman, "How Many Taxpayers Itemize Under Current Law?" Tax Foundation, https://taxfoundation.org/standard-deduction-itemized-deductions-current-law-2019/.
19. John Paul Tasker, "Feds Promise Free, Automatic Tax Returns—A Change That Could Send Benefits to Thousands," CBC, September 27, 2020, https://www.cbc.ca/news/politics/free-automatic-tax-returns-benefits-1.5739678.
20. "Earned Income Tax Credit Overview," National Conference of State Legislatures, https://www.ncsl.org/research/labor-and-employment/earned-income-tax-credits-for-working-families.aspx.
21. "Wealth Tax TL;DR," Warren Democrats, https://elizabethwarren.com/wealth-gap.
22. Elizabeth Aubrey, "The World's Last Remaining Blockbuster Store Still Open Despite Coronavirus Pandemic," *NME*, May 14, 2020, https://www.nme.com/news/the-worlds-last-remaining-blockbuster-store-still-open-despite-coronavirus-pandemic-2668617.

第9章

1. "Otto von Bismarck," Social Security, https://www.ssa.gov/history/ottob.html.
2. James Choi et al., "Defined Contribution Pensions: Plan Rules, Participant Choices, and the Path of Least Resistance," *Tax Policy and the Economy* 16, no. 1 (2002): 67.
3. Richard H. Thaler, "Psychology and Savings Policies," *American Economic Review* 84, no. 2 (1994): 186–92.
4. Sana Siwolop, "When Saving for Retirement Comes with the Job," *New York Times*, May 18, 1997, https://www.nytimes.com/1997/05/18/business/when-saving-for-retirement-comes-with-the-job.html.
5. たとえば、IRS Revenue Ruling 98-30; IRS Revenue Ruling 2000-8; IRS Revenue Ruling 2000-35; IRS Revenue Ruling 2000-33; および IRS Announcement 2000-60を参照。
6. Brigitte C. Madrian and Dennis F. Shea, "The Power of Suggestion: Inertia in 401(k) Participation and Savings Behavior," *Quarterly Journal of Economics* 116, no. 4 (2001): 1149–87.
7. Jeffrey W. Clark and Jean A. Young, *Automatic Enrollment: The Power of the Default* (Valley Forge, PA: Vanguard Research, 2018).
8. Richard H. Thaler and Shlomo Benartzi, "Save More Tomorrow™: Using Behavioral Economics to Increase Employee Saving," *Journal of Political Economy* 112, no. S1 (2004): S164.
9. U.S. Department of Labor Employee Benefits Security Administration, "Regulation Relating to Qualified Default Investment Alternatives in Participant-Directed Individual Account Plans," https://www.dol.gov/sites/dolgov/files/EBSA/about-ebsa/our-activities/resource-center/fact-sheets/final-rule-qdia-in-participant-directed-account-plans.pdf.

10. Jon M. Jachimowicz et al., "Making Medications Stick: Improving Medication Adherence by Highlighting the Personal Health Costs of Non-Compliance," *Behavioural Public Policy* (2019), 1–21.
11. "Gmail Will Now Remind You to Respond," Google Workspace Updates, May 14, 2018, https://gsuiteupdates.googleblog.com/2018/05/gmail-remind-respond.html.
12. Steven B. Zeliadt et al., "Why Do Men Choose One Treatment over Another?: A Review of Patient Decision Making for Localized Prostate Cancer," *Cancer* 106, no. 9 (2006): 1865–74.
13. Samuli Reijula and Ralph Hertwig, "Self-Nudging and the Citizen Choice Architect," *Behavioural Public Policy* (2020), 1–31.
14. Raj Chetty et al., "Active vs. Passive Decisions and Crowd-Out in Retirement Savings Accounts: Evidence from Denmark," *Quarterly Journal of Economics* 129, no. 3 (2014): 1141–219.
15. Whitney Afonso, "The Challenge of Transparency in Taxation," Mercatus Center, https://www.mercatus.org/publications/government-spending/challenge-transparency-taxation.
16. "Governor Ronald Reagan Opposes Withholding of State Income Tax," Seth Kaller Inc., https://www.sethkaller.com/item/1567-24387-Governor-Ronald-Reagan-Opposes-Withholding-of-State-Income-Tax.

第6章

1. Maria Yagoda, "Singapore Hawker Stands with Michelin Stars," *Food & Wine*, August 20, 2018, https://www.foodandwine.com/travel/singapore-hawker-stands-michelin-stars-where.
2. "Volunteer and Job Opportunities," Mark Twain Boyhood Home and Museum, https://marktwainmuseum.org/volunteer-employment/.
3. "Speed Reduction Measures-Carrot or Stick?" ITS International, https://www.itsinternational.com/its2/feature/speed-reduction-measures-carrot-or-stick.
4. Richard H. Thaler, "Making Good Citizenship Fun," *New York Times*, February 13, 2012, https://www.nytimes.com/2012/02/14/opinion/making-good-citizenship-fun.html.
5. Emily Haisley et al., "The Impact of Alternative Incentive Schemes on Completion of Health Risk Assessments," *American Journal of Health Promotion* 26, no. 3 (2012): 184–8.
6. Thaler, "Making Good Citizenship Fun."

第7章

1. Edna Ullmann-Margalit, *Normal Rationality: Decisions and Social Order*, ed. Avishai Margalit and Cass R. Sunstein (Oxford: Oxford University Press, 2017).
2. Richard P. Larrick and Jack B. Soll, "The MPG Illusion," *Science* 320, no. 5883 (2008): 1593–4.
3. Memorandum from Cass R. Sunstein, Administrator, Office of Information and Regulatory Affairs, Office of Management and Budget, "Informing Consumers Through Smart Disclosure," to Heads of Executive Departments and Agencies, September 8, 2011, https://obamawhitehouse.archives.gov/sites/default/files/omb/inforeg/for-agencies/informing-consumers-through-smart-disclosure.pdf.
4. Sebastien Bradley and Naomi E. Feldman, "Hidden Baggage: Behavioral Responses to Changes in Airline Ticket Tax Disclosure," *American Economic Journal: Economic Policy* 12, no. 4 (2020): 58–87.
5. "Food Allergies: What You Need to Know," FDA, https://www.fda.gov/food/buy-store-serve-safe-food/food-allergies-what-you-need-know.

第8章

1. *Oxford Dictionary*, s.v. "sludge," 2020年11月12日閲覧, https://www.oxfordlearnersdictionaries.com/definition/english/sludge.
2. Cait Lamberton and Benjamin Castleman, "Nudging in a Sludge-Filled World," *Huffington Post,* September 30, 2016, https://www.huffpost.com/entry/nudging-in-a-sludgefilled_b_12087688?guccounter=1&guce_referrer=aHR0cHM6Ly93d3cuZ29vZ2xlLmNvbS8&guce_referrer_sig=AQAAAMYs-ouJGASCdY_xY8PGX3Ni2BfUI9Zvr5dx8gDkgOle0hBZ3HlhYnpX6-lbZvflXt8CucilXVeGpfLFNN9DakYYw6vHYrbwOVhte7AoFVZTbm42GbvPjHxZjSo-sVwARNkU9hpCe4d0fptGvmevun9LW9Okl0MdgFRZrRS-hpAe.
3. Cal. Bus. & Prof. Code § 17602(c); N.Y. Gen. Bus. Law § 527 (McKinney 2020).
4. Joshua Tasoff and Robert Letzler, "Everyone Believes in Redemption: Nudges and Overoptimism in Costly Task Completion," *Journal of Economic Behavior and Organization* 107 (2014): 107–22.
5. Xavier Gabaix and David Laibson, "Shrouded Attributes, Consumer Myopia, and Information Suppression in Competitive Markets," *Quarterly Journal of Economics* 121, no. 2 (2006): 505–40.
6. David M. Cutler and Dan P. Ly, "The (Paper) Work of Medicine: Understanding International Medical Costs,"

13, 2003, https://newrepublic.com/article/64811/sober-lemmings.

16. Matthew J. Salganik, Peter Sheridan Dodds, and Duncan J. Watts, "Experimental Study of Inequality and Unpredictability in an Artificial Cultural Market," *Science* 311, no. 5762 (2006): 854–6.
17. Michael Macy et al., "Opinion Cascades and the Unpredictability of Partisan Polarization," *Science Advances* 5, no. 8 (2019): eaax0754.
18. Linton Weeks, "The Windshield-Pitting Mystery of 1954," NPR, May 28, 2015, https://www.npr.org/sections/npr-history-dept/2015/05/28/410085713/the-windshield-pitting-mystery-of-1954.
19. Clarissa Simas et al., "HPV Vaccine Confidence and Cases of Mass Psychogenic Illness Following Immunization in Carmen De Bolivar, Colombia," *Human Vaccines and Immunotherapeutics* 15, no. 1 (2019): 163–6.
20. Katie Nodjimbadem, "The Trashy Beginnings of 'Don't Mess with Texas,'" *Smithsonian Magazine*, March 10, 2017, https://www.smithsonianmag.com/history/trashy-beginnings-dont-mess-texas-180962490/.
21. Timur Kuran, "Ethnic Norms and Their Transformation Through Reputational Cascades," *Journal of Legal Studies* 27, no. S2 (1998): 623–59.
22. Leonardo Bursztyn, Alessandra L. González, and David Yanagizawa-Drott, "Misperceived Social Norms: Women Working Outside the Home in Saudi Arabia," *American Economic Review* 110, no 10 (2020): 2997–3029, https://www.aeaweb.org/articles?id=10.1257%2Faer.20180975.
23. Stephen Coleman, *The Minnesota Income Tax Compliance Experiment: State Tax Results* (Munich Personal RePEc Archive, paper 4827, 1996).
24. Michael Hallsworth et al., "The Behavioralist as Tax Collector: Using Natural Field Experiments to Enhance Tax Compliance," *Journal of Public Economics* 148 (2017): 14–31.
25. Noah J. Goldstein, Robert B. Cialdini, and Vladas Griskevicius, "A Room with a Viewpoint: Using Social Norms to Motivate Environmental Conservation in Hotels," *Journal of Consumer Research* 35, no. 3 (2008): 472–82.
26. Josh Earnest, "President Obama Supports Same-Sex Marriage," *The White House President Barack Obama* (blog), May 10, 2012, https://obamawhitehouse.archives.gov/blog/2012/05/10/obama-supports-same-sex-marriage.
27. *Obergefell v. Hodges*, 135 S. Ct. 2071 (2015).
28. David Masci, Elizabeth Podrebarac Sciupac and Michael Lipka, "Same-Sex Marriage Around the World," Pew Research Center, October 28, 2019, https://www.pewforum.org/fact-sheet/gay-marriage-around-the-world/.
29. Adam Liptak, "Exhibit A for a Major Shift: Justices' Gay Clerks," *New York Times*, June 8, 2013, https://www.nytimes.com/2013/06/09/us/exhibit-a-for-a-major-shift-justices-gay-clerks.html.
30. Mortensen et al., "Trending Norms."

第4章

1. Colin F. Camerer, Samuel Issacharoff, George Loewenstein, Ted O'Donoghue, and Matthew Rabin, "Regulation for Conservatives: Behavioral Economics and the Case for 'Asymmetric Paternalism,'" *University of Pennsylvania Law Review* 151, no. 3 (2003): 1211–54.
2. Colin F. Camerer and Robin M. Hogarth, "The Effects of Financial Incentives in Experiments: A Review and Capital-Labor-Production Framework," *Journal of Risk and Uncertainty* 19, no. 1 (1999): 7–42.

第5章

1. J. Ridley Stroop, "Studies of Interference in Serial Verbal Reactions," *Journal of Experimental Psychology* 18 no. 6 (1935): 643–62.
2. Kurt Lewin, *Field Theory in Social Science: Selected Theoretical Papers*, ed. Dorwin Cartwright (New York: Harper and Brothers, 1951)（邦訳レヴィン著『社会科学における場の理論』猪股佐登留訳、ちとせプレス、2017年）.
3. Howard Leventhal, Robert Singer, and Susan Jones, "Effects of Fear and Specificity of Recommendation upon Attitudes and Behavior," *Journal of Personality and Social Psychology* 2, no. 1 (1965): 20–9.
4. Joel Gunter, "The Greek Referendum Question Makes (Almost) No Sense," *BBC News*, June 29, 2015, https://www.bbc.com/news/world-europe-33311422.
5. Zachary Brown et al., "Testing the Effect of Defaults on the Thermostat Settings of OECD Employees," *Energy Economics* 39 (2013): 128–34.
6. Gabriel Carroll et al., "Optimal Defaults and Active Decisions," *Quarterly Journal of Economics* 124, no. 4 (2009): 1639–74.
7. Michael D. Byrne and Susan Bovair, "A Working Memory Model of a Common Procedural Error," *Cognitive Science* 21, no. 1 (1997): 31–61.
8. Jeffrey B. Cooper et al., "Preventable Anesthesia Mishaps: A Study of Human Factors," *Anesthesiology* 49, no. 6 (1978): 399–406.
9. Michael O. Schroeder, "Death by Prescription," *U.S. News & World Report*, September 27, 2016, https://health.usnews.com/health-news/patient-advice/articles/2016-09-27/the-danger-in-taking-prescribed-medications.

2007).

20. Alexander Todorov, Anesu N. Mandisodza, Amir Goren, and Crystal C. Hall, "Inferences of Competence from Faces Predict Election Outcomes," *Science* 308, no. 5728 (2005): 1623–6; Daniel Benjamin and Jesse Shapiro, "Thin-Slice Forecasts of Gubernatorial Elections," *Review of Economics and Statistics* 91, no. 3 (2009): 523–36.
21. Shane Frederick, "Cognitive Reflection and Decision Making," *Journal of Economic Perspectives* 19, no. 4 (2005): 25–42.

第2章

1. Colin F. Camerer, "Neuroeconomics: Using Neuroscience to Make Economic Predictions," *Economic Journal* 117, no. 519 (2007): 26; Samuel M. McClure et al., "Neural Correlates of Behavioral Preference for Culturally Familiar Drinks," *Neuron* 44, no. 2 (2004): 379–87を参照。
2. Nina Semczuk, "Should You Open a Christmas Club Account?" SmartAsset, https://smartasset.com/checking-account/christmas-club-accounts.
3. この有名なやりとりは、http://www.youtube.com/watch?v=t96LNX6tk0Uで見ることができる。
4. Richard H. Thaler and Eric J. Johnson, "Gambling with the House Money and Trying to Break Even: The Effects of Prior Outcomes on Risky Choice," *Management Science* 36, no. 6 (1990): 643–60.

第3章

1. Chad R. Mortensen et al., "Trending Norms: A Lever for Encouraging Behaviors Performed by the Minority," *Social Psychological and Personality Science* 10, no. 2 (2019): 201–10.
2. George A. Akerlof, Janet L. Yellen, and Michael L. Katz, "An Analysis of Out-of-Wedlock Childbearing in the United States," *Quarterly Journal of Economics* 111, no. 2 (1996): 277–317.
3. Harold H. Gardner, Nathan L. Kleinman, and Richard J. Butler, "Workers' Compensation and Family and Medical Leave Act Claim Contagion," *Journal of Risk and Uncertainty* 20, no. 1 (2000): 89–112.
4. Robert Kennedy, "Strategy Fads and Competitive Convergence: An Empirical Test for Herd Behavior in Prime-Time Television Programming," *Journal of Industrial Economics* 50 (2002): 57–84.
5. たとえば、Bruce L. Sacerdote, "Peer Effects with Random Assignment: Results for Dartmouth Roommates," *Quarterly Journal of Economics* 116, no. 2 (2001): 681–704; David J. Zimmerman, "Peer Effects in Academic Outcomes: Evidence from a Natural Experiment," *Review of Economics and Statistics* 85, no. 1 (2003): 9–23; Nirav Mehta, Ralph Stinebrickner, and Todd Stinebrickner, "Time-Use and Academic Peer Effects in College," *Economic Inquiry* 57, no. 1 (2019): 162–71を参照。
6. Akerlof, Yellen, and Katz, "An Analysis of Out-of-Wedlock Childbearing in the United States"（10代の妊娠）; Nicholas A. Christakis and James H. Fowler, "The Spread of Obesity in a Large Social Network over 32 Years," *New England Journal of Medicine* 357, no. 4 (2007): 370–9（肥満）; Sacerdote, "Peer Effects with Random Assignment"（大学の寮のルームメートの割り当て）; Cass R. Sunstein et al., *Are Judges Political? An Empirical Analysis of the Federal Judiciary* (Washington, DC: Brookings Institution Press, 2006)（判事の投票パターン）を参照。
7. Solomon E. Asch, "Studies of Independence and Conformity: I. A Minority of One Against a Unanimous Majority," *Psychological Monographs: General and Applied* 70, no. 9 (1956): 1–70.
8. Rod Bond and Peter Smith, "Culture and Conformity: A Meta-Analysis of Studies Using Asch's Line Judgment Task," *Psychological Bulletin* 119 (1996):111–37. 文化的差異全般、とくに同調性に重点を置いた研究については、Joseph Heinrich, *The Weirdest People in the World* (New York: Farrar, Straus & Giroux, 2020), 198–204を参照。
9. Micah Edelson et al., "Following the Crowd: Brain Substrates of Long-Term Memory Conformity," *Science* 333, no. 6038 (2011): 108–11.
10. Cass R. Sunstein, *Conformity: The Power of Social Influences* (New York: New York University Press, 2019).
11. Muzafer Sherif, "An Experimental Approach to the Study of Attitudes," *Sociometry* 1, no. 1/2 (1937): 90–8.
12. Lee Ross and Richard E. Nisbett, *The Person and the Situation: Perspectives of Social Psychology* (New York: McGraw-Hill, 1991): 29–30.
13. Robert C. Jacobs and Donald T. Campbell, "The Perpetuation of an Arbitrary Tradition Through Several Generations of a Laboratory Microculture," *Journal of Abnormal and Social Psychology* 62 (1961): 649–58.
14. Lindsey C. Levitan and Brad Verhulst, "Conformity in Groups: The Effects of Others' Views on Expressed Attitudes and Attitude Change," *Political Behavior* 38, no. 2 (2016): 277–315; Jing Chen et al., "ERP Correlates of Social Conformity in a Line Judgment Task," *BMC Neuroscience* 13 (2012): 43; Charity Brown and Alexandre Schaefer, "The Effects of Conformity on Recognition Judgements for Emotional Stimuli," *Acta Psychologica* 133, no. 1 (2010): 38–44.
15. H. Wesley Perkins, "Sober Lemmings," *New Republic*, April

注

完全版への序文

1. Tara Golshan, "Donald Trump Has Supported Hillary Clinton for Longer Than He's Opposed Her," *Vox*, August 16, 2016, https://www.vox.com/2016/8/16/12452806/trump-praise-hillary-clinton-history.

はじめに

1. "Adult Obesity Facts," Centers for Disease Control and Prevention, https://www.cdc.gov/obesity/data/adult.html.
2. "Obesity and Overweight," Centers for Disease Control and Prevention, https://www.cdc.gov/nchs/fastats/obesity-overweight.htm.
3. たとえば、OECD, "Obesity Update 2017" (2017), https://www.oecd.org/els/health-systems/Obesity-Update-2017.pdf; Ben Tracy, "Battling American Samoa's 75-percent Obesity Rate," *CBS News*, July 7, 2013, https://www.cbsnews.com/news/battling-american-samoas-75-percent-obesity-rate/を参照。

第1章

1. Roger Shepard, *Mind Sights: Original Visual Illusions, Ambiguities, and Other Anomalies, with a Commentary on the Play of Mind in Perception and Art* (New York: W. H. Freeman and Co., 1990).
2. Fritz Strack, Leonard L. Martin, and Norbert Schwarz, "Priming and Communication: Social Determinants of Information Use in Judgments of Life Satisfaction," *European Journal of Social Psychology* 18, no. 5 (1988): 429–42.
3. Kareem Haggag and Giovanni Paci, "Default Tips," *American Economic Journal: Applied Economics* 6, no. 3 (2014): 1–19.
4. Paul Slovic, Howard Kunreuther, and Gilbert White, "Decision Processes, Rationality and Adjustment to Natural Hazards," in *Natural Hazards: Local, National and Global*, ed. Gilbert White (New York: Oxford University Press, 1974), 187–205.
5. Howard Kunreuther et al., *Disaster Insurance Protection: Public Policy Lessons* (New York: John Wiley & Sons, 1978); Howard Kunreuther et al., "Flood Risk and the U.S. Housing Market" (working paper, Penn Institute for Urban Research and Wharton Risk Management and Decisions Processes Center, October 2018), https://riskcenter.wharton.upenn.edu/wp-content/uploads/2018/11/Flood_Risk_and_the_U.S_._Housing_Market_10-30_.pdfも参照。
6. Amos Tversky and Daniel Kahneman, "Extensional Versus Intuitive Reasoning: The Conjunction Fallacy in Probability Judgment," *Psychological Review* 90, no. 4 (1983) 293–315.
7. Stephen Jay Gould, "The Streak of Streaks," *New York Review*, August 18, 1988, https://www.nybooks.com/articles/1988/08/18/the-streak-of-streaks.
8. Paul C. Price, "Are You as Good a Teacher as You Think?" *Thought & Action*, Fall (2006): 7-14.
9. Heather Mahar, "Why Are There So Few Prenuptial Agreements?" (John M. Olin Center for Law, Economics, and Business discussion paper no.436, September 2003), http://www.law.harvard.edu/programs/olin_center/papers/pdf/436.pdf.
10. Arnold C. Cooper, Carolyn Y. Woo, and William C. Dunkelberg, "Entrepreneurs' Perceived Chances for Success," *Journal of Business Venturing* 3, no. 2 (1988): 97–108.
11. このパラグラフの主だった調査結果の参考文献については、Cass R. Sunstein, Christine M. Jolls, and Richard H. Thaler, "A Behavioral Approach to Law and Economics," *Stanford Law Review* 50, no. 5 (1998): 1471–550を参照。
12. Daniel Kahneman, Jack L. Knetsch, and Richard H. Thaler, "Anomalies: The Endowment Effect, Loss Aversion, and Status Quo Bias," *Journal of Economic Perspectives* 5, no. 1 (1991): 193–206.
13. Tatiana A. Homonoff, "Can Small Incentives Have Large Effects? The Impact of Taxes Versus Bonuses on Disposable Bag Use," *American Economic Journal: Economic Policy* 10, no. 4 (2018): 177–210.
14. William Samuelson and Richard Zeckhauser, "Status Quo Bias in Decision Making," *Journal of Risk and Uncertainty* 1, no. 1 (1988); 7–59.
15. Samuelson and Zeckhauser, "Status Quo Bias in Decision Making."
16. Amos Tversky and Daniel Kahneman, "The Framing of Decisions and the Psychology of Choice," *Science* 211, no. 4481 (1981): 453–8.
17. Daniel Kahneman, *Thinking, Fast and Slow* (New York: Farrar, Straus and Giroux, 2013) (邦訳カーネマン著『ファスト&スロー――あなたの意思はどのように決まるか?』村井章子訳、早川書房、2012年).
18. Philip Lieberman, *Human Language and Our Reptilian Brain* (Cambridge, MA: Harvard University Press, 2002); Joseph LeDoux, "The Emotional Brain, Fear, and the Amygdala," *Cellular and Molecular Neurobiology* 23, no. 4–5 (2003): 727–38.
19. Drew Westen, *The Political Brain* (New York: PublicAffairs,

わ

数字・アルファベット

ま

や

ら

な

は

た

さ

か

索引

あ

リチャード・セイラー (Richard H. Thaler)

米シカゴ大学経営大学院教授。1945年米ニュージャージー州生まれ。74年米ロチェスター大学で経済学の博士号取得(Ph.D.)。米コーネル大学、米マサチューセッツ工科大学(MIT)経営大学院などを経て95年から現職。行動経済学の研究で、2017年にノーベル経済学賞を受賞した。著書に『行動経済学の逆襲』(遠藤真美訳、早川書房)、『セイラー教授の行動経済学入門』(篠原勝訳、ダイヤモンド社)などがある。

キャス・サンスティーン (Cass R. Sunstein)

米ハーバード大学ロースクール教授。専門は憲法、法哲学、行動経済学など多岐におよぶ。1954年生まれ。米ハーバード大学ロースクールを修了した後、アメリカ最高裁判所やアメリカ司法省に勤務。81年より米シカゴ大学ロースクール教授を務め、2008 年より現職。オバマ政権では行政管理予算局の情報政策及び規制政策担当官を務めた。18年にノルウェーの文化賞、ホルベア賞を受賞。著書に『ナッジで、人を動かす――行動経済学の時代に政策はどうあるべきか』(田総恵子訳、NTT出版) ほか多数、共著に『NOISE――組織はなぜ判断を誤るのか?』(ダニエル・カーネマン、オリヴィエ・シボニー共著、村井章子訳、早川書房) ほか多数がある。

遠藤真美 (えんどう・まさみ)

翻訳家。主な訳書に、キャス・サンスティーン、ルチア・ライシュ(著)、大竹文雄(監修)『データで見る行動経済学――全世界大規模調査で見えてきた「ナッジの真実」』(日経BP)、リチャード・セイラー『行動経済学の逆襲』(早川書房)、エリック・A・ポズナー、E・グレン・ワイル(著)、安田洋祐(監訳)『ラディカル・マーケット 脱・私有財産の世紀』、フェリックス・マーティン『21世紀の貨幣論』(以上、東洋経済新報社) など。

NUDGE
実践 行動経済学 完全版

2022年11月21日 第1版　第1刷発行
2024年11月7日 第1版　第8刷発行

著　　者　リチャード・セイラー　キャス・サンスティーン
訳　　者　遠藤真美
発 行 者　中川ヒロミ
発　　行　株式会社日経BP
発　　売　株式会社日経BPマーケティング
〒105-8308　東京都港区虎ノ門4-3-12
https://bookplus.nikkei.com/
デザイン　三森健太（JUNGLE）
制　　作　キャップス
編　　集　宮本沙織　幸田華子
印刷・製本　TOPPANクロレ株式会社

本書籍に関するお問い合わせ、ご連絡は下記にて承ります。
https://nkbp.jp/booksQA

ISBN 978-4-296-00098-2　Printed in Japan

NUDGE: THE FINAL EDITION by Richard H. Thaler and Cass R. Sunstein

Originally published by Yale University Press
Japanese translation rights arranged with Yale Representation Limited, London
through Tuttle-Mori Agency, Inc., Tokyo